U0961829

家谱

文化知识与编修技巧

王大良 编著

寻根问祖 用家谱传承中华优秀传统文化

豁然贯通 听专家细说家谱编修实用知识

气象出版社
China Meteorological Press

内容简介

家谱是以特殊形式记录家族来源、迁徙、繁衍、生息、荣衰、升沉等过程的文化典籍，向来被认为是家族的生命史，也是学术界研究某些问题所不可缺少的史料。本书系统介绍了家谱的一般知识，包括家谱的定义、起源、演变、种类、特性、内容和功能、家谱与姓氏、郡望堂号等，阐述了家谱编修的基本过程、编修前的准备、具体编修方法、印制方法、颁谱庆典、家谱收藏以及研究性家谱、数字化家谱的编写方法等，具有很强的知识性、可读性和实用性，适合广大家谱爱好者和编修家谱者阅读参考。

图书在版编目（CIP）数据

家谱文化知识与编修技巧/王大良编著. --北京：气象出版社，2017.5（2021.1重印）

ISBN 978-7-5029-6548-8

Ⅰ.①家… Ⅱ. ①王… Ⅲ. ①家谱－编写 Ⅳ. ①K810.2

中国版本图书馆CIP数据核字（2017）第100722号

Jiapu Wenhua Zhishi Yu Bianxiu JiQiao

家谱文化知识与编修技巧

王大良 编著

出版发行：气象出版社

地　　址：北京市海淀区中关村南大街46号　　**邮政编码：**100081

电　　话：010-68407112（总编室）　010-68408042（发行部）

网　　址：http://www.qxcbs.com　　**E-mail：**qxcbs@cma.gov.cn

责任编辑：杨　辉　　**终　　审：**邵俊年

责任校对：王丽梅　　**责任技编：**赵相宁

封面设计：楠竹文化

印　　刷：三河市君旺印务有限公司

开　　本：710㎜×1000㎜　1/16　　**印　　张：**23.5

字　　数：290千字

版　　次：2017年5月第1版　　**印　　次：**2021年1月第4次印刷

定　　价：58.00元

本书如存在文字不清、漏印以及缺页、倒页、脱页等，请与本社发行部联系调换。

前言

“前人不修谱，后人寻根苦。今人不修谱，后人不知古”，这是一家网络家谱公司的宣传语。长期以来，我国民间记录家庭、家族事项的方法之一便是编修家谱。家谱，又称宗谱、族谱、房谱、支谱、氏谱、家乘、家牒、家传、谱系、谱牒、玉牒等，是以特殊形式记录家族的来源、迁徙、繁衍、生息、荣衰、升沉等全过程的重要典籍。近几十年，社会上出现了修谱热潮。但家谱的来源和演变如何？有什么价值和作用？体例和内容怎样？历朝历代究竟怎样修谱？皇帝和名人家的家谱是什么样子？现在修谱究竟怎样才能适应新的形势？怎样才能修出能够传世的家谱？诸如此类的问题都值得系统探讨并加以解决。本书定名为《家谱文化知识与编修技巧》，便是要用翔实的资料和丰富的内容，通过深入浅出、雅俗共赏的表述方式，全面准确地系统介绍家谱知识和编修方法。在正式进入本书以前，有必要首先强调笔者对家谱的几个基本看法。

第一，客观看待近年修家谱的原因。近几十年来，随着我国经济文化的发展，不少地方出现了修家谱活动，这种现象在南方各地尤其普遍。其原因尽管较为复杂，但也不外乎内部和外部两个方面。从内部情况看，我国历史上本来就有修家谱的传统，但由于种种原因才受到限制，20世纪80年代前后，社会环境发生了较大变

几种不同姓氏的家谱及其不同谱名

化，原来生活较为困难的各地百姓逐渐富裕起来，开始有能力编修自己的家谱，具备了修家谱的物质基础。与此同时，从历史上看，在20世纪二三十年代前后，我国曾出现一次修家谱热潮，由此按“三十年一小修、六十年一大修”的传统修谱习惯推算，下推60年正是20世纪八九十年代，再下推30年，正是21世纪一二十年代，都属于传统家谱大修或小修的时间节点，修谱或续谱现象普遍出现也势在必然。再者，还有一部分原因来自基层百姓观念，比如一些人由于受宗族思想的影响，以为修家谱、续家谱、修祖坟等是“祖训”，体现了族人兴旺，必须要做；一些家族认为，其他家族都修家谱，如果自己不修，就会显得没有势力，会被人瞧不起。至于外部的原因，则主要是从20世纪80年代开始，随着改革开放政策的实施，我国香港、台湾的同胞以及海外各地的华人华侨出于“血浓于水”的情结纷纷到故里或祖居地“寻根”，由于离家时间太久，在确定亲疏关系时往往要借助家谱，或者查阅自己带来的珍存家谱，从而使家谱发挥了纽带作用，这在一定程度上刺激了修家谱现象的出现。由上可见，修家谱或续家谱实际上是内外因结合所催生的社会现象，我们应当理性分析并加以客观看待。

第二，充分肯定家谱的价值和作用。我国是一个具有悠久历史的国家，家谱或其雏形的出现颇为久远，人们对其价值和作用的认识也随时代的变化而有所不同。尤其是在过去，因为对家谱十分珍视，认为它是“纯正血统的可靠蓝本”，许多朝代的当政者也重视家谱，甚至在选拔人才、任用官吏时查询家谱，社会上婚丧嫁娶更离不开家谱，以至几乎发展到“家家有谱”的地步。特别是明清以后所修的家谱，保存到今天的还有数万种之多。加上近年来各地新修或续修的家谱，数量加在一起相当惊人。对于这些家谱，我们今天当然不能仅仅只看到它的传统作用，还要认识到每一部家谱都是一个家族的历史记录，可以帮助我们了解其发展演变的历史或迁徙繁衍的线索。同时，家谱还可以作为研究人类学、民俗学、历史学、考古学、人口学、遗传学等学科问题的资料，具有其他文献不能替代的作用。再者，家谱中的族规家法通常要求族人尊老爱幼、努力进取、睦邻友善等，这些都是我国的传统美德，能够起到维护社会秩序的作用，也是进行伦理道德教育的教材，至今仍有现实意义。此外，家谱还可以起到联系团结海外华人、增强民族凝聚力的作用。近年来国内不少地方都出现了“寻根热”，其中起纽带作用的也是家谱。因此，家谱作为反映家族发展历史的重要典籍，至今仍对人们的生活发生着影响，不由我们不重视。

第三，不应忽视修家谱的消极作用。对于我国不少地方出现的修家谱现象，尽管有其积极作用，但某些消极因素也是不容忽视的。从各地反映的情况看，已经发现有人以维护家族利益为幌子，通过修家谱来谋取个人私利，达到以血缘关系为纽带、抱成一团、形成私人势力的目的。有人热衷与其他姓氏进行攀比，到处找同姓名人来做“后台”“压阵”，集资捐款，家家摊派，大摆宴席，加重族人负担。甚至某些干部借此与族人建立关系网，在遇到难办之事或族中有人违法乱纪时出面斡旋，加以开脱，造成不良后果和影响。更有一些别有用心的人通过修家谱结成违法乱纪、鱼肉乡里的恶势力团伙。凡此种种，都使修家谱的消极作用显而易见。为了防止这一风气蔓延，各地政府和村级组织应旗帜鲜明地表明对修家谱的态度，反对利用修家谱之机大搞宗族活动甚至形成宗族势力，影响正常的社会秩序；也反对在所修家谱中宣扬那些属于封建糟粕或迷信的东西。同时，还要对修家谱进行正确引导，把家谱修成新型的家史、族史，借以弘扬优秀的传统文化和优良品德，增强中华民族的向心力和自豪感，为促进社会和谐建设服务。此外，各级党政机关还要多深入农村，为群众解决疾苦，以实际行动增强党和政府的凝聚力，赢得群众的信任，从根本上消除群众对宗族力量的依附心理。对于那些组织修家谱造成严重后果者也应严肃处理，以儆效尤。

国内近年出版的家谱目录工具书

第四，正确认识家谱中的血统问题。如所周知，我国的家谱一向以“明世系”“辨昭穆”为宗旨，涉及较多血统问题。但由于早期家谱大多没能保存下来，现存家谱大都是明清以来特别是民国时期、甚至20世纪八九十年代所修，而所追述的先祖事迹都远在明清以前，甚至上溯到受姓前后或黄帝、伏羲时代，其间相距数千年，要做到真实可靠并非易事。因此，过去修谱者在追述祖先源流、先祖事迹时，最热衷拉名人作祖先，张冠李戴者往往有之，混淆颠倒基本事实、与历史不符合的现象也很常见，从而使家谱所反映的血统问题并非都那么真实可靠。特别是对于自黄帝、伏羲以来至商周以前的历史，由于缺乏明确记载早已变得模糊不清，即使两千多年前的司马迁在写《史记》时也受“书阙有间”的困扰，苦于说不清三皇五帝时代的族群关系；两千多年后的修谱者如果把黄帝以来数千年中的世系一代不缺地连接起来，其真实性无疑要大打折扣。某些通谱性质的家谱甚至有意把自黄帝以来的同一姓氏的人都编在一起，其做法则更加不科学。因为在事实上，我国姓氏的来源有多种途径，发展过程中还经过离合演化，情况复杂，同一姓氏的人不一定同宗同姓。尤其是一些大姓，来源更为复杂。不同来源的人之间不可能存在血缘关系，更没有所谓的共同祖先。因此，我国民间所说的“万代一系”“某姓血统”“同姓一家”“五百年前是一家”等观念，其实很难经得起推敲，仅仅具有民俗意义，最多能在某种情况下发挥心理上增强凝聚力、向心力、自豪感的作用，并不能认为历史真的如此。

尽管家谱存在这样或那样的问题，但它毕竟还是与家和家族相关的文献，具有突出的文化价值、当代意义。也正因如此，为了弘扬优秀的家谱文化，充分发挥家谱在和谐社会建设中的有益作用，笔者在多年研究和多次指导多个姓氏修谱、为多部新编家谱作序、多次参与修谱或颁谱活动的基础上，用近30万字的篇幅，编写了这

蓝姓的几种家谱、族谱

本系统介绍家谱知识和编修方法的书籍。全书共分五章，分别介绍家谱的定义、起源、种类、特性、功能、内容和体例、发展和现状、收藏和应用，以及新旧家谱的编修方法、新家谱编修的指导思想和原则、新家谱的质量要求、新家谱的内容和体例、编修新家谱的资料搜集、新家谱的序和凡例及附录的编写、人物传的编写、家谱的修订、审查和出版等。在本书编写过程中，笔者力求做到选材全面、准确、精当，语言通俗生动，使本书具有了很强的知识性、系统性、可读性和实用性。对于广大家谱爱好者或编修家谱者而言，这将是一本有价值的参考书籍。

目 录

第一章
家谱知识

家谱是与家和家族相关的重要典籍，又称族谱、宗谱、房谱、支谱、氏谱、家乘、家牒、家传、谱系、谱牒、玉牒等，是以特殊形式记录家族的来源、迁徙、繁衍、生息、荣衰、升沉等全过程的文献，一向被认为是家族的生命史，具有多种多样的形式、性质、内容、体例和价值，同时还有悠久的编修历史、漫长的演变过程。因此，要想了解家谱，编好家谱，有必要系统学习家谱知识。

一、家谱的起源

家谱作为与家和家族相关的历史文献，其本身的起源经历了一个从简单到繁杂、从低级到高级的漫长过程。就一般情况而言，以文字记录下来的家谱萌芽于殷商，起源于周代，而在文字出现以前的人类社会早期，人们通过口耳相传或结绳记事等方式，同样传承与后来的家谱近似的内容。因此，家谱的历史，实际上也是人类发展历史的缩影。

1.原始状态的家谱

就本质而言，家谱的核心是辨血统、“明世系”“使人不忘乎本末”，具有通过血缘关系区分彼此的作用。从人类发展的进程看，这种区分的必要性最早出现在母系氏族社会晚期。当时的人们已经摆脱了原始社会的群婚杂居关系，出自同一个女祖先的人生活在一起，为了区分长幼次序和纪念那些死去的祖先，保证氏族内部的延续和稳定，保护财产不落入外人之手，人们由最初言传身教的现身说法帮助辨别彼此之间的关系、记忆代际传承的历史，进而发展到口耳相传，当懂得结绳记事后，又利用结绳记事的方法来达到辨别和记忆的目的。从母系氏族社会经父系氏族社会，即传说中的三皇五帝时代，直到文字出现之前，口耳相传、结绳记事等都是原始人类区分血缘关系、记忆传承世系最为主要的方式。由于这些方式的作用与后来的家谱极为近似，我们称之为口传家谱或结绳家谱。

（1）口传家谱

通过口耳相传的方式记忆传承世系，是中华民族历史上不可或缺的一环。根据不少学者研究，我国传说时期的三皇五帝以及夏商周等王朝祖先的世系，就是通过口耳相传、再由文字记录下来的。其中如三皇五帝中伏羲的世系，西晋人皇甫谧所编的《帝王世纪》记载为“风姓也。包牺（即伏羲）氏没，女娲氏代立为女皇，亦风姓也。女娲氏没，次有大庭氏、柏皇氏、中央氏、栗陆氏、骊连氏、赫胥氏、尊卢氏、混沌氏、昊英氏、有巢氏、朱襄氏、葛天氏、阴康氏、无怀氏，凡十五世，皆袭包牺氏之号也”。这段记载不仅涉及15代人的世系传承情况，更为重要的是在伏羲及其后代时还没有文字，这些世系显然是根据传说追记而来。再如炎帝及其后代的世系，《山海经》记载说“炎帝之妻、赤水之子听訞生炎居，炎居生节并，节并生戏器，戏器生祝融。祝融降处江水，生共工。共工生术器、后土，后土生噎鸣”，同样是依据传说。又如黄帝及其后代的世系，《史记·五帝本纪》记载说黄帝正妃嫘祖“生二子玄嚣、昌意。昌意娶蜀山氏女，曰昌仆，生高阳，是为帝颛顼也。帝颛顼生子曰穷蝉。颛顼崩，而玄嚣之孙高辛立，是为帝喾。帝喾娶陈锋氏女，生放勋。娶娵訾氏女，生挚。帝喾崩，而挚代立。帝挚立，不善（崩），而弟放勋立，是为帝尧”，又记载虞舜至黄帝之子昌意之间的世系说“虞舜者，名曰重华。重华父曰瞽叟，瞽叟父曰桥牛，桥牛父曰句望，句望父曰敬康，敬康父曰穷蝉，穷蝉父曰帝颛顼，颛顼父曰昌意：以至舜七世矣”，情况都与上述伏羲炎帝的记载相同。至于《史记》中的《夏本纪》《殷本纪》《周本纪》《三代世表》，以及《世本》《大戴礼记·帝系》《五帝德》等书中关于三皇五帝以来至夏商周三代王室祖先世系的记载，同样也都是根据传说而追记。这种被后世以文字记录下来的世系，在传说时期实际上也就是口传家谱。

三皇五帝和夏商周三代祖先的历史都属于中华民族的主体民族汉族的传说史，至于其他少数民族，也有不少属于本民族的口传家谱，有些口传家谱甚至直到近现代还在口耳相传。如居住在今云南福贡县知子罗村一带的怒族人斗霍部落没有本民族的文字，在20世纪的民族调查时还能依次说出41代祖先的名字，即“茂英充、充罗并、罗并者、者茂特、茂特绷、绷喜耀、喜耀维、维曲维、曲维能、能波赤”等，其中的“茂英充”是位女始祖，由她往下传已有一千多年的历史。而居住在普乐村的蜂氏部落则可以说出女始祖茂英充以下64代祖先的名字，即“茂英充、充足人、阿都都、都沙布、沙布必、必那沙、那沙以、以纳比、纳比欢、欢米滋”等。64代人联系起来，有将近两千年的历史，其口传家谱的历史更为悠久。又如生活在四川凉山彝族自治州一带的彝族人，有一个位居彝族四大家族之首的阿摸惹古家族，在其阿邱拉玛支系中也流传着自己的口传家谱，记录了自“慕阿乌”到“则伙古步”之间122代世系，借助这部家谱，族中的每个男子都可以与一位祖先联系在一起，因此也被要求背诵这些世系，把它熟记于心。上述这些少数民族家谱，都是口传家谱的活化石。

被整理成文字的彝族阿摸惹古家族家谱

（2）结绳家谱

结绳记事是在文字产生以前的人类社会中出现的带有普遍性的做法，即《说文解字》中所说的“神农氏结绳为治而统其事”中的“结绳”，一些少数民族直到近现代时期还在使用这种方法，在绳子上打结，以打结的形状、多少等来记录发生的事情、人口的变化等，其中与人口变化相关的又包括人口传承的世代、人口数量、男女比例、相互之间的关系等。通过结绳来记录人口传承世代的做法近似于编家谱，因此这类的结绳也被称为结绳家谱。

在我国早期的一些文献中，都有先民结绳记事的记载。如在老子的《道德经》中，就说到“小国寡民”的远古时代，人们“结绳而用”。《周易》也说“上古结绳而治”。由此联系到前引《说文解字》中的“神农氏结绳为治”，可以确定，至少古人认为在神农氏等人生活的远古时期出现过结绳记事这种现象。但那时究竟怎样结绳记事，或者怎样在结绳中体现类似家谱所记录的世代传承情况，文献中并没有明确记载。倒是在我国的鄂伦春族、满族、锡伯族、哈尼族、门巴族、高山族等少数民族中，直到近现代还或多或少地保留着结绳记事的习惯，其中的一些还明显带有结绳家谱的性质。尤其是鄂伦春族，一直保留着在马鬃绳上打结表示家中有几代人的传统，如果一家三代人就打三个结，如果五代人就打五个结，这根马鬃绳显然就是典型的结绳家谱。再如满族祭祀祖先时，通常要祭祀一个用黄布制成的口袋，因为口袋中装有长四五丈的“子孙绳”，绳上系有代表家族成员的小弓箭、五彩布条等。其中，小弓箭代表男孩，五彩布条代表女孩。透过“子孙绳”的长短和系物多少，可以判定其人口多寡和辈数多少、每一代人的男女多少。无疑，这样的“子孙绳”实际上也是结绳家谱。此外，锡伯族也有与满族近似的“子孙绳”，只是当族中增加了一代人时，在绳上挂一块背式骨表示辈分。如果想知道族中有多少代人，数一数有多少背式骨就可以了。

2.萌芽状态的家谱

无论是口传家谱还是结绳家谱，尽管具有家谱的性质，但仅能够记录族人的传承情况或相互之间的关系、男女数量等，其所包含的信息量远非后来的文字家谱可比。因此，当成熟的文字在我国殷商时期出现以后，其作用之一便是取代口传家谱和结绳家谱，担当起了记录家和家族传承历史的责任，并在经历了甲骨文家谱和金文家谱等阶段以后，于周代随宗法制度的完善而正式形成了我们现在所见到的家谱。

（1）甲骨文家谱

甲骨文家谱，即通过甲骨文记录下来的家谱。甲骨文是我国最古老的一种成熟文字，是殷商王室、贵族用于占卜或祭祀、狩猎的，因刻在龟甲或兽骨上而得名。目前已发现15万多片有字甲骨，4500多个不同字形，其中已有2500多字被识别。从内容上看，这些文字主要记录占卜所问之事或所得结果，但也有一些记录人物世系或其相互之间的关系，这类的甲骨文便是甲骨文家谱。

在目前可见的甲骨文家谱中，常被提起的有三片甲骨。其中之一见于容庚等编的《殷契卜辞》中，序号为209。另一片见于董作宾的《殷墟文字乙编》，编号为4856。还有一片收录于《库、方二氏藏甲骨卜辞》中，序号为1506。三片甲骨中的前两片文字不多，陈梦家在《殷墟卜辞综述》中的释文分别是“□子曰□，□子曰□”“帚妥子曰为□”；第三片因为刻于商王武丁时期、完整记载了倪（兒）氏家族11代人的世系而最为珍贵。该片甲骨是一片牛肩胛骨，所刻文字从右至左共13行，每行1句，除第一行5字外均为4字，共53字。这些字基本都被释读出来，其中的一种释文是：“兒先祖曰吹，吹子曰卫，卫子曰燕，燕子曰帷，帷子曰壹，壹弟曰启，壹子曰噩，噩子曰徕，徕子曰洪，洪子曰御，御弟曰修，御子曰射，射子曰商。”从中可见，这些文字是典型的倪（兒）氏家族世系表，其中涉及14人，共11代。14人中属于父子关系者11人，兄弟关系者2人，关系不明者1人。由于11代人生活时代的前后跨度有300多年，加上刻在甲骨上的时间是距今3200多年的商王武丁时期，因此，如果从这一家族的先祖吹算起，其距今的历史已有3500多年，大约相当于商朝早期，可见这种甲骨文家谱历史的久远了。

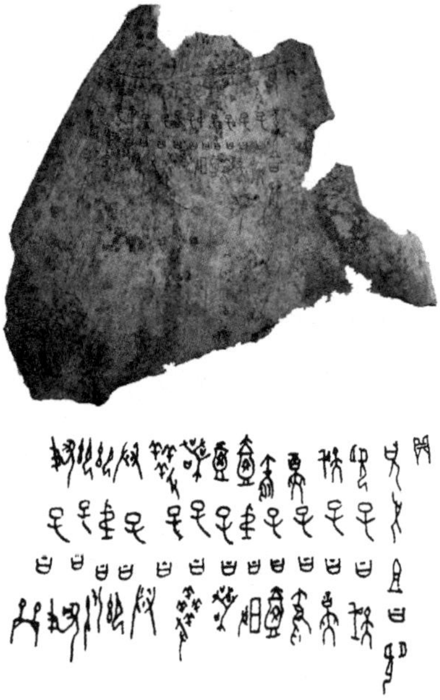
兒氏甲骨及其刻辞摹写

另外，在已经发现、带有文字的甲骨片中，有些文字记载的是占卜或祭祀祖先的内容，其中涉及祖先的名字、世系，从而也带有甲骨文家谱的性质。如收录在《殷契粹编》中第112片甲骨上的部分文字是“乙未酒兹上甲十，报乙三，报丙三，报丁三，示壬三，示癸三，大乙十，大丁十，大甲十，大庚十，小甲三”，《殷墟文字甲编》中第2282片甲骨上的部分文字是“求雨自上甲，大乙，大丁，大甲，大庚，大戊，中丁，祖乙，祖辛，祖丁十示，率牡”，《殷虚书契后编》上第20片甲骨中的部分文字是“甲辰卜贞，王宾，求祖乙、祖丁、祖甲、康祖丁、武乙衣、亡尤”，这些文字经甲骨文专家研究、考证，都认为是商王及其先公先王的世系，可以与《史记·殷本纪》中的世系相互印证，同样也近似于甲骨文家谱。

（2）金文家谱

在我国的文字于殷商时期出现并成熟以后，人们记载家族的世系不仅刻在龟甲兽骨上，还有些刻在青铜器上。特别是从殷商晚期开始，青铜器的使用越来越广泛，刻在青铜器上的文字也越来越多。刻在青铜器这种金属器皿上的一些具有家谱性质的文字，后来也被研究者称为金文家谱。

目前所见刻在青铜器上的金文家谱，商代和周代的都有。其中，商代的金文家谱仅收录在罗振玉《三代吉金文存》一书中的就有4件，所记载的内容都是相关家族的传承世系和人名。如被称为

“祖丁戈”的一件青铜器，上面的铭文是“祖丁，祖己，祖乙”，含义应是以干支命名的祖先的名字，与商代人喜欢用干支命名的习惯相合，所表述的大抵是三位或三代祖先。另3件青铜器都是戈状礼器，因为相传出土于易州（今河北易县）而被称为“易州三戈”或“易州三勾兵”“商三勾兵”，或因其分别涉及6位祖、父、兄的名字而被称为“六祖戈”“六父戈”“六兄戈”，或称“大祖日己戈”“祖日乙戈”“大兄日乙戈”。经过古文字专家的释读，“六祖戈”的铭文是“大祖日己，祖日丁，祖日乙，祖日庚，祖日丁，祖日己，祖日己”，“六父戈”的铭文是“祖日乙，大父日癸，大父日癸，中父日癸，父日癸，父日辛，父日己”，“六兄戈”的铭文是“大兄日乙，兄日戊，兄日壬，兄日癸，兄日癸，兄日丙”。铭文的格式大致相近，内容包括祖先或兄弟的世系、名号或庙号，其用途应是便于子孙纪念或祭祀，从性质到内容都更接近后来的家谱。

至今发现的铸有铭文的周代青铜器更多，其中不少是祭祀用的礼器，铭文中也多包含家族世系及祖先名字、功德等内容，同样也可以认为是金文家谱。其中一件由微氏家族的“墙”铸造的青铜盘上共有284个铭文，铭文中不仅列举了文、武、成、康、昭、穆等6代周王的世系，还记载了与6代周王同时的微氏家族高祖、烈祖、乙祖、亚祖祖辛、文考乙公等5代祖先的事迹，加上“墙”本人所在的一代，实际上包含了微氏家族的6代世系。此后，“墙”的儿子又铸造了一件带有96个铭文的青铜钟，铭文中的内容与“墙盘”相衔接，把“墙”称为“皇考丁公”，加上他本人共有7代世系。由于这7代人生活在自周文王到周穆王之间的200多年中，家族世系连续不断，在周代青铜器中具有突出价值，被认为是最有代表性的青铜家谱之一。另有一件与单氏家族传承世系相关的青铜“逨盘”，共有372字，清晰记载了其家族自第一代祖先“单公”以来共8代人辅佐周朝的事迹，世系传承脉络清晰，历史跨度自周初至周宣王时期，青铜家谱的性质同样明显。

西周青铜器“墙盘”

3.家谱文献的出现

历史发展到周代，随着以血缘关系为基础的宗法制度的确立，血缘观念被进一步强化，家谱作为记录血缘关系的文献也受到前所未有的重视，进而获得长足的发展。

（1）史官修谱制度在周代的确立

周代是西周和东周的通称，在习惯上又称西周和春秋战国。西周时，周天子采取了“家天下”的统治模式，确立了一种以血缘关系为基础的宗法制度。这种制度原本由氏族社会的父家长制演变而来，在宗族内部以大宗和小宗进行区分。周天子是天下的大宗，天子的儿子除嫡长子外都被封为诸侯，诸侯对天子而言就是小宗。但在诸侯的封国中，诸侯却是大宗，诸侯的儿子除嫡长子外被分封为卿大夫，卿大夫对诸侯而言又是小宗。同样，在卿大夫的采邑中，卿大夫则是大宗。从卿大夫到士也是如此，士之下则不再分封。可见，这种制度实际上是全国范围内形成了以周天子为核心的宗法系统，它要求宗族内部的血缘关系十分清楚，即使宗族进一步分化出许多新家族，也必须保持十分清晰的血缘关系，以保证宗族的维持和发展。若干年后，即使宗族人口变得十分庞大，宗族成员之间的血缘关系变得更加复杂，仍能很容易地区分出每一个成员在宗族中的位置，以及宗族的始祖及始祖母是谁，父、祖、曾祖、高祖是谁，谁在宗族中属于嫡庶，等等。久而久之，由于宗族内部的关系变得越来越复杂，出于维护宗法制度的需要，必须有专人负责掌管宗族事务，于是，负责记录与管理周天子宗族中血缘关系亲疏、嫡庶长幼等事务的官员应运而生，其所记录和管理的也就是周王室的家谱，这一制度也被称为史官修谱制度。

据《周礼·春官》记载，周天子所设立的掌管家谱的官员被称为小史，专门负责“奠系世，辨昭穆，若有事则诏王之忌讳”，即定立王室世系、区分王室成员长幼次序与嫡庶亲疏，遇到祭祀还要告诉周天子祖先的忌日和名字。除小史外，还有太史、内史等官员负责管理诸侯或卿大夫的家谱。至于在诸侯国，也设有专门管理国君家谱和家族事务官员，只是官员的名称有所不同。例如，在鲁国，见于记载的就有工、史、宗、祝等官职；在楚国，相关的官员被称为三闾，“掌王族三姓，曰昭、屈、景，叙其谱属”，级别是大夫。屈原就曾经担任过这一职务，所以也被称为三闾大夫，掌管昭、屈、景三位君主的家谱。

由于周代从天子到诸侯都重视宗法血缘关系，加上又设立了专门的掌谱官员，因此也使家谱起源的步伐迅速加快，促使其最终成为专门的家族文

《周礼》书影

献。另据史书记载，当时由掌谱官员记录和编写的家谱性质的文献还被当作教育族人的教材，使他们借以牢记“宗庙之有昭穆，以世次之长幼，等胄之亲疏”，发挥了社会教化作用，我们从中也可见由原始人类发展而来的口传家谱遗风。只是可惜的是，由于这些家谱性质的文献在当时属于周天子或诸侯的私密家族档案，尽管编写的数量可能很多但流传下来的极少，我们今天仅能从保留在其他文献中的部分资料窥见其一鳞半爪。如在传为西汉人戴德所编写的《大戴礼记》中，收录了《五帝德》《帝系》这两篇被认为是周代的文献，其内容涉及黄帝至夏商周三代祖先之间的传承关系、世系，被司马迁《史记》中的《五帝本纪》和《三代世表》所采纳。尤其是《帝系》，一向被认为是黄帝及其后代的世系传承表，其依据尽管可能是周代以前口耳相传的传说，但被整理成相对规范的世系应归功于周代的掌谱官员，因此也在一定程度上反映了周代官修家谱的原貌。

（2）家谱开山之作《世本》

战国末年时，一部带有家谱性质的《世本》诞生于世。该书相传出自战国末年一位担任史官的赵国人之手，是“录黄帝以来迄春秋时帝王诸侯及卿大夫系谥名号”之作，因为所记录的都是家世本源而定名为《世本》，可惜从汉代开始逐渐残缺、亡佚，今天仅能见到辑本。从历史记载及其辑本看，该书原有15篇，其篇名已经不为人知，后人辑本中的分类也有所不同，但大抵包括“帝系篇”“王侯世”“卿大夫世”“氏姓篇”“居篇”“作篇”及“谥法”等，包含从黄帝至春秋战国时期历代帝王和诸侯卿大夫的姓氏来源、世系源流、迁居本末、生前创制、死后谥号等多方面的内容。在被辑录的各篇中，“帝系篇”不仅记载了伏羲、神农、黄帝、少昊、颛顼、高辛、唐尧、虞舜等三皇五帝世系，也记载了陆终六子和周代的威烈王、赧王、武公等人的世系；“王侯世”记载了鲁、齐、晋、秦、楚、宋、卫、陈、蔡、曹、郑、燕、吴、杞、滕、韩、赵、魏、齐、蜀等周代主要诸侯国君的世系；“卿大夫世”记载了周代诸侯国中卿大夫的世系，其中至少包括鲁国18个卿大夫家族，以及齐国20个、晋国22个、卫国25个、宋国26个、郑国28个、陈国28个、楚国29个卿大夫家族；“氏姓篇”记载了黄帝以来的主要姓氏源流，由于“明世家”“式辨诸宗”，能够让人“知姓氏之所由出”，广受后人的赞誉，“凡言姓氏者，皆本世本”。此外，“作篇”记载了三皇五帝和夏商周以来的各种器物、生活用品的发明情况，“居篇”记载了历代帝王诸侯的都城所在，“谥法”记载了历代帝王诸侯的谥号及其基本含义。可见，该书实际上是一部内容丰富、具有里程碑意义的家谱类著作，后人在评价时也说“世谱之学，以《世本》为宗”。由于《世本》开创了家谱编修之风，从此以后，家谱之学慢慢发展成为一门独立的学科，史称“世谱学”“谱系学”“家谱学”“氏姓之学”或“姓氏之学”等。

后人辑佚出版的《世本》

另外，值得一提的是，大约与《世本》同时，还有一部被传为荀子所编的《春秋公子血脉谱》，简称“公子谱”，可惜早已完全亡佚。但从谱名推断，其内容大约也是汇集帝王诸侯世系的家谱，而“血脉”二字更加形象地揭示了家谱的血缘性质。正因如此，宋代著名谱学家郑樵说“凡言姓氏者，皆本《世本》《公子谱》二书”，同样给予了它高度评价。

二、家谱的演变

如上节所述，我国一般意义上的家谱是在周代正式形成并以《世本》的问世为标志的。此后，家谱便进入了漫长的发展演变过程。由于在不同时期的情况不尽相同，我们不妨结合时代背景，将其过程分期进行介绍。

1.两汉时期

《隋书·经籍志》在“谱系篇”的概述性文字中说，家谱类的著作历史悠久，“由来远矣。周家小史定系世，辨昭穆，则亦史之职也。秦兼天下，刬除旧迹，公侯子孙，失其本系。汉初，得《世本》，叙黄帝已来祖世所出。而汉又有《帝王年谱》，后汉有《邓氏官谱》”。这里实际上是把周代至秦汉的家谱演变情况进行了简要概括，意思是说，周代开创以小史官专门负责家谱事宜的先例，因为秦朝的改弦更张而受到冲击，但进入汉代后又在《世本》的影响下得到继承，并且被发扬光大。事实上也的确如此。就其历史地位而言，两汉时期在家谱演变史上实际起着承上启下的作用。

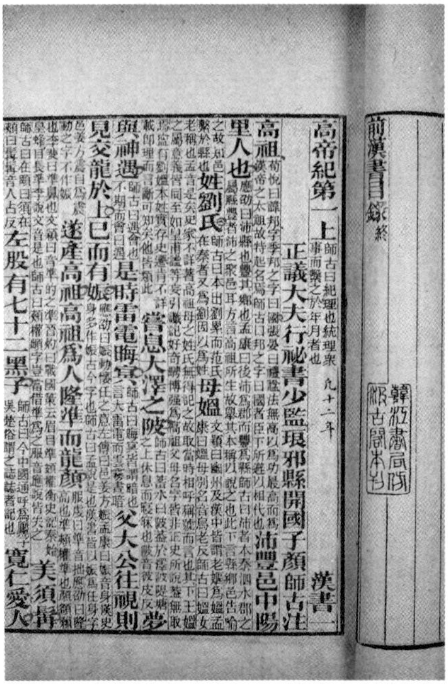
前漢書目錄 終
漢書一
高帝紀第一上
正義大夫行祕書少監琅邪縣開國子顏師古注
高祖沛豐邑中陽里人也姓劉氏母媼嘗息大澤之陂夢與神遇是時雷電晦冥父太公往視則見交龍於上已而有娠遂產高祖高祖爲人隆準而龍顏美須髯左股有七十二黑子寬仁愛人

《汉书·高帝纪》

首先，两汉时期继承了周代的史官修谱制度。《汉书·高帝纪》记载，早在汉高祖七年（前200年），就开始“置宗正官以序九族”，职责是“掌序录王国嫡庶之次，及诸王室亲属远近，郡国岁因计上宗室名籍”“岁一治诸王世谱，差序秩第”。意思是说，宗正是负责王室及诸侯宗族事务的官员，根据各地上交的宗室名册编写或修订家谱，借以辨别亲疏远近，以便决定他们应该享有的特权。可见，宗正的职责与周代的小史十分相近，尽管其负责的仅是皇帝和宗室的家族事务，但所编的的确是家谱。由于其职责较重，汉代还把它列为九卿之一，此后各朝也相沿成习，直到清代都有这一职务。我们今天还能在《汉书·艺文志》里见到“《帝王诸侯世谱》二十卷”这一名称，这部“世谱”大约就出自宗正官之手。

其次，两汉时期正式把家谱称为“谱”“牒”或“谱牒”。家谱的“谱”字是个形声字，表示一种文献、簿籍，但在汉代以前还不见这一写法。直到汉代时，司马迁在《史记·三代世表序》中说“自殷以前诸侯不可得而谱”，班固在《汉书·艺文志》中说“历谱者，序四时之位”，刘熙在《释名·释典艺》中说“谱，布也”，都使用了“谱”字。其中，司马迁所说的“谱”就是指家谱。此外，汉代还把家谱称为“牒”“谍”，或与“谱”并称为“谱牒”“系谍”。如司马迁《史记·三代世表序》：“余读牒记，黄帝以来皆有年数。稽其历谱牒终始五德之传，古文咸不同，于是以五帝系牒、尚书集世纪黄帝以来讫共和为世表。”又《十二诸侯年表序》：“太史公读春秋历、谱牒。”这些记载中的“牒”或“谍”的原义是刻印家谱的竹简或木简，与“谱”并称后都指家谱。我国至今还称家谱为“谱”或“谱牒”，这些称谓的本源都在汉代。

由于汉代对家谱的重视，促使家谱继周代之后有了新的发展。据相关文献记载，当时不仅有官修家谱，而且有私修家谱，甚至还有刻在石碑上的碑谱，一些擅长家谱的名家也知名于世。其中被后人常提起的家谱有《邓氏官谱》《扬雄家牒》等，具有家谱性质的

《史记·太史公自序》书影

文献有《史记·太史公自序》《汉书·叙传》《汉书·孔光传》等，碑谱有刻于东汉建武二十八年（公元52年）的《三老碑》、刻于延熹三年（160年）的《孙叔敖碑》、刻于光和三年（180年）的《三老赵宽碑》等。至于当时的谱学名家，最有代表性的是司马迁，他不仅在《史记·太史公自序》里叙述了自己家族从得姓到父亲司马谈之间的世系传承、主要人物事迹、官职等情况，还利用《世本》等“牒记”，编写了黄帝等上古帝王和中古诸侯的《五帝本纪》《夏本纪》《殷本纪》《周本纪》，以及《三代世表》《十二诸侯年表》等。他的这些著作，家谱的性质都非常明显，毋庸赘述。

此外，汉代还有一些被后来归入姓氏类著作中的文献，主要有《白虎通·姓名篇》《潜夫论·志氏姓》《风俗通·姓氏篇》等，其内容也与家谱有关。

2.魏晋南北朝时期

魏晋南北朝时期，伴随世家大族式家族制度的兴起和政治、社会等方面的特殊需要，“而家谱特盛”“人尚谱系之学，家藏谱系之书”。尤其是在东晋南朝时，朝廷选官用人和社会上世族门阀之间识别身份、婚姻嫁娶等都要依靠家谱，“官之选举必由于簿状，家之婚姻必由于谱系”。为了满足这些需要，不仅朝廷专门设立“图谱局，置郎、令史以掌之，仍用博古通今之儒知撰谱事”，而且还出现了专门研究和编写家谱的世家，家谱进而也成为一种特殊的学问，人称谱学。尤其是那些随东晋王室南下、被称为侨姓世族的人更加重视家谱，专掌家谱的谱局也由他们把持，一些著名家谱如《姓氏簿状》《百家谱》《百家谱抄》《新集十八州世族谱》等也都出自他们之手。家谱之所以能够在当时获得前所未有的地位，“乡举里选不核才德，其所进取，以官婚胄籍为先”，在很大程度上应归结为他们的重视和提倡。据统计，三国西晋时期见于记载的世族谱不足10种，至东晋初年猛增至100余种，后虽因战乱而遭受较大损失，但“后起咸和二年以至于宋”，又有许多新谱补充进来，成为国家编修官谱的依据，一些综合性的总谱也因之产生。

东晋南朝时期编修的家谱，从形式上看既有反映一个家族源流的单一家谱，也有全国总谱、郡谱、家传和列传式家谱，其规模有数卷以至数十、百卷不等，仅收录在《隋书·经籍志》中者即达55种、1266卷之多。事实上，当时编修家谱的总量当然远非如此。这些家谱在内容上也大多具备了后世家谱的特征，同时像后世那样攀附祖先、仿造世系、牵强附会等修谱通病也已出现。

另外，当时还有平阳贾氏、东海王氏、琅琊王氏、南阳刘氏、东海何氏等编修和研究、利用家谱的谱学名家，其中平阳贾氏的贾匪之、贾弼之、贾渊祖孙三代“世传谱学”，编修了《十八州士族谱》700多卷。东海王氏的王僧孺“入直西省，知撰谱事”，编修了《十八州谱》710卷、《百家谱集抄》15卷、《东南谱集抄》10卷。琅琊王氏作为东晋南朝时期的“侨姓首族”，为适应从政为官的需要，不仅很早就编写了自己的家谱，而且族中还有多人精通谱学。如在南朝初年，裴松之注释《三国志》时，两次引用《王氏谱》，说明其最迟在这时已有了自己的家谱，后人也说“晋丞相王文献公导，渡江始立家谱”。所以，至梁朝人刘孝标注释《世说新语》时，不仅多次引用其家谱，还分别利用了王敦等13人别传，以及《王丞相（导）德音记》《王司徒（珣）传》等书籍，这些也都有家谱的性质。至于精通谱学者，如宋宰相王弘，对编修于晋太元中的《百家谱》有很深的研究，能够做到“日对千客，不犯一人之讳”；他的侄儿王僧绰任吏部郎，“究识流品，谙悉人物”，在谱学上也有很深的造诣，以修谱著称的平阳贾匪之还是他的门客。王僧绰弟王僧虔，也编有《新集诸州谱》。王僧绰子王俭在齐初任宰相，在精通谱学的基础上，对传世《百家谱》“复加去取，得繁省之中”，成《百家集谱》10卷，又将谱学向前推进了一步。与他们同族的人王晏以吏部尚书身份主持天下选举，也曾因皇子“不谙百氏”而反对他继任此职，显然也是熟悉谱学的。又有王逡之撰《续百家谱》《南族谱》《百家谱拾遗》等。他们或编订全国通谱，或为本家族作谱传，无疑也都是对谱学有较多研究的人。由于平阳贾氏和东海王氏、琅琊王氏等都为东晋南朝时期的谱学发展作出了重要贡献，由其开创的一代谱学也被称为“贾王之学”。

在北朝，同样有官修和私修家谱，正如《隋书·经籍志》所指出的那样：“后魏迁洛，有八氏十姓，咸出帝族。又有三十六族，则诸国之从魏者；九十二姓，世为部落大人者，并为河南洛阳人。其中国士人，则第其门阀，有四海大姓、郡姓、州姓、县姓。及周太祖入关，诸姓子孙有功者，并令为其宗长，编修谱录，纪录所承。又以关内诸州，为其本望。”上述所说的北魏和西魏、北周“编修谱录”，性质都应是官修。北魏还在太和中诏各郡中正“各列本土姓族”，北周编写了确定天下士族等级的《建德氏族》，这些也都是官修的总谱或通谱。至于北齐人浮屠昙刚编写的《类例》、出身南朝而知名于北周的王褒编写的《王氏江左世家传》，则是出自私人之手而带有家谱性质的文献。

由于家谱在魏晋南北朝时期极度受到重视，几乎影响了社会的各方各面，甚至一些史书在编写时也深受影响。完成于这一时期不同阶段的史书如《三国志》《后汉书》《宋书》《魏书》等书中的某些纪、传，不仅要追溯相关人员的数代祖先，而且还要附上子孙的名字、官爵，人数多达数十到上百人，性质已经非常接近家谱。难怪后人要嘲讽这些史书的作者是“代人作家谱”，其著作也不过是“六朝人家传一部耳”。另外，当时的墓志中有不少也涉及墓主的家世源流，具有接近于汉代碑谱的性质，从中也同样可见当时社会有重视家谱的风尚。

尽管家谱在魏晋南北朝时期受到前所未有的重视，一些研究者也说这一时期是我国谱学的黄金时代，但当时的家谱究竟是什么样子，由于年代已很久远，其原貌早已不为人知。倒是在上述提到的一些史书里，以及被越来越多发现、具有碑谱性质的当时人墓志里，还能窥见当时家谱的影子，其中所包含的标榜门第和地望、家世、官爵、婚姻，以及记载的姓名、官爵、生卒年、迁徙、居住、支系、坟墓等情况，都应是当时家谱的主要内容。另外，在后人编写、反映这一时期历史的文献里，如《晋书》《梁书》《陈书》《北齐书》《周书》《南史》《北史》，以及《新唐书·宰相世系表》《世说新语·叙录·人名谱》等，也都不同程度地保存了当时家谱的某些内容。其中，《世说新语·叙录·人名谱》出自南宋人汪藻之手，是他从史书中辑录出的与《世说新语》人物相关的26个高门望族的家谱。以这些高门望族的家谱中的《琅琊临沂王氏谱》为例，这实际上是一部专门记载当时第一高门琅琊王氏在汉隋间600多年历史的家谱，内容包括三部分：第一部分是世系图，把这一时期247人按血缘关系分为12世，每世都有属于该世代者的名字，下列其父姓名。若一世之中有兄弟数人，则在长兄之下注出父名，其余名下不重注；正文是按世系图中所列诸人世系编纂的，分别介绍诸人字号、父讳、行次、时代、官职、封爵、享年、卒日、谥号、婚配等，是全谱的核心。在第一世开篇之文中，又追溯其家族来源及早期世系，使人知其本源，见其发展；附录则是一些考证性文字，主要考证其与当时另一个王姓著名支派太原王氏的关系。又如体例与《琅琊临沂王氏谱》相近的《太原晋阳王氏谱》，性质也是同一时期太原晋阳王氏10世51人的家谱，其他高门望族的家系也基本相同。

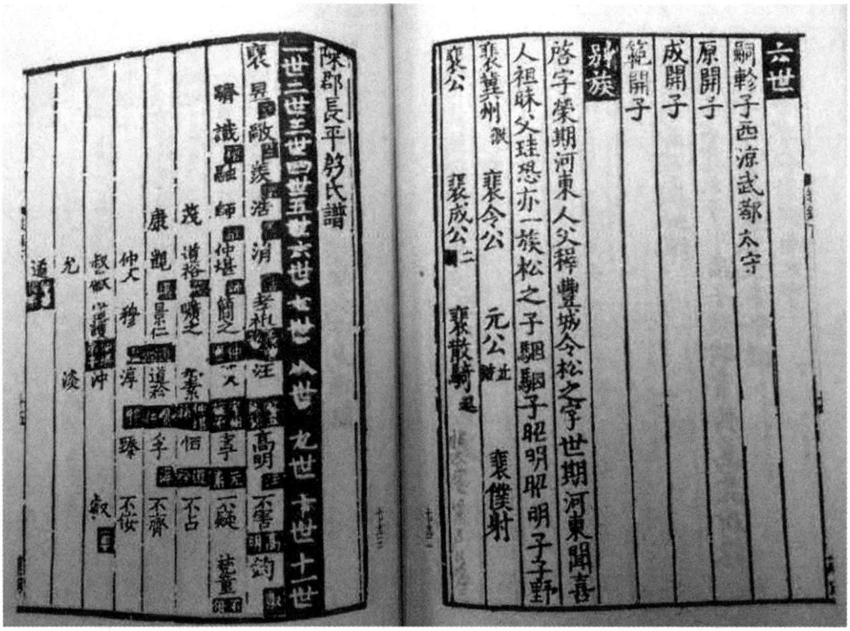

《世说新语·叙录·人名谱》
由其中河东闻喜裴氏谱和陈郡长平殷氏谱可见当时家谱的正文和世系图体例

3.隋唐时期

隋唐时，家谱同样受到重视，不仅朝廷仍然设立专门官员和专门机构组织编修家谱，社会上也重视家谱，官宦世家竞相修谱，由此出现了大量的家谱著作。所以后人认为这一时期是继魏晋南北朝之后另一个家谱发展的重要时期，“谱系之学，莫盛于唐”。

在这一时期，官修家谱仍然占有重要地位。尽管从隋朝开始实行科举制，选拔官员更看重个人才华，而不是像以前那样要借助家谱查看其出身，但家谱原有的作用依然存在。尤其是隋末战乱发生后，旧贵族遭到沉重打击，入唐以后有一批新贵崛起，提高和确立这批人的社会地位，重新区分其家族贵贱成为当务之急，甚至唐太宗李世民也把修谱作为抬高自身社会地位的手段。为此，唐朝廷曾三次大规模地组织修谱。其中，唐太宗“欲崇今朝冠冕”而“特定族姓”，命令高士廉等人收集家谱、考订世系，编修了把全国世族分为三六九等的《氏族志》130卷，借以提高自身和功臣的社会声望，重新确定社会等级。武则天掌权后，又把《氏族志》改编为《姓氏录》，把后族武姓列为第一等，其余的以官职高下为等级标准，结果五品以上官员都升为士族。唐玄宗时，由柳冲、徐坚等8人依据《氏族志》编修了《姓族系录》200卷，依据仍是当时的社会等级。在上述情况下，官修家谱实际上成了为新的等级秩序服务的工具。

不仅有官修家谱，隋唐时私家修谱同样成为一种风气，《王氏家牒》《谢氏家谱》《吴郡陆氏宗系谱》《赵郡东祖李氏家谱》等都出自私家修谱者之手，另外在《隋书》和两《唐书》的《经籍志》《艺文志》中也提到了不少当时所修的家谱。但这些家谱究竟是什么样子，由于大都没有保存下来而基本不为人知，我们仅能从某些考古发掘所出土的文物中窥见其一鳞半爪。如在吐鲁番出土文书里就有两件家谱的残片，其中用方框、线条等表示世系图表，并在相关位置注明血缘关系、名讳、官职及配偶的姓氏名字等，既简单明了又条理清晰，一定程度上代表了当时家谱的实际状况。另外，值得一提的还有《新唐书·宰相世系表》，虽然编写于宋代，但所依据的资料“皆承用逐家谱牒”，即用各位宰相的家谱编写而成。该表共收入唐代98姓、369位宰相，涉及唐代人物数万名的名字及其字号、官爵，对研究唐代历史有重要参考价值。再者，如同汉魏南北朝一样，唐代还有许多刻在石碑上的碑谱，同样出自民

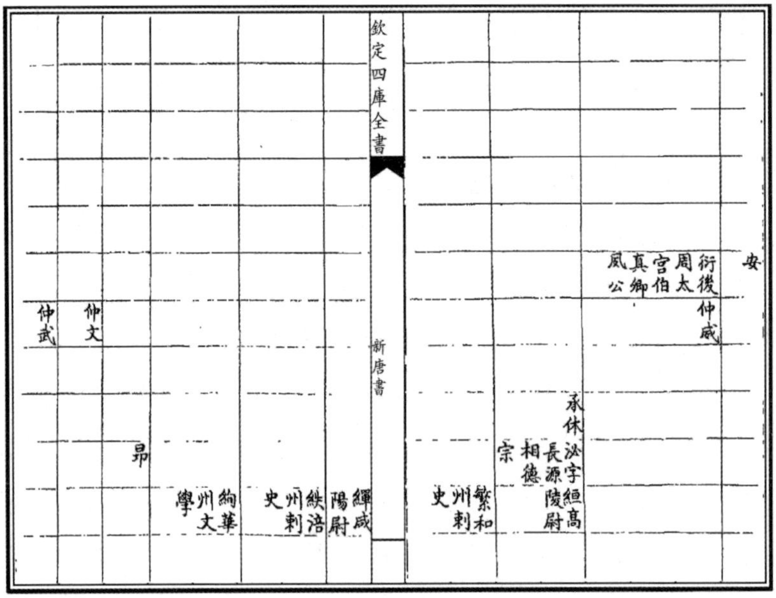

《新唐书》中的世系表

间，具有私家修谱性质。至于20世纪在敦煌石室的考古发掘中所发现的几种与家谱相关的残卷，被整理者命名为《唐贞观八年条举氏族事件》或《新集天下姓望氏族谱》，按照唐代的政治区划列出了各地的望族姓氏，其性质则接近于官修家谱，与私家修谱有所不同。

由于朝野对编修家谱的重视，唐代也出现了不少著名的谱学家。根据唐人柳芳在《氏族论》中的说法，说入唐以后“言谱者以敬淳为宗，柳冲、韦述次之”。这里的敬淳即路敬淳，是高宗、武后时人，对历代谱学和士族门第姓望、根源枝派素有研究，曾编写成《著姓略记》10卷流传于世，还编写了没有全部完成的《衣冠本系》。由于“唐初姓谱学唯敬淳名家”，其他各家“皆本之路氏”。另一位谱学家柳冲“好学多研”，是《姓族系录》的主持编修者。至于韦述，也同样雅好谱学，对柳冲等人编写的《姓族系录》爱不释手，进而把它缩编为《开元谱》20卷，在唐代中叶的谱学界有较高地位。除他们外，值得一提的还有柳冲的族人柳芳、《元和姓纂》的作者林宝等。柳芳同样以研究谱学知名，所写《氏族论》是系统研究魏晋以来谱学的名篇。林宝也以谙熟谱学著称于世，所编《元和姓纂》流传至今，他还另外与人合编了《皇唐玉牒》110卷，是唐代后期精通谱学的代表性人物。

《元和姓纂》

家谱在这一时期仍然发挥了一定的实际作用，不仅选官用人或婚丧嫁娶利用家谱仍很普遍，通过通谱等形式试图与达官显贵合族、甚至假冒别人家谱以抬高自己门第的事也时有发生。唐代初年，出身低微的李敬玄做到了吏部尚书，又娶了士族出身的妻子，仍嫌门第不高，主动请求与地位更高的赵郡李氏合谱。唐高宗宰相杜正伦出自京兆杜氏旁支，想挤进杜氏嫡系没被允许，甚至向皇帝建议水灌杜氏住地。武则天时期的宰相李义府嫌自己门第不高，对外谎称出自赵郡李氏，并伪造了自己的家谱，但被真正的赵郡李氏揭穿，从家谱中删除。结果李义府怀恨在心，逼人家自杀。唐宪宗宰相王锷为了跟著名的太原王氏攀上关系，甚至认太原王氏的王翃为从父，甘愿做子侄。后唐时，名门出身的柳膺把自己家谱类的文书偷偷卖给同姓人柳居则，不料东窗事发，险些被处死，遇大赦后仍被罢官罚钱。上述这些事例都是在门第和家谱上做文章，不惜采取卑鄙手段，也从另一个方面反证了家谱在当时确有价值。

不过，到唐末五代时，上述情况发生了较大变化。由于战乱频繁，原有的社会秩序遭到破坏，许多家谱也在战乱中焚毁、散失，甚至荡然无存，致使“家谱废绝”，“其书散佚，而其学不传”，许多家族也因为“亡失旧谱，上世次序不可复知”。后唐庄宗时豆卢革任宰相，曾抱怨朝廷选官时据以考查士人世系的“文书不完”，所指的就是官修家谱已经残缺不全。他后来又问同僚郭崇韬的家族世系，是不是唐朝名将郭子仪的后代，回答是“经乱失谱牒，先人尝云去汾阳王四世”。因为没有了家谱的记录，一家人连四代以前的情况都已经不清楚，可见唐末五代的战乱的确使家谱受到重创，家谱散失成为普遍现象。正因如此，此后“士大夫不讲，而世人不载”，“取士不问家世，婚姻不问阀阅”，家谱的发展演变面临着新的情况和特点。

4.宋元时期

进入宋代以后，由于经历了唐末五代的战乱，各大家族的家谱在战乱中散失殆尽，而当朝新贵又大多出身行武，或者通过科举考试一夜成名，原来的门第并不高，也不知道自己数代以前的祖先是谁。宋初通过科举而官至宰相的范质、王溥、赵普、魏仁浦等人，祖先大多是名不见经传的草野之民，即使是他们本人也已经无法说清楚家族世系。范质、王溥只记得自己的父亲，赵普仅能追溯到曾祖父，魏仁浦因早年丧父而记不得父亲的名字。由于没有了家谱的记载，家族的世系脉络只能靠口耳相传，时间一久，家族世系就成了一笔糊涂账。而朝廷选拔官吏仅仅重视军功或科举考试名次，也不需要再查看家谱中所记载的门第地位，家谱与政治的直接关系也渐行渐远。在这种情况下，朝廷除有必要沿用以前王朝惯例设立专门负责皇族修谱事务官员外，设立编修皇族以外家谱的专门机构或组织编修家谱已无实际意义，家谱地位下降在所难免。但这种情况也引起一些有识之士的忧虑，认为“谱牒又废，人家不知来处，无百年之家，骨肉无统，虽至亲，恩亦薄”。意思是说，由于没有了家谱的明确记载作为凭依，使许多人不再知道自己的祖先，也弄不清与稍远一点的亲戚之间的关系，长久以后必然影响人与人之间的亲情关系，社会也会因此变得冷漠无情。同时，从社会教化的角度而言，家谱还可以发挥“管摄天下人心，收宗族，厚风俗，使人不忘本”“聚其骨肉以系其身心”的作用，这也是朝廷所需要的。因此，在北宋政权逐步稳定以后，与有识之士的提倡和达官显贵之家的社会需要相适应，民间修谱之风逐渐兴起并成为一种趋势，家谱从此也“遂为私家撰述，于是有合族之谱，有分支之谱”，进入了由官修转向私修的发展时期。

宋代以后，特别是宋代中叶以后，为了维持政权稳定和巩固统治，朝廷逐渐重视家谱的社会教化作用，开始鼓励甚至大力提倡民间各家族自行编修家谱。在这一背景下，许多名人志士对修家谱表现出很高的积极性，范仲淹、欧阳修、王安石、司马光、苏洵、黄庭坚、朱熹、文天祥等人甚至还亲自主持编修了自己家族的家谱。其中，欧阳修所作的《欧阳氏谱图》、苏洵编写的《苏氏族谱》影响最大，分别被称为“欧苏体”或“欧苏谱法”。

在欧阳修的谱法中，体例包括谱序、谱例、谱图、传记等，以详近略远、详亲略疏、不妄攀附为原则，谱序中涉及得姓始末、家世源流、居住地等内容，谱例中专就家谱体例加以说明，谱图中以每五世一图的形式列出自先祖以来的世系，传记中包括传主名讳、字号、事迹、功名、婚配等多项内容。由此可见，这种体例的家谱所涉及的内容已不再像以前那样仅仅是世系的传承情况，而是把与此有关的其他内容也都搜罗进去，在性质上已近似于一个完整的家族文献。同时，这种内容的扩展势必使家谱的规模发生膨胀，而五世一图、每图的第一世都与前图的第五世相重叠的做法也使内容出

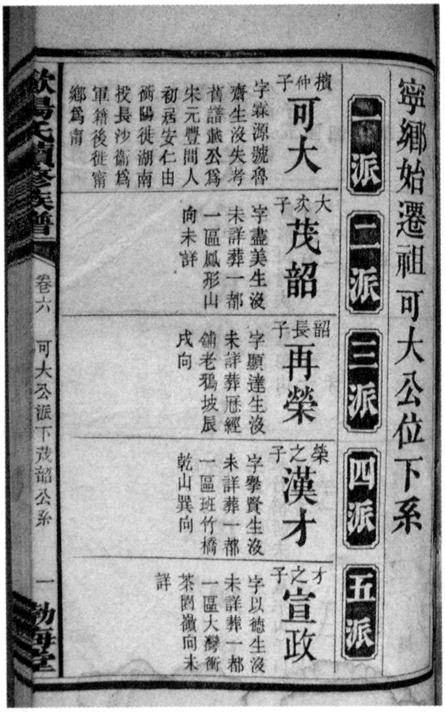

后世按欧阳修谱法编修的族谱

现重复，无形中扩大了家谱的篇幅。因此，这种体例从一开始就使家谱的内容变得复杂，在被广泛采用以后又因各项内容的增多而进一步扩大，对家谱性质的变化产生了重要影响。

至于苏洵的修谱办法，则与欧阳修有所不同。苏洵修谱主要是把谱图改成了谱表的形式，不再是五世一图，而是列一总表，使血缘传承关系变得更为明确，同时也避免了图与图之间的重复。此外，他又把欧阳修家谱体例中作为谱序的内容改称谱例，而在谱序中阐述修谱之由，另加谱后录介绍得姓始末、家世源流、先祖传记等，并附以《大宗谱法》《族谱亭记》等相关内容，涉及范围仍很广泛，与欧阳修所创立的家谱体例有相同的作用，因此也同样被后人效法。

不少家族在修自己的家谱时都选择将两种谱法合而为一，从而使修出的家谱在体例上包括了谱序、谱例、世系图表、人物传记、相关文献等多方面内容，也显得更为完善。此外，“欧苏谱法”由于只记载5世，或以5世祖作为始祖，与那些追溯到得姓以来或数十代以前祖先的“大宗之法”相比更为客观，也避免了许多诸如伪造世系、

《苏氏族谱》

妄相攀附等的争议。同时，“欧苏谱法”还改变了以前家谱中标榜门第的做法，记载的重点也不再是为做官服务的地望、家世、官爵和婚姻等，而是以“尊祖、敬宗、收族”为宗旨，以辨别血缘亲疏为手段，达到维护家族秩序、防止离散和瓦解的目的，使家谱发挥社会伦理道德教化的功能。为此，所修家谱中详细记载的是与家族传承有关的子嗣和血统等内容，祖先、世系、祠堂、居住、田产、坟墓等又是记载的重中之重，充分体现了家谱记录家族历史、维系家族血缘关系的纽带作用。更为重要的是，“欧苏谱法”不仅对宋代私家修谱的发展发挥了重要作用，而且它确定的修谱原则和规范、体例，还被后世修谱者所继承，成为影响至今的修谱通用原则和规范、体例。一些研究者之所以认为中国家谱起源于宋代，也是基于现在的家谱与宋代是一脉相承的。

在朝廷提倡和名人竞相修谱的影响下，编修家谱、正本清源再度成为社会风尚，民间修谱之风在宋代盛极一时，不仅使家谱形式有所创新，质量也大为提高，许多官员、名士所修家谱成为民间修谱的典范，而其本人也成为影响远近的谱学名家。如欧阳修不仅是“欧苏谱法”的奠基人，而且还在主持编修的《新唐书》中用13卷的篇幅设置了《宗室世系表》和《宰相世系表》，用以记录唐代皇族和369位宰相的世系。又如北宋时人吕夏卿和南宋时人郑樵、邓名世、汪藻等，也都是著名的谱学家。吕夏卿直接参与了欧阳修主编的《新唐书·宰相世系表》编写，担当了实际编写人的任务，在所编内容中对《元和姓纂》世系部分引用和借鉴尤为独到，也说明他对家谱研究的用功之深。郑樵著有《氏族略》《氏族志》《氏族源》《氏族韵》等多部著作，其中的《氏族略》被收录到由他编写的类书《通志》中。《氏族略》中的总论对家谱源流和世系衍派都有较为详尽的论述，是他，也是这一时期有代表性的家谱类著作。邓名世的《古今姓氏书辩证》、汪藻的《世说新语·叙录·人名谱》等，也都一直流传至今。

除宋代外，这一时期的元代和辽、金、西夏等王朝也有人修家谱，只是不太为人了解。从仅见的一些事例看，元代人修谱已不再拘泥于“欧苏谱法”中以5世祖或始迁祖为限的“小宗谱法”限制，而是更多采用了追及远祖的“大宗谱法”，所绘图谱也有新的突破，体现的是由远及近、由亲及疏、一体共载原则。

5.明清时期

宋元以后，修谱的风气更加盛行。许多家谱一修再修，几乎到了既无无谱之族、也无无谱之人的“家家有谱”程度，家谱也因此进入另一个重要发展时期。

明清时期之所以“家家有谱”，是与朝廷的提倡和各级政府的推动分不开的。明清皇帝充分认识到了家谱对社会教化的重要性，清代的雍正皇帝还在《圣谕广训》中明确要求各家各户“修族谱以联疏远”。在他们看来，家谱具有“尊祖、敬宗、收族”功能，可以为维护统治秩序、加强社会教化服务，而社会教化也是明清两个王朝的许多皇帝都十分关心的问题。明朝建立以后，明太祖就发布了著名的“圣谕六言”，要求各家各户“孝顺父母，尊敬长上，和睦

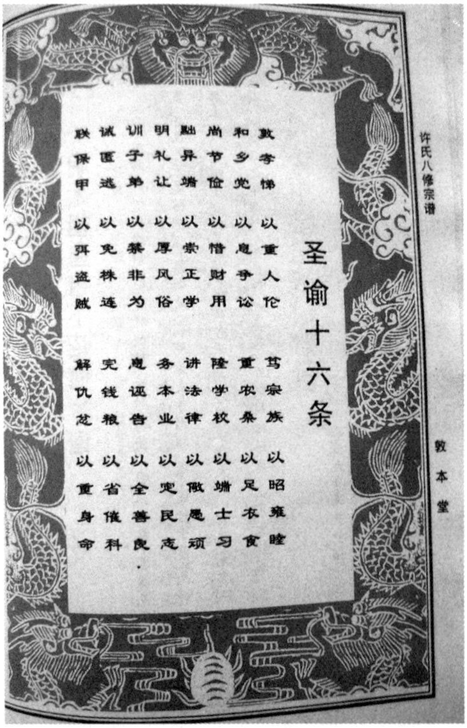

清家谱所刊载的康熙“圣谕十六条”

乡里，教训子孙，各安生理，毋作非为”，这些要求无不与个人品德修养有关，而个人品德修养的教化又主要来自于家庭或家族，因此，编修家谱并把这种有关族人教化的要求写在家谱中，成了推动明代家谱发展的一个重要原因。清代也是如此，康熙皇帝把明太祖的“圣谕六言”发展为“圣谕十六条”，雍正皇帝更明确要求修家谱。对于满族达官显贵，还特别规定在袭爵、出仕时都要查验家谱，致使满人修谱的积极性甚至超过汉人。

在朝廷的提倡下，各级官员也热衷于劝说百姓修谱。在此影响下，编修家谱几乎成为家族生活的头等大事，不仅明清皇室继续设立掌管皇室事务的官员积极编修自己的家谱，民间各个家族也都十分重视自己家谱的编修。只是由于江西等地发生了修谱妄相攀附、用词僭越、体例不当、借机敛财等事件，经江西巡抚辅德奏请，清乾隆皇帝于其在位第二十九年（1764年）下令各地官员对所属地区家谱内容进行审查，凡发现祖先名字触犯清朝庙讳或尊者贤者名讳、追溯族源超过5世以上、绘有祖先像、内容结构含有与普通百姓身份不符的“世表”“传赞”或使用“开基”“创业”“中兴”等词、行文中没有在清朝年号前换行或空格、艺文中包含违碍文字等问题，一律删削或追究责任，这就是所谓的“谱禁”。在此影响下，已修家谱不得不违背秘不示人的祖制交地方官审查，不少家族都因为家谱中存在上述问题受到牵连，民间修谱热潮也一度降温。

由于“谱禁”实际上是在用政治手段干预修谱，其中的一些规定也有违常理，因此也很难真正得到落实，“谱禁”在乾隆以后逐渐弱化。嘉庆以后，不少家族还专门制定了修谱制度，明确规定了30年一小修、60年一大修的修谱时限。如果没有能够按时修谱，还会被认为不孝。为了符合这一规定，各家各户无不竞相修谱，进而形成了“家家有谱”局面，家谱的数量也因此大增。有些家族因为人口过于众多，家谱也一修再修，所修家谱也区分为总谱、通谱、统谱、族谱、宗谱、支谱、房谱，或始修、续修乃至多修等，所修家谱门类和内容不断增加和丰富，家谱的规模越修越大。有些统谱甚至“会千万人于一家，统千百世于一人”，把十几个省、上百个支派的世系汇集在一起，规模多达上百卷、数百册，蔚为壮观。

明清时期编修或续修的家谱，有不少一直保存到今天，从中不难看出当时家谱的某些特点。其中如始修于北宋熙宁九年（1070年）的《开闽忠懿王氏族谱》，在明清两代都有续修，内容包括序、德政碑、重修王氏家乘跋、诸公纪事、琅琊王氏入闽记、大明景泰四年重修家谱序、祭祠祀文、闽王墓志、古迹纪事、明万历三十年（1602年）重修谱系、仕闽通谱、先世系考、族谱世次、增修族谱序纪、命字序次、诸支派世系、宗祠丁男名册等72个部分，基本上是一部开闽王氏的通谱性质的家谱。再如编修于乾隆年间的《稽南郑氏宗谱》虽然仅有6卷，但也是一部重修的家谱。全谱包括新旧谱序、受姓源流序、敕诰、迁支标记、岳烈祖迁剡记、宗堂图记、墓图、凡例、祭仪略、婚礼说、宗规小引、家训、列传、河南郑氏氏系横图、稽南石塔郑氏迁祖嫡派世系横图、嫡派行传直图等，所载郑姓历史悠久，其中不乏郑当时、郑谷等著名人物，体例完备且内容周详，是众多郑姓家谱中较有代表性的一个。又如清末人王庸敬编修的《王氏通谱》，多达106卷、82册，是一部王氏通谱性质的家谱。家谱中把天下王氏分为太原、琅琊、三槐三大支派，另外还有别派和零派，世系也据此进行区分，起自得姓之前，一直到清末修谱时期，被认为是王氏家谱中最广泛、最全面的一部通谱。当然，由于这些家谱规模庞大，所涉及的世系又开始于上古，不仅其可靠性往往受人质疑，也与“欧苏谱法”中的“小宗之法”不同，实际上都是“大宗之法”。

编修于明清时期的家谱，与宋代相比确有许多不同。不仅谱法越来越多地采用了“大宗之法”，而且家谱内容也比宋代增加许多，记事的范围更加广泛，体例更加完善，其和睦家族、教育族人、提高本家族社会声望和地位等伦理教化功能也更加得以体现。所修家谱中不仅排列清楚了几十代甚至上百代的家族世系，而且一般都要包括祖先名字、世系、事迹、官职、得姓源流、迁徙情况、祠堂坟墓、族规家训、人物传记、艺文著作等，有些家谱甚至还进一步增加了思荣录、像赞、五服图、族产、契据交约、年谱、吉凶礼、家仪、祭簿、名绩录、仕宦记、字辈谱、续后篇、余庆录、艺文、领谱字号等内容，体例更加庞大，内容也更加包罗万象，更是远非“欧苏谱法”可比了。

由于家谱的编修和续修成为热潮，明清时期也同样出现了不少著名的谱学家和重要的谱学著作，其中有凌迪知及其代表作《万姓统谱》、章学诚和他的《文史通义》等。凌迪知是明代万历时期人，所编《万姓统谱》又名《古今万姓统谱》，共140卷，是他在广泛搜罗所见家谱和历代家谱类著作的基础上编写而成的。由于他认为天下万姓都是由黄帝一人发展而来，都是黄帝子孙，因此，所编该书大有当时家谱编修时普遍采用“大宗之法”的性质，考证姓氏来源无不从远古时期开始，至万历年止，分列著名人物生平事迹，使该书具有了家谱和传记合而为一的突出特点。他另外还编有《历代帝王姓系统谱》6卷、《姓氏博考》14卷。至于章学诚，他生活在清代乾隆时期，一生中编修或指导别人编修了多部家谱，并在所著《文史通义》中系统阐述了他的谱学理论，把家谱上升到与国史、方志同等重要的高度，著名的“家乘谱牒，一家之史也”“夫家有谱，州县有志，国有史，其义一也”便出自他的这本书。另外，他还先后撰写了多篇谱序、叙例、杂议、题跋等，也都是其谱学思想的总结。这些与家谱有关的论述，后来被人编入《章学诚遗书》中，流传于世。

6.近当代时期

到民国时期，家谱的编修之风仍然继承了清代的传统，直到1949年以前几乎没有变化，所编修的家谱也与清代以来的家谱几乎没有区别。其中如编修于明代至民国年间的浙江《浦江郑氏宗谱》，尊奉宋哲宗时期的郑淮为祖先，记载了这支郑姓人自南宋以来、特别是作为“江南第一家”“义门郑氏”时期的历史，体例包括谱序、世系图序、名人题跋、像赞、世系图、世系表、行传、室图、墓图、葬图、祭产、寿序、诏敕、祠图、祠堂记、祝文、祭簿、家仪、家族规范、墓志铭、修谱题名等，其中的宋濂《郑氏旌义编引》、柳贯《荥阳族系记》、吴莱《郑氏谱图序》、郑涛等《郑氏规范》等都是较有影响或较有价值的名篇。尤其是168条《郑氏规范》实际上是这支郑姓人历代族规家法的集大成之作，曾被宋濂誉为“其于厚人伦、美教化之道，诚有益哉”。再如民国三十年（1941年）刊印的《郑氏大统宗谱》共25卷，是一部关于宋代名人郑居中后代在南方各省传衍情况的通谱。全谱包括谱序、敕命、像赞、凡例、传记、行述、碑记、宗约族禁、家规、宋南渡以前源流考、历朝仕宦录、郑玄从祀孔庙记、郑玄年谱、支族分派世系表、宗支分迁表、余庆录、宗族会议议事录、领谱名录等多个部分。此外，续修于民国三十年（1941年）的福建《永春鹏翔郑氏族谱》，是一部记载永春县鹏翔郑氏在当地及海外发展繁衍情况的家谱；刊印于民国三十六（1947年）的浙江鄞县（今浙江省宁波市鄞州区）《章溪郑氏宗谱》，为谋求宗族发展而在《新增凡例》中明确写入了鼓励入继的条文，规定“不必拘守血统之旧制”而允许异姓入继，入继者可以享有与族中子弟相同的继承财产、享受祭祀等权利，在一定程度上具有了新的时代特点。

由于民国存在的时间较短，加上战乱较多，民间修谱之风受到了一定的冲击，一些编修完成的家谱甚至没有来得及刊印。其中如1950年刊印的《吴氏大统宗谱》，编修完成时间在该年之前，编谱的开始时间更早，显然是一部民国时期的家谱。该谱共40册，尊奉商代末年的太伯为一世祖，把天下吴姓可考的503支全部列入，从性质上看完全是带有“大宗之法”传统通谱。

从1949年开始，由于受政治的影响，各地编修家谱也人为地分为多种不同情况，并且表现出不同的特点。在祖国大陆，直到20世纪70年代末，由于传统家谱一度被认为是封建宗族制度的产物，被贴上了“封建”标签，不仅一概不准新修、续修，而且编修完成者不得付印，即使保存和收藏家谱也被严令禁止。在这种背景下，许多家谱都被当作“四旧”被收缴、焚毁。有些传世的家谱被送到废品回收站或造纸厂，当作废品或造纸的纸浆销毁。而同一时期的我国香港、台湾以及海外各地，由于没有受到政治因素的影响，家谱仍在正常地编修或续修，甚至一些与华人无关的研究或收藏机构也在研究或搜藏家谱，逐渐形成了家谱学的国际化趋势，持续至今。

20世纪80年代以后，在海外华人华侨、港澳同胞带着家谱归来寻根的推动下，家谱成了联系海内外炎黄子孙的纽带，从而使家谱重新得到关注，学术界对家谱的研究逐渐升温，名人家谱不断影印出版，各地相继出现了编修家谱的热潮，一大批新修家谱陆续问世，与家谱相关的领域也出现不少新变化。如在名称上，虽然仍有不少家谱仍延续传统的名字，但也有一些家谱使用了具有时代感的家史、村史、族史甚至简史、通书、通史、姓氏谱等名称，在体例上也有相应的调整。但从内容上看，即使采用新名字的家谱仍然涉及相关家族或姓氏的来源、演变、发展、迁徙、分布、世系、名人等，与传统家谱仍很近似，所以也仍被民间视为新修家谱。当然，有些家谱的内容也出现了新变化，以父系世系为轴心的传统由于受男女平等思想和独生子女政策等影响而在世系中排入女儿，或者把独生子女中的女儿记录为世系传人。又如从规模看，仅属于一家一户、编为一册的家谱虽然也有所见，但内容更多、卷帙浩繁的巨型家谱也不时见于报道。曾有报道说南京的一位家谱爱好者用一人之力编出了长达4万多页的王氏族谱，北京的一位家谱爱好者则把编出的家谱按重量计算，声称已编成《世界李氏通天总谱》近万卷，重10吨有余。由中华丘氏大宗谱编委会组织编修的《中华丘氏大宗谱》在整理数百部老谱的基础上，组织全国各地宗亲编修刊印了300多部总谱和分谱，也是一部有代表性的巨型家谱。

当然，对于近年大陆各地出现的修家谱现象，除应充分肯定其积极作用外，也应重视其某些消极因素。从各地反映的情况看，已经发现有人以维护家族成员的利益为幌子，通过修谱来谋取个人私利，达到以血缘关系为纽带、抱成一团、形成私人势力的目的。有人热衷与其他姓氏进行攀比，到处找同姓名人来做“后台”“压阵”，集资捐款，加重族人负担。凡此种种，都使修家谱的消极作用显而易见。对此，应树立一个明确的态度，提倡把家谱修成新型的家史、族史，借以弘扬我国优秀的传统文化和优良品德，增强整个中华民族的向心力和自豪感；反对利用修谱之机大搞宗族活动甚至形成宗族势力，影响正常的社会秩序；也反对在所修的家谱中继续宣扬那些属于封建糟粕的东西。只有这样，才能使家谱这一古老的“一家之史”在新的形势下焕发出新的活力。

另外，值得一提的是，随着网络技术的飞速发展，世界进入了互联网时代。这一变化也对家谱产生了影响，传统的家谱编修办法与传播方式都受到一定程度的冲击，而与这一变化相适应的网络家谱、数字化家谱、填入式家谱等也逐渐为人所知。再者，在国家相关部门的组织下，各地档案馆、图书馆、博物馆等单位先后两次对所收藏家谱进行调查，并结合民间和海外各地的家谱收藏情况，编写了《中国家谱综合目录》《中国家谱总目》，仅《中国家谱总

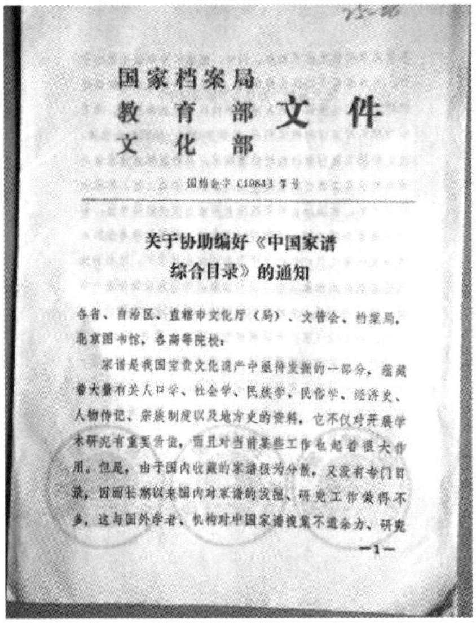

国家档案局
教育部
文化部
文件

国档会字〔1984〕7号

关于协助编好《中国家谱综合目录》的通知

各省、自治区、直辖市文化厅（局）、文管会、档案局，北京图书馆，各高等院校：

家谱是我国宝贵文化遗产中亟待发掘的一部分，蕴藏着大量有关人口学、社会学、民族学、民俗学、经济史、人物传记、宗族制度以及地方史的资料，它不仅对开展学术研究有重要价值，而且对当前某些工作也起着很大作用。但是，由于国内收藏的家谱极为分散，又没有专门目录，因而长期以来国内对家谱的发掘、研究工作做得不多，这与国外学者、机构对中国家谱搜集不遗余力、研究

—1—

国家有关部门《关于协助编好〈中国家谱综合目录〉的通知》

《中国家谱综合目录》

目》收录的家谱就有52401种（资料截至2007年底），这也是关于海内外家谱收藏数量最为准确的统计数据。

近现代、当代时期，也出现一些著名的谱学家，有些谱学家甚至还是其他国家的人，出自他们之手的谱学著作代表了这一时期的研究水平。其中，潘光旦《中国家谱学略史》《明清两代嘉兴的望族》、罗香林《中国族谱研究》、王鹤鸣《中国家谱通论》等都是华人世界研究家谱的代表作，而日本学者多贺秋五郎《中国宗族的研究》则在外国学者的相关研究中具有代表意义。

总之，家谱作为“一家之史”，具有漫长的发展演变过程，并在不同时期表现出了不同的特点。系统回顾其发展演变历史，有助于我们正确认识并修好家谱。

三、家谱的内容

我们现在通常所说的家谱，一般是指纸质家谱，尤其是宋代以后的家谱。正如上节的相关部分所言，宋代由欧阳修和苏洵开创的“欧苏谱法”对家谱的发展产生了重要影响，此后的明清所修家谱大都按照这两种谱法，或在其基础上增加一些门类。因此，在保存至今的家谱中，特别是占这些家谱绝大多数的清朝和民国时期所修的家谱中，甚至20世纪80年代以后所修的部分家谱中，大都具有基本相同的体例和内容。就一般情况而言，一部完整的家谱大致包括以下几个部分。

1.与修谱相关的内容

这是家谱里开宗明义的部分，在传统家谱里一般包括谱名、谱序、谱论、谱例等，有些家谱还包括纂修捐资人名、修谱缘由、家谱目录等。近年所修的新型家谱，则简化为谱名、家谱编委会、序言、目录等，所包含的内容则基本相同。

（1）谱名

谱名，即家谱的名称，多称家谱、族谱、宗谱、支谱等，也有的家谱称总谱、通谱、统谱、全谱、合谱、会谱、世谱、家乘、源流谱、房谱、图谱、族志、家史等。无论叫什么名称，都要在这些名称前注明里籍和姓氏、堂号，组成大致相同的格式，如《浙江嵊州王氏族谱》《陇西李氏宗谱》《栖霞晒书堂郝氏支谱》等。有些家谱还在谱名前冠以祖先官职、修谱次数、修谱时间等，如广东惠东燕诒堂《太原堂温氏（刚睦公）族谱》、浙江苍南《观美茂竹太原郡温氏十修宗谱》、台湾新竹《温氏渡台始祖瑞宴公派下续印族谱》等都是如此。还有些家谱是由不同姓氏的人合修而成，如福建

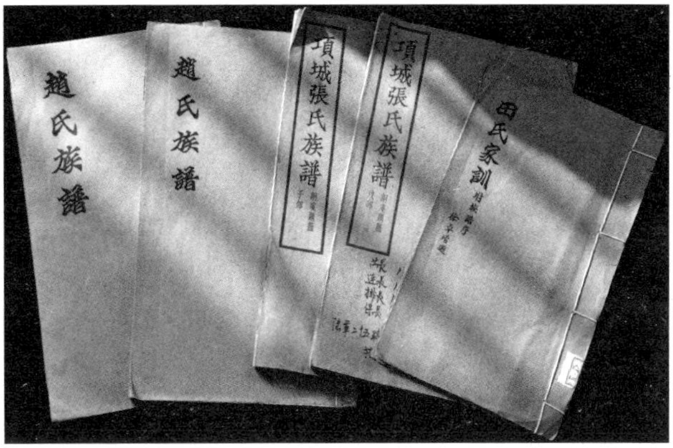

几种不同谱名的家谱

漳州《赖罗傅联宗大族谱》，原因就是相传这三个姓氏的人曾是一家，联合修谱体现了木本水源之情。

在谱名中，放在“家谱”“族谱”等之前的里籍或姓氏、堂号又是表明家族来源的重要部分，也往往是其与其他家族的重要区别。其中，里籍和堂号又称郡望，与姓氏一样都有十分丰富的内容，本书也将在第二编专门探讨，此处不赘。

（2）纂修、捐资人名

在传统社会里，编修家谱是一件与每个人都相关的家族大事，需要许多人共同参与，并投入大量的物力财力。当家谱修毕后，为了表彰为修谱作出贡献的人，往往在卷首或卷末列出纂修、捐资人名，对有些重要人员甚至还要列出人物小传、画像等。其中，有些与纂修相关的人名还进一步分为倡修、主修、同修等，与捐资相关的人名则在人名后列出捐资多少，按捐资多少排列，以便了解其所作贡献大小。如在编修于清乾隆四十八年（1783年）的四川荣昌（今属重庆）《廖氏族谱》里，专门有“修谱首事”一篇，其中提到“谱工兴于乾隆四十七年壬寅秋九月朔，告竣于四十八年癸卯冬十二月中。敬将首事芳名刊列于后，以垂不朽”，以下提到主修总理1人、协理首事1人、纂修2人、分理29人，这些都是最基本的纂修人员。又如在编修于1949年的《荣昌郭氏族谱》里，附有“修谱捐谷人花名”，其中为首的郭先琢“捐谷行斗三十石”，以下22人捐谷从15石到1石不等，“计收捐谷壹百零陆石五斗正”。这种以捐献实物为修谱费用的做法，在传统社会里并非仅见。

与传统家谱稍有不同，近年编修的新式家谱中的纂修、捐资人名都有所变化。其中，与纂修相关的人名多是以家谱编委会或族史编委会的名义统一排列的，其职责也多以主编、副主编、编委等相区分。如近年编修的《中华王氏大成总谱》是一部王姓通谱性质的新式家谱，涉及人物众多，工作量较大，为了顺利编写，相关人员专门成立了中华王氏总谱局作为编修机构。该机构又称中华王氏总谱编纂委员会，下设顾问委员会、常务理事会和编辑部等三个分支机构，其中的编辑部实际上是具体编写机构，共40多人，又进一步分为总卷首、琅琊、太原、开闽、三槐、和派、寻源等7个编辑组，包括总编纂1人、总卷首世系卷主编1人、总卷首文化卷主编3人、琅琊王氏总谱主编3人、太原王氏总谱主编2人、开闽王氏总谱主编3人、三槐王氏总谱主编4人、和派王氏总谱主编1人、寻源王氏总谱主编4人，主编之下又设副主编和常务编委若干。至于捐资帮助编修该谱的人，谱中也改称功德榜，榜中不仅收录了捐资1000元以上的165人和23个宗亲组织的名字、名称，还刊载了捐资超过5万元的5位个人和1个宗亲组织的全家照或组织图片，以示特别表彰，充分说明家谱编修这一古老的传统也在随着时代的变化而改变。

（3）谱序

谱序，又称谱引、谱说、谱铭、谱券等，即一个家谱的序言，一般放在家谱的首位，少则两三篇，多则十余篇，在字数上从数百字到数千甚至上万字不等。谱序内容大多涉及修谱原因及修谱目的、修谱经过、修谱人员构成、家族历史渊源、迁徙经过、郡望、历代修谱情况及道德说教等。由于作序的人都有一定的身份，甚至有些还是达官显贵或鸿儒名宿、社会名流，因此序的质量大多很高，甚至有人说它是家谱上的金色饰物。有些谱序涉及谱中家族特色及源流，文字朴实简洁，往往是一家之史的高度概括。如在江西信丰《温氏族谱》中收录了一篇署名为南宋宰相文天祥所作的《温氏源流初修序》，全篇不过数百字，在序文开篇即指明温姓是唐叔虞的后代，历史上有秦汉之际的温雷和东汉初年的隐士温糗，以及东晋功臣温峤、唐代御史温造。温造的四世孙温庆、五世孙温宝在宋景定五年（1264年）迁居福建武平河坑堡，留居当地。文天祥在转战闽西、赣南时路过武平，见到一个叫温继峤的人编修的《温氏家乘》一册，翻看后知道是温峤、温造等名臣后代的家谱，因为一向敬仰他们的为人，“不觉见而感喟，爰振笔躬原竟委，历述名隽，以期温氏继武峤、造”，欣然提笔作序，并勉励“温氏子姓各励其气，各效其忠，惟乃祖之荣，实邦家之光”。由此可见，这一谱序字数虽然不多，但其中高度概括了福建武平一带温姓人的源流历史，由一般而具体，由全族而单支，把这支温姓人上下数千年的历史全部浓缩在寥寥数语之中。序中还提到了作序原因和对温姓族人的期望，内容相当全面，完全是一篇典型的家谱序言。

此外，还有些谱序中保存了谱中家族发展的历史资料，有助于了解其家族历史。如广东梅州《邓氏族谱》收录的《南阳邓氏族谱源流序》以及《邓氏族谱东汉源流序》等旧序文，前者追溯自商代武丁叔父封邓到邓国灭亡以至东汉邓禹家族兴起衰落、东晋南迁湖南等的全过程，后文历述东汉以来南阳邓氏于永嘉末年南渡至宋代进入福建、其祖先邓大猷居泉州、邓志斋于元末明初移居广东梅县的经过，为我们了解这一家族的迁徙发展情况提供了明确线索。可见，谱序的价值显然是多方面的，为家谱增色的作用也非常明显。尤其是那些出自名人之手的谱序，在序事之外又杂以说教，高瞻远瞩，入情入理，文论俱佳，其价值已远远超出谱序之外，无不起着为家谱贴金的作用。

为了便于了解谱序的一般情况，我们不妨以欧阳修《欧阳氏谱图序》、苏洵《苏氏族谱引》，以及传为朱熹所作的《陈氏宗谱序》、孙中山所作的《五修詹氏宗谱序》为例加以说明。其中，欧阳修的谱序是：

欧阳氏之先出夏禹之苗裔，自帝少康封庶子于会稽，使守禹祀，传二十余世至允常子，曰勾践，是为越王。越王勾践卒，子王鼫与立，传五世，至王无疆，为楚威王所灭，其诸族子孙分立于江南海上，受封于楚，为欧阳亭侯，亭侯在今湖州乌程欧余山之阳，子孙遂以为氏。

汉高灭秦，得无疆七世孙摇，复封为越王，使奉越后。而欧阳亭侯之后因有仕汉为涿郡太守者，子孙遂居于北，一居冀州之渤海，一居青州之千乘。居千乘者曰和伯，仕于汉最显，世为博士，以经名家，所谓欧阳尚书是也。其居渤海者仕于晋，最显曰建，字坚石，所谓渤海赫赫欧阳坚石是也。建遇赵王伦之乱，见杀。兄子质，以其族奔长沙，由是子孙复居于南。

仕于陈者曰頠，威名着于南海。頠之孙曰询，询之子通，仕于唐，尤显，皆为名臣。其世居长沙，犹以渤海为封望。自通三世生琮，为吉州刺史，子孙因家焉。琮八世生万，万为安福县令，生和，和生雅。雅生效、楚。效生谟、讬、詨。讬生皇高祖府君。君生子八人，于世次为曾祖，今图所列子孙皆八祖之后。

盖自安福府君以遭唐末五代之乱，江南陷于僭伪，欧阳氏遂不显。然世为庐陵大族，而皇祖府君以儒不知名当世，至今名其所居乡曰儒林云。及宋兴，天下一统，八祖之子孙稍复出而仕宦。然自宋三十年，吾先君、伯父、叔父始以进士登于科者四人。复又三十年，某以丽兄之子干曜又登于科，今又殆将三十年矣，以进士仕者又才二人。

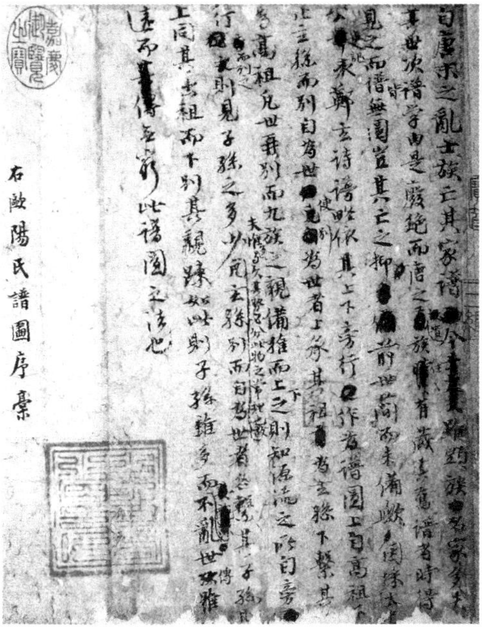

传为欧阳修所作《欧阳氏谱图序》稿

盖自八祖以来，传今百年，或绝或微，分散扶疏，而其达于仕进者，何迟而少也。今某获承祖考余休，列官于朝，叨窃荣宠，过其涯分，而才卑能薄，泯然遂将老死于无闻。夫无德而禄，辱也，适足为身之愧，尚敢以为亲之显哉？呜呼！自通而上，其得事见于史，自安福府君而下，曹世故，无所施焉。某不幸，幼孤，不得闻祖考之遗德。然传于家者，以忠事君，以孝事亲，以廉为吏，以学立身。吾先君诸父子所行，于其躬教于其子弟者，获承其一二矣。某又尝闻长老言，当黄巢攻破江西州县时，吉州尤被其毒。欧阳氏率乡人捍贼，赖保全者千余家。子孙宜有被其阴德者，顾某不肖，何足以之。

传曰：积善之家，必有余庆。今八祖欧阳氏之子孙甚众，苟吾先君、诸父之行于其躬教于其子孙者守而不失，其必有当之者矣。嘉佑四年己亥四月庚午，嗣孙修谨序谱图。

苏洵的谱引是：

《苏氏族谱引》，谱苏氏之族也。苏氏出于高阳，而蔓延于天下。唐神龙初，长史味道刺眉州，卒于官。一子留于眉，眉之有苏氏自此始。而谱不及者，亲尽也。亲尽，则曷为不及？谱为亲作也。凡子得书，而孙不得书者。何也？以著代也。自吾之父，以至吾之高祖，仕不仕，娶某氏，享年几，某年卒，皆书；而他不书者，何也？详吾之所自出也。自吾之父，以至吾之高祖，皆曰讳某，而他则遂名之。何也？尊吾之一所自出也。谱为苏氏作，而独吾之所自出得详与尊。何也？谱，吾作也。

呜呼！观吾之谱者，孝悌之心可以油然而生矣。情见于亲，亲见于服，服始于衰，而至于缌麻，而至于无服。无服则亲尽，亲尽则情尽，情尽则喜不庆，忧不吊；喜不庆，忧不吊，则涂人也。吾所与相视如涂人者，其初兄弟也。兄弟，其初一人之身也。悲夫！一人之身份而至于涂人，吾谱之所以作也。其意曰，分而至于涂人者，势也。势，吾无如之何也。幸其未至于涂人也，使其无至于忽忘焉可也。呜呼！观吾之谱者，孝悌之心可以油然而生矣。

系之以诗曰：吾父之子，今为吾兄。吾疾在身，兄呻不宁。数世之后，不知何人。彼死而生，不为戚欣。兄弟之情，如足如手，其能几何？彼不相能，彼独何心。江山代有才人出，各领风骚数百年。

朱熹的谱序是：

家法之建，仿于诸侯别子，而士庶之宗，则惟其所始焉。或姓或氏，或地域或谥，爵则称宗，宗之于族也，有本姓以合庶姓，有缀食以系群情，孙之于祖也，有植袷以省大事，有齐衰以服三月，百世而婚姻不通，周道然也。上溯夏殷，何莫不然，故其迹泯，末季七族九宗，犹资周王封国之重，及王辙东，世臣沦丧，乐却降在皂隶，从五皆为圭筚，宗法始荡然也。所赖以维持者，独周官世系，辨昭穆之制存焉尔，此谱帙所从出也。谱存而宗可考，是故君子重之。

颍川陈氏，出先妫姓侯爵，自帝舜之后，传于有虞，虞幕裔孙阏父为周武陶王，能利器用，王赖之，以元女太姬下嫁其子满，而封诸陈，使奉虞祀，满谥胡，公生申公犀，犀而下传十世，子孙散处，遂以国为氏，敦读书，说礼乐，绶若若而印累累，匪朝伊夕矣。但世历既久，从迁不定，或移家于八闽，或筑室于三吴，或寄迹于浙东，或寓居于古歙，椒聊远条，几不知有原本矣，然千流万派，归一原，叶茂枝蘩，不离一本。其名之最著者，莫如太邱先生实（即东汉陈实）其子元方、季方，世称二雄，凤毛麟角，岂虚岂虚语哉，元方子群美才懿，历仕魏帝，清节驰声。传霸先，梁祚下移，生民涂炭，相机观变，应天顺人，非择而取之也。厥后王为海内文宗，奉公为教子令范，天下已任。擅著作之奇才者，非古灵先生欤!与义河目海口，所赋梅诗，徽宗有见晚之叹。建炎人恭大政，其出处气节，翰墨文章，为中与大臣之冠。协赞大议，社稷之勋臣者，非鲁公、文正公康伯欤，盖一世芳躅，千古播扬，一叶云礽，景行靡替。但人情以君子之泽，五世而斩，一经疏远，视若途人。然昭穆既明，本原自辨，后有作者，果能追念前由，无忘厥祖，披图按籍，孝思勃生，则勉旃不怠，庶兴前业矣。

清修《颖川赖氏族谱》及序

“颖川”即朱熹序中“颍川”，因形近至讹

孙中山的谱序是：

同志詹大悲以其族启先、启全祖及大三祖支下续修家乘征余言弁。余曰：夫天下一家，则人不独亲其亲，子其子，是世之极治也，抑自治非臻于是则亦不足以言其至也。欧政使国与民相系而不离，某居、某婚、某生殁、某何业，逮则若干，公之籍各具，无或取征于家；其为家也简，二世以上恒异处，人视其族亦恒不独亲，是去极治乃甚修。而于国之治，为能范围其民而不涣者也。吾

孙中山作序的《五修詹氏宗谱》

国家天下数千年，群之事不备于有司，家教而族约以为一，家有人事业、文章可传者，官史或不具，惟家乘所详，视官史且信。若里居、生殁、婚异，凡为群之状，非家乘一无所稽焉。是为政之敝而固无谬于自治之意也。

吾党主义三，民族主义冠焉。民族惟独立并存，各贡其工作之值于世界，然后可使进化同程，以共趋于极治之域。今欲甲乙或丙无强弱，不更为敌，异昔之人相食，则必先使之各去敌意而互谋亲爱。是故，积民族之亲，则一人类之非敌也；积家族之亲，则一国一民族之非敌也。余稽詹氏先代，时有人能为天下之人尽瘁。今兹家乘之作，其将于是萃族人，谋所以光大先烈者，而姑以亲亲之事为之嚆矢也。其进而革民族相食之陋也将惟是，其益进而树天下一家之基也将亦惟是。若是，固亦吾同志无尽之责也，愿共勉之。余尤愿贵族诸君子闻余言而皆有所以共勉也。中华民国十二年一月谷旦，孙文谨撰。

（4）谱论

谱论，又称谱说等，是与家族有关的“名人名言”，主要收录古代经典和历代名人谈谱学的历史、修谱的意义、原理、方法等的简短语录，也有的直接把皇帝的喻民榜、喻民诏刊载在谱前，以告诫族人。在明清时期的不少家谱里，就收录了明太祖《圣谕六言》或清朝康熙皇帝的《圣谕十六条》、雍正皇帝的《圣谕广训》，有些家谱则刊载了欧阳修、苏洵、朱熹、宋濂、王阳明等名硕大儒的有关语录，民国至今的家谱则又增加了孙中山等近当代名人或国家相关部门与家谱有关的论述。

有些家谱有本家谱特有的谱论，其撰写者虽然没有较大名气，但所阐述的理论或内容却往往不乏借鉴意义。其中有些谱论强调编修家谱的重要性，认为“谱事何事？宗族扩大为国族之事也”（民国温聚民《兴国云山温氏八九联修族谱序》），它可以“使后之人昭穆辨、尊卑秩，穆然与水源木本之思，而尽其追远报本之诚”（清邱尚志《宁都城西温氏初修族谱序》）；有些谱论关注家谱的教化意义，说“谱者，普也。非谱则无以普亲亲之义，而联属我族人之心；非谱则无以纪世次而严尊卑之分；非谱则无以勉孝思而尽追远之。诚引而伸，之所以笃寻伦厚风俗，维持声教裨益，清时赞助大化者，又孰有愈于谱哉”（明崔殷《虎墩崔氏族谱本末》）；有些谱论关注编修家谱的作用，认为家谱的体例或内容尽管可以有所不同，但“明亲疏、辨昭穆、敦教化而系人心者，则一而已”（清温应雷《宁都虎溪温氏九修族谱序》），“谱之作也，其大要有四：一以明本原所由来，使世世子孙勿成秦越；二以录子弟贤愚；三以记生殁娶葬；四以载绅士官爵。故前修后续不可不乘其时”（清温文遴《宁都鹅湖温氏三修族谱序》）；有些谱论谈到家谱的价值，认为“修谱之难，较诸国史为倍甚”（清温济龙《宁都城北温氏四修族谱跋》），所以可以起到史书起不到的作用，“家谱首明世传，究与纪传异趣；次辅图系，略可近似年表；祭田、公产、祠庙、茔境，讵可谓书志；族训、谱规、服制、祀典、要亦杂出；经传、艺文、寿序，史不备录；志赞、传状褒而无贬、与正史回不相侔。盖谱重藉录，期无缺遗，实一姓一族之专书；史秉义法，严于斧钺，综一国累代之文物。国史、方志编纂，徵采有资于谱牒；家乘、族谱流传人间，未可比伦于柱史。是以南董之才不腾跃于簿录，元元之民悉能备其宗谱，较论其事，不其然耶！”（民国温聚民《兴国云山温氏八九联修族谱序》）。此外，还有的谱论指出了家谱的局限性，认为宋代以后的家谱至少存在五大弊端，“耻前人之微贱则削而去之，一弊也；怀显赫之可慕而强而附之，二弊也；执房分之见而生忌嫉之心，三弊也；小善而铺张扬厉增加夸奖，四弊也；一事而尚有足录遂频叠见，五弊也”（清温友韶《兴国兴江温氏七修族谱》）。由上可见，家谱中的谱论在性质上与谱序有近似之处，当然也有同样的价值。

（5）谱例

谱例，又称凡例、条例、规条、例言等，是用条文形式阐述相关家谱编修体例和原则的专门部分，主要包括相关家谱的收录范围、结构特点、著录规则、各类目的安排理由、适用范围、入谱标准、行文要求等，相当于后来所说的指导思想。在其中，最为基本的原则是对修谱宗旨的明确规定，强调以“尊祖、敬宗、收族”为原则的宗族观念。如在清乾隆三十九年（1774年）编修的《汪氏宗谱·凡例》中，一开始就说修谱原则是“考其本，稽其源，尊祖、敬宗、收族之所思也。而谱书之所作，使□者以萃之，离者而合之，远者近之，疎者亲之”。清光绪二十年（1894年）编修的《梧川汪氏宗谱·凡例》也说：“人生一本，方其始相维相系，情谊未尝不笃，逮世愈远则谊愈疎，迁愈繁则情愈隔，然溯其初犹是一人之身也。故谱以维

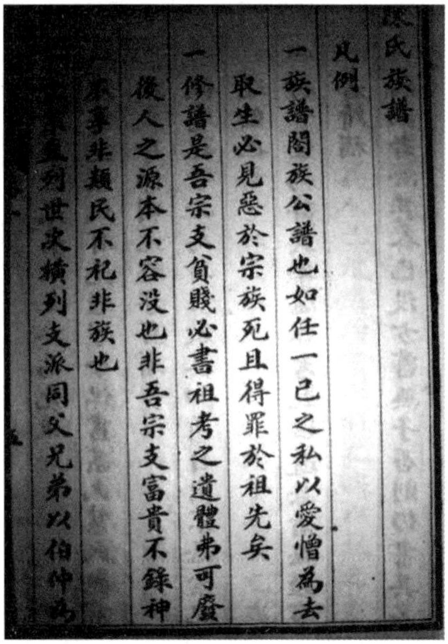
清乾隆六十年（1795年）所修
胶东《陈氏族谱》凡例

之，使知尊祖故敬宗，敬宗故收族，一本之意，每念不忘，人人兴起其仁孝友恭而已。”也就是说，在作者看来，编修家谱的作用是使族人知道自己的来历，树立同族意识，进而凝聚成一个团结统一的整体。为此，不少家谱还在谱例中进一步强调隐恶扬善、“为亲者讳”等原则，强调家族血缘的纯洁性，以维护传统的伦理纲常。如在清嘉庆年间编修的安徽《桐城黄氏宗谱·凡例》中，便规定“谱以正宗派，笃恩义，故独以书善也”，也就是要扬善；在清乾隆年间编修的安徽《无为查林徐氏家谱·规条》中，规定“凡有干谱例，当削不书，违者许房长鸣祠处治”，也就是要隐恶。这些都是原则性的问题。当然，在谱例中还有其他方面的规定，如编修于清嘉庆十二年（1807年）的《槐抱碑郝氏族谱·条例》共5条，分别涉及宗子继承、养子入谱、同姓禁婚、家谱保存、修谱年限等问题，由于具有原则性，也必须在谱例中开宗明义地规定下来。

由于家谱的谱例带有明显的时代性，其所规定的宗旨也会随着时代的发展而变化。尤其是在20世纪80年代以来所修的家谱中，谱例的变化尤为明显。许多家谱都在继续保留敦亲睦族、慎终追远等传统修谱理念之外，注入了反映新的时代特点的宗旨。

编修于1998年的浙江缙云《龙溪冠阳应氏志·凡例》，指出修谱其宗旨是“反映时代风貌，顺应社会潮流，保存氏族文献，弥补国史不足，上述祖德，中联宗亲，下启子孙”“凡我族人在抓经济建设的同时，应注重精神文明建设，宜念同理连枝，血缘一体，患难相扶，济危解困，荣辱与共”。从中可见，其中既有维系宗族血缘团结的传统目的，也有顺应社会潮流的相关规定。

近年编修的河北《鸡泽县李氏宗谱·凡例》，还对家谱中的几个重要部分的编写原则进行了更为具体的规定。其中，对“世系表篇”的规定有“凡本族血脉，有名字的男女成员都上表；抱养外姓之子女，改姓李者上谱，注明（继子、女），不改姓李者不上谱；

结婚带来子女改姓李者上谱（注明随父或母来），不改姓李者不上谱；招婿生子女，改姓李者上谱（注明随母姓），不改姓李者不上谱；已离异的配偶不上谱”；对“贤名录、家规家传篇”的规定有“凡大专以上学历的男女成员上《贤名录》。有学位或有县级以上组织任命职务者加个人介绍；凡本族人员不得通婚，违者除谱；倡家风者录谱、违家规者除谱，在每年的家旗代表会上讨论。以半数以上通过为据，评出杰出族人和违家规之人，载入《记事表》，待修谱时入编”。

编修于2016年的《辽南宁氏家谱·谱例》，规定“采用语体文编写方式，使用谱系记载方法，辅以记叙、传、表、图、像等；采用公历纪年之方法，所有年月日均采用中文数字书写；为继承民族文化传统、又适应时代需求，本谱出版时以简、繁两种字体印刷，简体用于公开发行，繁体用于收藏与族内下发保存；本谱一改旧式家谱重男轻女的弊端，在内容和编排上加以突出。比如，谱系中，对妻子、女儿情况，均给以比较详细的记载；在人物上，单列一节‘杰出女性代表’，在第六章‘宁氏家族的第一人选粹’栏目中专门介绍了三位杰出宁氏女性；本谱中，凡能够提供并确认的县区以上劳动模范或某一方面成绩突出者以及国家公务员、从军从警人员、企业厂长、经理以上人员，一并收入‘世录篇’”。

编修于1995年的福建《漳浦与台湾陈氏综合族谱·凡例》，指出其编修的目的之一是要“沟通海内外亲人感情，适应寻根认祖的需要，以发扬光大中华民族文化，增进联谊，加强团结”，时代特点同样明显。

2.与族源相关的内容

所谓族源，也就是相关家族的来源，大凡修谱之前的历史都属于这一范畴。在传统社会里，由于家谱被赋予了尊祖敬宗的特殊功能，对族源的重视也是尊祖敬宗一种表现，因此不由修谱之人不重视，其重视的结果便是在家谱里用相当的篇幅和突出的位置来表现与族源相关的内容，其中主要包括恩荣录、祖宗像、姓氏考、源流考等，借以反映家族悠久和辉煌的历史，表达木本水源之情。其中，由于姓氏考还牵涉到其他内容，本书将在第二编专门探讨。

（1）恩荣录

恩荣录，又称恩纶录、褒颂、诰勅、赐谕、告身、封典等，主要登载历代皇帝对家族成员及其亲属的封赠、褒奖文字，使族人了解家族的辉煌过去，通过重君恩来彰明祖德。在相关封赠、褒奖文字中，常见的有勑书、诰命、上谕、御制碑文、祭文、赐匾等。有些家谱也把皇帝或达官显贵、鸿儒名宿为本家族的题字视为荣耀，制成匾额，作为恩荣录的组成部分。还有些家谱在显著位置刊载本家族列祖列宗的仕宦、科举、受朝廷褒奖等情况，或表彰能使自己家族门楣生光的处士、耆寿、寿妇，以此炫耀家世，同样也有恩荣录的性质。

对于上述不同类型的恩荣录，不同的家谱里都有所见。如在传世的《储氏族谱》里，收录有一篇《敕命大宋淳熙元年甲午五月初三之宝》，是宋孝宗给储氏祖先、左参政储福寿赠官的两篇制文，其中之一说“经邦伟略克称尔位，宜庸沛泽，用享终年。特颁纶孛之敕，以表门第之光。兹以覃恩驰赠尔为银青光禄大夫，永荷荣光”，另一说“功无不报，聿昭优奖之，恩泽自流，乃朔柔嘉之。则尔桂氏，德彰内助，闺阃尚其芳型，纶孛覃其荣号，兹以覃恩驰赠尔为银花青绿一品夫人，于戏！徽扬彤管，表夙昔之勤劳，宜播芳名”。由制文可知，被赠官的是储福寿夫妇，所赠的官职在南宋为从三品，级别已经相当高，当然也是家族的荣耀，所以也被作为恩荣录放在家谱的显著位置。这部家谱还有一部分是“受赞赠诗录”，收录了宋龙图阁学士杨时、徽猷阁待制范冲和起居郎朱震给储福寿的赠诗，其中杨时的赠诗是“天挺英彪胆气豪，词倾三峡涌波涛。剑光横汉神龙冷，文焰逼人奎壁高。间步青云攀月桂，笑依红日醉仙桃。与君共赏同年辈，即拂余辉换缊袍”，字里行间都是对他渊博学识和文章风采的褒扬，对储氏家族及其后人来说当然也值得在家谱中炫耀。又如在编修于清顺治年间的江苏东台富安《虎墩崔氏续修族谱》里，刊载了雍正皇帝给崔氏祖先、时任县丞的崔自骧夫妇的敕书，其中在给崔自骧的敕书中称“尔县丞崔自骧，赋质纯良，持身恪谨贮服；官之奏绩，先报国以纾诚。恂忱克昭，新纶宜贲。兹以尔遵例急公，授尔为徵仕郎，锡之敕命。于戏！弘敷章服之荣，用励靖共之谊。钦兹宠命，懋乃嘉猷”，在给崔自骧夫人杨氏的制中称“恪恭奉职，良臣既殚厥心；贞顺宜家，淑女爰从其贵。尔县丞崔自骧之妻杨氏，含章协德，令仪夙著于闺闱；黾勉同心，内治相成于夙夜。兹以尔夫遵例急公，封尔为安人。于戏！龙章载涣，用褒敬戒之勤；翟茀钦命，益励柔嘉之则”。这样的制文与前述制文的性质相近，都是恩荣录的重要组成部分。

（2）祖宗像

祖宗像，又称神像，即家族重要祖先的画像，往往放在卷首，具有光大族望、熏陶后人的作用。被画的人物既有远古帝王或家族中不同时期的达官显贵、同姓历史名人，也有名不见经传的始祖或始迁祖。由于祖宗的性质较为复杂，为了表示尊祖敬宗，祖宗像的多寡也有不同，少则一两幅，多者达十几甚至几十幅。如在具有家谱性质的山东文登《丛氏家族》里，仅刊载了其始迁祖丛兰一人的画像。在《辽南宁氏家谱》前，则刊载了人文始祖黄帝、宁氏始祖卫康叔、其家族祖先宁九德和宁从道共4幅祖宗像。《中华高姓大通谱》里，也刊载了人文初祖炎帝、人文初祖黄帝、高氏先祖姜太公、高氏始祖高傒4幅祖宗像。《中华杨氏通谱（古代卷）》里，刊载了人文初祖黄帝、杨氏圣母邑姜、杨氏远祖唐叔虞、弘农杨氏始祖杨震以及隋朝开国君主隋文帝、唐玄宗贵妃杨玉环、北宋杨家名将杨业、宋礼部尚书杨亿、龙图阁直学士杨时等9幅祖宗或名贤像。而福建霞浦《赤岸王氏族谱》更刊载了19位祖宗像，包括王氏的得姓始祖太子晋，琅琊王氏始祖王元、太原王氏始祖王威，琅琊王氏祖先王祥、王览、王导、王羲之，太原王氏祖先王慧龙，乌丸王氏祖先王神念，开闽王氏祖先王潮、王审邽、王审知，三槐王氏祖先王祜，新安琅琊王氏祖先王璧，临川王氏祖先王安石，以及其他支派的王氏祖先王文光、王十鹏、王元清等，几乎把王姓自始祖太子晋以来所有支派的祖先都画了像。《湖南谢氏通谱》更有23祖宗或名贤像，包括炎帝、黄帝、姜尚、谢氏得姓始祖申伯，以及谢夷吾、谢缵、谢衡、谢裒、谢奕、谢据、谢安、谢石、谢万、谢铁、谢玄、谢能轩、谢志学、谢庄、谢朓、谢灵运、谢道韫、谢深甫、谢迁。把这些画像联系在一起，几乎是相关家族历史的缩影，其尊祖敬宗的宗旨昭然可见。

江夏堂《黄氏三修族谱》
所载其祖先黄敏璟像

为了便于族人对祖先的了解，牢记其丰功伟绩或对家族的贡献，不少家谱里还专门编写了对祖先的赞语，与祖宗像放在一起或单独成篇。前举《湖南谢氏通谱》里刊载的23祖宗或名贤像有不少都有赞语，其中如谢安的赞语据说是宋高宗在绍兴十四年（1144年）的御书，评价谢安“仪表雍雍，才华荦荦，度量宽宏，诚见超卓。系晋鼎之安危，憩东山之林壑。呜呼，实成周之召公而有商之傅说”，实际上是对他业绩、功德等进行画龙点睛式的颂扬。又如

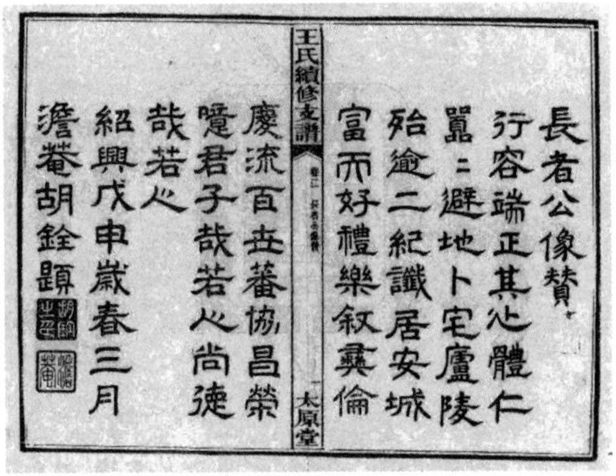

《王氏续修支谱》中题写于南宋时期的祖宗像赞

对谢灵运的赞语也称出自宋高宗之手，但风格与对谢安的赞语不同，即评价谢灵运“文章之美冠于江东，风流之最出于群雄，得梦草之佳句，留发履之高风。噫，悲《九原》之不可作，而百世徒想其德容耶”，其实也是对他文学才华的赞扬和际遇的同情，写的同样画龙点睛。又如江苏泰兴《延令王氏九次重修王氏宗谱》，专门有“先祖始祖像赞”部分，放在谱序之后，其中对始祖太子晋、东周司徒宗敬、秦武陵侯王离、五代后周枢密使王朴、始迁祖明苏州知府王濂、邑庠生王朝富和王朝贵等7人分别作了画像和像赞。但从形式和内容上看，这些像赞与前举《湖南谢氏通谱》中的赞语不同，不再是对所画祖先的评价，而只是简单的生平事迹介绍，在性质上已经接近于人物小传。

（3）源流考

源流考，又称族姓本末、宗族源流、谱镜、谱撮等，一般放在序文后，是专门考证家族来源、始祖和家族迁徙、发展、分布等状况以及某些世系、名门望族、祠庙祖茔、同姓同宗等相关内容的部分，也是家族历史的缩影。由于明清以来的家谱大多采用“大宗谱法”，把家族历史上溯到三皇五帝时期，历史跨度太长，有些事情已经不太清楚，而在修谱时又必须写上，因此需要进行考证。同时，与家族历史相关的内容对族人来说也至关重要，要想做到血缘关系清楚，就要把家族的来历和迁徙脉络考证清楚，这样在叙述家族源流时才有依据，向族人进行宗法思想教育时才有素材。可见，源流考及其相关内容在家谱中的位置是相当重要的。

在今天所能见到的家谱中，大都有与源流考相关的部分，在内容上也各有特点。如明嘉靖四十四年（1565年）编修的安徽绩溪《积庆坊葛氏族谱》里就刊载一篇《谱系源流》，说“葛本葛天氏之裔，后以国为姓，相传家江南句容。唐明宗时，名应祥公者，来任绩簿，长子武道公留居杨溪，历十二世至六二公，宋绍兴间迁居邑之西隅积庆坊右，子孙世业至今焉。宋宝庆时，宗喻公以明经任桐庐学录，尝修家谱，以武道公为绩溪始祖。自受姓以来，至武道公为四十九世，宗喻公为六十三世。谱经兵燹，散逸不完。元至正间，崇道公重修世次，六二公以上湮没难稽，遂以六二公为始祖”，其家族自得姓以来的发展传承情况由此可以得到明确了解；明万历四十年（1612年）编修的江苏东台富安《虎墩崔氏族谱》里刊载的《虎墩崔氏族谱本末》，提到其家族“之先系出姜齐，其间世代辽绝迁徙靡常，隐显不一，无由稽考，不敢妄援。有元三公者，世居苏（州）阊门，为苏巨族。迨元季兵火沸腾，其子九六公乃携其家迁徙江北，依栖于海安镇凤山侧，为避乱计。久之，恭遇我大明启运，江淮之区始获宁谧，乃属其子侄占籍虎墩，咸为百夫长，佐有司督鹾课，遂家于西便仓，世业鹾”，关注的重点则是其始迁祖以来的历史；清光绪元年（1875年）编修的安徽歙县《歙新馆鲍氏著存堂宗谱》刊载有《姓氏采地郡望考》，把不同时期的文献中关于鲍姓起源的记载收录在一起，供族人自行比较分析；清光绪十八年（1892年）编修的江西《婺源查氏族谱》刊载的《正宗辨》，对查氏入安徽新安后的支流情形进行论证，明确指出居休宁城北的尚书文徽支、居婺源凤山的观察使文征支是正宗，而休宁查万林一支则是“以李姓而冒查姓”，为了避免其“上以乱我支派，下以惑我子孙”，要求“凡我宗派幸毋被其所愚”，对家族源流采取了严肃认真的态度。由上可见，源流考的内容的确各有特点。

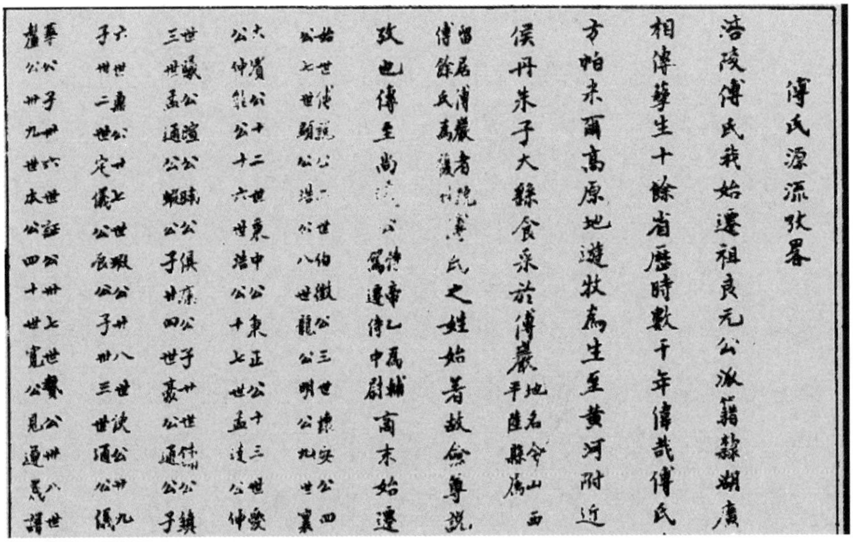

傅氏源流攷畧

涪陵傅氏我始遷祖良元公派籍湖廣

相傳華生十餘省歷時數千年偉哉傅氏

方帕米爾高原地遊牧為生至黃河附近

侯丹朱子大繇食采於傅巖

1940年《涪陵傅氏三修族谱》中的源流考

在有些家谱里，尽管没有专门考证源流的部分，但在其他相关部分中也有类似的内容。如在近年编修的安徽《新安琅琊王氏统宗世谱》里，序文中就提到“他们尊奉唐昭宗时期兵部尚书王璧为远祖，在王璧以后子孙繁衍，瓜瓞绵绵，如今人口已超过百万，分布在安徽、湖北、江苏、浙江、江西等省的多个地区。而在王璧之前，其家族历史又与王姓著名支派琅琊王氏联系在一起，是琅琊王氏在新安郡祁门县（今属安徽）的重要分支，因此才被称为新安琅琊王氏。另外，家谱中还由琅琊王氏继续追溯上源，甚至一直追溯到中华人文初祖伏羲的父亲华胥氏那里，并把华胥氏当作1世祖，把琅琊王氏较为可信的始祖、西汉昭宣时期的博士谏大夫王吉当作第65世祖，把王璧当作第92世祖，血缘传承脉络十分清晰”。又如在《蜀中马河嘴王氏族谱》的序文里，也提到“这支王氏族人以明太祖洪武二年（1369年）率众入川的王守宣为始祖，如今已有600多年的历史”“仅从宋代开始，其原来居住在京师开封城东三槐堂中的祖先因为遭遇北宋末年的‘靖康之变’而南下避乱，定居在今江西省吉安市安福县城一带，瓜瓞延绵，生息繁衍。南宋时，由其祖先王国初率领，迁到黄州府麻城县孝感乡蒿枝坝（约在今湖北省麻城市沈家庄一带）。元末明初时，又在其祖先王守宣带领下，由孝感迁到今马河嘴祖屋沟开基。为了纪念上述这些迁徙，其族人还用《家传源流诗》的形式口耳相传，其中的前4句‘王氏宗支远，流传裕后昌。太原新世系，孝感旧家乡’便明确表明自己家族出自历史上的太原王氏，故乡曾是孝感”。上述这些，都同样考证了相关家族的源流。

3.与世系相关的内容

世系是家谱的主体部分，反映从一世祖到修谱时所有家族成员的血缘关系，包括姓名字号、生卒时间、职官、葬地、妻妾子女等情况。由于表现的方式不同，又一般分为世系考、世系图、世系表、世系录、字辈谱等。其中，字辈谱又是家谱中颇具共性的典型内容，本书将在第二编专门探讨。

（1）世系考

世系考，即对历代家族成员世系传承情况的考证。由于历史上不同的原因和以往修谱条件的限制，加以修谱方法在宋代以后越来越多地舍弃“欧苏谱法”中“小宗之法”而不用，采用了由古及今的“大宗之法”，许多家谱把世系相连数十甚至上百代，其间难以经得起推敲之处相当多，不少家谱里设立了专门的部分对其进行考证如图所示湖南宁乡沩宁《万氏五修族谱》中的“万氏世系纪略”，性质接近于世系考，或在其他相关部分考证世系问题，其中的一些考证还颇有代表性。

在编修于清光绪四年（1878年）的《三槐世家蜀中王氏家谱》里，“收录有马河嘴王氏在始祖以前的历代祖先名讳和世系，从中可见这些名讳和世系主要依据《新唐书·宰相世系表》、杜淹《文

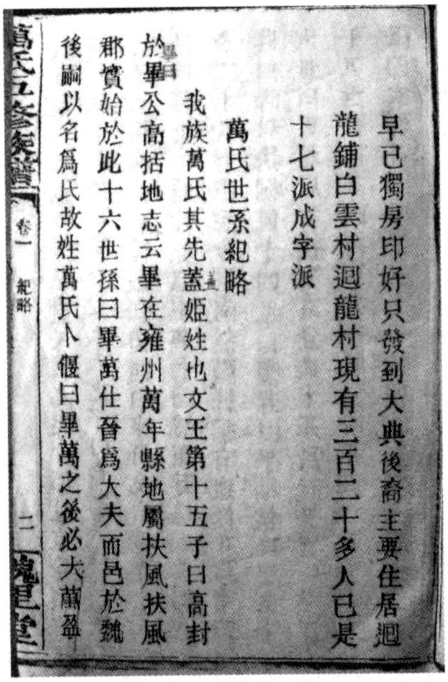
早已獨房印好只發到大典後裔主要住居廻
龍鋪白雲村廻龍村現有三百二十多人已是
十七派成字派

萬氏世系紀略

我族萬氏其先蓋姬姓也文王第十五子曰高封
於畢公高括地志云畢在雍州萬年縣地屬扶風扶風
郡實始於此十六世孫曰畢萬仕晉爲大夫而邑於魏
後嗣以名爲氏故姓萬氏卜偃曰畢萬之後必大蕃昌

萬氏五修族譜 卷一 紀略 二

湖南宁乡沩宁《万氏五修族谱》
中的“万氏世系纪略”

中子世家》、韩愈《王仲舒神道碑》和《王仲舒墓志铭》等”，在近年续修该谱并更名为《蜀中马河嘴王氏族谱》时，谱序的作者发现原谱存在突出的世系问题，“其对早期世系的记载还较为粗疏，有不少与其他文献、家谱不一致之处。其中如对太子晋以前的世系，该谱开始于周朝始祖后稷，并没有像其他大多数家谱那样一直追溯到黄帝；而在后稷至太子晋之间，所及名讳和世系与《史记·周本纪》等书的记载也存在不少差距；对于太子晋至太原王氏始祖王霸之间的世系，大约以《新唐书·宰相世系表》中的太原王氏宰相世系为依据，但又杂入了琅琊王氏的王元、王吉、王骏、王崇等人；在王霸至三槐王氏始祖王言之间的世系，尽管可以明显看出是属于太原王氏的祁县支，但又把晋阳支的王昶等人列入，以及列入了唐朝左散骑常侍王仲舒等人，让人以为三槐王氏是王仲舒的后代，而马河嘴王氏也因此属于太原王氏祁县支、王仲舒后代、三槐王氏”，因此，序文里对其进行了考证，并建议“对于上述世系中的太子晋以前世系，在后稷之后的世系基本可以用《史记·周本纪》中的相关记载加以补充，后稷之前至黄帝之间的世系可以用《史记·五帝本纪》的相关记载进行补充”，“后稷至太子晋父亲周灵王之间的世系”可以用《史记·周本纪》的相关记载进行补充，“至于马河嘴王氏在始祖以前、由太子晋至太原王氏始祖王霸之间以及王霸至东汉大司徒王允之间的太原王氏祁县支世系，在《新唐书·宰相世系表》中有比上述家谱更为详细的记载”“在上述世系之后至三槐王氏始祖王言之间的世系，也可以用更多的其他资料补充。其中，王霸至文中子王通之间的世系，大抵见于唐朝人杜淹编写的《文中子世家》”“在文中子王通之后，名列“初唐四杰”之一的王勃在《旧唐书》本传中被记载为“祖通，通二子：福畤、福郊。勃父福畤”。在王勃之后至唐左散骑常侍王仲舒之间的世系，见于韩愈《王仲舒墓志铭》”“而在王仲舒至三槐王氏始祖王言之间，上述家谱世系仅有王成、王哲两代，其下即三槐王氏始祖王言，与其他家谱中的相关世系并不相同。至于王言之后，上述家谱的记载则较为清晰，可以与其他家谱相互参照”。

再如，在湖北《荆楚新安琅琊王氏宗谱》里，也有专门考证其家族历史上世系传承情况的文字，说该家谱里“有一个《琅琊王氏宗谱》，实际是从太子晋到王璧之间的世系表，其中值得关注之处可以以第21世的王吉为界分前后两个时期”，“其中，在王吉以前的世系基本出自宋朝史臣根据唐宋时期王氏家谱撰写的《新唐书·宰相世系表》，后世编家谱者大抵据此对其中的某些世系进行增补”“至于王吉以后的世系……存在着脱误。因为第23世的王崇生活在西汉末年，第25世的王仁生活在东汉中叶以后，二人都见于史书的明确记载，但生活时代相差了100多年，不可能是祖孙关系，中间也不可能只有王遵一代。对此，宋人汪藻在《世说考异》中所附《琅琊临沂王氏谱》中说‘崇孙后汉中大夫遵生青州刺史仁’，也就是在王崇和王遵之间加了一代，似乎是在有意补充这一脱误，但根据我国计算世系时一般是30年一代人的通常做法，仅此一代仍不足填补那100多年的空白。这一事实也说明，琅琊王氏在王吉以后的世系表的脱误其来有自，是一个很老但又待解决的问题”。

又如，在浙江嵊州《南岙王氏总谱》的序文中，也同样考证了该家族的世系问题，指出其“最为突出的早期世系问题，在开基祖王煤之后的世系较为清晰，在此以前的世系在不同的家谱里有不同

浙江嵊州《南岙王氏总谱》

的记载。特别是在王超之以前的世系，至今还有一些疑问没有完全解决。其中如在不少家谱上，都把王导作为始祖，或者把王羲之、王导两个血脉的世系分别记载，这虽然可以直观反映王超之当年因为出继而具有王羲之、王导两个血脉的事实，但也因此容易造成世系上的混乱。其实在事实上，王羲之的祖父王正与王导的父亲王裁是亲兄弟，同出自西晋光禄大夫王览，其中王裁是长子，王正是第四子，王羲之与王导的关系是侄子与从叔的关系，血脉十分相近。由于过去某些修家谱者没有理清这种血统渊源，就在这段世系上留下问题，甚至还有些家谱把王羲之曾孙王悦之误记成王导的儿子王悦，使早期世系的混乱更为严重”。

由上可见，传统家谱的世系的确有不少存在问题，需要在续修时认真考证并尽力加以解决。

（2）世系图

世系图，又称垂丝图、吊线图、根图、图谱、吊谱，是家谱中用图的形式表示血缘关系的部分。其中，垂丝图的意思是比喻子孙世系像垂柳丝一样绵延不绝，吊线图则是用线条连接不同世代的人之间的关系。这种方法最基本的是把重要祖先或全族人的世系绘成简图，看上去简单明了。有些为了进一步说明情况，还在图中进行简单标注，仍然可以让人一目了然。

由于世系图的形状不尽相同，一些研究者还把其进一步分为宝塔式世系图、树状世系图、线形世系图和龙凤式世系图等。宝塔式世系图因把世系由远到近、由上到下、呈宝塔状排列而得名，也是最常见的世系图形式，树状世系图和线形世系图的形状也基本近似这种世系图。至于龙凤式世系图，则是以制图者本人为中心，把父母或祖父母等人的名字分别放在左右两侧，一侧是龙一侧是凤，寓意龙凤呈祥，因此也称龙凤式世系图。但这种世系图较为少见，原因在于长期受“男尊女卑”观念的影响，女子哪怕是祖先也很少入谱。只是自晚清以来受西方思想影响下，一些家谱在世系图中标上女子名字，女子才逐渐在家谱上有了自己的位置，进而被编入世系图。

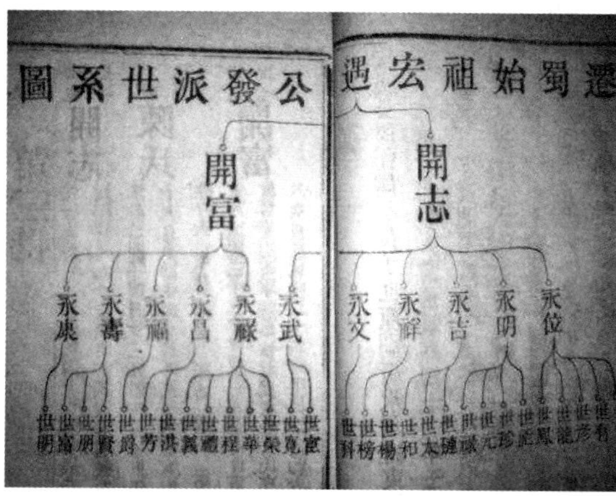

宝塔式世系图

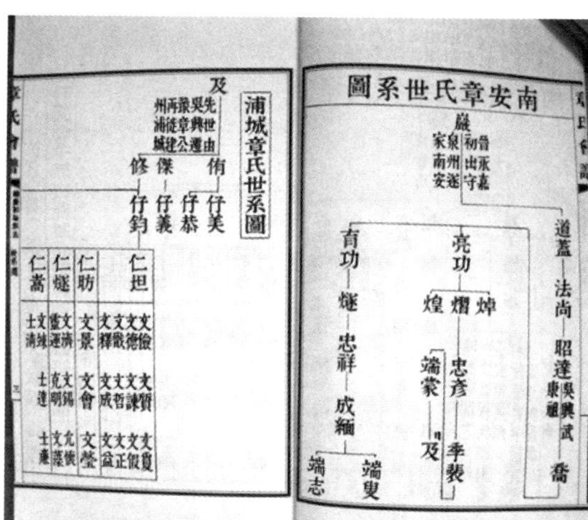

福建南安《章氏会谱》中的世系图

世系图除被放在家谱中外，有时还因其简单直接而被制成布质或纸质的挂图，挂在家中或族人常去的祠堂等地，进一步发挥了其教育族人牢记根本的作用。

一种用于祠堂祭祀的世系图

（3）世系表

世系表，又称世表、齿录、行传、谱文等，是家谱中用表格形式表示血缘关系的部分，也是占家谱绝大部分篇幅的核心部分。表中多以世代先后为序，把第一世始祖以来按家族辈分、长幼一世一世排列下来，在排列时有些还注明派名、名讳、字号、生卒年月、官阶爵次、婚配、葬地，以及生几子几女、子何名、女嫁于何地何姓等，脉络清晰。有些家谱还进一步以始迁祖为界，把世系表分为外世和内世，其中外世从受姓始祖至始迁祖，内世由始迁祖下排，称始迁祖为一世祖或一派祖，情况并非完全相同。

在明清至今的家谱中，为了清楚表明家族中的血缘关系，都要把家族世系排成表格，制成世系表。世系表中所排列的世系大多从一世祖开始，由于各地的习惯不同，一世祖有时也被称为始祖或得姓始祖、鼻祖等，有时也因其是迁到某地的第一世而称始迁祖。一世祖及其以下都有各自的表格，表格的排列大都采用欧式谱法，以五世为一表，从第六世起另起一表，以后第十一、十六世等也同样另

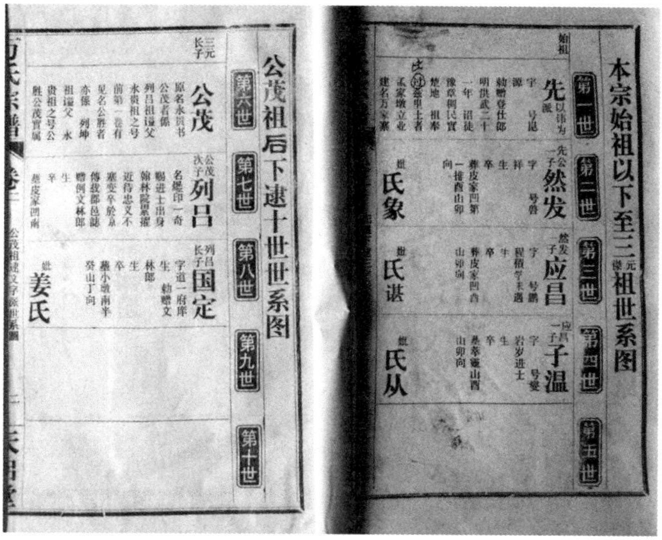

采用欧式谱法编制的《万氏宗谱》世系表

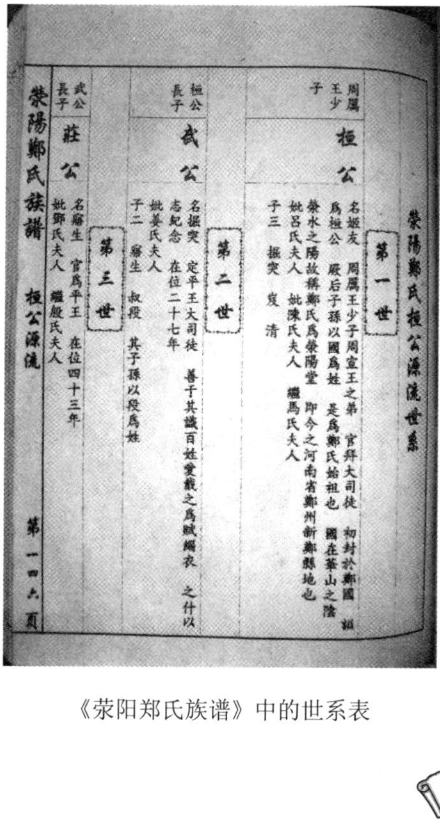

《荥阳郑氏族谱》中的世系表

起一表，以至多世，承前接后，源流不紊。有些表格内还用小字注明相关族人的情况，更便于族人的进一步了解。也有的世系表不拘泥于五世为一表的形式，如《荥阳郑系族谱》里的桓公源流出系表。

由于大多数家谱都编于明清以来，而其中的世系又都在明清以前，甚至上溯到得姓前后，其间前后数千年，因此，即使按30年为一代的代际传承方式计算，一部家谱的世系少说也有几十代，有的甚至超过百代。其中如在清乾隆十九年（1754年）编修的安徽《歙淳方氏柳山真应庙会宗统谱》中，就把传说中的炎帝8世孙榆罔长子方雷作为一世祖，由他下传到修谱时已161世。被称为天下第一的孔子家谱，如今也已在家谱中记载了自孔子以来的80多世。事实上，由于历史过于久远，过去的历史又疑信难详，世系的真实性难免让人怀疑，并且越久远越让人怀疑。对此，研究界所提倡的较为客观的态度是，对于家谱中的世系应区别看待，属于宋元以后、相关家族始迁祖以来的世系一般较为可信，对于之前的世系应结合文献记载具体分析，以免受杜撰世系、私造祖宗名讳所误导。清朝人钱大昕之所以讥讽家谱“苟引先贤，妄相假托，无所取信”，其所指当然也包括家谱中对世系的伪造。

4.与人物相关的内容

人物是家谱的灵魂，人丁兴旺是每个家族共同追求的目标，名人则是家族的荣耀。在明清以来的家谱里，无论是何家族都习惯把名人拉入家谱中，除其中的一些作为祖先放在家谱前进行画像并配以像赞外，还在世系表里的相关部分进行介绍，更有一些被进一步表彰，通过传记、年谱等形式加以颂扬。因此，传记、年谱，也是家谱中与人物相关的重要组成部分。

（1）传记

传记，又称传、行状、行实、志略、名绩录、仕宦记等，是家谱中专门记载家族重要人物生平事迹的部分，在内容上与祖宗像赞、世系表中的注解性文字近似但更为详细，大凡名号、生卒年、经历、婚配、妻妾、子嗣等都是所记的内容，族中如有以节孝知名的孝子、节妇、烈女也在作传的范围。

家谱中能被单独立传的都是家族中的名人，其功名贤能、特殊事迹、丰功伟业等足以让族人自豪。由于在宋代至明清时期特别重视女性的贞操，家族中如果出了节妇、烈女还被认为是全族的光荣，因此，传记中也有节妇、烈女的传记。但为了与男性相区别，有些家谱把节妇、烈女的传记称为内传，以别于男性的外传。但无论是内传还是外传，为了表示重视，不少家谱都会请名人代写重要人物传记，或直接从官方文献中选用，有些家谱还要另外附录寿序、神道碑、墓志铭、祭文等。

由于被立传的都是名人，而其传记又往往出自名家之手，其价值有些也很独到，具有补充国史、方志或其他文献缺失的作用。甚至有些出自名家之手的传记仅见于家谱，其所写传记也幸赖家谱得以保全。如在清宣统三年（1911年）编修的安徽绩溪《泉塘葛氏宗谱》里刊载一篇《湘公传》，谱称出自宋代名相王安石之手。绩溪县在清光绪十五年（1889年）编修的《南关许氏惇叙堂宗谱》刊载的《宋司封员外郎许公逖行状》，谱称出自欧阳修之手。近年编印的江苏武进《张氏宗谱》中收录的《宣公神道碑铭》，谱称出自朱熹之手。近年编印的《中华杨氏通谱（古代卷）》中收录的《杨氏先茔之碑》，谱称出自明朝宰相杨荣之手。近年出版具有家谱性质的《温姓简史》中收录的《唐故特进尚书右仆射上柱国虞恭公温公碑》《大唐故特进尚书右仆射上柱国温公墓志》，分别出自唐代岑文本、欧阳询之手。在上述这些出自名家之手的传记或行状、墓志铭、神道碑文中，有些还保存有重要的文献资料，其传记价值的确非同一般。

（2）年谱

年谱，又称行年记、纪年录等，是家谱中按年月记载族中重要人员生平事迹的文字，所记大多是家族中某一位或几位影响重大的人物。据研究，年谱最早渊源于周代的家谱，到宋代逐渐独立出来，明清时期进一步发展。早期的年谱有宋代人洪兴祖编写的《韩愈年谱》和赵子栎编写的《杜工部年谱》、元代人程复心编写的

《孟子年谱》等，从形式看是由纪传体和编年体发展演变而来，其价值正像清初学者全祖望所说的那样："年谱之学，别为一家。要以巨公魁儒事迹繁多，大而国史，小而家传墓文，容不能无舛谬，所借年谱以正之。"另一位清代学者孙诒让也说："自北人以陶、杜之诗，韩、柳之文，按年为谱，后贤踵作，缀辑事迹以为书者日多。于是编年之例通于纪传，年经月纬，始末昭焯，此唐以前家史所未有也。盖名贤魁士一生从事于学问，论撰之间，其道德文章既与年俱进，而生平遭际之隆污夷险，又各随所遇而不同，非有谱以精考其年，无由得其详实。"意思是说，年谱具有独到的价值，可以起到补充传记、墓志资料不足的作用。因此，年谱除了单独流传外，也有些被收录在家谱中，成为与人物相关内容中的一个方面。

由于被编年谱之人大多是家族中的名人，其编者有些是社会名家，有些则出自编者自己之手。这种自编年谱中大多是族中名人自己功业的展示和对子孙的说教，能够起到传世和教育的作用；有的则是自记生平以垂告子孙，或希望载入家谱，借以传流。对此，清朝人周盛传就在自编年谱中明确表示自己编谱的目的是"追念生平所历之境，粗举大纲，按年叙述，非敢以自表扬，聊以示子孙，俾知起家之不易耳"，带有与家谱一样的对族人教化功能，被刊载在家谱中也合情理。例如，编修于民国二十三年（1934年）的江苏常州《毗陵庄氏族谱》中便刊载了明朝遗老《庄恒自叙年谱》和清乾隆广东布政使庄肇奎的《胥园府君年谱略》。再如，编修于清光绪十二年（1886年）的《毗陵唐氏家谱》中也刊载了清朝雍正年间的刑部尚书唐执玉《清大司马蓟门唐公年谱》。又如，编修于清道光年间的上海《华亭王氏族谱》中刊载了王兴尧《遂高园主人自叙年谱》和王清瑞《鹤闲草堂主人自述苦状》，后者实际上也是一种年谱。

5.与族产相关的内容

族产即家族的集体财产，主要包括族田、学田、坟地、山林、义庄、义塾、祖宅、祖茔、祠堂、仓廪、桥梁、租金等，用以维持家族中集体事务如修谱、祭祖、赡养老人、教育子弟等支出，贯彻落实敦亲睦族的基本宗旨。其中，又以族田、祖茔、祠堂、契约最具代表性。

（1）族田

族田是家族集体财产中最为重要的一项，是整个家族的共有土地，因性质不同而又称义庄、义田、祠田、寺田、墓田、学田、公会田等，田地上的出产物用于家族中的公益活动。最早的族田相传与北宋名臣范仲淹有关，他在北宋皇祐元年（1049年）于苏州长洲、吴县买下100多亩土地，将田地所得作为族人的衣食或婚丧嫁娶费用，这也就是族田的由来，也是以后族田被称为义庄的原因。此后，其他各地仿照范仲淹设立族田，明清时期更扩展到每个宗族。

在与族田相关的不同称谓中，除义庄是族田的别称外，义田是专门为赡济本宗族中的穷人而设立的；祠田则是为祭祀祖先设立的族田，又称祠堂田，是族田中最为重要的部分；寺庙田、墓田是专供各自的祭祀所设；学田则用土地上的收入作为教育族内子弟的费用。至于公会田，实际上是用来与外地宗亲或乡邻交流、解决地方纠纷或与外地争讼、处理其他公共事务的族田。仅清乾隆二十九年（1764年）对江西省的调查，全省8093祠堂就有祠田6739处，可见祠田设立之多，其他名称的族田也大抵如此。

与族田性质相近的家族集体财产，还包括与土地相关的义塾、祖宅、仓廪、桥梁、山林等。义塾也称学堂、家塾、书院，是供族中子弟读书的公共学校，费用从学田收获物中支出。祖宅是祖先居住、生活过的地方，也称祖屋，为了加以纪念，有些在其基础上改建成家庙、祠堂，成为集体财产的一部分。山西灵石有一处著名的王家大院，规模宏大，实际上也是当地王家人的一处祖宅。孔府、孟庙，以及山西乔家大院、孔家大院、曹家大院、河南康百万庄园、扬州何广州陈家祠堂等也都是如此。

（2）祖茔

祖茔，又称坟茔、坟墓、祖坟、祖墓、坟山、庐墓等，即埋葬祖先的墓穴，是家谱中体现尊祖敬宗精神最为重要的内容之一，祖茔及其四周的墓碑、树林、建筑、祖田等也是家族财产的一部分。

清光绪十二年（1886年）重庆荣昌《林氏族谱》所载祖先墓图

在家谱中，记载祖茔及其相关的内容一般采用图文并茂的方式。其中，图即墓图，绘有所在地地名、方位、四至（指一宗地四个方位与相邻土地的交接界线）、周围山水形势等，有些家谱还与祠堂绘在一起来，称为墓祠图。墓图大多一墓一图，有些家族由于人口众多，历史悠久，谱中所刊载的墓图也多，湖南益阳熊氏家谱中的墓图甚至多达200多个。文即对墓图的释文，主要是对墓图的解释，包括墓主生平介绍、祖茔建置情况等，有些家谱还要附以寿序、墓志铭、碑铭、行述、祭文等，内容颇为丰富。无论是墓图还是释文，目的都是便于族人“视谱知图，视图知墓”，发挥“开卷而益生孝敬之思”的作用，以便“祖灵安享，永锡祯祥，牛眠叶吉，后裔荣昌”。

为了保护祖茔和便于祭扫，不少释文还对祖茔方位进行十分详细、具体的记载，明确要求族人“护藩篱，培薪木，慎祭扫，防侵损”，随时进行修整，在清明、中元等重要节日组织墓祭。不少家族还专门设立墓田，以其收入作为祭扫的专门开支，进行了专门的制度性规定。

（3）祠堂

祠堂，又称家庙、家祠、香堂、祭堂、影堂、祖屋、祖祠、祖厝、宗庙、宗祠、宗堂、享堂、神坛、祠宇等，是家族中供设祖先神主牌位、举行祭祖活动的场所，同族的人在这里举行“春秋祭祀，序昭穆，崇功德，敬老尊贤，追远睦族”，同时也商议和处理家族事务、执行族规家法、议事宴饮，其建筑也是族产的重要组成部分。在许多家族的家谱中，都明确刊载着祠堂图，以图的形式说明祠堂的基本轮廓、建筑式样、框架结构、围墙设施、周围山水形貌等，相关释文则收录祠堂所在的地理位置、修建历史、建筑规模，以及神位世次、配享情况、建祠祭文、捐建祠堂人名单、捐资数目、祠匾祠联、管理办法等。如果祠堂建在新购置的异姓土地上，还要明确记载购置过程，并附刻地契，一旦发生产权纠纷，有据可查。

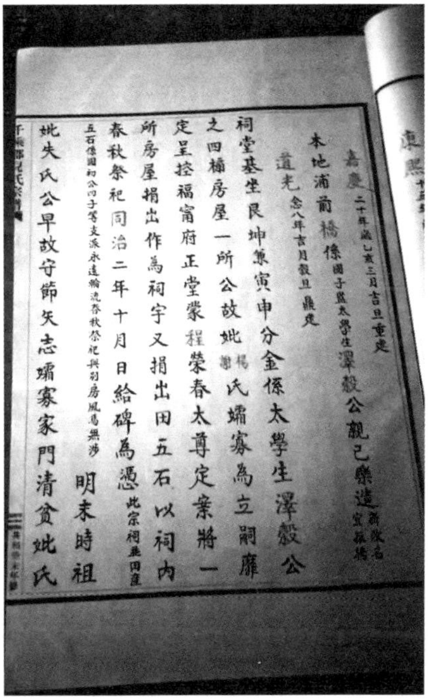
嘉慶二十年歲乙亥三月吉旦重建
本地浦前橋係國子監太學生澤毅公覲己樂造
道光念八年吉月穀旦鼎建
祠堂基坐艮坤兼寅申分金係太學生澤毅公
之四楠房屋一所公故妣楊氏孀寡為立嗣靡
定呈控福甯府正堂蒙程榮春太尊定案將一
所房屋捐出作為祠宇又捐出田五石以祠內
春秋祭祀同治二年十月日給碑為憑此宗祠並田產
五石係國初公四子等支派永遠輪流春秋祭祀與別房風馬無涉
明末時祖
妣失氏公早故守節矢志孀寡家門清貧妣氏

《千乘郡倪氏宗谱》中关于祠堂的记载

我国建造祠堂的历史可以追溯得相当久远，南宋朱熹在所编的《家礼》中详细规定了建造祠堂和祭祖的礼制，明朝嘉靖皇帝专门下诏要求百姓祭祖，都在一定程度上推动了祠堂的建设。因此有人认

福建上杭李氏大宗祠

为，明清时期是有史以来祠堂最多的时期，当时就有“宗祠遍天下”的说法，“凡聚族而居者，城乡多各建祠。春秋祭祀，序昭穆，崇功德，敬老尊贤，颇有追远睦族遗意”。一般家族不仅有一族合祀的总祠，还有各自的支祠、房祠。祠堂所在之地一般都是祖先居住的地方，将旧房改造而成。一些家族建房前还要先建祠堂。有些族人较少的村落无力筹建大祠堂，便在村前选址设牌位，供奉祖先。祠堂中供奉的祖先神主牌位包括始祖神主、高祖及以下考妣神主，按左昭右穆的规矩进行放置，牌位前写明身份、官位和字号。每当族中新添男丁，还要把写有男丁名字的红纸张贴在柱上，以示向祖先报到。族人去世则送香灰入祠，或把灵柩寄放在祠中，祠堂空屋有时也借给家无住房的族人居住。外迁族人回来谒祖时也要先到祠堂祭拜，然后包上祠堂的香灰及家乡泥土带走，以示不忘根本。为了保持祠堂的神圣庄严和香火旺盛，有些祠堂还设立专人负责日常管理事务，或者由每家轮流管理。族人不得有损害祠堂的行为，如果损坏器物还要接受处罚，照价赔偿。妇女儿童不得随意入祠，族人盖房不得有碍祠堂风水，行窃、赌博、吸毒等有损于家族道德的行为更在严厉禁止之列。

由于祠堂被视为祖先神灵的聚居之地，在其中祭祖和处理家族事务是祠堂最为基本的功能。祭祖时的礼仪十分庄重，不仅要正衣冠、慎言行，还要点上香火，摆放各种祭品，并严格按程序举行仪式。一些祠堂除在每月的朔望日和四时、祖先忌诞日举行例行祭祖仪式外，还有年祭、月祭、日祭之分。遇到祖先忌辰，参加祭祖的人还要穿上孝服，甚至要在祠堂过夜。至于晦望岁时祭祖，一般都是由族长带着全族男丁一起祭祀，击鼓开祭，领读祭文，然后依次行礼。祭文的内容主要是颂扬祖宗功德和本支派源流，以及劝诫子孙恪守家风、积德行善、光大家业等，其中如在江西宁都《鹅湖温氏族谱》刊载的祭文中，不仅体现着慎终追远、生则敬养、死则敬享的家族精神，还有不同季节的差别，其春祭文是“东郊风暖，麦翻翠绿之涛；西围春融，柳展纤微之眼。千门桃李，万岭梓桐。当此花落花开，正是人歌人哭。念我祖考，采芹藻于幽涧之滨；捧兹琼杯，献醇醪于罗绮之席。灵其来格，灵其来享”，冬祭文则是“灵台纪瑞，一阳呈来复之祥；葭管飞灰，七政适更新之会。柳将舒眼，梅欲冲寒。当此舒景穷阴，谁无祖宗之念？爰是本支孙子，敬修献奠之仪。无限追思，尚其灵鉴”，从中不难看出上述突出特点。

为了便于祭祖和处理家族事务，不少家族还设立了专门的祠田或祭田，以其收入作为祭祖的开支。同时，祠堂还是处理家族如教育族人、讨论续修家谱、推选族长、购置田产等事务的所在，遇到族人违反族规家法也要在此惩戒。在这时，祠堂实际上发挥着对家族进行有效管理的作用，族人的凝聚、团结也借此得以实现。

（4）契约

契约，又称文契、合同、法案、案卷等，主要是与族产和家族内部事务相关的承嗣、婚姻、分家、土地或宅第、祖茔买卖等契据文书。其中，与土地、宅第、祖茔相关的契约都占相当分量。从所见家谱中所刊载的契约看，明清以来的契约最多，其内容除与家族内部事务相关的以外，有不少是为了买卖土地、宅地、坟地，或解决与其相关的经济纠纷，因为担心空口无凭或事后反悔，所以才立契约为凭证。如在编修于清光绪十三年（1887年）的湖南醴陵《瓜畲阳氏五修族谱》中，便刊载一份清乾隆六年（1741年）的《祠基屋宇契据》，实际上是一份关于宅地买卖的契约，其中提到这块宅地原属李氏所有，“情因迁就，母子兄弟叔娌商议，自心情愿，将东城基业一大所，俱系砖瓦正屋，并横屋店房、马房，尽行扫数出售与人。尽问家族人等，俱称不受，据中莫若尊，召到东城阳乾五、步高、舜邦、腾松、芳明等接买，当三面得受，时值价银四百三十两正，入手亲领，并未短少分厘，并无准折谋买逼勒等情。其基地……四至清白。其古木片瓦块石各项一并出售与阳管理，未留寸土，再有园土。照康熙五十九年支册科粮一斗七升四合，任阳推收过票。自卖之后，任阳拆旧添新修理，自便管业。其业未卖之先，并无重行典当，又无互混勾绞。如有不明，俱系出笔人理落，不干阳事。此系出自心甘情愿，永无异言，立此卖契，与阳子孙永远为照”。从中可见，这份宅地买卖契约内容完备，对阳氏来说颇为重要。特别是买来之后又改建为祠堂，关乎全族人的利益，因此也被刊载在家谱中，成为族产来源的重要凭证。

在有些清朝至民国时期编修的家谱中，由于是在此前基础上的重修，所刊载的契约也出自不同时代，其中有些历史相当悠久，其价值也很珍贵。如在清光绪十九年（1893年）续修的江西婺源《双桥王氏宗谱》中，仅与祖茔坟地购置有关的契约就有《成化六年与墓邻张思达共立合同》《万历九年与孙姓立二十五都维字号共业合同》《万历十年与孙氏面立寒字号合同》等。明成化六年即公元1470年，明万历九年和十年分别是1581年和1582年，距今都有四五百年。尤其是万历十年的这份契约，还是在与孙姓发生纠纷后所立，充满“辛勤劳顿之苦”，为了让族人记住其中的艰辛，宗谱中还专门刊载了一篇《明万历十年始祖坟山与孙姓结讼本末》记其事，说明族产得来的确不易。

6.与文化相关的内容

文化是人类创造的物质和精神成果，其中精神成果又称狭义的文化，家族文化就是狭义文化的一种。出于“尊祖、敬宗、收族”的需要，家谱中也刊载了大量与文化相关的内容，主要包括家礼、家法、家训、艺文、杂记等，都有鲜明的家族文化特色。透过不同家谱中所刊载的文化内容，其家族精神与文化特点便一一展现出来。由于家礼、家法、家训所包含的内容异常丰富，本书将在第二编专门探讨，本部分仅及艺文、杂记等。

（1）艺文

艺文，也称著述、文苑、文献、翰墨、传芳等，其实应是家谱中与文化相关内容的总称，本节则专指家礼、家法、家训和像赞、传记、行状、年谱、契约等之外的其他内容，其中如族人的奏疏、殿试文、万言策、书简、法帖、对联、诗词及其他文章，以及寿序、墓志铭、碑文等，都属于艺文的范畴，是家谱中另一类较为重要的内容。由于这类的内容多而庞杂，有些家谱对其全收，有些仅开列目录。如在近年编修的《中华高姓大通谱·总谱》里，以“篇”的形式把家谱的内容分类，共八篇，其中虽然仅第五篇篇名是“艺文”，实际上第四篇“宗族文献”所收录的碑记、墓志铭也基本属于艺文的范畴。尤其是第五篇，又进一步分为五章，包括史册留名及近现代杰出高姓人士作品简介，高姓诗词作品，历代高姓名人散文作品，有关高姓的戏剧、评书、小说，有关高姓的著作、诗词、歌曲，堂号楹联。仅从这些章节的名称便可看出，其中刊载的既有高姓人自己的著述，也有出自其他人之手但与高姓有关的著述。又如《中华杨氏通谱（古代卷）》也同样采用新式的篇章结构，其第八篇“诗文撷萃”刊载的全是历代杨姓名人的诗文著作，另在第四篇“碑铭墓志”里刊载的内容也属于艺文。

不同家谱里所刊载的各类诗文著述，刊载原则大致相同，即不仅要有一定质量，还要有积极向上的意义，因为要传给子孙后代。如在《中华高姓大通谱·总谱·艺文》中刊载的明代戏剧家高濂所写的《洗心说》便是与修身相关的家族教育名篇，他认为“福生于清俭，德生于卑退，道生于安静，命生于和畅，患生于多欲，祸生于多贪，过生于轻慢，罪生于不仁。戒眼莫视他非，戒口莫谈他短，戒念莫入贪淫，戒身莫随恶伴”，多欲、贪婪、轻慢和不仁都是修身的大忌，所以要经常洗涤心灵深处的私心杂念，常思贪欲之害，常怀律己之心，常除非分之念，远离声色富贵、名利得失，才能经受得住各种风险的考验。可见，家谱中艺文的作用不仅仅是收录文献，而且还要借以传递修谱者的主观意愿，使之发挥有助风教的作用。正像编修于民国三十二年（1943年）的江苏常州《龙溪盛氏宗谱·翰墨志》前言所说的那样，该类内容“所萃，于是乎发，端后有继者阐先哲之绪余，展平居之蕴抱，将所谓藏之名山传之其人”，的确事关重大。

在家谱的艺文里，值得一提的还有碑刻和墓志铭一类的艺文。这类的艺文有些出自本族人之手，有些则是达官显贵的手笔，文献价值一般较高。如在近年编写出版、具有家谱性质的《温姓简史》第三章里，便转录了一篇2001年出土于南京郭家山的东晋大将军温峤墓志铭文，虽然仅有104字，即“祖济南太守恭，字仲让，夫人太原郭氏。父河东太守襜，字少卿，夫人颍川陈氏，夫人清河崔氏。使持节、侍中、大将军、始安忠武公、并州太原祁县都乡仁义里温峤，字泰真，年四二，夫人高平李氏，夫人琅琊王氏，夫人庐江何氏。息放之，字弘祖。息式之，字穆祖。息女胆。息女光”，但所包含的内容异常丰富，不仅有他祖、父两代的名字和官职、婚配情况，也有他本人的祖籍、名字、官职、谥号、寿夭、婚配等情况，以及他子女的名字等基本情况，这些对研究温峤及其家族的历史来说，都显得异常珍贵。该章转录的另一篇同样出土于当地的温峤之子温式之墓志，铭文残存265字，与温峤墓志一样具有多方面的价值，其中的一些内容还可以与温峤墓志相互参照，进行比较研究，因此也同样显得珍贵。

（2）杂记

杂记，即在家谱中无法放入其他类或被遗漏的内容，但大都与文化相关。在近年编修的新修家谱里又新增了具有时代特色的其他内容，前举《中华高姓大通谱·总谱》里便单列“文物”篇，《中华杨氏通谱（古代卷）》也单列“文化风采”篇，所收录内容的性质也属杂记。其中，“文物”篇收录有墓葬、祠堂、族谱、文化遗迹、古建筑、古物、书画，而文化遗迹、古物、书画或者不见于传统家谱，或者在传统家谱中列入杂记；“文化风采”篇收录有郡望、堂号、门第，以及文化胜迹、典故、轶闻、佳话、楹联，而文化胜迹、典故、轶闻、佳话等也不见于传统家谱。这里的“文化胜迹”与《中华高姓大通谱·总谱》里“文化遗迹”所包含内容相同，是相关家族历代祖先生活和活动留下的足迹，主要包括遗迹、遗业、墓葬、府第、遗址、纪念地，以及山水桥梁、亭台楼阁、寺庙堂舍等，都是历史文化遗产，其中的一些甚至还成为中华民族文化景观的重要组成部分，值得在家谱里作为杂记记上一笔。

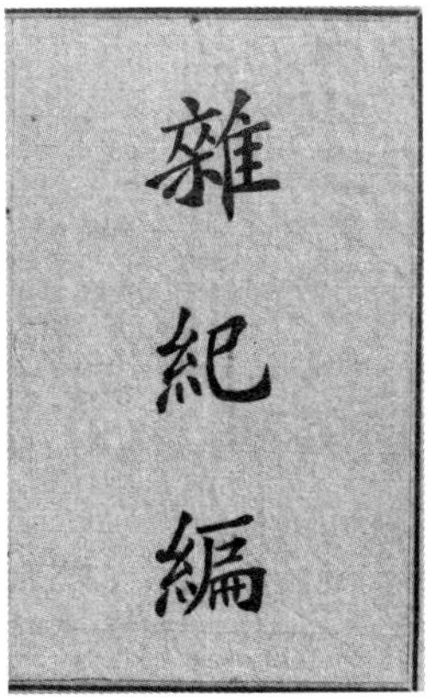

1949年《荣昌郭氏族谱》中的“杂纪编”

7.其他内容

明清以来编修的家谱不仅有以上所列的各项内容，也大多有上述之外的其他内容，主要包括续后篇、领谱字号等。在一部完整的家谱里，这些内容基本也都不可或缺。

（1）续后篇

续后篇，又称余庆录、长生谱，即家谱最后几页所留的空白，供族中添丁进口时填写，也表示家族香火绵延不断。其中“余庆”一词出自《周易》，指祖先遗留下来的恩德。原文是“积善之家，必有余庆”，意思即积德行善之家，恩泽及于子孙。

家谱最后留下空白页，除表示对子孙后代的美好愿望外，也有现实的需要。编修家谱对每个家族来说都是兴师动众的事情，费力又耗时，为了减少其对正常生活的影响，明清时期基本上形成了“三十年一小修、六十年一大修”的习惯。由于在两次修谱之间时间较久，而人口较多的家族随时都有人口出生，或者发生婚丧嫁娶、迁徙、继嗣等必须在将来续修家谱中写明的问题，如果不及时把信息登记下来，将来续谱时还要重新调查，时间久了信息也不准确。如果在家谱上的其他地方随意登记，既影响家谱的严肃性，也不方便查找。因此，一些家族在修谱时故意留出空白页方便使用，其他家谱竞相采纳，进而也成为家谱中带有普遍性的一个组成部分。为了充分发挥这几张空白页的作用，确保记录下来的信息质量，有些家谱里还对空白页需要记录的内容进行了明确规定。

（2）领谱字号

领谱字号，即家谱的编号，是专为家谱的保密和保管而设的特殊标记。在传统社会里，家谱一直都被当作私密的家族档案，奉行秘不示人的家规，如有违反还要被家法惩处。为了防止家谱外传，不少家谱在编印好后都要编上顺序号，族人按房支进行领取，领取时要登记领取人的名字和所在的房支，便于知道家谱的去向，也便于日后验谱。如有不肖子孙把家谱借与外人传阅，或“典借与人抄录，货卖得钱”，一查编号便知道是哪个房支出了问题，便于追究责任。有些家谱甚至写明其家谱必须有编号，如无编号便视同伪谱，不准持有者联属宗派，可见领谱字号在家谱上具有实际意义。

为家谱的保密和保管而专设的领谱字号，由于是为家谱编号，没有一定成规，所编号码往往因家族不同而存在一定差别。从所见家谱看，除按最简便的数字顺序排列以外，还有些家谱是按《千字文》“天地玄黄，宇宙洪荒”等顺序依次取一字进行编号，也有的家谱按八卦或十二生肖顺序编号，或者按修谱宗旨、家族历史、家族伦理等专门制定特殊的编号规则，情况不同，不一而足。按八卦或十二生肖顺序编号时，一般是按顺序从八卦或十二生肖里取一字，作为编号的第一字，下接按顺序排列的数字，编出的号码为“乾字第一号”或“坤字第六号”“辰字第十一号”等。按修谱宗旨等所编的号码则有所不同。如在民国二十一年（1932年）编修的安徽祁门《京兆金氏宗谱》上，就专门制定了“孝弟传家本，忠信

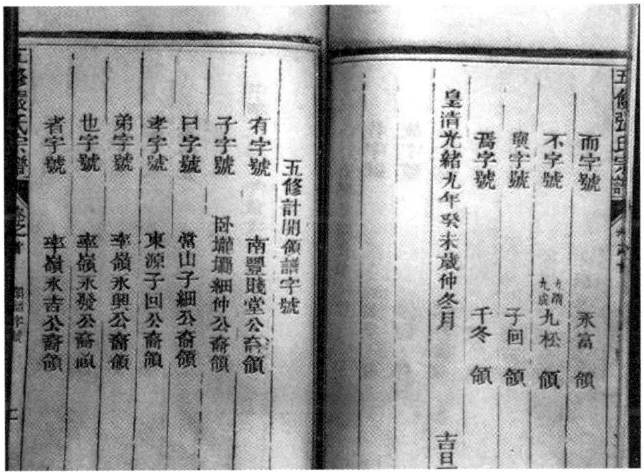
而字號 永富 領
不字號 九松 領
與字號 子回 領
焉字號 千冬 領
皇清光緒九年癸未歲仲冬月 吉旦

五修計開領譜字號
有字號 南豐[illegible]堂公裔領
子字號 [illegible]細仲公裔領
曰字號 [illegible]山子細公裔領
孝字號 東源子回公裔領
弟字號 李嶺永興公裔領
也字號 李嶺永發公裔領
者字號 李嶺永吉公裔領

1914年江西南丰《五修张氏宗谱》中的领谱字号

其中右侧内容是四修时的领谱字号

治世规，礼义生道德，廉耻立身基，诗书贻燕翼，俭让绍裘箕”等30字的编号，各房领谱时按字领取。民国二十五年（1936年）编修的安徽绩溪《大谷程氏世荣堂家乘》上，则有52字的领谱字号，即“绩溪四都，大谷程氏，世荣支祠。岁序逢庚午，隆冬多雨雪。堂宇修理成，祖孙得安帖。气局重辉皇，门前拓有场。罗山环北境，锦水达西江”，其中所提及的便是其家族的历史和居住地环境、祠堂形制等，其个性化特点相当突出。

总之，我国传统家谱的体例和内容基本如上所述。不过，由于修谱人水平和时代、地区、家族等多方面在事实上存在着差异，所修家谱的详略程度也非完全一样，家谱各部分的排列顺序也千差万别，存在体例不同和内容增减都在所难免。但无论如何，仅从以上内容可见，家谱的内容仍然相当丰富。也正因如此，有人把家谱称为家族的百科全书，或者说是中国古代家族文化的资料库，显然是有其道理的。

四、家谱的价值

编修于我国不同时期的家谱，保存至今的有数万种之多，并且几乎每天都有新家谱被编修出来。这些家谱作为与家和家族相关的重要文献，在家族内部具有反映家族历史、记录家族文化、进行家族教育等最为基本的功能，在社会上则被当作折射中华民族悠久历史和联系海内外炎黄子孙的重要纽带。在一般研究者看来，家谱的价值一般被概括为教育价值、社会价值、文献价值、文物价值、文化价值、收藏价值等几个方面，其中，最为值得重视的是其教育价值、社会价值、文献价值。当然，虽然具有珍贵的价值，家谱仍有其特有的局限和问题，同样值得我们重视。

1.家谱的教育价值

中华民族是一个重视教育的民族，这种重视最深厚的基础是奠定在家族教育之上的。在中国传统社会里，家是社会最基本的经济单位和伦理道德教育的执行单位，具有多方面社会功能，在政治生活、物质生产和人们日常生活中发挥着至关重要的作用。同时，家庭还承担着进行伦理道德教育的功能，传统道德中的“三纲六纪”和处理君臣、父子、夫妇、诸父、兄弟、族人、诸舅、师长、朋友等伦常关系的行为准则也主要通过家庭教育实施。其中，“君臣有义，父子有亲，夫妇有别”被认为是最基本的行为准则，也就是“三纲”；处理诸父、兄弟、族人、诸舅、师长、朋友等伦常关系的行为准则被称为“六纪”，同样都有具体要求。由于“三纲六纪”几乎都与家庭有直接关系，从性质上看首先是家庭内部的道德关系，其次才是社会上的道德关系。每个人只有先做到“修身”“齐家”，然后才能“治国平天下”。在这种意义上，家庭道德关系的好坏成了影响整个社会道德水平的大问题，不由得每个家庭不重视。而家谱作为家族的重要文献，其所收载的家法族规等实际上也是进行伦理道德教育的教材，发挥维护家族内部和社会秩序的作用。尤其是在宋代以后，几乎每个家族都有自己的家法族规。由朱熹制定的《家礼》几乎成为各家族制定家法族规的模本。

朱熹在《家礼·自序》中明确指出，自己制定《家礼》的目的是“究观古今之籍，因其大体之不可变者，而可加损益于其间，以为一家之书”，意思是说，由他所编的《家礼》是对前世家庭礼仪内容的改编和进一步完善，是对传统家庭教育的总结、继承与发展。而在事实上，家谱中所刊载的与家族教育相关的内容，无不是关于族人伦理道德方面的说教，比如上尊天地，下奉祖先；服礼教，维护尊卑等级秩序，防止犯上作乱；谨祭祀，对祖先不容怠

《朱子家礼》书影
朱熹所编，是明清以来家谱中所载家礼的蓝本

慢；崇孝行，笃友爱，严教子，族内人须做到子孝、父慈、兄弟友爱，宗族和睦，亲善友邻，谨慎交游，不与奸邪之人来往，不信奉妖邪之道；耕种田地，勤俭持家，在自己本职范围内尽职尽责；女子应当守妇道名节，对于孝子、悌弟、义夫、节妇之人进行奖励，等等。其中既有维护传统礼制秩序的规定，也有规劝族人努力进取、尊老爱幼、睦邻友善等传统美德的内容。后者在今天仍有一定的现实意义。

另外，在家谱中刊载的祠堂、祭祖、祖茔等相关内容中，也有不少内容与家族教育有关，是族人尊祖敬宗、奉行“孝”的个人行为的直接表现。对一个家族来说，已经过世的祖先往往被当作全族人的神明来敬奉，族人希望依靠这些祖先的神威，维护整个家族的安宁、和睦与兴盛。由于对祖先充满敬畏，历朝历代上至皇帝、下到普通百姓，都要在祠堂祭祀祖先。正是由于对祖先神灵崇拜的礼制和心理长期存在，形成了一种根深蒂固的家族教育观念，即子孙功成名就，就是祖先保佑的结果，自己有作为也是光宗耀祖。若子孙走向邪路，或治家不善，导致家业衰败，则认为是对不起列祖列宗。因为把祖先看得很重，要求族人尊祖敬宗也就成为天经地义的事情。为此，不少家谱中都有对尊祖敬宗十分具体的规定。规定中不仅要求对那些已经去世的祖先要定期进行祭祀，而且要对在世的长辈恩礼有加，不得冒犯，借以教育族人和强化宗族观念，达到团聚族人的目的。

借助家谱对族人进行教育，其直接表现之一是在祠堂举办读谱活动。每当族中举行重大活动或盛大典礼时，一些家族都要在其中安排读谱环节，借以使家族观念和宗法思想在族人心中扎下根来。对于那些严重违背家法族规的族人，家谱还能发挥惩罚作用。因为在家谱最为流行的时代，每当家中添丁进口，都要及时把名字写进家谱，以此表示新生儿在家族中获得了合法地位。如果是非婚所生的男孩，则有不准入谱的规定。对于那些犯了有辱家族名声的不孝不悌、大奸大恶、伤风败俗等行为的族人，或者不守家规、不服管教的族人，即使入了谱也会把名字从家谱中削去，行为严重者甚至株连削去其父兄子弟的名字。在这时，家谱的惩罚所发挥的，同样是教育作用。

2.家谱的社会价值

近几十年来，随着我国与海外各地的联系逐渐密切，不少地方都出现了一种寻根热潮，寻根的依据许多都是家谱。在这时，家谱起到了重要的纽带作用。

用家谱寻根，顾名思义，就是从家谱记载中寻找自己的祖根所在，包括出生地、祖籍、祖居地等。由于它们大多属于家谱中所记载的祖先脉络和遗迹，家谱也因此成了寻根时最直接、最可靠的参照。特别是对海外华人华侨来说，这种作用尤为重要，家谱对他们来说也尤为珍贵。因为自近现代以来，成千上万的华侨华人离乡背井、流寓海外、客籍他国，他们随身带去的家谱无不被视作命根，被当作寻根觅祖、慎终追远、把自己与当地人区别开来的最可靠、最永久的依凭，或者成为敦睦友谊、团结互助、克服和排除外来侵害，进而在异域生存下去的强大支撑。而20世纪70年代末以后，随着我国改革开放政策的实行，原先长期关闭的国门被打开，生活在世界各地的华人华侨出于对祖国的热爱和对故土的深切眷恋之情，通过各种途径与故乡亲属及有关部门联系，或索取祖居地资料，表达希望来寻根问祖的意愿。随后，世界各地特别是东南亚一带的华

利用家谱寻根问祖是家谱社会价值的一种体现

人宗亲组织和我国台湾、香港同胞纷纷组团，或以其他方式前来寻根谒祖，并最终使其成为一种社会现象。

面对这种寻根活动，不难使人对其出现的原因进行思考。其实，寻根溯源，重视家谱与敬宗睦族，本是由人的天性所致，中华民族更有慎终追远的传统，而利用家谱寻根正是追宗觅祖的捷径。在悠悠岁月中生活的人们，对生命之源、家族之根、世系之链大都充满难解的情结，进而去探寻、思索其中的奥秘，寻找自己的初始和归宿。人们只有寻找到了自己的“根”，才会有了结心愿和找到归宿的满足感。因此，这种由海外华人华侨引发的寻根谒祖活动，从一开始就表现了令人震撼的向心力和凝聚力。这种向心力或凝聚力，从表面上看虽是一种文化或血缘上的认同现象，但在实质上却是一种文化寻源活动，是中华民族凝聚力的一种直接表现形式，其真正意义也在于增强炎黄子孙对中华民族的认同。毕竟，寻根的参与者无论来自何地，无论现在有什么风俗习惯、讲何种语言，都是炎黄子孙，血管里流的都是中华民族的血，这是不争的事实。而在这时，家谱实际上发挥了联系团结海内外华人、增强民族凝聚力的作用。

事实上，由于亲情、友情、乡情、族情都在一定程度上与家谱相关，也是家谱在寻根活动中发挥特殊作用的主要原因。今天，炎黄子孙已分布在世界上的160多个国家和地区，海外华人总数也已超过5000万。他们中尽管有人已经改变了国籍，但每年都要不辞艰辛、不远万里来祖国大陆祭拜祖先，对血缘文化和中华民族的认同一点也没有改变。特别是其寻根时往往以家谱为纽带，从而使家谱成为寻根谒祖的重要凭据。在这时，家谱所维系的不再仅仅是一个人、一个家族，而是整个中华民族。

3.家谱的文献价值

我国是一个具有悠久历史的国家，家谱或其雏形的出现颇为久远，已经成为我国历史文化遗产中的重要组成部分，每一部家谱都是一个家族的历史记录。借助于家谱，我们可以了解其发展演变的历史，为研究其迁徙繁衍情况提供线索。其中如杨姓家谱，据《隋书・经籍志》记载，唐初有《杨氏血脉谱》和《杨氏家谱状并墓记》《杨氏枝分谱》《杨氏谱》等，《宋史・艺文志》有《杨侃家谱》，说明其家谱的编修历史相当悠久。南宋时，汪藻根据史书编成了《弘农华阴杨氏谱》，实际上也是今天所见最早的杨姓家谱。该谱包括世系图、正文和附录，分别记录了这支杨姓人自东汉征士杨宝至东晋龙骧将军杨佺期之间的时代、世系、名讳、字号、官爵、婚姻、承传、生卒、葬地、谥号、赠官、享年、寿夭等情况，并对有关人员的一些别号进行了考证，对研究这一时期该支杨姓人的兴衰演变具有重要的参考价值。另外，又如《河南始祖蔡氏开支通谱》《德清蔡氏宗谱》，都记载了蔡姓的早期史事，追溯了从轩辕黄帝到周文王昌以及从蔡国开国君主叔度到蔡国末代蔡侯齐的世系，被蔡氏后裔誉为"万谱之源"。两部家谱还记载了自秦昭王丞相蔡泽到东汉陈留人蔡质的世系传递情况，称西汉中期有一个名叫蔡泽的人是昭帝时丞相蔡义的父亲，他的四世孙中有一位是东汉造纸术发明者蔡伦，另一位是新蔡长蔡携，也就是陈留蔡氏的开基祖，蔡姓后裔的认祖归宗意识和对族源、家族文化的认同都由此可见。

其次，家谱还可以作为研究某些问题的资料。如研究社会学、人类学、民俗学、历史学、考古学、人口学、遗传学、经济学、文学、政治学、宗教学、法学、教育学、宗教史、华侨史、人才学等，家谱都有其他文献不能代替的作用。尤其是家谱中较多保留了家族中与人口问题相关的资料，涉及人口的姓名、生卒时间、婚姻状况、子女等最基本的问题，其资料的完整性和准确性、真实性等远远超出官方资料的范围，所以也成为专家们研究历史上人口问题最为重要的资料。台湾学者刘翠溶便根据所见家谱中50个家族的人口资料，对26万人的平均寿命、出生率、死亡率、性别比、有偶率、初婚年龄、生育率等问题进行了深入研究，取得了令人瞩目的成果。还有人通过对清朝皇族家谱中人口寿命问题的研究，得出了皇族女子平均寿命比男子短、死亡率比男子高等结论，其结论的得出也主要来源于家谱。

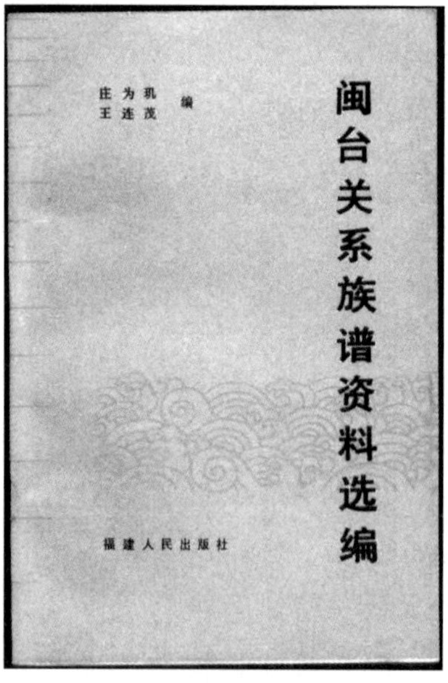

《闽台关系族谱资料选编》
这是一部将家谱作为文献资料进行专题研究的著作

再者，对于移民问题的研究，家谱也有重要的参考价值。每一部家谱里一般都详细记载其先辈迁移的历史，其迁移由于大多是自发、分散、小规模，固然不会对社会产生多大影响，也不会因此而编入官方史书，但对其家族来说依然十分重要，其记载也可能是关于其迁移的唯一文字记载。如在浙江德清《蔡氏宗谱》中，记载了北宋焕章阁直学士蔡源的子孙在江南各地的繁衍迁徙情况，称蔡源从京师开封南下后，子孙先后居住在杭州、苏州、湖州、德清等地，最终繁衍发展为江浙大族，这对研究宋代北方移民在江南的迁徙分布情况便有一定的史料价值。另外，在由官方组织的大规模的移民活动发生之时，官方即使记载下来也往往较为简略，许多也需要不同家谱中的记载加以补充。如在今福建、台湾一带，民间收藏着大量的清代和民国年间编修的家谱，其中大都记载着他们的始祖名讳及后代子孙分迁情况（参见《闽台关系族谱资料选编》），对于研究历史上的移民问题也有参考价值。

由于家谱保存了大量史料，对研究家族人口繁衍、迁徙分布、辨析祖源、家族制度、宗法思想、宗法制度演变、社会风俗、历史人物、重大历史事件、家庭道德、家族经济、人口问题、地方史志等方面也都有重要价值，实际上是一个巨大的资料宝库，所以才被誉为与正史、方志一样的重要历史文献。其中如对历史中的人物的研究，尤其是对那些在当时知名度不是太高人物的研究，家谱的价值相当突出。前些年有人利用《五庆堂重修辽东曹氏宗谱》，考证出《红楼梦》作者曹雪芹的祖籍不是通常所说的河北丰润，而是辽宁辽阳，便有一定的说服力，在一定程度上推进了曹雪芹祖籍问题的研究。还有人通过对福建泉州《林李宗谱》的研究，考证出明代思想家李贽原姓林，名载贽，有阿拉伯或波斯血统，家族世代信奉伊斯兰教，其说也成为李贽研究中的一种新观点。由于家谱的确具有独特的文献价值，不仅家谱本身至今仍对人们的生活有着影响，其文献价值也越来越受到重视。

4.家谱的局限性

当然，家谱的内容，并不都是值得肯定的，所存在的问题也不容忽视。其中，最为人诟病的是它所记载内容的真实性问题。尽管家谱具有记录家族历史、“明世系”、辨血统的作用，但由于早期家谱大多没能保存下来，现存家谱大都是明清以来所修，但在追述祖先事迹时都远在明清以前，甚至上溯到得姓前后，其间相距数千年，要理顺世系源流并非易事。因此，修谱者在追述祖先源流、先人事迹时，张冠李戴者往往有之，混淆颠倒基本事实、与历史不符合的现象也很常见，伪造世系、拉名人作祖先等更成为带有普遍性的做法，从而使家谱中的世系、血统等问题都非那么真实可靠。究其原因，有些可能与编修的人故意做假有关，有些则是历史的原因使然。

唐朝灭亡以后，经历了五代十国时期的连年战乱和社会动荡，传世的家谱几乎丧失殆尽，至宋代时就已很少能见到旧谱，许多家族的世系也因此失传，甚至欧阳修也说当时“世族亡其家谱。今显族名家，多失其世次”。同样，宋代以后，虽然民间修谱之风颇为盛行，但情况相当复杂，其中沿袭者有之，攀附冒认名门者有之，含糊其事、胡编乱造者有之，真假相间，不一而足。明清时还出现了专门替人伪造家谱世系的“谱匠”，利用事先准备、不具姓氏的通用家谱作为“道具”，每当有人延请修谱，填上姓氏即大功告成。这样修出的家谱至今仍有所见，其中大多托始于南宋，有几乎一样的名人序跋、远祖遗像、朱子题辞等，乍一看来天衣无缝，但张王李赵几乎一个面孔，以致许多家谱中都出现了欧阳修、苏轼、朱熹、文天祥、方孝孺等名人的题跋序言，其实都是这些“谱匠”的杰作。对于这种情况，现在许多人由于不了解真相，将其视为祖传之宝；甚至一些报纸也动辄发布消息，说某地发现了“中国最早”的家谱，记载了某姓某族数千年的世系传递，具有无比重要的价值，等等，几乎吹上了天，其实真实性都是要大打折扣的。

明清以来所存在的伪造世系甚至伪造家谱、拉名人作祖先的做法，严重影响了家谱“明世系”“辨昭穆”功能的发挥，究其根源，有些原因还是我国民间由来已久的痼疾。在古代，几乎所有的开国君主都要伪造自己的世系，把自己的家族与以前的帝王将相联系在一起，一些名人也乐此不疲。如汉高祖刘邦本是山东一布衣，南面登基后因不知先祖所出，便自称是唐尧刘累之后，伪造了商周以来的世系。其后，两汉之际的王莽代汉建新，自称黄帝、田齐之后，也是有意拉名人作祖先。三国时，刘备明明是编席卖履的小贩，却到处夸耀自己是皇族之后，被尊为皇叔，诸葛亮等文臣武将还追随他三分天下。而曹操本是由夏侯氏入继曹姓的，但仍自称其先祖出自黄帝，曹操之子曹植又说其祖先是周王室的后裔。后来，曹操的孙子魏明帝说曹姓是虞舜的后代，出自有虞氏。作为一国之君的曹氏竟然如此三易其祖，说明他们自己实际上已经不知道血统所出了。此外，行伍出身的侯景本来是出身边疆地区的少数民族，领兵推翻梁朝后自己做皇帝，臣下问他7代以来祖先的名讳便于祭祀，他回答说："前世吾不复忆，唯阿爷名摽，且在朔州，伊那得来啖是？"意思是仅知道他的父亲名叫侯摽，父亲之前叫什么已经一概不知道了。臣下无奈，除有人帮他回忆出他的祖父名叫乙羽周外，其他的名字都是伪造出来的，甚至"以汉司徒侯霸为始祖，晋征士侯瑾为七世祖"。

不仅帝王如此，名人也不例外。唐代大诗人白居易自称是楚

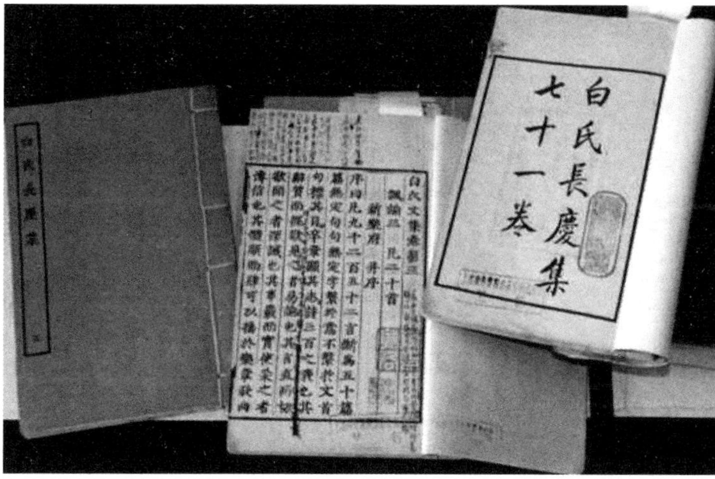

白居易著作《白氏长庆集》中便有冒认祖先的自述

太子建之子白公胜之后，认为白公胜在被楚国杀害后，子孙逃亡秦国，世代为将，如白乙丙即是其中一个。白乙丙裔孙白起为秦国立过大功，受封为武安君，白氏从此兴盛。事实上，白居易的这些自述完全是无稽之谈，因为白乙丙生活时代要早于白公胜100多年，不可能是他的后代。还有一个被世人传为笑谈的事例是，有位姓林的人因为祖上出身寒微，冒认北宋著名诗人林和靖为高祖，并为此编造了自己到林和靖之间的一些名字作为祖先，但世人都知道史书上也记载得明明白白，林和靖终身未娶，不可能有后代。因此，清朝人钱大昕针对这些乱接世系、冒认祖先、妄相攀附等做法提出了尖锐批评，并说家谱“出于闾巷，家自为说，事非经典，苟引先贤，妄相假托，无所取信”；另一位清朝人王棻也批评家谱“徒矜阀阅，自紊其宗，自诬其祖”“失其本系，辄攀古人之显者而祖之；系无所承，即向壁虚造不可知之人以实之；传、赞、志、铭、诔之属，必假当世之名人以荣之，用相夸耀于流俗”。上述这些批评中所提到的家谱局限性，都是有一定道理的。

另外，关于家谱的局限性，值得一提的还有“隐恶扬善”问题。许多家谱都以此为指导思想，对自己祖先的功劳无限渲染或夸大，而对缺点讳之莫深，或者一味地进行粉饰，误导舆论，人为地制造历史错误。如在清朝编修的一种家谱上，开宗明义地指出其修谱原则是“凡是干谱例者，当削不书，违者许房长鸣祠处治”，也就是要为亲者讳，“书善不书恶”，只写好不写坏，不让人知道真相。这种笔法固然可以为祖先挽回些面子，但却影响了家谱的价值。对此，钱大昕指出这是“支离附会，纷纭蹭驳，私造官阶，倒置年代”，并无多少事实可信，这种说法也是符合实际的。当然，也有少量家谱对待祖先曾经所犯的过错采取比较客观的态度，要求不必隐藏，认为这样可以警示子孙，如在清光绪年间编修的《方氏宗谱·凡例》中，就列出了六种不必隐讳的恶迹，“一曰弃祖，二曰叛党，三曰犯刑，四曰败伦，五曰背义，六曰杂贱”，要求族人牢记，不能违犯，否则就要在家谱里记上一笔，让其做反面典型。

总之，家谱作为传统社会里备受重视的家族文献，有其值得肯定的多种价值，也有不容忽视的缺陷或痼疾。我们应充分认识其价值，正视其缺陷，扬长避短，实事求是，对其有一个客观公正的态度。

第二章
家谱文化

家谱是人类社会发展到一定阶段的产物，以特殊形式记录了家族来源和发展演变的全过程，具有“尊祖、敬宗、收族”等多种功能，这些无不属于人类精神成果——文化的范畴。同时，家谱还具有多元的文化特征，与政治、社会、文化、历史、宗教、民族、民俗、考古、人口、遗传、经济、文学、教育等多种学科息息相关，一部家谱就是一个家族的百科全书。因此，尽管我们已在本书第一章系统介绍了家谱知识，但相关介绍远远不足以反映家谱知识的全貌。为此，本章将与家谱相关的几种特殊文化现象单独进行探讨，以便更全面地讲述家谱知识，更有助于家谱的编修。

一、家谱与姓氏

从性质上看，家谱实际上是一种以姓氏、血缘、地域等相区分的文献，其中姓氏不仅是家谱“定系世，辨昭穆”的基本依据，也是家谱之间相互区分的重要标志，很难想象一部家谱如果没有标明姓氏，人们怎样才能把它与另一部家谱区分开来。因此，要全面了解家谱知识，还必须知道家谱与姓氏之间的关系。

1.家谱名称中的姓氏

如上章相关部分所言，我国传统社会里的家谱都有基本近似的名称，其名称又有大致相同的格式，其中姓氏便是最为主要的组成部分。如云南腾冲《青齐李氏宗谱》、四川仪陇《黄氏族谱》、江苏常州《锡山过氏浒塘派迁常支谱》、河南新密《三槐堂王氏家谱》等，李、黄、过、王都是姓氏，其在家谱名称中的地位十分突出。根据相关学者的研究，在收藏于国内外各地的数万部家谱中，所见姓氏超过600个，这些姓氏既有人数较多的大姓，也有人数较少的小姓，但基本包括了最为常见的姓氏，说明编修和收藏家谱的确是我国的一种常见民俗，“家家有谱”并非虚言。

以海峡两岸近年出版的家谱目录为例，《台湾区族谱目录》收录姓氏252个，《中国家谱综合目录》收录姓氏451个，《中国家谱总目》收录姓氏608个。剔除其中重复的姓氏，也就是目前所知家谱中姓氏的数量。这一数量不仅超过了《百家姓》中收录的“赵钱孙李，周吴郑王”等438个姓氏总数，而且几乎都包括在现在使用的4000多个姓氏之中。其中，仅《中国家谱总目》中收录的姓氏就有单姓552个、复姓56个。单姓家谱目录中，陈姓2990种，张姓2597种，王姓2512种，李姓2157种，刘姓2029种，是家谱目录超过2000

百家姓
这是家谱文化中
不可或缺的内容

种的五大姓氏。此外，黄、吴、周、杨、徐、林姓家谱目录都超过1000种，宋、胡、郑、爱新觉罗、许、叶、何、谢、赵、萧、罗姓家谱目录都超过500种，说明这些姓氏都是家谱数量较多的姓氏。

另外，根据对两岸四地（指中国大陆地区、台湾地区、香港特别行政区、澳门特别行政区）的现有户籍人口数据或抽样数据的综合研究可知，我国目前人数在100人以上的姓氏有2400个，占总人口97.93%；人数在1000人以上的姓氏有1421个，占总人口97.90%；人数在1万人以上的姓氏有717个，占总人口97.71%；人数在10万人以上的姓氏有374个，占总人口96.80%；人数在100万人以上的姓氏有153个，占总人口90.67%；人数在1000万人以上的姓氏有23种，占总人口56.61%。其中，王姓人口9520多万，李姓9340多万，张姓8960万，是人口最多的三大姓氏，总数约占全国总人口的21%。除三大姓外，人数超过百万的其他150个姓氏为：刘、陈、杨、黄、吴、赵、周、徐、孙、马、朱、胡、林、郭、何、高、罗、郑、梁、谢、宋、唐、许、邓、冯、韩、曹、曾、彭、萧、蔡、潘、田、董、袁、于、余、叶、蒋、杜、苏、魏、程、吕、丁、沈、任、姚、卢、傅、锺、姜、崔、谭、廖、范、汪、陆、金、石、戴、贾、韦、夏、邱、方、侯、邹、熊、孟、秦、白、江、阎、薛、尹、段、雷、黎、史、龙、陶、贺、顾、毛、郝、龚、邵、万、钱、严、赖、覃、洪、武、莫、孔、汤、向、常、温、康、施、文、牛、樊、葛、邢、安、齐、易、乔、伍、庞、颜、倪、庄、聂、章、鲁、岳、翟、殷、詹、申、欧、耿、关、兰、焦、俞、左、柳、甘、祝、包、宁、尚、符、舒、阮、柯、纪、梅、童、凌、毕、单、季、裴。据研究，这些姓氏也全都有自己的家谱，说明家谱与姓氏的关系的确非同一般。

2.家谱内容中的姓氏考

姓氏考，在家谱中也称姓氏源流、族姓渊源等，是与相关家族姓氏来源相关的内容。由于我国许多姓氏的来源都出自传说，而传说又往往并非一种，其中说法不一甚至相互矛盾之处往往而有，因此，不少家谱都专门列有考证姓氏来源的内容，或在谱序等部分考证姓氏来源。如安徽绩溪《三都梧川汪氏宗谱》考证了汪姓来源的传说，说："吾族始祖汪公，鲁成公之子，襄公之介弟，太夫人姒氏相传怀孕期年而生，生而有文在手，左水右王，因名曰汪。少而颖慧，长而敦敏，有功于鲁，食采颍川，至三世都司马诵公，始以王父名为氏。"又如《湖南谢氏通谱》序（五）便用整段的篇幅考证了谢姓的来源，并指出这样做的原因是："由于过去的史书记载语焉不详，甚至相互矛盾之处很多，我通过多年的研究而整理出来的思路是：谢姓人的主体分别出自炎帝和黄帝两大系统，尤其是出自炎帝系统，得姓的最关键人物是炎帝的后代、周宣王的舅父申伯，是因为申伯被分封在'谢'这个地方而得姓的，当地之所以被称为'谢'是因为有条河流叫谢水。早在申伯封谢以前，就有一些黄帝的后代生活在当地，他们大约自夏朝以来就是一个势力较小的方国或部落。至周宣王时，因为舅父申伯征讨俨狁有功，被分封到这里，申伯的后代入乡随俗而姓谢。而原来的黄帝后代仍以自己的方国或部落名称为姓氏，与炎帝和申伯的后代一样也姓谢。上述两支不同来源的谢姓人都是谢姓正宗，也是当今绝大多数谢姓人的血统所出。尽管由于其中出自炎帝和申伯之后的谢姓人影响更大一些，但也只是主体谢姓的一个组成部分。"再如在《辽南宁氏家谱》序里也涉及宁姓的来源问题，指出："宁姓的历史十分悠久，是个由封地名称而来的姓氏，因为其始祖季亹被分封在宁邑（今河

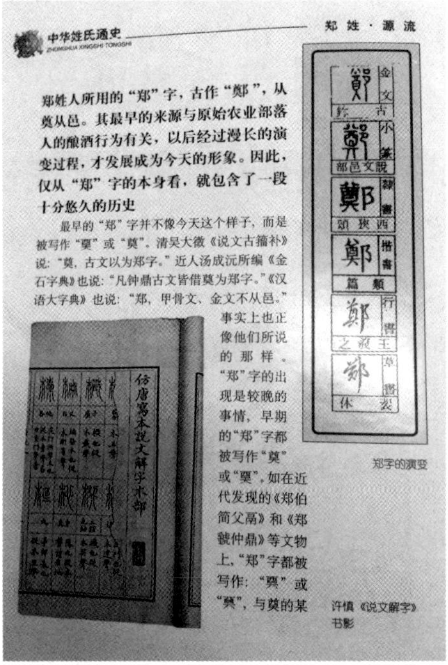
中华姓氏通史
ZHONGHUA XINGSHI TONGSHI
郑姓·源流

郑姓人所用的“郑”字，古作“鄭”，从奠从邑。其最早的来源与原始农业部落人的酿酒行为有关，以后经过漫长的演变过程，才发展成为今天的形象。因此，仅从“郑”字的本身看，就包含了一段十分悠久的历史

最早的“郑”字并不像今天这个样子，而是被写作“奠”或“奠”。清吴大徵《说文古籀补》说：“奠，古文以为郑字。”近人汤成沅所编《金石字典》也说：“凡钟鼎古文皆借奠为郑字。”《汉语大字典》也说：“郑，甲骨文、金文不从邑。”事实上也正像他们所说的那样。“郑”字的出现是较晚的事情，早期的“郑”字都被写作“奠”或“奠”。如在近代发现的《郑伯简父鬲》和《郑虢仲鼎》等文物上，“郑”字都被写作：“奠”或“奠”，与奠的某

郑字的演变

许慎《说文解字》书影

《中华姓氏通史·郑姓》中考证郑姓来源

南获嘉县一带）而姓宁。由于季亹是卫武公的儿子，卫武公是周文王儿子康叔的后代，而周文王又相传是黄帝的后裔，姓姬，因此，宁姓也被认为是姬姓宁氏，以周文王为远祖，卫康叔为先祖，季亹为始祖。”又如在具有家谱性质的《中华姓氏谱·郑姓卷》里，还在“源流篇”专辟一节研究郑姓的姓氏的字，指出“最早的‘郑’写作‘酉’或‘奠’”“其最早的来源应该与原始农业部落人们的酿酒行为有关”“‘郑’字指的是以酒祭祖先的行为，同时指因与周王朝有较近的宗法关系而被分封在王畿以内的诸侯，即郑国，郑姓的来源便与此有关”。上述这些无不涉及相关姓氏的来源问题，并经过考证而解决了相关问题，实际上也是回答了最基本的姓氏之根在哪里的问题。

事实上，姓氏考所做的也是一种追本溯源工作，与家谱的尊祖敬宗宗旨相一致。正如编修于清乾隆十四年（1749年）的江西婺源《星源严田李氏宗谱》中“渔溪翁自叙源流家纪”所说的那样：“木必有本，水必有源，此万古不易之常道也。不明其始，何以知祖之所自出；不晰其流，何以知派之所由分。”这里所说的“不明其始，何以知祖之所自出”，也是就要求族人“明其始”，只有这样才会知道木本水源，找到了根源。而考证姓氏的来源也是在追寻木之本、水之源，对进一步了解家族源流具有基础性价值。

3.家谱所见姓氏的区别

姓氏作为家谱和家族的标记，古今的含义其实并不相同。我们常把按姓名笔画多少排列的人名称为“以姓氏笔画为序”，这里姓氏并称，表示同一个概念。但在上古时期，姓与氏所指完全不同，其中姓表示一个人的血统来源，氏则是姓的分支和发展。《通鉴外纪》说：“姓者，统其祖考之所自出；氏者，别其子孙之所自分。”段玉裁《说文解字》注：“姓者，统于上者也；氏者，别于下者也。”这是说，一个人的“姓”是就他的血统来源而言的，“氏”则是指他子孙的血统来源而言的。

“姓”，在我国早期文字中又写作“生”，《尚书·舜典》中所谓“帝厘下土，方设居方，别生分类”，其中的“生”就是“姓”。所以，唐人孔颖达解释说：“生，姓也。别其姓族，分其类，使相从。”至于“姓”字，古人更下过不少定义。如《左传·隐公元年》说：“天子建德，因生以赐姓，胙之土而名之字。”《说文解字》说：“姓，人所生也。古之神圣，母感天而生子，故称天子。从女从生，生亦声。”《春秋传》说：“天子因生以赐姓。”《绎史》引《三坟》也说：“男女媾精，以女生为姓。”上述这些意思都是说，“姓”的含义最早与女性生子有关。无数个女性繁衍后代，其后子又生子，世代繁衍，为了把从同一个老祖母传下来的人加以区别，这样便产生了姓。另外，早期文字中还可以见到“生”与“自”一起组成的上下结构的文字，其中“自”是“鼻”字的本字，古时有“初”“始”之意。如《方言》释“鼻”说：“梁益之间，谓鼻为初。”《尔雅·释诂》也说：“初，始也。”这里把“生”“自”合为一字，共同表示“姓”字的含义，与“女”“生”二字所组成“姓”字的含义基本相同。

在我国先秦时期，姓与氏的区别相当严格，当时的实际情况或如《通志·氏族略》所说的那样“男子称氏，妇人称姓”，或为了区别贵贱而贵族有“氏”、平民无“氏”，或为了遵守“同姓不婚”的惯例而严守“姓”“氏”之别。只是到了春秋末年以后，由于礼崩乐坏和战乱的影响，姓与氏之间的界线才慢慢变得模糊不清，出现了姓氏合一的趋势。秦朝统一天下以后，“废封建，虽公族亦无议贵之律，匹夫编户，知有氏不知有姓久矣”，“氏”几乎取代了“姓”的地位，或者已经无法区分彼此。此后的人们有时称姓，有时称氏，有时姓氏并称，完全没有了以前的界限。于是，姓氏在秦汉时期合而为一。

我国在秦汉时期合一的姓氏，在当时还有重要意义。每个宗族有了固定的姓氏，子子孙孙永久使用，就形成了许多一脉相传的家族，血统源流的线索也开始清晰。以至后人在要探讨姓氏历史时，很容易找到血缘所出。

4.家谱所见姓氏的来源

我国家谱中所见的姓氏最早出现在什么时候？这一问题其实很难回答。生活在远古时期的原始人，由于血缘关系的不同，也会分为一个个部落；各个部落为了相互区别，也会有各自的名称，这种名称无疑就是姓的雏形。但那时还不曾出现文字，部落的名称只能靠口头传说下来。经历了无数世代以后，开始有了文字记载，人们才能把这些最早的姓氏（部落名称）记录下来。这些被记录下来的姓氏，见于商代甲骨文中的有“帚秦”“帚楚”“帚杞”“帚周”“帚庞”等，其中“帚”即后来的“妇”字，“帚秦”即“妇秦”，指来自“秦”等部族的妇人。上述“秦”“楚”“杞”“周”“庞”等，也都被认为是我国早期姓氏中的一些。

我国在夏代以前，曾有许多部落或部落联盟活动在广袤的国土之上。这些部落各有不同的始祖，他们是各部落的开创者，被后人奉为神圣，当作半人半神的英雄。如我国传说时期的炎帝、黄帝、唐尧、虞舜等人，曾为开创各自的部落作出过突出贡献，不仅被本部落的人当作神明看待，而且名字也被用来当作部落的代号，这些代号无疑都是最原始的“姓”。后来各个部落又进一步繁衍为许多支族，这些支族同样以与本支族有关的人或物命名，这些名称显然也就是最早的“氏”。

商周以后，由于人口的增多和社会的发展，我国的姓氏渐渐多了起来。在漫长的历史发展中，这些姓氏经过进一步的发展分化、演变，就成为今天我们使用的姓氏。如果我们把这些姓氏逐一进行研究，就会发现每个姓氏都有自己的来源和发展历史，不同的姓氏有不同的源流。不过，若把这些姓氏放在一起研究，也不难发现其中的一些是由国名演变而来的，有些是从官名、地名等发展而来的，有些则是历史上某些少数民族的称号或改姓，原因众多，情况不一。例如，今天常见的齐、鲁、秦、吴等姓，大都是由历史上的齐国、鲁国、秦国、吴国等国的皇室宗族或黎民百姓为纪念故国而以国名为姓。其中，齐姓人源于两周时期的齐国，原是姜姓吕尚的后代，春秋战国时因齐国发生内乱，姜姓王朝被田姓王朝取代，于是，这些亡国后的姜姓人便纷纷以国名为姓氏，姓齐。至于鲁、秦、吴等姓，情况也大抵如此。

在我国姓氏的来源中，有些姓氏是由祖先的官爵谥号发展而来的。如周代有人做管理粮仓的官，当时把露天的粮仓称为“庾”，有房顶的粮仓称为“廪”，此后，粮官的后裔便以庾、廪为姓；西周春秋时期，诸侯之子称公子，公子之子称公孙，后来便有人以公子、公孙为姓；春秋时，宋国有位国王名子和，去世后被谥为“穆”，他的后人除继承王位者继续姓子外，其余便都以穆为姓。此外，这类的例子还有周文王之后姓文，卫康叔之后姓康，宋武公

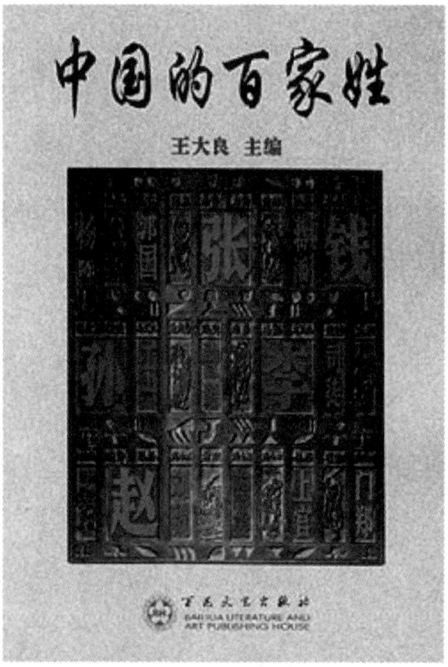

《中国的百家姓》
其“话题四‘百家姓来源’”
把姓氏来源分为13类

之后姓武，等等，不胜枚举。

除上述以外，我国有些姓氏的来源与某些家族的崇拜物（图腾）及居住地、祖先的名字或职业有关。如某些氏族崇奉青牛、白象，其后便姓青牛、白象；鲁庆公之子公子遂居住在鲁国都城东门，号东门襄仲，子孙便以东门为姓。此外，如巫、卜、匠、陶等姓，也大都与各自祖先原来从事的职业有关。

当然，我国的姓氏在出现以后，还有一个发展演变的过程。在这一过程中，许多古老的姓氏被废止、绝灭，同时又有许多新姓氏诞生出来。在这些新姓氏中，有些属于为避开某位皇帝的名讳而改，有些是因读音相近而变为别的姓氏，有些是因避乱避祸等自行改姓，有些是因政治原因而改姓，有些是从少数民族或外国人中改姓而来，等等，情况复杂，不一而足。根据汉代人应劭《风俗通·姓氏》和王符《潜夫论·志氏姓》的分类方法，姓氏的来源包括氏于号、氏于爵、氏于居、氏于谥、氏于官、氏于国、氏于事、氏于序、氏于职等九大类。宋代人郑樵更在《通志·氏族略》中把姓氏来源分为32类，其中主要有以国为氏、以邑为氏、以乡为氏、以亭为氏、以地为氏、以姓为氏、以名为氏、以字为氏、以次为氏、以族为氏、以官为氏、以爵为氏、以德为氏、以技为氏、以事为氏、以谥为氏、夷狄大姓等。当然，郑樵的分法中有些显得烦琐，如把以国为氏分为以国为氏、以郡国为氏、以国系为氏，把以爵为氏分为以爵为氏、以国爵为氏、以邑爵为氏、以爵系为氏，把以德为氏分为以凶德为氏、以吉德为氏，等等，实际上的得姓原因都很近似，完全可以合并在一起。因此，根据宋代以后的研究成果和近来大多数人的观点，笔者在《中国的百家姓》一书里把姓氏来源分为13类，即来源于图腾、部落或国家名称、居住地、官职、职业、山川名称、先辈名字、父祖名号、行第、某种事物、皇帝所赐以及避难改姓和少数民族改姓。上述分法，大抵包括了我国古今姓氏来源的主要方面。

总而言之，我国姓氏发展和演变经历了一个漫长的历史过程。要全部理清各种姓氏发展和演变的线索，显然不是三言两语所能说清的，还有待于进一步的探讨和研究。

5.家谱所见姓氏的基本特征

与我国其他姓氏一样，家谱中的姓氏也是社会发展进化的产物，与社会、文化、历史、宗教、民族、语言等息息相关，其形成、发展和演变几乎贯穿了历史的全过程，是中华民族传统文化的组成部分。特别是当我们把这些姓氏与世界上其他国家进行比较时，就会发现其特征更为鲜明。这些特征如果加以归纳，大致可以分为以下六点：

第一，简单明快。目前所见家谱中的600多个姓氏，除少量的复姓外都是一个字或两个字，与外国姓氏的繁复相比显得简单明快，也便于使用；

第二，内涵丰富。家谱中的姓氏虽然看上去简简单单，实际上包含了异常丰富的内容，如郡望堂号、家乘谱牒、家法族规、字辈派语乃至宗祠楹联、起名特征、轶闻趣事、文化遗迹等都与姓氏有关，并由此形成了厚重的姓氏文化。我国近年出现了“寻根热”和大量的姓氏文化研究成果，便受益于这种丰富的姓氏文化内涵；

第三，历史悠久。我国是世界文明古国之一，其他文明古国大都消失了，只有我们的文化得以传承下来。再从姓氏的角度看，从传说时期的伏羲姓风、炎帝姓姜、黄帝姓姬开始，我国的姓氏从形成、发展到分化离合，其中不少古老的姓氏还一直使用到今天。这样悠久的使用历史，也是其他国家难以相比的；

第四，人口众多。姓氏学界近年的研究结果表明，我国现在经常使用的姓氏仅有500个左右，将近90%的人只使用100个姓氏，这些姓氏都是人口超过百万的大姓。不仅全国如此，仅北京市的2000多个现有姓氏中，近1/3的人只使用王、李、张3个姓氏。其中的王姓人口占北京市总人口的10.6%，李姓和张姓各占9.6%，刘姓占7.7%。一个姓氏的人口数量甚至超过一个中等国家的总人口，在世界上也是独一无二的；

第五，稳定性强。我国一向有“行不更名，坐不改姓”的说法，意思是说从老祖宗那里传下来的姓氏是神圣的，除非是遇到特殊原因都不能轻易更改，如果改了就是叛祖离宗，大逆不道，所以必须世代相传，超强稳定。也正因如此，我国传说时期的许多姓氏如风、姜、姬等都一直使用到今天；

第六，凝聚力强。如所周知，我国具有尊祖敬宗、祖先崇拜的传统，表现在姓氏上是认定有共同的祖先炎、黄二帝，而每个姓氏一般也只有一个祖先，表现了高度的向心力。据各自的家谱记载，现在常见的姓氏许、高、谢等都出自炎帝，张、王、李、赵、刘、陈、杨、黄、周、吴等出自黄帝。尽管事实上的姓氏来源有多种途径，今天使用同一姓氏的人历史上不一定同宗同姓，但民间在心理上仍广泛认同有同一个祖先。这种认同实际

百家姓浮雕

上是一种文化认同，是一种向心力，也在一定程度上是中华民族赖以生存和发展的内在动力。

总之，家谱中的姓氏作为我国姓氏中的一部分，也与其他姓氏一样具有多种特征，并与家谱一样是我国的宝贵文化财富。

6.家谱所见姓氏与血统问题

众所周知，我国姓氏的来源途径众多，发展过程中又经过离合演化，情况十分复杂。尤其是一些大姓，情况更为复杂。如人口最多的王姓，仅来源就至少有数十种，其中有些在家谱中记载出自黄帝，有些则称比干、虞舜或少数民族人物的后代，以及姬姓之王、子姓之王、妫姓之王、虜姓之王等。今天的王姓人虽然使用“王”字作为共同的姓氏，由于历史上来源不同，当然不可能有相同的血统。再如孔姓，虽有自孔子以来连绵不断的世系可考，但如果认为天下所有的孔姓人都与孔子有关，或者只有这一单一的血统则不合乎事实。从有关记载上可以考知，孔子的孔姓出自子姓，是春秋时宋国贵族孔父嘉的后代。而在当时，卫国也有孔姓，源出姞姓；陈国有孔姓，源于妫姓；郑国有孔姓，出自姬姓。上述4支孔姓人后来都有子孙传世，但由于出自子姓的孔姓人因以孔子为祖先而地位最高，其余3支为了抬高自己，后来也都自称是孔子的后代，从而隐瞒了自己的真实血统。不仅如此，在后来的发展中，还有一些冒认孔子后代的事例见于记载。金代明昌年间，有一位叫孔之仙的人想冒充孔子49代孙，被族长孔玭发现，拒不承认他的身份，结果孔之仙恼羞成怒，竟把孔玭一家11人杀害。不过，在清代时，全国孔姓与颜、曾、孟3姓联合修谱，凡姓孔的人都被认为是孔子的后代，使用共同的字辈作为排行，使本与孔子无关的其他孔姓人的假冒身份得到了正式确认。从此，要想区分哪些人与孔子有关，哪些人与孔子无关，就更加困难了。至于那些人口相对较小的姓氏，也未必都有真正纯正的血统。因此，民间通常所说的“同姓一家”“五百年前是一家”等，都不过是一种文化上的认同，仅仅具有思想观念上的凝聚力，并不能认为历史上真的如此。

我国家谱中普遍强调的“同姓一家”“纯正血统”等观念，其做法实际上是十分不科学的。尤其是一些家谱把自己与人类早期的一些名人联系在一起，确信自己是他的多少代孙，自己的血统100%纯正，这种说法更难成立。在前些年，有位专家曾作过一个推算，说假定一位姓张的男子与一位姓李的女子结婚，生下儿子后，在儿子身上只能有张姓血统的1/2。这位张姓男孩长大后与姓刘的女子结婚，所生的儿子身上只能有张姓血统的1/4。如此代代递降，到数千年后的张姓人身上，所谓的张姓始祖的血统也只能是微乎其微了。因此，历来在我国流传很广的“万代一系”“某姓血统”等观念，其实都难以经得起推敲。

当然，关于家谱中的姓氏与血统问题，有时还比较敏感，特别是对一些老年人来说更是如此。如果要对某位老年人说他的祖传家谱造假，他不是某某名人的后代，也不是某名人的几十或上百代孙，他一定会难以接受，甚至会要跟人拼命。在一些人中，尽管有时也感觉家谱有假、不可靠，但碍于这样或那样的原因不愿意承认。诸如此类的情况即使在我国香港、台湾地区以及海外也有所见，充分说明了血缘观念的根深蒂固。

二、家谱与郡望堂号

郡望堂号，都是标明家族地域来源或血统所出的标志符号，在家谱里也占有突出位置。许多家谱甚至都要在家谱名称里标明郡望或堂号，如《荥阳郑氏续修大统宗谱》《琅琊三槐王氏宗谱》《温氏太原堂世系族谱》，家谱名称中的荥阳、琅琊、三槐、太原就是郡望或堂号。从其基本含义看，郡望是郡中望族的意思，堂号是所居住的厅堂的名号。在过去，由于居住在某一个地方的某个家族因为这样或那样的原因成为著名家族，能够获得别人的羡慕或仰望，而所居住之地又被通称为郡，因此其家族也被称为郡望。至于堂号，“堂”最初是指宽敞明亮的房子，或者指与“室”相对应的住宅正屋。由于它是住宅中的主要建筑，也常常被当作家庭或家族活动的主要场所，或者作为款待宾朋、祭祀祖先的理想之地。为了把一些堂与同类区分开来，或者某一家、某一房由于某些特殊原因需要标明身份，便借用“堂”的上述概念，把与家族相关的重要人物、重大事件、典故、传说等作为专门名号，这种专门名号也是堂号。由上可见，郡望堂号在内涵上既有联系又有区别，都是带有突出家族文化特征的标志符号，也都与家谱息息相关。

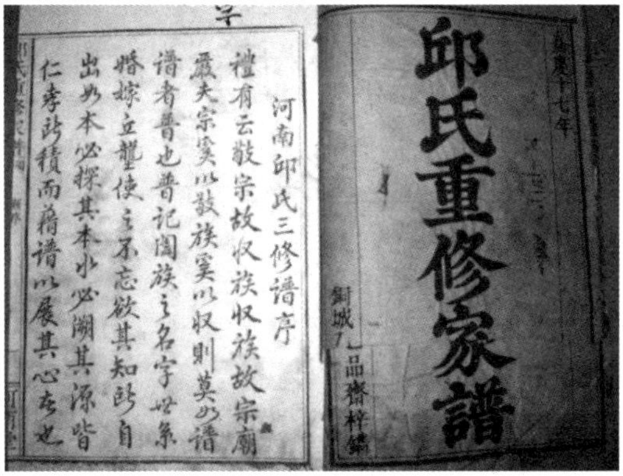

《邱氏重修家谱》以“河南”为郡望和堂号

1.家谱中的郡望

关于郡望，如果从更深层意义上看，至少包含两层意思：其一是居住地所在郡，另一是居住在郡里的著名家族。只有有了郡和居住在郡里的著名家族，才能被称为郡中望族，简称郡望。

从历史上看，郡望的基础“郡”是在春秋时期出现并一直延续到隋唐时期的一种地方行政区划。春秋时期，随着周王室的衰落和诸侯国的强盛，特别是秦、晋、楚等强国不断开疆拓土，需要对新占领的地区进行管理，于是便创立了“县”“郡”等行政建制，用

《元和郡县图志》《永嘉郡志》二者都是名称与“郡”有关的历史文献

以代替传统的封建制。秦灭六国后，正式“废封建置郡县”，后来的汉代也“汉承秦制”，直到唐代中叶以前基本都采用郡县制。至于“郡”的数量，在秦朝统一时是36郡，后来增加到45郡。西汉时，郡103个，东汉有郡105个。东汉以后到隋朝统一以前，由于国家基本处于战乱状态，郡的数量变化无常，到隋朝统一时已达到680个。为了便于管理，隋文帝下诏废除了其中的500多个郡，并把郡名统一改为“州”，隋炀帝又把“州”改回“郡”。在隋朝灭亡以前，全国的郡共有190个。隋朝之后，唐高祖又把“郡”名恢复为“州”，唐玄宗又改“州”为“郡”，在全国设立328郡。唐肃宗乾元元年（758年）复改“郡”为“州”，这是历史上最后一次改名，从此“郡”作为行政建制正式废除，此后所谓的“郡”都不过是对此前历史的追溯而已。

郡望便是以郡为基础而形成的。郡县制度盛行时期，也是我国古代家族制度中的门阀世族制度盛行阶段。由于历史和政治原因，每个郡中都会有几个著名家族。由于这些家族往往拥有其他家族所没有的特权，因此，就一个郡而言，他们也都是郡中被人仰望的家族。与此同时，那些地位比较高的人为了表示自己这一支高于其他郡的同姓人，也会在自己的姓氏前加上郡名，从而形成郡望。在这种情况下，郡望成了表明身份地位的代名词，具有了专指性。如李姓人喜欢用陇西李氏或赵郡李氏相标榜，意思就是在告诉别人，只有出自陇西郡或赵郡的李氏家族是名门望族，除此之外的都不是。陇西李氏或赵郡李氏知名于汉魏至隋唐这一郡县制度作为地方主要行政制度时期，在天下李姓中最有资格以郡望相标榜。

郡望作为家族出身和身份的标志，在郡县制度实行时期用来标榜和炫耀，其实具有深刻的历史原因和社会原因，当然也有多方面的价值。特别是在西晋末年以后，由于北方发生大乱，一大批拥有北方郡望的人随晋宗室南迁，他们显赫的家世在原籍人所共知，用不着自行标榜；但迁到新的地方以后，就必须通过向人标榜才能为其所知。如陇西李氏或赵郡李氏是望族，其他地方的李氏就不是；天下的李姓人如果因同样的原因迁到同一个地方，如果不以原籍地望相区分，人们就不会知道他原来籍贯和身份，就不再会把他当作贵族。正因如此，在大批拥有北方郡望的贵族南迁以后，朝廷为了争取他们的支持，专门为他们设立侨郡，使他们能够在新到之地继续保持原有的社会影响，并以此与其他社会阶层区分开来。不仅如此，当时无论是朝廷选官还是社会上婚嫁都重视郡望，不同郡望的人即使是同姓也不能担任相同的官职；朝中最显赫的官位也只能由有最著名郡望的人来担任。在社会上，拥有著名郡望的人与一般百姓之间也有严格的界限，甚至拒绝与一般百姓交往，不得不交往时也拒绝同起共坐，更不会相互通婚。最著名的例子如《西厢记》里张生与崔莺莺两家的婚姻，因为张生出身于西洛，不是海内望族，就无法与博陵崔氏这样的著名郡望相匹配，因此才会有崔莺莺之母以门不当户不对为由加以反对。正是由于郡望拥有实际的政治、社会价值，在魏晋以后至隋唐时期，人们不得不重视它。

到唐代中叶以后，特别是唐末五代以后，由于“郡”一级的行政区划名称被废除，以及战乱的影响和随之而来的社会、政治变化，人们不再像过去那样关注旧门第，而是更多地着眼于现实中的新权贵，原来让人引以为荣的郡望也不再是了不起的事。在这种风气影响下，朝廷选官用人不再看被选者是否拥有非同一般的出身，民间的婚姻嫁娶也不再讲究对方的门第是否高贵，一切都以现实为依据，标榜郡望也就失去了实际意义。

到了宋代以后，郡望完全失去了对某些特定人群的专指性，变成了同姓人群的共有标志，其政治、社会意义和血缘意义也让位于象征意义，在文化上也仅仅作为习惯用语被保存下来。以至于人们在提到郡望时，让人想到的只是郡望所形成的地理区域，以及相关望族在历史上曾经有过的辉煌。即使是在编写于宋代并流传至今的《百家姓》里，尽管一些注释中加了郡望，但所加的郡望一则一个姓氏仅有一个，与唐代以前的实际情况并不相同；再则所加郡望中有些根本就不是郡。这一事例也说明，这时的郡望仅仅只是沿袭了传统的说法，指的是汉魏隋唐时期相关望族的地理分布，基本上成了有关姓氏的代名词，而不再是以前那样的贵族血统标志。在这时，不管是不是居住在同一地区的人，都可以“言李必称陇西，言周必称汝南”，而不必在意真正的居住地如何了。

总之，郡和郡望都是历史上特定时期的产物，曾经发挥过实际作用，并有一定的政治、社会、血缘意义，远非今天这样仅有的象征意义可比。只有这样系统了解了郡和郡望的悠久历史和文化内涵，才有助于我们更为深入地认识家谱文化。

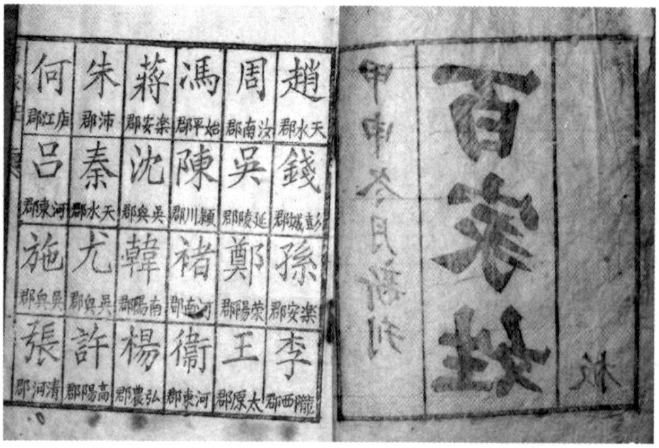

《百家姓》及其所注郡望

2.家谱中的堂号

与郡望的情况大致相同，家谱中的堂号所表示的意思也是某一家族的出身非同一般，值得标榜和夸耀。也正因如此，堂号有时也被认为是郡望的进一步分化和发展，是某一郡望中某一房支的称号。在这种情况下，堂号所指的是在某一房支成为望族后，由于不断繁衍和发展的缘故，又会进一步分化为许多不同的房支和系派。这些房支或系派与郡望不同的人一样也会有贫富贵贱之分，为了加以区别，便在保持郡望不变的情况下使用一些新的名号，这些名号也就是堂号。在这种意义上，堂号与郡望仅是名称来源上的不同，在本质上并没有太多差别。

如果我们从更广泛意义上考察堂号与郡望的关系，仍会发现二者之间实际上各具特点，尤其是在早期更是如此。比如，早期郡望的基本含义是以郡中望族为核心的血缘标志，堂号则是由郡望进一步分衍而出的血缘概念，它最初仅指望族所居住厅堂的名号，后来才指以该厅堂为名号的家族。特别是由于发展或迁徙等原因，原来的一个望族可能分为多个地位高下有别的支派，这些支派为了加以区分，进而又用所居住的厅堂名号命名自己的支派，从而形成堂号。换句话说，堂号与郡望所指的血缘群体较为广泛不同，它所指的仅是郡望之下的某些支派。另外，堂号的产生一般比郡望晚，在空间和范围上多指一件物或一件事，而不像郡望那样有着较为广泛的地域概念。再者，堂号使用的范围一般较郡望小，往往在一个郡望中有几个堂号。当然，上述这些大多是堂号在早期所表现出来的特征，后来因为与郡望有基本相同的意义，才又被与郡望混淆在一起，共同表示家族的渊源关系。

除与郡望具有较为密切的关系外，堂号还有其他一些特点，在形式上要远比郡望仅来源于地名一个方面复杂得多。特别是到了后期，堂号更表现出以下几个方面的特征：

第一，堂号是人们社会心态的一种表现形式，较多地反映了共同心理特征之下的血缘观念。尽管每个堂号都是一批批具体人群的代表，但由于各自的情况不同，所代表的人群也不一样。其中的一些堂号可能仅为某一地方的某一特定家族所使用，而另外一些就可能是多个群体甚至整个姓氏的共有标志。如以“赵钱孙李，周吴郑王”8个姓氏的堂号为例，赵姓的“天水堂”、钱姓的“吴兴堂”、孙姓的“乐安堂”、李姓的“陇西堂”、周姓的“爱莲堂”、吴姓的“三让堂”、郑姓的“荥阳堂”、王姓的“三槐堂”等都有较为广泛的意义，甚至在某种程度上成了有关姓氏的代名词。但除此之外，也有一些由多个姓氏共用的堂号，其中如李、吴二姓共用“继述堂”，孙、周、王这三姓共用“余庆堂”，李、周、吴、郑这四姓共用“雍睦堂”，赵、孙、李、周、王这五姓共用“敦本堂”，孙、李、周、吴、郑、王这六姓共用“敦伦堂”，等等，都是如此。同样，如在张姓堂号中，“金鉴堂”“孝友堂”“亲睦堂”“冠英堂”“燕贻堂”“宗岳堂”等的适用范围都不很广，地方性特点较为突出；但“清河堂”这一堂号都在使用，就是属于这种情况。在几乎全部的张姓人都使用“清河堂”这一堂号时，所强调的仍然是一种血亲观念，与那些单独由某一支派使用的堂号相比并没有本质不同。

第二，堂号是相关家族及其支派的历史记录，尤其是记录那些非同一般的历史，称颂或夸耀祖先丰功伟绩、嘉言懿行、道德文章、科第功名、官号封爵，重温曾经有过的辉煌，以勉励后人继承祖先事业，并将其发扬光大。如杨姓有一个著名堂号“四知堂”，其中的“四知”源于东汉太尉杨震清白自守、拒绝馈赠的故事。据《后汉书·杨震传》记载，在杨震担任荆州刺史时，曾向朝廷举荐过当地名士王密。王密因此被朝廷起用，不久还担任了昌邑县令。

后来，杨震由荆州刺史转任东莱太守，在赴任途中路过昌邑县，受到王密的盛情款待。当天夜里，王密怀揣10斤黄金来到他下榻的地方，要以此酬谢他当年的知遇之恩。杨震一见极不高兴，说："我当年了解你，才向朝廷推荐，但你并不了解我。"王密见他推辞，便劝解说："这只是我的一点心意，请你放心收下，没人知道这件事。"杨震听了更不高兴，说："这件事既然已经发生，就是天知、神知、你知、我知，可谓'四知'，怎能说没人知道呢？"王密见他坚决不肯收，只好把黄金收起来带走。后来，杨震的子孙就把"天知、神知、你知、我知"概括为"四知"，称自己的家族是杨氏"四知堂"，不仅纪念一身正气、清正廉洁的祖先，还可以鞭策族人，效法其清白家风。再如张姓人的"百忍堂"，堂号来源与唐代人张公艺有关。史称他九世同居共财，远近传颂。事情传到唐高宗那里，高宗亲自前来探望。高宗向他询问保守家业、和睦宗族的诀窍，他只写了100多个"忍"字作为回答。高宗从中悟出了治国齐家的大道理，深为感动。此后，张公艺家族为了纪念这次有意义的探访，便以"百忍"作为自己的堂号。另外，张姓人还有一个"金鉴"堂号，来源与唐玄宗宰相张九龄有关。史书记载唐玄宗有次接受群臣祝寿，其他人多献奇异珍宝，只有张九龄献上一部名为《千秋金鉴录》的书籍。张九龄在书中详细论述了古今兴亡之道，意在规劝玄宗应在天下太平之时记取历代兴亡的教训，居安思危。事后，玄宗对他这份礼品十分重视，还专门下诏进行表彰。此后，张九龄的族人也引以为荣，便以"金鉴"为堂号。又如王姓人的"三槐堂"堂号，是为纪念其祖先王祜而来。王祜在北宋初年任兵部侍郎，为勉励子孙努力仕宦位登公卿，便在所住的庭院中栽植了三棵槐树（槐树在古代是公卿的标志），此后，其子孙果然实现了他的夙愿。又如温姓人的堂号"犀照堂"，是浙江平阳水头镇金村垟一带的温姓人所使用的堂号，便是为了纪念东晋开国功臣温峤而

张姓“百忍堂”及其宗祠内景

犀照堂——浙江平阳水头镇金村垟一带的温姓人所使用的堂号

来的。温峤在出镇地方时乘船过江，天黑时隐约听见水下有动静，便让人点燃犀牛角照看，果然发现了水中的秘密，堂号“犀照”便由此而来。

在属于这类的堂号中，较值得一提的还有吴姓人的堂号。他们多在堂号中使用“让”字，究其原因，其实是在说其祖先太伯和季札等人先后辞让本应继承的王位，显示了过人的高风亮节，故而深受孔子等人的称赞，认为这种行为“可谓至德矣，三以天下让，民无得而称焉”。这种获得了孔子盛赞的事实，也足以让作为他们后代的吴姓人引以为荣，甚至认为这种荣耀是他姓难以企及，足以勉励其子孙以“让”传家，或者庇护其家族世代荣昌。有关于此，在吴姓家谱中是屡见不鲜的，如其中的一些家谱称“《史记·世家》太伯第一，表其让也。太伯开于前，季札嗣于后，让德之光诚《世家》中所未有者”，另一些家谱也称“夫千古以让著者，唐虞而后更有夷齐，惟以让传其世者，亘古以来惟太伯与季子耳。所谓明德之后有达人，盛德必有百世祀者，信不诬也”，或者称“非季子之高风垂亘千载，安能世系如斯之盛哉”，无不明确反映了这种思想。在此背景下，吴姓人在堂号中使用“让”字，或者把堂号命名为“三让堂”“世让堂”“思让堂”“德让堂”“让德堂”“至德堂”等，显然都是这种思想的直接反映。

在上述几个姓氏之外，其他姓氏的堂号也大多如此。如钱姓“万选堂”的来源与唐代钱姓名人钱起“青钱万选”典故有关，孙姓“兵法堂”的来源与其祖先孙武、孙膑著述兵法有关，“映雪堂”的来源与其祖先孙康雪下读书的故事有关，李姓“青莲堂”的来源与唐代大诗人李白自号青莲居士有关，等等。又如毛姓人的堂号“舌师堂”，出自著名典故毛遂自荐的故事。毛遂是战国时著名策士，曾任赵国平原君的食客，奉命出使楚国，对楚王晓以利害，促使他答应联赵抗秦。回国后，平原君夸奖他“三寸舌抵百万之师”，“舌师”堂号即由此而来。再如蒋姓人的“钟山堂”，来源于三国时南京一带流传的蒋侯神故事。蒋侯神即东汉秣陵尉蒋子文，因在山中平乱而去世。他生前说过“我的骨头贵，死后一定成神”。到三国时，吴国孙权在今南京建国，有次到钟山游览，自称看见了蒋子文，骑着白马，摇着鹅毛扇，于是封他为蒋侯，在钟山上为他盖庙，专门派人进行祭祀。后来，蒋姓便以“钟山”为堂号。

第三，堂号是相关家族及其支派道德观念的一种反映。传统家族特别注重以儒家道德观念规范族人的行为，而本族堂号对于多数族人可谓耳熟能详，其中所包含的道德观念自然便成为全族人共同遵守的道德规范。如赵、孙、王等姓都以“孝友”为堂号，堂号名称出自《诗经·小雅·六月》“侯谁在矣，张仲孝友”，意思是说要孝顺父母、友爱兄弟，做一个品德高尚的人。3个姓氏的有关家族以此为堂号，当然也反映了相关的道德观念。甚至在明末清初著名学者孙奇逢为本家族所制定的家规家训中，还明确写明“吾家孝友堂，尔师鹿忠节额之，山左刘幼孙讳重庆节之，迄今五世矣”，从中可见其家族具有以孝友传家的传统家风。同样情况的堂号还有周姓“爱莲堂”，来源于其祖先周敦颐的代表作《爱莲说》，文中称莲为“花之君子也”，声明“予独爱莲之出淤泥而不染，濯清涟而不妖”，这无疑也是作者本人的人格宣言。周姓家族多以爱莲为堂号，便与这种道德价值取向有关。此外，孙、周、王等姓都有“余庆堂”，李、周、吴、郑等姓有“雍睦堂”，赵、孙、李、周、王等姓有“敦本堂”，孙、李、周、吴、郑、王等姓有“敦伦堂”，都有大致相同的性质。至于赵姓的“崇礼堂”、钱姓的“忠孝堂”、孙姓的“积善堂”、李姓的“仁义堂”、周姓的“清白堂”、吴姓的“怀仁堂”、郑姓的“务本堂”、王姓的“正义堂”，等等，所强调的仍是相同的道德理念，无不是在勉励族人要按儒家的道德观修身养性，做一个孝顺父母、友爱兄弟、谦恭宽容的儒雅之人，这样才可以使家族兴旺，余庆绵长。可见，堂号中的确隐含了道德教育理念，也从一个方面反映出家族长者通过这种形式对族人进行道德教育的良苦用心。

由于堂号与郡望一样都是家族的血缘标记或延伸，具有自己的鲜明特征，因此也与郡望一样成为家谱文化中一个重要组成部分，其影响和数量甚至远远超过郡望。当然，我国也有一些家族甚至其整个姓氏只有一个郡望或堂号，如丁氏只称“济阳堂”，邱氏只称“河南堂”，井氏只称“南阳堂”，郑氏只称“荥阳堂”，等等，都是如此。但就其堂号与郡望的意义和作用而言，仍然具有上述的多种特征。

三、家谱与字、辈、名、号

字、辈、名、号都是传统社会里的人名中不可或缺的称谓符号，也都是人名的组成部分。其中，“字”是在男子成年以后所取，与“名”相连而通称“名字”；“辈”又称字辈，是在一个姓氏或家族中代表辈分的字，为整个家族甚至整个姓氏所共有，供族人起名时依次选用。“名”即人的名字，“号”则是在人名之外所起的别名。由于字、辈、名、号各有不同的性能和作用，并且都与人密切相关，因此，也都是传统家谱里所涉及的内容，并且在一个方面反映了相关家族的文化特征。

1.字辈谱与字辈诗

字辈谱，又称派语、行第、派引、排行等，是家谱中表示男性成员世系排行、便于起名和区分家族内部不同辈分成员之间关系的特殊文字。由于多用四言、五言、七言诗的形式表示，因此又称字辈诗、辈分诗、班行诗、行派诗等。

与家谱中的其他部分相比，字辈谱所占分量不大，但其作用却相当重要。至于其最早出现的时间，一般认为是在宋代或者稍后。当时，随着人口的增加和宗族观念的进一步加强，各地同姓人之间的联系逐渐密切，修家谱的风气也在各地民间逐渐流行开来。为了便于区分长幼尊卑和在不同地区的族人之间交往时便于称呼，不少家族在修谱时开始采用五言诗或七言诗的形式，编写字辈谱，让族人在起名时依次选用。一旦这些字被依次用完，则在下次修谱时加以续补。这样，只要是同一个宗族的人，不管人数多少或迁往任何一个

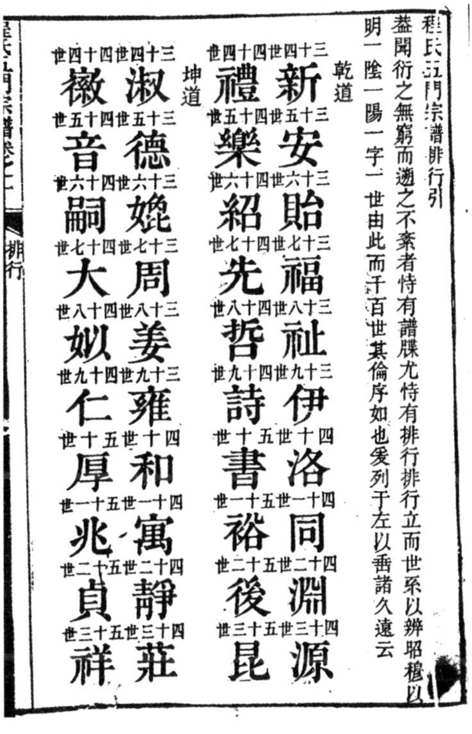
程氏五門宗譜排行引
蓋聞衍之無窮而遡之不紊者恃有譜牒尤恃有排行排行立而世系以辨昭穆以明一陰一陽一字一世由此而千百世其倫序如也爰列于左以垂諸久遠云

乾道
三十四世 新 四十四世 禮
三十五世 安 四十五世 樂
三十六世 貽 四十六世 紹
三十七世 福 四十七世 先
三十八世 祉 四十八世 哲
三十九世 伊 四十九世 詩
四十世 洛 五十世 書
四十一世 同 五十一世 裕
四十二世 淵 五十二世 後
四十三世 源 五十三世 昆

坤道
三十四世 淑 四十四世 徽
三十五世 德 四十五世 音
三十六世 嬈 四十六世 嗣
三十七世 周 四十七世 大
三十八世 姜 四十八世 姒
三十九世 雍 四十九世 仁
四十世 和 五十世 厚
四十一世 寓 五十一世 兆
四十二世 靜 五十二世 貞
四十三世 莊 五十三世 祥

清乾隆四十六年（1781年）《程氏五门宗谱》中的字辈排行

地方，只要报出了自己的名字，族人就可根据名字中的次序确定辈分高低。

当然，由于字辈谱的编修时间大都是在宋代以后，编字辈谱时又不可能把所有同姓人都集中起来确定昭穆次序，因此，字辈谱的使用范围基本都是在血缘关系完全可以考知的人之间，从而也形成各地同姓宗族有自己的字辈谱，内容并不统一的客观后果。甚至在同一地区的不同支派的人中，所使用的字辈谱也不完全相同，仅在体例和编排形式上相近。如就所用的字看，字辈谱里几乎全是吉祥字，用来表达慎终追远、尊祖敬宗、诗书传家、世泽延绵、教化族人、光耀门庭等良好愿望，合在一起大多是寓意深刻的字辈诗。如浙江奉化蒋氏家族的字辈谱是“祁斯开周国，奕世庆吉昌，崇德长受福，贻谋维有常。荣光永炳焕，和乐致嘉祥。坤载自久远，乾行在健强。匡济望仁智，安宁思俊良。垂范为邦则，承远颂时康。昭谟百代盛，绳武守纪纲”，山东曲阜孔子后裔的字辈谱是“希言公彦承，宏闻贞尚衍。兴毓传继广，昭宪庆繁祥。令德惟垂佑，钦绍念显扬。建道敦安定，懋修肇彝常。裕文焕景瑞，永锡世绪昌”，湖南宁乡刘氏字辈谱是“起序端方，绍允维臧。麟勋渠翰，际运隆昌。枝荣本固，家庆绵长。世守耕读，辉耀先芳”，陕西富平习氏字辈谱是“国玉永宗，中正明通，继述承显，尊守从荣”，河北邢台东小汪杨氏字辈谱是“全天文树，雪瑞崇光。安仁守义，宁国兴邦。齐家孝友，际运恒昌。卓善余庆，奕世祯祥”，都是较有代表性的字辈谱。另外，还有一些字辈谱是按阴阳五行编定的，如颍川堂义门陈氏字辈谱是“铨清标火员坤，铭海松煌增，锦添相辉培，钦深桂炳均，钏桃烛圻，铜江柳焕土章”，安徽绩溪胡氏家族的字辈谱中有“锡沆树炳增锦海林灶城”等字，每个字的偏旁连起来就是金、水、木、火、土，暗含金生水、水生木、木生火、火生土、土生金的五行相生原理，并以此附会人世间祖生父、父生子、子生孙等，以示绵绵不绝。由于这些字辈谱已经带有了文化、道德等方面的深刻含义，实际上被赋予了教化族人的功能，已经不再是单纯拆开来使用的字辈谱了。

字辈谱最早是在历史上出现，其发展也带有时代特色。如在近年编修的家谱中同样也多有字辈谱，其使用方法虽然依然不变，但含义已不全是历史的内容。其中，如福建王氏的字辈谱中有“民主新时代，和平喜盈添。祖泽垂千载，敦伦庆奕年”，或者“子孙传进步，礼义广心田”，都在颂扬祖宗功德、劝励子孙的同时加入了民主、和平、进步等新内容，体现了家谱与时俱进的生命力。

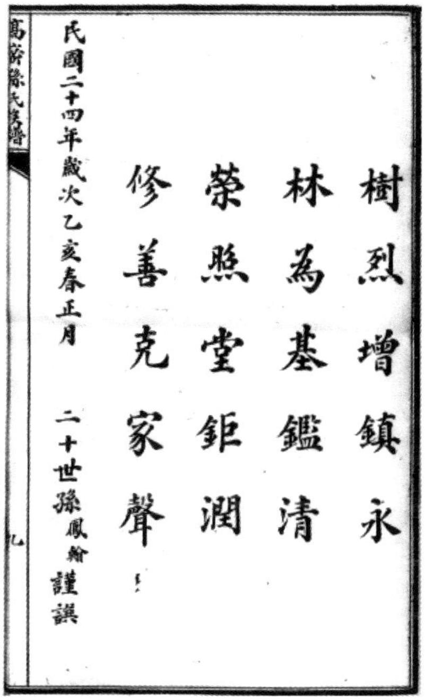
樹烈增鎮永
林為基鑑清
榮照堂鉅潤
修善克家聲
民國二十四年歲次乙亥春正月　二十世孫鳳翰謹識
高密孫氏族譜
九

1935年《高密孙氏族谱》中的字辈谱

另外，值得一提的是，有些家谱里的字辈谱并非采用字辈诗的形式，而是用简单的数字作为排行，并以其顺序依次起名。清朝人俞樾《春在堂随笔》曾记载，“在绍兴乡间颇有以数目字为名者，如夫年二十四，妇年二十二，合为四十六，生子即名四六。夫年二十三，妇年二十二，合为四十五。生子或为五九，五九四十五也。”其实，俞樾所说的不过是数字排行起名的一种方法，这种方法也由来已久。在唐朝诗歌作品中，便可看到很多这样的例子，大诗人李白又名李十二、杜甫又名杜二、白居易又名白二十二都是如此。著名文学家韩愈更写了一首诗，诗名字即“赴江陵途中寄赠王二十补阙、李十一拾遗、李二十六员外翰林三学士”，其中的人名分别代表王涯、李建、李程等，诗中称呼的都是他们的排行。

宋朝人洪迈所著《夷坚志》也记载，当时“如云兴国军民熊二，又云刘十二鄱阳城民也。又云南南城田夫周三，又云鄱阳小民隗六，又云符离人从四，又云楚州山阳县渔者尹二，诸如此类，不可胜举”。元朝时，社会上也流行数字排行的名字，其原因被认为有民族矛盾的因素。对此，俞樾也记载：“徐诚庵见德清《蔡氏家谱》有前辈书小字一行云：元制庶人无职者不许起名，止以行第及父母年齿合计为名，此于《元史》无征。再证以明高皇所称其兄之名，正是如此，其为元时令甲无疑矣。”在此影响下，明朝开国皇帝朱元璋的小名是“重八”，便与数字排行有关。在他出生以前，他父亲朱五四的哥哥朱五一已有四个儿子：重一、重二、重三、重五；他父亲也有三个儿子：重四、重六，重七，所以到他时只能起名重八。另外，朱元璋的祖父叫朱初一，曾祖父叫朱四九，高祖父叫朱百六，名字也都是家族排行。朱元璋之外，根据俞樾的考证，明朝许多开国功臣的祖辈名字也都是数字排行，其中“开平王常遇春曾祖四三，祖重五，父六六。东瓯王汤和曾祖五一，祖六一，父七一，亦以数目字为名”。由此可见，按排行起名的原因还颇为复杂，但这种方法由来已久也是事实。

2.家谱中的人名

在家谱的世系表和世系图里都有大量的人名，这些人名如果按性质区分，有些是我们习惯上所说的“名”，有些则属于“字”或“号”。就其中的“名”而言，清朝人王应奎说“古者名以正体”，意思是说，名是用来区分彼此的，这也是“名”最为本质的特征。

（1）家谱中人名的时代特点

在家谱中所记载的人名，由于其生活的时代不同，还表现出不同的时代特点。如所记载的夏商时期的人名，由于当时人崇拜太

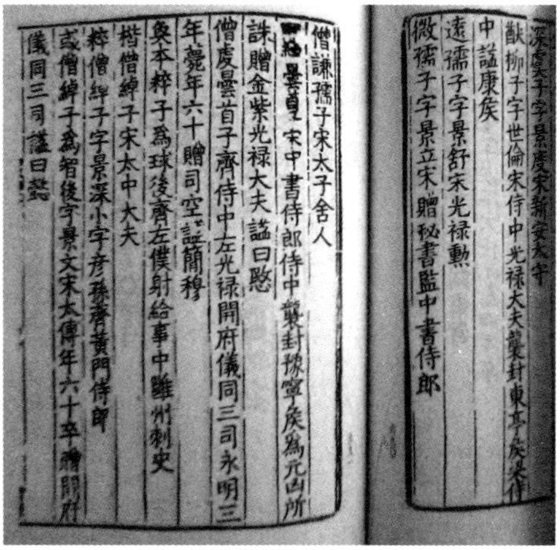

一种编写于宋代的《人名谱》

阳，通行的历法是干支纪年，因此，许多名字都与天干有关。据《史记·夏本纪》记载，夏后氏名字有太康、仲康、少康等人，据陈梦家在《殷墟卜辞综述》一书中的考证，这些名字中的“康”字即“庚”字，是传说中的十个太阳（天干）之一。此外，夏后氏的名字还有孔甲、胤甲、履癸等，名中的“甲”“癸”也都是天干。而商代从开国之君商汤（又名太乙）到亡国之君帝辛（即殷纣王），其间29位帝王，无不以天干命名。当时的贵族也效法这种做法，在名字中使用天干，如祖己、父癸、虎父丁、弓父庚等，都是如此。

到了周代，随着社会的发展和人口的繁衍，人名制度也日臻完善。正如《通志·氏族略》所说的那样，当时的帝王“生有名，死有谥；生以义名，死以义谥。生曰昌、曰发，死曰文、曰武。微子启，微仲衍，箕子，比干，皆周人也。故去其甲乙丙丁之类，始尚文焉”。这里“尚文”的意思即开始注重人名的文采，所以才有昌、发、启、仲衍、箕子、比干等既富于变化又含义丰富的名字见于记载。当然，出现这一变化还有更为具体的原因，即当时制定了针对王公贵族起名的而制定“五则六避”原则。其中的“五则”是指可以用作名字的“信”“义”“相”“假”“类”5个来源，“信”指孩子身体上的某些特征，如眼睛大、皮肤白、身体胖等，根据这些特征可以使起名找到灵感；“义”是指孩子表现出的某些天赋，如机灵、好动、文弱等，也可以作为起名的参考；“相”是指孩子的相貌，有美、丑之别，也可以据此考虑起名；“假”是假借，可以假借其他事物进行起名；“类”是相似，是说可以用与孩子特征相近似的办法起名。至于“六避”，则是说由于王公贵族都是有身份之人，在他们出生时便注定要做王公贵族，他们的名字是一般人不得随意叫的，必须加以避讳。为了便于将来避讳，在起名时便要考虑六大因素，避免用国名、山川名、官名、疾患名、祭品（牲畜）名、祭器名起名。因为国名、山川名、官名都很常用，疾患名显得不雅，祭品名、祭器名太过于庄严，都不便于避讳，所以都在“六避”之列。在上述原则约束下所起出的名字，如姬发（周武王）、孔丘（孔子）、庄周（庄子）、李耳（老子）、屈平（屈原）、宋玉等或各具特色，或优美动听，与夏商时期单调的名字相比的确前进了一大步。

周代的人名特点一直持续到春秋战国及秦朝以后，直到汉代才有所改变，进而把这种变化延续到汉代以后。由于当时是经历了长期战乱分裂以后的国力上升和繁荣时期，人们普遍具有渴望建功立业以报效国家的社会责任感，在名字上也体现了这种时代精神。有些人注重对国家的贡献，起名孔安国、赵充国、于定国等；有些人景仰过去的英雄人物，起名陈汤、赵尧、张禹；有些人尚武，起名苏武、班彪、夏侯胜；有些人气概豪迈，起名孔奋、魏霸、法雄；有些人德操卓荦，起名曹操、董卓、庞德，等等，都具有典型的时代意义。只是在两汉之际，当政的王莽认为“秦以前复名盖寡”，推行托古改制，把单字以上的名字通通视为“恶名”，下令禁止使用双字名。在此影响下，原名囊知牙斯的匈奴单于主动要求把名字简化为单字“知”，王莽的长孙王会宗也随例改名王宗。只是王宗后因企图谋反，名字被恢复为双字名，以示惩罚。由于这一缘故，以后很长一段时间的人名都是单字名，直到南北朝时才略有改变，隋唐五代时进一步发展，从宋代开始才有更多的人使用双字名。而入宋以后，随着民间修谱风气的盛行，“字辈+本名”的起名方式被广泛采用，人名的特点也基本固定下来，经辽、金、元、明、清保留到近现代，有些还一直延续到今天。

（2）家谱中的男性人名

在家谱中，与男性有关的名字一般被俗称为小名、大名，此外还有尊称、字号等。仅就小名而言，传统社会里上至帝王将相下至黎民百姓，人人都有小名。如魏武帝曹操小名阿瞒，南朝宋武帝刘裕小名寄奴，北朝魏太武帝拓跋焘小名狒狸伐，北周文帝宇文泰小名黑獭，宋孝宗赵慎小名小羊，上述这些无不都是称孤道寡的帝王。至于一些达官贵人、圣贤名流，也都有小名。如大思想家孔子小名丘，书法家王献之小名官奴，文学家陶渊明小名溪狗，诗人谢灵运小名客儿，宰相王安石小名獾郎。不仅男性如此，女性也不例外。汉武帝皇后小名阿娇，唐寿昌公主小名虫娘，明代女画家马月娇小名元儿。由于小名都是在出生后不久所起，一般只在家庭内部使用，其目的只求能与别人区分开来，而不大讲究名字是否典雅。

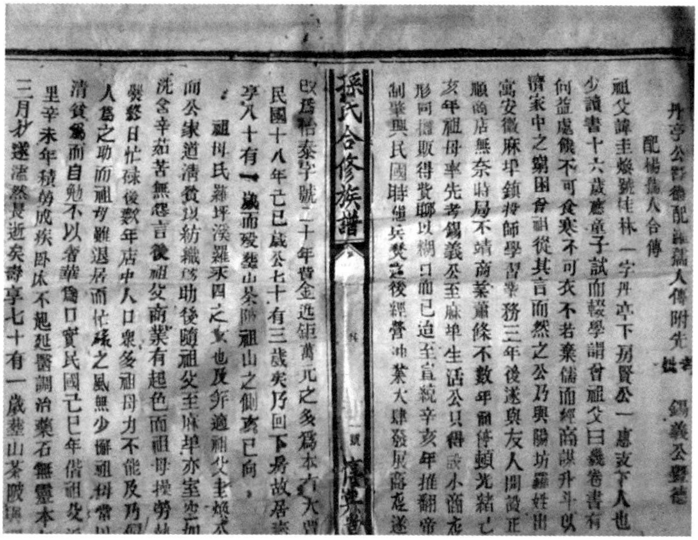
丹亭公暨德配孫孺人傳附先妣 錫義公暨德
配楊孺人合傳
祖父諱圭爍號丹林一字丹亭下房賢公一惠支下人也
少讀書十六歲應童子試而輟學謂曾祖父曰幾卷書有
何益處饑不可食寒不可衣不若棄儒而經商謀升斗以
濟家中之窮困曾祖從其言而然之公乃與陽坊羅姓出
寓安徽麻埠鎮拜師學習業務三年後遂與友人開設正
順商店無奈時局不靖商業蕭條不數年而倒閉光緒己
亥年祖母率先考錫義公至麻埠生活公只得設小商店
形同擺販得貲聊以糊口而已迨至宣統辛亥年推翻帝
制肇興民國時值兵燹之後經營油茶大肆發展商店遂
孫氏合修族譜
改爲怡泰字號二十年間資金迭增萬元之多爲本市大
民國十八年己巳歲公七十有三歲矣乃回下房故居
享八十有一歲而殁葬山泉畈祖山之側亥巳向
祖母氏羅坪溪羅天四之女也及笄適祖父圭爍
而公家道清貧以紡織以助後隨祖父至麻埠亦室
洗含辛茹苦無怨言後祖父商業有起色而祖母操勞
終日忙碌後數年店中人口衆多祖母力不能及乃
人爲之助而祖母雖退居而忙碌之風無少懈祖母常以
清貧而自勉不以奢華爲口實民國己巳年偕祖父
里辛未年積勞成疾卧床不起延醫調治藥石無靈本
三月廿遂溘然長逝矣壽享七十有一歲葬山茶畈

《孙氏合修族谱》人物传记中既有男名也有女名

如周公之子名禽，孔子之子名鲤，春秋时魏公子名虮虱，汉代司马相如名犬子，都有一定的随意性。

在我国传统社会里，为男性起名还有一定的礼仪。达官显贵之家的孩子生下来后，要先到祠堂里去烧香告祭祖先，称为“告庙”，然后由保姆和孩子的母亲一起，抱着孩子去见孩子的父亲。父亲详细询问了有关情况后，要拉着孩子的右手，为孩子起名。孩子的母亲把名字记下，回去后把孩子交给老师，并让老师把孩子的名字告知女客人和家里的妇女。而孩子的父亲则把孩子的名字报告给族长，然后由族长告诉同族的人，并连同出生年月日一起登记在家谱上，孩子的名字才有了合法性。至于一般人家的孩子，起名字则没有这么复杂，而且起名的人也不止孩子的父亲一个。大多数情况是：“告庙”以后，除由孩子父亲起名外，有时也由孩子的祖父起名，或者由族长或族内的饱学之士根据孩子所在的支派和字辈起名。

在我国历史上，还有不少专门为男性起名的方法。如人们习惯用表示排行的字“伯、仲、叔、季、孟”等起名，起一些诸如太伯、仲雍、蔡叔、季历、孟庄之类的名字；有时采用金、银等矿物的名称起名，起些诸如金锁、银童、铁柱之类的名字，如明朝靖江王朱守谦的小名就是铁柱；有时又用天上星象的名字起名，起名为星河、小熊、天龙、金牛、玉夫之类的名字，如战国时魏国文候的大将名叫乐羊，元朝有位蒙古军将领名叫石抹狗狗，有位钱塘人名叫丁野鹤，清朝有位知县名叫张鹫；有时选用充满阳刚之气的字起名，起出的名字如唐朝名将罗成的儿子罗霄、水浒好汉林冲，一听就可以想到是硬汉子；有时喜欢采用梦中所得的灵感起名，取些诸如梦熊、梦周、梦蛟之类的名字。如相传岳飞的母亲在怀他的时候，梦见有只大鹏鸟飞来，落在自家的屋脊之上，等生下他以后，便起名为“飞”，字“鹏举”。又如宋代文学家陆游还在娘胎的时候，因母亲梦见过古代名人秦少游，出世后便被起名为“游”；有时采用“试儿”“抓周”的方法起名，即在孩子满周岁时准备些纸笔玩具让孩子去抓，抓到什么就起什么名字。早在南北朝时期，江南地区就有试儿起名的风俗。据《颜氏家训》记载，当时的孩子在生下来满周岁的时候，要全身上下洗得干干净净，穿上新衣接受测试。测试的用品主要是弓箭、纸、笔等男性用品，以及一些吃的东西和金银珠宝、儿童玩具等。当时人相信，孩子从小喜欢什么，长大以后就会干什么。所以，试儿的目的不仅是为孩子定下一个名字，而且还有“以验贪廉愚智”的目的。后来，这种试儿风俗便相沿成习。在《红楼梦》里，贾宝玉就是在周岁生日时接受测试的，因为抓了脂粉钗环而使父亲贾政很不高兴，认为他“将来酒色之徒耳”。至于用迷信方法起名、利用婴儿特征起名、用谐音起名、用姓氏起名、引经据典起名，以及起乳名、起学名、起别名等，在为男孩子起名时也都有所见。

抓周试儿

（3）家谱中的女性人名

在我国传统社会里，女性人名充满神秘性，并且还有一般不被写入家谱的习惯，即使被写入也多是以父家的姓氏代替的。在当时，女性的名字习惯上被称为“闺名”或“阃名”，意思是只能在闺阁中（家里）使用的名字，只属于女性母家一方。即使在女性订婚时，男方家里也要在通报了订婚意向、获得女方家里同意、男方家里再奉上聘礼以后才能问女方的名字，女方家也是直到这时才会把芳名相告。告诉了名字即等于彻底谈定了婚事，接下去便是订下吉日正式迎娶了。一旦出了闺阁之门，名字也就留在了母家，所能带走和公开的只有人皆有之的姓了。如果在不得已的情况下必须使用自称时，也只能把原来的姓氏当名字使用，称姚氏、李氏、张氏等；或者与夫家的姓氏联起来，把自己的姓氏放在丈夫姓后，称黄姚氏、牛李氏、王张氏等。除非是吃了官司或者沦为奴婢，在女性至亲之外的人很难知道她的真正名字。

历史上的女性名字尽管大多不出家门，但也不是说女性没有名字，卓文君、王昭君、蔡文姬、武则天、杨玉环、梁红玉等都是人们熟知的名字。还有些女性名字看上去与男性名字近似，仅两汉三国时就有赵子儿、卫子夫、卫君孺、卫少儿、窦政君、窦君力、窦君弟、桓少君、孙鲁班、孙小虎等，这些名字有些也被记载在相关家谱中。

3.家谱中的“字”

我们今天的中国人，大多只有一姓一名。但在过去，人们的姓名远没有这么简单。在通常的情况下，除了姓和名以外，还有字、号等。其中，“字”是古人长大后起的，与“名”相连而通称名字。我们今天常说某某人叫什么名字，按古人的标准看就包括“姓”“名”“字”三个部分，三者是各自独立而又相互依存的整体，各有各的性能和作用。

关于古人的“字”及其作用，清人王应奎说“古者……字以表德”，意思是说，字是表示个人品德或追求的，与“名”不同。但在多数情况下，“字”与“名”共同构成一个人的代号，尽管用途不尽相同，二者之间并非完全没有联系。古人大多因名取字，“名”与“字”内容毫不相干的情况几乎见不到。如三国时的名将张飞，字翼德，在这一名字中，“飞”是名，“翼德”则是对“飞”的解释，因为“飞”就是“翼之德”（翅膀扇动而造就的功

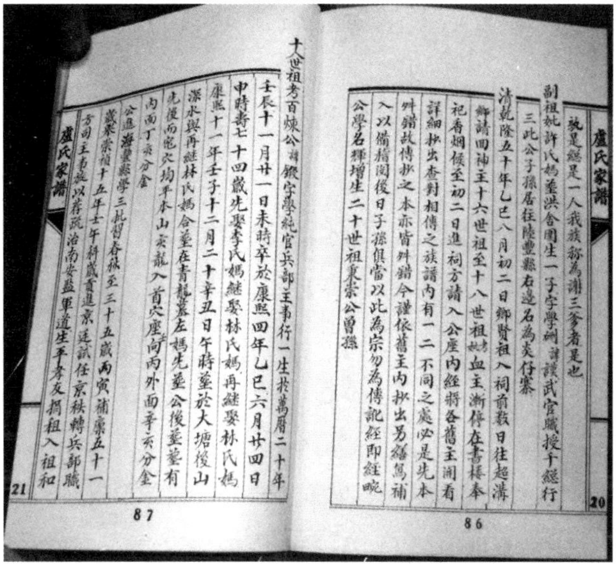

《卢氏家谱》人物传记中录有其祖先的“名”和“字”

德）。又如唐代大诗人白居易，字乐天，名与字之间也有联系，即“居易”是因，“乐天”是果，只有居处安宁，才能知命而乐天。由于是“名”的解释和补充，与“名”相表里，所以又称“字”为“表字”。

在我国传统社会里，人的“字”是到了一定的年龄段才取的，与冠礼或笄礼同时，是成年的标志。对此，《礼记·檀弓》“幼名、冠字”《疏》的解释是：“始生三月而始加名，故云幼名，年二十有为父之道，朋友等类不可复呼其名，故冠而加字。”《仪礼·士冠礼》也说：“冠而字之，敬其名也。君父之前称名，他人则称字也。”意思是说，男性到20岁便是成年人，要举行冠礼，然后就可以参与社会活动，或娶妻生子、为官为宦。不仅男性如此，女性也比照男性的做法，在15岁成年，举行笄礼，取“字”供嫁人或朋友呼唤。在此之前由于没有“字”，女性还被特别称为“未字”或“待字”，成语“待字闺中”便是这种含义。由于古人特别重视礼仪，在有了“字”后一般都避讳“名”，称呼时也只称“字”而不称“名”。如果直呼其名，还被认为是不礼貌的行为。

另外，古人的“字”多种多样，用途也不尽相同。最初，人们取字非常简单，往往只取一个字，与“子”“伯”“仲”“甫”等表示年龄阶段的字相连。如孔子弟子颜回字“子渊”，冉耕字“伯牛”，冉雍字“仲弓”，这些名字中的“渊”“牛”“弓”就是他们的字。孔子有个哥哥字“孟皮”，他本人排行老二字“仲尼”，这里的“孟”“仲”都是表示排行的字，分别代表老大或老二。三国时吴国开国君主孙权有兄弟4人，其中老大孙策字“伯符”，他是老二字“仲谋”，另有老三孙翊字“叔弼”，老四孙匡字“季佐”，兄弟4人依次使用了“伯”“仲”“叔”“季”4个排行字。当然，也有人取字时只用一个字，不加别的字辞，如陈胜字“涉”，项羽字“籍”即是。后来，人们取字才越来越讲究，情况也越来越复杂。有些人在取字时效法古人，取字“士则”“思贤”“师亮”等；有些人寄托对当事人的厚望，取字“温叟”（长寿不夭）、“永全”等。这些，都含有深刻的意义。

4.家谱中的“号”

在家谱中涉及古人名字等称呼时，还有一种是“号”。从定义上看，“号”一般是指是人相对固定的别名，又称别号。其作用正像《周礼》解释的那样，是“尊其名更为美称焉”。意思是说，号是人在名、字之外的尊称或美称。特别是在早期，有“号”的人多是那些圣贤雅士。例如，老子别号广成子，范蠡别号鸱夷子皮，等等，都是如此。不过，就一般情况看，先秦时有“名”“字”又有“号”的人并不太多。至秦汉魏晋南北朝时，取“号”的人仍不很多，见于记载的仅有陶渊明别名五柳先生、葛洪别号抱朴子等数人。但是，到了隋唐时期，伴随着国家的强盛和文化的高度发达，在“名”“字”之外另取别号的人也逐渐多了起来。例如，李白号青莲居士，杜甫号少陵野老，白居易号香山居士，等等，都是这种情况。到了宋代，取号之风又有进一步的发展。人们熟知的《水浒传》108将个个都有别号，正是当时的社会风气。明清人更把取号视为一种时髦，上至皇帝，下至一般黎民百姓，几乎人人有号。清乾隆皇帝就自取号为“十全老人”。清朝人凌杨藻在《蠡勺编》一书中记载明朝“闾市村垄，嵬人琐夫，不识丁者莫不有号，兼之庸鄙狂怪，松兰泉石，一坐百犯；又兄‘山’弟则必‘水’，伯‘松’则仲必‘竹’，不尤大可笑也哉。近闻妇人亦有之，向见人称‘冰壶老拙’，乃嫠媪也”。该书还记载一个让人忍俊不禁的例子，说一位县官在审理一桩窃案时，诘问犯人为什么故意狡辩，犯人回答是“守愚不敢”，县官不解其意，一问左右才知道是犯人在自称别号。像这样落草为寇的盗贼都有别号，当时取号之多之滥可想而知了。

在古人取“号”时，用字与起“名”“字”不同，大多不受字数限制。从已知的“号”看，字数从2字到20多字不等。清代画家郑

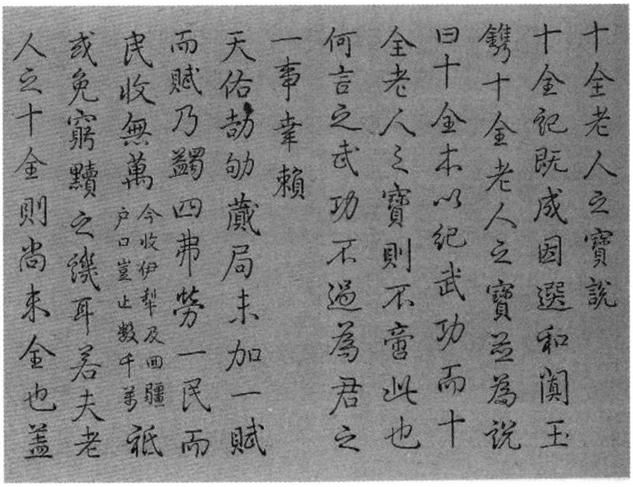

清乾隆皇帝《十全老人之宝说》

板桥的号就有12字，即“康熙秀才雍正举人乾隆进士”。清代还有一个叫释成果的和尚，“号”用字竟达28个之多，即“万里行脚僧小佛山长统理天下名山风月事兼理仙鹤粮饷不醒乡侯”。一个人的“号”竟然用了这么多字，真可谓一大奇观。

因为古人取“号”有较大的随意性，并且不必加以避讳，因此在一定程度上促使了明清时期文人取号之风的盛行。当时的大多数人都取号，有些人的号还不止一个。如清初画家石涛法名弘济，别号清湘道人、苦瓜和尚、大涤子、瞎尊者，达4个之多。前举郑板桥本名燮，字克柔，板桥本来是他的号。他另外还自称郑大、郑大郎、板桥居士、板桥道人、板桥老人，这些自称也大多具有“号”的性质。

当然，古人的“号”相当复杂，不仅有上述性质的“号”，历代皇帝都有庙号、谥号，和尚有法号，道士有道号，演艺界有艺名，文化界有笔名，这些也有“号”的性质。早在汉代时，有一位姓赵的女子擅长舞蹈，身轻如燕，人送艺名“赵飞燕”。由于她这一艺名影响很大，以至她的真名反而无人知晓了。又如在五代十国时，后唐庄宗李存勖不仅喜欢演戏，还为自己取了个“李天下”的艺名。据说有次他与一位艺名叫镜新磨的人同台演出，在戏台上也忘不了自呼两声“李天下”的艺名。另据顾炎武《日知录》记载，古代有黄幡绰、云朝霞、镜新磨、罗衣轻等人，也都是以艺名传世的。清末一位知县叫德克金，平时不拘形迹，被一位姓汪的人讥笑，说他不是做官的料，只配演戏。后来他果然丢了官，改行学戏。为了不忘当年汪某的讥笑，激励自己，他便取了个“汪笑侬”的艺名，并用这一艺名编戏演戏，终于自成一派，誉满上海一带。另外，《金瓶梅》的作者署名为“兰陵笑笑生”，真实姓名至今不为人知，这一署名其实也是一种“号”，类似于后来的笔名。至于《三国演义》中的诸葛亮被称为卧龙先生、刘备被曹操称为大耳儿，《水浒传》中的蒋忠被称为蒋门神、鲁智深被称为花和尚，时迁被称为鼓上蚤、孙二娘被称为母夜叉，等等，其实也都是“号”，也就是后来所说的诨号。

总之，家谱中所涉及古人名字，在称谓上远比现在人复杂，大多既有姓名又有字、号。这种姓、名、字、号的并存，既适应了当事人不同年龄阶段和不同情况下的需要，也使家谱文化的内容变得更加丰富。

四、家谱与族规家法

族规家法，又称家礼、家范、家法、家训、族规、宗规、家规、条规、祠规、族约、祠约、家约、家戒、家议、家典、家箴、规约等，是各姓自己制定的家族礼仪和约束、教化族人的宗族法规，也是每部家谱必载的内容，主要涉及不同家族成员在不同场合中的礼节，以及祭祖祀宗、忠君孝亲、宗族机构、日常生活、财产继承、婚姻纠纷、买卖租赁、犯规惩治、森林保护、禁赌禁盗等维护传统礼教的内容，借以鼓励族人发扬传统美德、继承优良家风、积极进取向上、惩恶扬善等，基本上囊括了修身、齐家、忠君、敬祖、互助、守法等方方面面，其目的在于要求族人在遵守国家大法的前提下，在言行等方面还要自觉遵守家法的约束和管理，维护忠孝仁义的家族风尚，否则就要受到家法的制裁。正如编修于清光绪十一年（1885年）的安徽太平《仙源东溪项氏族谱》“祠规引”所说的那样：“家之有规，犹国之有典也。国有典，则赏罚以饬臣民；家有规，寓劝惩以训子弟。其事殊，其理一也。”意思是说，族规家法犹如国家的法典，只是名称不同而已。因此，家礼、家法、家训，显然都是家谱文化的组成部分。

1.家礼

家礼，又称家仪、吉凶礼，包括冠礼、笄礼、婚礼、丧礼、祭礼等，是与家族相关的风俗礼仪，主要刊载族人在成年、婚姻、丧葬、祭祀等活动时的礼仪条规及具体事项等，有的家谱还要刊载家礼仪节、仪文、祀文、婚礼说、祭仪略、祭典、祭簿、丧礼图式、五服图、器具和祭品制作方法等。其中，冠礼、笄礼、婚礼都属于吉礼，丧礼、祭礼属于凶礼，合在一起并称吉凶礼，也是家礼的主要内容。

明清以来家谱中所载的家礼，大多是以朱熹的《家礼》为蓝本的。《家礼》是朱熹最有影响的礼学著作，是他从《仪礼》《礼记》中节录并根据当时社会风俗、参考古今家礼编写而成的，所参考的古今家礼中最重要的是司马光的《家范》。作为宋代最有影响的名人之一，司马光始终牢记“修身、齐家、治国、平天下”的古训，注意自己的品德修养，一生中除编修了传世之作《资治通鉴》外，还编写了用于家族教育的《家范》。《家范》即家族成员应遵循的行为道德规范，其中由“序”“治家”开始，依次收录了祖、父、母、子、女、孙、伯叔父、侄、兄、弟、姨姐妹、夫、妻、舅、舅姑、妇、妾、乳母等18个家庭角色各自的礼仪和历代名人典型事迹，意在让家人以他们为榜样共同治家。《家范》还总结了宋代以前的家训思想，进而提炼出“以礼治家”“正家而正天下”的治家理念，使儒家的伦理思想更加深入人心。由于具有突出的说服力和教育作用，《家范》对后世家训产生了深远的影响，还被与《帝范》《政范》《世范》并称为“四范”，其中所提倡的家庭伦理、道德观念等，对今天建设和谐家庭、和谐社会都有一定的裨益作用。

朱熹在参考《家范》等著作的基础上编写的《家礼》，实际

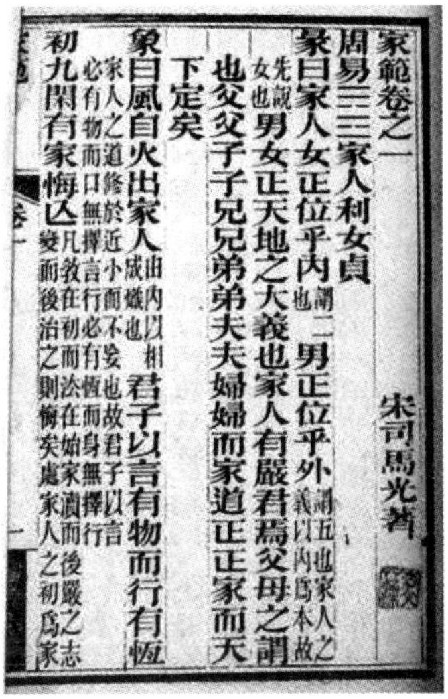
家範卷之一
宋司馬光著
周易☲☴家人利女貞
彖曰家人女正位乎內謂二男正位乎外謂五也家人之義以內爲本故先說女也男女正天地之大義也家人有嚴君焉父母之謂也父父子子兄兄弟弟夫夫婦婦而家道正正家而天下定矣
象曰風自火出家人由內以相成熾也君子以言有物而行有恆家人之道修於近小而不妥也故君子以言必有物而口無擇言行必有恆而身無擇行
初九閑有家悔亡凡教在初而法在始家瀆而後嚴之志變而後治之則悔矣處家人之初爲家

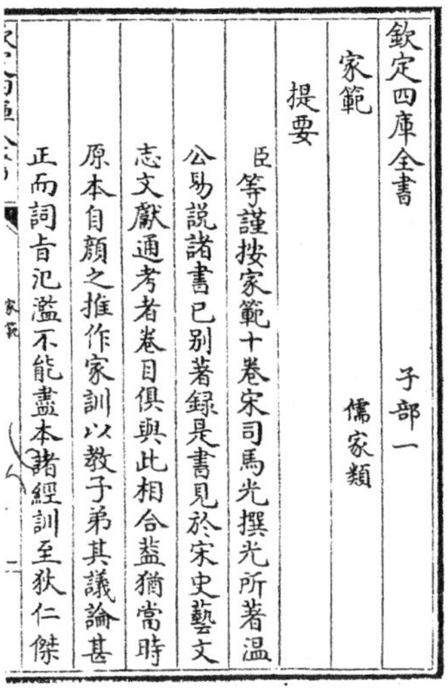
欽定四庫全書　子部一
家範　儒家類
提要
臣等謹按家範十卷宋司馬光撰光所著溫公易說諸書已別著録是書見於宋史藝文志文獻通考者卷目俱與此相合蓋猶當時原本自顏之推作家訓以教子弟其議論甚正而詞旨汎濫不能盡本諸經訓至狄仁傑

司马光《家范》
此书对后世影响很大，被收录在《四库全书》中

上是明确而细致地规定了从冠婚丧祭到日常居家生活的一整套礼仪。其中，如在“日用之常礼”中首列建庙祭祖的祠堂之礼，规定了祠堂的祭祖体制，包括祠堂建置、所奉祭祖先、祭祖时日等具体礼仪，“报本反始之心”“尊祖敬宗之意”都借以得到体现。另外，朱熹还在冠礼中规定了祠堂戒宾、宿宾、加冠等礼仪，在婚礼中规定了纳采、纳币、亲迎、妇见舅姑、庙见、婿见妇之父母等礼仪，在丧礼中规定了初终、沐浴、袭以至祔、小祥、大祥、禫等21个礼仪，不仅文字简洁，而且简便易行，对家礼由上层走向民间作出了重要贡献。也正因家礼“其本者有家日用之常礼，固不可以一日而不修；其文又皆所以纪纲人道之始终，虽其行文之有时，施之有所，然非讲之素明，习之素熟，则其临事之际，亦无以合宜而应节，是亦不可以一日而不讲且习焉者也”，与每个人在日常生活中的一言一行息息相关，甚至成为修身齐家和维持家族内部道德伦理、实现和谐稳定的基本规范，不由每个家族不重视，也理所当然

成为家谱文化中的一项重要内容。

至于家礼中的具体礼仪，如冠礼和笄礼都是针对男女后辈的成年礼，其中规定“男子年十五至二十皆可冠”“女子年十五而笄”，都是当时的社会习惯。再如在婚礼中，一些家谱规定男子16～30岁、女子14～20岁可以成婚，成婚前要经过男方通过媒人提亲、女方同意后派人送礼、正式提出缔结婚姻请求、送聘礼至女方、选定良辰吉日亲迎等阶段，每一阶段还有更为具体的礼仪。又如在丧礼、祭礼中，更为强调血缘关系的重要性，不同的血缘关系要遵守不同的礼仪。每当举行祭礼时，参加祭祀的人必须恭敬，不仅要正衣冠、慎言行，而且还要陈设香火和各种祭品，以及按规定奉行仪式等，若有不敬则要受到处罚。一些较有影响的大家族，除在每月的朔望之日和四时、忌诞之日举行例行祭祖仪式外，还有年祭、月祭、日祭之分。祭祀时还要由族长领读祭文，祭文内容主要是颂扬祖宗功业和本支派的源流，以及劝诫子孙恪守家风、积德行善、光大家业等。近代以后的祭祖仪式虽然有所简化，但庄严肃穆的气氛仍然不变，参加祭祖的人仍要着装得体，宣读祭文的人要德高望重，主祭人和陪祭人要代表祭祖的人上香、进酒、献花、鞠躬，仪式仍然完备，仍然体现着慎终追远、生则敬养、死则敬享的“孝”道精神。

为了便于族人更好地辨血缘、明世次，许多家谱都要在重要位置刊载五服图，这其实也是家礼之一。在父系家族组成的社会里，亲属范围包括自高祖以下的男性后裔及其配偶，即自高祖至玄孙的九个世代，通常称为九族。九族的核心是以其本人为中心，上数父亲、祖父、曾祖、高祖四代，下及儿子、孙子、曾孙、玄孙四代，共九代人，是直系亲属，与旁系亲属一起组成九族。在遇到丧事时，还要根据亲疏关系远近而穿着不同的五种服饰，即斩衰、齐衰、大功、小功、缌麻，通称五服。其中，斩衰是诸侯为天子、臣

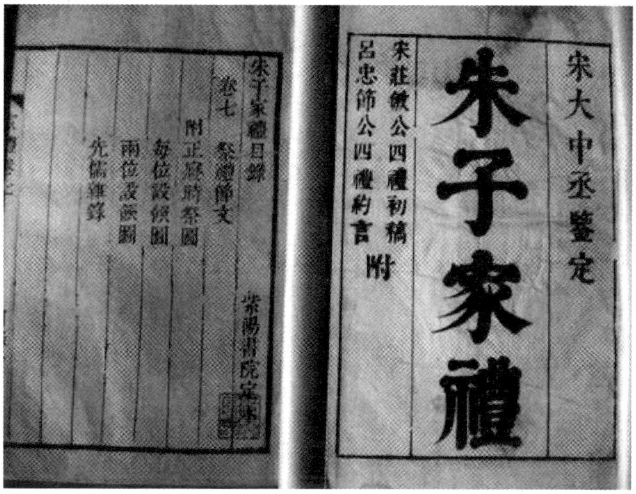

朱熹参考古礼所编《家礼》
此书也称《朱子家礼》，是一部影响较大的礼学著作

为君、男子及未嫁女为父母、媳对公婆、承重孙对祖父母、妻对夫等所穿的丧服，也是五服中最重要的一种；齐衰是孙子女为其祖父母或曾高祖父母所穿丧服；大功是为伯叔父母、为堂兄弟、未嫁的堂姐妹、已嫁的姑、姐妹，以及已嫁女为母亲、伯叔父、兄弟所穿的丧服；小功是为从祖父母、堂伯叔父母、未嫁祖姑、堂姑、已嫁堂姐妹、兄弟之妻、从堂兄弟、未嫁从堂姐妹，和为外祖父母、母舅、母姨等所穿的丧服；缌麻是为曾祖父母、族伯父母、族兄弟姐妹、未嫁族姐妹，和外姓中为表兄弟、岳父母等所

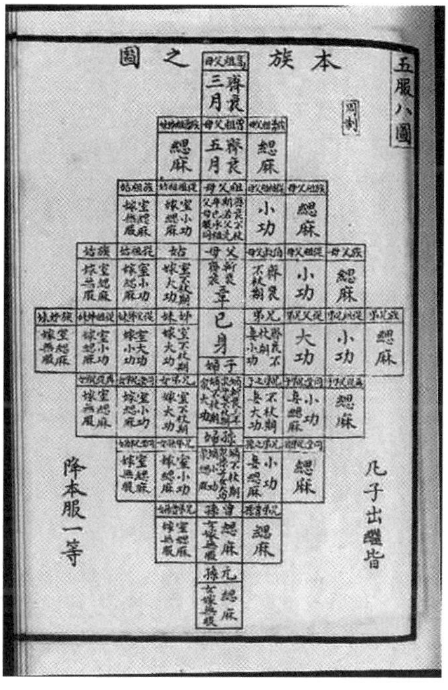

家谱中所绘五服图

穿的丧服。借助这种不同的服制，不仅能够保证丧服制度的正确实行，而且对于确定家族成员之间的亲疏关系和增强家族成员的凝聚力有重要作用。至于五服图，则是关于家族中亲疏关系的图表，家谱中常见的有丧服总图、三父八母服制之图、本宗九族五服正服之图等，从中同样可见血缘关系的尊与卑、亲与疏。

上述这些都说明，家礼作为家族礼仪事关族人的礼仪教化，与“纪纲人道之始终”息息相关，在家谱中必然具有重要位置。

2.家法

在我国传统社会里，家被赋予了多方面社会功能，在政治生活、物质生产和人们日常生活中发挥着重要作用。正如汉代人荀悦在《申鉴·政体》中所说的那样：“天下之本在家。”也就是说，在农业经济为主体的封建时代，家庭既是最基本的农业生产和家庭手工业生产单位，也是伦理规范教育的执行单位。传统所谓“三纲”“六纪”的道德观，君臣、父子、夫妇、诸父、兄弟、族人、诸舅、师长、朋友等伦常关系中大都与家庭有直接关系。同时，许多家庭组合在一起便构成社会，进而组成国家，因此，古人又特别强调家与国的关系，认为有家才有国，“国家”一体，只有“修身”“齐家”，然后才能“治国平天下”，把家庭道德关系的好坏看成是影响整个社会道德水平的大问题。为了加强对族人言行的约束和管理，以维护忠孝仁义的家族风尚，不少家族在努力尊行国家大法的同时，还重视自己家族内部法规的建设，相继制定了自己的家法族规，并把这些家法族规编入自己的家谱中，有些甚至单独刊行。

在不少家谱里所刊载的家法，内容大致相同，基本都是对族人个人行为的要求。如仅在郑姓人的家谱中，就有浙江浦江《义门郑氏宗谱》中《郑氏规旌义编》168则、广东香山《郑太崖祖房谱》

中《昌世堂条例》20则、浙江牌前《郑氏宗谱》中《裕俗》7篇、浙江石马《郑氏宗谱》中《家训》6则、河南太康《郑氏族谱》中《期望》12条等，都是较有影响的家法族规。其中的《郑氏规旌义编》又称《义门郑氏规范》，内容详备，基本指导思想是厚人伦和美教化，“自冠婚丧祭，以至衣服饮食，靡弗肫然秩然，型以仁、范以礼，而其敷词质实，妇孺犬易通晓，视昔圣贤家川庭诰之作，有过之无不及焉”。也就是说，这是一部包罗个人行为规范和家族法规条约等一系列内容的成文法典，内容主要包括祭祖敬宗、族长职责、衣食冠婚饔育礼仪、婚丧赈济、子孙之教、妇人之礼等，其中的祭祖敬宗涉及祠堂的建立、祭祀的时间和参加人数、祭祖次序、祭祖仪式、祭礼、祭词等一系列内容，且在其他内容之首，充分反映了《规范》的编撰者对尊祖敬宗、以孝义治家的重视。相反，该《规范》明确禁止族人信仰佛、道之说，要求他们“毋为僧道”“不作佛事”，或惑于释、老、阴阳之教，妇人亲族有为僧道者也不许往来，正是从另一个方面说明其家族受儒学影响之深，充分体现了他们以儒立家、坚持以儒为尊、非儒不奉的基本家风。

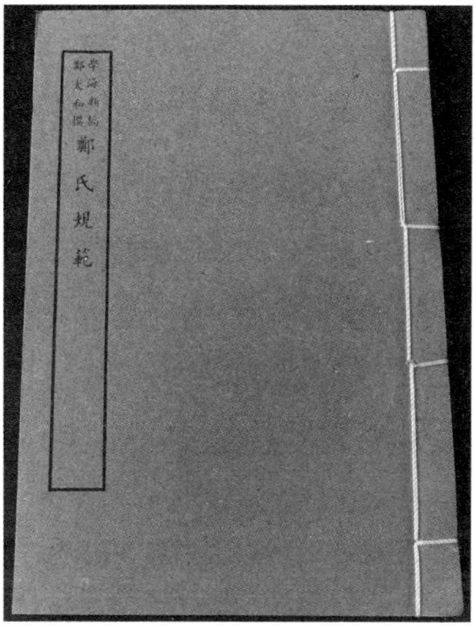

《郑氏规范》
此书又称《郑氏规旌义编》，是一部著名的郑氏家法

此外，《义门郑氏规范》还十分重视对族中子弟的教育，明确规定族中年满5岁的小儿要在每月的朔望日到宗祠听讲经或习礼，吃过早饭后则要到书房中读书学习。年满8岁后入小学，12岁就外读书，16岁进入成人学校，举行进入成年标志的冠礼，这些子弟“须能暗记《四书》、一《经》正文，讲说大义，方可行之”。假若到

21岁时学业还无所成，要转学理财治家之道，学业有成的则可以继续攻读。为了有利于对他们的培养教育，还对他们的一些行为进行限制，规定子孙不得阅读“非礼”之书，有关戏谑淫亵、妖幻符咒之类的书籍也不得观览，发现即行焚毁。子孙不得惑于邪说，沉溺于鬼神淫祀。不得修造异端祠宇，不得妆扮、塑造土木偶像。年未过30者，“酒不许入唇”。身体强壮者，只许少饮，不得贪杯，不得沉迷于酒食。甚至认为棋枰、词曲、虫鸟之类，“皆足以蛊心惑志，废事败家”，所以子孙当一切弃绝之。对于那些考取功名后外出做官的人，除给予支持和鼓励外，还勉励他们“奉公勤政，毋蹈贪黩以忝家法”“当早夜切切，以报国为务，抚恤下民，实如慈母之保赤子”“又不可一毫妄取于民”。

对于那些不遵守家法的族人及其所做的“一应违于礼法之事”，《义门郑氏规范》还规定了具体的惩罚办法，如由族长召集众人“罚拜以羞辱之”，或用鞭子或棍杖“棰”体罚。如果仍不悔改，则“会众而痛棰之”。对于那些有卑幼出言不逊、抵抗尊长诲之不改、犯过错屡诫不听、招引闲杂浮客、沉迷淫乐等行为的人，也要给予相应的处罚。至于对那些严重触犯家规或屡教不改的人，不仅要进行处罚，有时还要“陈于官而放绝之”，即族内削籍，谱上除名。由于其几乎包括了与家族相关的方方面面，曾被宋濂誉为“其于厚人伦、美教化之道，诚有益哉”，实际上是一部典型的家法。

刊载《郑氏规范》的《义门郑氏宗谱》

又如温姓人的家谱，仅江西宁

都《城西温氏族谱》《璜坊温氏族谱》、上犹《温氏怀字房谱》、信丰《温氏族谱》中都刊载有与家法有关的内容，称为家规或族规，对族人的行为同样提出了明确要求，要求他们做到爱国、睦族、尊祖、重教，并在为人处世等方面符合礼法要求。其中所要求的族人爱国，又包括守法度、完赋税、勤里役、慷慨捐输、服兵役等；要求族人睦族，包括修家谱、联族谊、敦孝悌、和乡党、诫斗讼、息忿争等；要求族人尊祖，包括修祠宇、立祭产、重祭祀、严茔境、时祭扫、立纲常、正名分等；要求族人重教，包括重斯文、立学田、立会文、定考费、定贺仪、勤学业、绍书香、奖贤能、奖后进等；要求族人在为人处世上守礼法，包括勤耕读、务本业、守礼义、重孝行、重长幼、明尊卑、周贫乏、恤孤寡、尚节俭、禁非为、不赌博、戒淫乱等，无不十分具体。

在一些家谱的家法中，还有鲜明的时代印记，要求族人习正业、尊冠礼、重婚姻、重继嗣、肃闺门、保生命、广求地、壮住基、蓄后龙、慎丧事，与今天的情况已经有所不同。其中如“习正业”指的是要以耕读为本，禁止从事匪僻奸邪、倡优隶卒之类的“下九流”行业。但现代社会中的社会观念已经大为转变，成人后不仅仅只能当官务农，而是可以从事多种多样的行业，只要勤劳本分、遵纪守法、靠自己双手致富都是本业，与过去的本业已经不可同日而语。同样，在古人眼里的“下九流”行业如倡优隶卒之类，在今天已经是体面的文化艺术人才和警察之类的高尚职业，人们的观念也与过去完全不同。再如“重继嗣”，是由封建礼教“不孝有三，无后为大”的观念演变而来，重视有人传宗接代和家族的血统纯正，万一后继无人也要从同族子弟中过继继承人，不允许掺入异姓骨血。但现代社会提倡优生优育，传宗接代的传统观念已不能适应新的情况，即使收养的孩子，无论男女都享有同样的继承权，孩子的姓氏也不再只随父亲一方，诸如此类，都与传统的“重继嗣”

观念不同。又如“肃闺门”，也是为了维护封建礼教，将妇女圈在闺门之中、锅灶之旁，与当前社会上所倡导的男女平等观念完全不同；“保生命”，来源于传统观念“发肤受之于父母”，强调的是“人命关天”“以人为本”，但在涉及保家卫国、见义勇为等大是大非问题、需要用生命捍卫时，为了“保生命”而贪生怕死也同样为人所不齿；“广求地”“壮住基”“蓄后龙”，都是要求族人努力进取，发展经济，多置土地田产，多在自家的土地上种植树木，把祖坟修得高大气派，让族田面积超过别人，只有这样才能改善风水、护住“龙脉”、光祖耀祖。但现代社会的情况是随着人口的大量增加，拥有自己的土地田产已经成为少数人的奢侈行为，人去世后要火葬进公墓，无法实现族规家训的要求；“慎丧事”，所体现的是一种传统的尊祖敬宗观念，只有丧事办得得体才能告慰死者亡灵，对生者也是一种安慰。但如果因此而把丧事办得过于隆重，造成不必要的铺张浪费，也不是现代社会所提倡的。此外，至于有些家法中还要求族人不能娶同姓之人为妻，尤其不能娶丧夫之宗弟妻妾，否则将不予上谱，等于开除“族籍”，与现行的《婚姻法》也有矛盾，同样带有鲜明的时代局限性。

3.家训

如同家法一样，一些传统家谱里还专门刊载家训，其中主要是劝诫族人的训语，目的也是要求族人在遵守国家大法的前提下规范自己的言行。如仅在所见的温姓家谱里，就有北宋福建永定人温林五郎《诰言家训》、明初广东梅县石坑人温良善《家训》、明末浙江乌程人温璜母亲陆氏《温母家训》，以及江西宁都《虎井温氏族谱》家训、江西石城温氏《元春公房族谱》家训、江西兴国《永丰温氏族谱》家训等。其中，《诰言家训》刊载在世界温林五郎世系宗亲联谊总会近年所编的《温氏大宗谱》中，是温林五郎生前亲笔写下的，文字不多但内容丰富，主要如下：

诰尔子孙，诫尔子孙。原尔所生，出我之本。虽有外亲如族人，荣辱相关，利害相及。宗谊为重，财器为轻，危急相济，善恶宜分。为父者当慈，为子者当孝，为兄者宜爱其弟，为弟者宜敬其兄。士农工商，各勤其业。冠婚丧祭，必循乎礼。乐士敬贤，隆师教子，守分奉公，及人推己。闺门有法，亲朋有义。立行必诚而无伪，御下必恩而有礼。务勤俭而兴家庭，务谦厚而处乡里。毋事贪淫，毋习赌博。毋争讼以害俗，毋酗酒以丧德。毋以富欺贫，毋以贵骄贱。毋恃强凌弱。毋以下犯上，毋以大压小。毋因小忿而失大义，毋听妇言以伤和气。毋为亏心之事而损阴隙，毋为不洁之行以辱先人。毋以小善而不为，毋以小不善而为之。毋谓无知，冥冥见晓，寂寂闻声。依我训者，是其孝也，我其佑之。违我训者，是不肖也，我其覆之。子子孙孙，咸听斯训。

上述大意是说，人降生在人世间的恩德是祖先给的，不能忘本，只有听从祖先的教诲才能生生不息、继往开来。要重视血脉情谊、轻视财物，在危急关头互相帮助、同舟共济，分清善恶。做父辈的要慈爱，做子女的要孝顺，年长的人要爱护年少的，年少的要尊敬年长者。不论是士、农、工、商何种行业，做事都要有职业道德。遇到婚丧喜庆大事要遵守相关礼节，乐于与有知识的人相处，做到尊师重贤，坚守本分，奉公守法，推己及人。在家要守规矩，在外要讲道义。做事讲诚信，不能虚伪；对下属讲情义，有礼有节。持家务必勤劳、节俭，对人务必谦卑、厚道。不能贪求淫欲，染上嫖娼、赌博习气；不能无故争斗、诉讼，以免损伤和气；不能做亏心事丧失阴德，不能自以为富有而欺负穷人，不能自以为高贵而对别人傲慢无礼。不能恃强凌弱，不能以下犯上，不能以大压小。不能以一己私而丧失道义，不能听信谗言而损伤和气。不能自以为聪明而瞒天过海，要明白天网恢恢、疏而不漏，做坏事早晚要遭到报应。要时刻勉励自己、告诫自己，改掉不良行为，虚心接受别人建议，这样才会有幸福的生活、美好的前程。

可见，该《诘言家训》是一篇文字虽不多但所含内容丰富的家训，涉及族人教育的方方面面。温林五郎在其中谆谆教导子孙哪些该做、哪些不该做，无不发自肺腑，情真意切，充满智慧。尤其是关于伦理道德教育的内容，更与儒家传统的教育思想一致。在他看来，子孙首先要加强道德修养，学会做一个品德高尚的人。因为人生在世，贫富贵贱、吉凶祸福、寿夭智愚、命运等都会有千差万别，能够超越别人的原因还是在于有没有受到良好的伦理道德教育。正如孔子在《论语》中所说的那样，社会上评价一个人的标准无非是德行、语言、政事、文学，其中居于首位的是看他的个人品德如何，其次才是言谈举止、所具备的知识技能和文学艺术修养。言谈举止、知识技能都无法决定吉凶祸福，只有伦理道德教育才最重要、不能轻视。这种伦理道德关系到家庭、族群和社会的安危，不仅是个人安身立命的指导原则，也是家庭和睦兴旺的法宝，对于家族的繁衍、发展和社会和谐都有重要意义。

原载于《温氏族谱》的《温氏母训》也被与其他家训合印在一起

又如在《温母家训》中，也同样涉及许多为人处世的哲理。温母往往从小事入手教育儿子，进而引出做事做人的大道理，深入浅出，令人难忘。如她教育儿子不论贫富都要做到自立自尊自爱，交友须明理，待人要厚道，要善于区分人的好坏，学人之长，避人之短。因为即使“同堂同室同窗多年者，情谊深长，其中不无败类之人”，所以要“只取其长，弗计其短”。她还深信精神力量的感召力，认为其价值远胜于施舍小恩小惠。她还要求儿子学会观察别人，不仅要观其言，更应察其行，因为在她看来，如果一个人道德高尚的话，必定在行为中有反映，否则就是虚伪的。她说：“世人多被心肠好三字坏了，假如你想作个好儿子，必有一般孝顺行径；你想作个好秀才，必有一般勤苦行径。心肠是无形无影的，有何凭证？凡说心肠好者，都是规避样子。”此外，她还要儿子多走出去与人交往，多参加祭祖及婚庆吊唁之类的活动，不仅能从中增长才干，还会受到祖宗的保佑。她说：“贫人不肯祭祀，不通庆吊，斯贫而不可返者矣。祭祀绝，是与祖宗不相往来；庆吊绝，是与亲友不相往来。名曰独夫，天人不佑。”意思是说，如果本来就家贫的穷人还不肯祭祀，不肯参与婚庆吊唁的活动，这是穷到不知回头的地步。祭祀断绝就是不和祖宗往来，婚庆吊唁断绝就是不和亲友往来。这样的人就是“独夫”，把事情做绝了，上天也不会保佑他。这些言论和训诫，今天读来仍发人深省。

第三章 特殊家谱

我国的家谱及与之相关的文化的确博大精深，被认为是家族的百科全书确有道理。仅就其形式而言，除一般意义上的家谱外，还有一些特殊形式的家谱，主要包括被称作“玉牒”的历代皇族家谱、被誉为“天下第一家”的孔子及其后裔家谱、少数民族家谱，以及随着高科技的发展而在近几十年出现的数字化家谱、网络家谱、填入式家谱等。为了全面掌握家谱知识并编好新家谱，有必要对这些特殊家谱进行一一了解。

一、历代皇室家谱

皇室家谱，即我国历史上各王朝统治者所在家族的家谱。由于拥有其他家族所没有的各种特权，皇室不仅通过政治、经济、社会等手段加以维护，严防旁族别支冒入，而且采取了多种特殊办法。在此基础上所编成的家谱，也成为我国家谱中最为特殊的一种。本节由于资料和篇幅所限，仅对皇室家谱的特殊性和周、汉、唐、宋、明、清等主要朝代皇室家谱的基本情况加以介绍，以窥知历代皇室家谱的一斑。

1.皇室家谱的特殊性

如本书第一章所言，我国家谱的雏形出现于商朝，在周朝有了进一步发展。这不仅指普通人家而言，也包括商、周两朝王室的家谱。在此之前的夏朝还属于传说时期，《尚书》《世本》《史记·夏本纪》等书中所记载的与夏朝相关的内容大抵都来自于传说，其中与夏后氏世系传承相关的内容应来自于口传家谱。商朝随着文字的出现，商王的世系传承除传说外又见于甲骨文、金文，其中也有近似于商王家谱的内容。周朝时，由于以血缘关系为基础的宗法制度得以确立，血缘观念被进一步强化，为了维护这一制度，周王不仅专门设立了记录和管理王室家谱的“小史”官，使其专门负责“奠系世，辨昭穆”，而且还有太史、内史等官员负责管理诸侯或卿大夫家谱。这些由小史、太史、内史等官员所掌管的家谱事务，在秦朝建立后统一划归“宗正”官管理，汉朝因袭不改，直到清朝都基本如此，仅名称、具体职责等有所变化。根据《后汉书·百官志》的记载，“宗正”属九卿之一，“掌序录王国嫡庶之次及诸宗室亲属远近，郡国岁因计上宗室名籍。若有犯法当髡以上，先上诸宗正，宗正以闻，乃报决”。意思是说，宗正的职责是负责管理“宗室名籍”等皇室事务，按今天的话说也就是负责编修家谱。其管理的“宗室名籍”包括皇室的嫡庶之别、亲属远近。为了做到准确无误，各郡国每年要把当地诸侯王的添丁进口情况统计上报，如有因违法犯罪应被处以髡刑以上刑罚的人也要先报宗正，宗正上报皇帝，最后才处刑罚。可见，宗正的职责中最重要的一项就是负责记录、编修皇室家谱，亦即东汉人胡广所说的“岁一治诸侯世谱，差序秩第”。由于这一职责对皇室“奠系世，辨昭穆”异常重要，在汉代、梁代还专门规定必须由有宗室身份的人担任。其所在的官署在唐、五代、宋朝称宗正寺，辽改称大惕隐司，金为大宗正府、大睦亲府，元称大宗正府，明称大宗正院、宗人府，清称宗人府，职责基本相同。

皇室家谱不仅有专门的官员和机构负责编修，而且还有专门的名称。在北宋人王溥所编的《唐会要》一书中，明确记载唐文宗太和二年（828年），负责编修家谱的宗正官李衢等人奏请唐文宗为皇室家谱另赐名称，说“窃以圣唐玉牒，与史册并驱，立号建名，期于不朽。乞付宰臣商量，于玉牒之上，特创嘉名，以光帝籍”，唐文宗依奏赐名为“皇唐玉牒”，简称“玉牒”。《新唐书·百官志》记载唐代的宗正寺设立“知图谱官一人，修玉牒官一人”，也就是把“修玉牒”与“知图谱”的官员进行了区分。从此，“玉牒”又成为皇室家谱的别称，《宋史·真宗纪》更说宋真宗在大中祥符六年

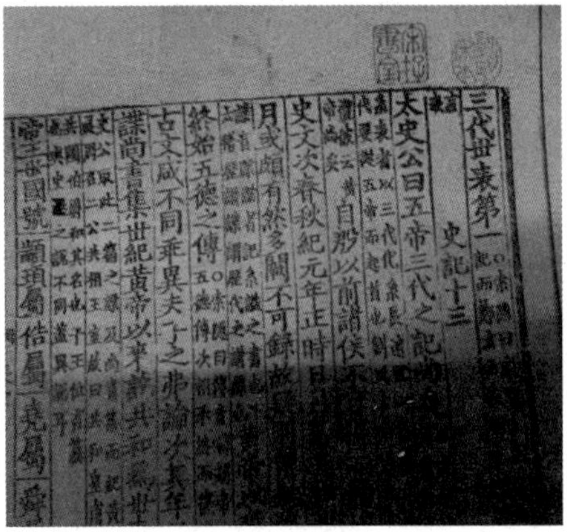

《史记·三代世表》
其中说是“以五帝系牒”等为参考而作，所参考者即早期王室家谱

（1013年）诏书中说“宗正寺以帝籍为玉牒”。另据《宋史·职官志》记载，宋代从宋太宗淳化六年（995年）开始设立编修《皇宋玉牒》的机构，隶属于宗正寺，并为此专门建造玉牒殿。由于皇室族大人多，为了突出皇帝所在房支地位，宋代还把皇室家谱进一步分为牒、谱、籍、图、录这五类，其中，“牒”即玉牒，“以编年之体叙帝系而记其历数，凡政令赏罚、封域户口、丰凶祥瑞之事载焉”；“谱”又称“仙源类谱，序男女宗妇族姓婚姻及官爵迁叙而著其功罪、生死”；“籍”又称名籍、宗支属籍，“序同姓之亲而第其服纪之戚疏远近”；“图”又称“仙源积庆图，考定世次枝分派别而系以本宗”；“录”又称“宗藩庆系录，辨谱系之所自出，序其子孙而列其名位品秩”。无论是牒、谱还是籍、图、录，都有编修时间的规定，“凡录以一岁，图以三岁，牒、谱、籍以十岁修纂以进”。《宋史·宗室传》所说的“宗正有籍,玉牒有名”，便是指当时皇室家谱的实际情况。南宋时，由于战乱的缘故，不再严格按照这一区分，还把籍、图、录合而为一，编修《仙源庆系属籍总要》，与作为帝籍的玉牒和其他皇室成员的家谱一起保存在宗正寺。南宋以后，金代有《重修玉牒》，明代有《天潢玉牒》《玉牒》，清代有《玉牒》，也都沿用了“玉牒”这一特殊的名称。

宋《仙源类谱》是皇室家谱之一

编修于不同朝代的皇室家谱究竟是什么样子，除清代的以外基本不为人知了，我们今天仅能从其名称上窥见某些端倪。根据不同文献的记载，属于皇室家谱的曾有汉《帝王诸侯世谱》20卷，南朝《宋谱》4卷、《齐梁谱属》20卷、《齐梁帝谱》4卷、《齐梁宗簿》3卷、《梁帝谱》13卷，北朝《后魏谱》3卷、《后魏皇帝宗族谱》4卷、《后魏辨宗录》2卷、《齐高氏谱》6卷、《后齐宗谱》1卷、《皇室谱》1卷、北周《周宇文氏谱》1卷，唐《皇室新谱》20卷、《续皇室谱》10卷、《皇宗系谱》1卷、《皇唐玉牒》110卷、《圣唐偕日谱》1卷、《天潢源派谱》1卷、《元和县主谱》1卷、《皇孙郡王谱》1卷，五代后梁《天潢源派》2种，宋《玉牒》《属籍》《宗藩庆系录》《仙源积庆图》《仙源类谱》5种，金《重修玉牒》，明《天潢玉牒》1卷，清《玉牒》《星源集庆》，等等。但是，清代以前的皇室家谱，仅有宋《玉牒》《仙源类谱》《宗藩庆系录》残卷存世。

2.周代王族家谱

由于岁月过于久远，周代王族的家谱在今天已经无从得知了。但《周礼》中所记载的由小史官负责“奠系世，辨昭穆”，实际上也就是掌管王族家谱中的世系、长幼次序、嫡庶亲疏等事务，所记载下来的世系等也就相当于王族家谱。我们今天尽管已经无法得知其家谱原貌，但借助于流传下来的《大戴礼记・五帝德》和《帝系》《世本》佚文中的“帝系篇”“王侯世”，以及其他早期文献或实物资料，依然可以对其家谱中最为核心的世系作出接近事实的推论，进而获得基本的了解。

关于周代王族的世系，在周武王建国以前基本都属于传说时期，而传说时期的世系又可以以后稷为界分作前后两段。其前段的传说色彩更为浓厚，后段的可信性有所提高。根据《大戴礼记・帝系》《世本・帝系篇》的记载，参照《史记・五帝本纪》和《周本纪》等文献资料，可知黄帝至后稷之间的传说世系基本一致，其间应有周代掌谱官员整理的因素。在后稷之后，后稷子孙逐渐发展起来，并由后稷经不窋、鞠、公刘、庆节、皇仆、差弗、毁隃、公非、高圉、亚圉、叔类、古公亶父、季历、昌、发等世代相传。其中，“发”便是周武王。此后，由周武王传成王诵，成王诵传康王钊，康王钊传昭王瑕，昭王瑕传穆王满，穆王满传共王繄扈，共王繄扈传懿王囏，懿王囏传夷王燮，夷王燮传厉王胡，厉王胡传宣王静，宣王静传幽王宫湦，幽王宫湦传平王宜臼，是为西周时期；又由平王传太子泄父，太子泄父传桓王林，桓王林传庄王佗，庄王佗传厘王胡齐，厘王胡齐传惠王阆，惠王阆传襄王郑，襄王郑传顷王壬臣，顷王壬臣传定王瑜，定王瑜传简王夷，简王夷传灵王泄心，灵王泄心传景王贵，景王贵传悼王猛、敬王丐，敬王丐传元王仁，元王仁传定王介，定王介传哀王去疾、思王叔、考王嵬，考王嵬传威烈王午，威烈王午传安王骄，安王骄传烈王喜、显王扁，显王扁传慎靓王定，慎靓王定传赧王延，是为东周时期。上述西周、东周时期的王族世系都见于明确记载，也应是当时的王族家谱所记载的核心内容，可惜因为王族家谱都已亡佚，无法得到证实了。

当然，周代的王族家谱所记载的应该不只是王位相传的世系，

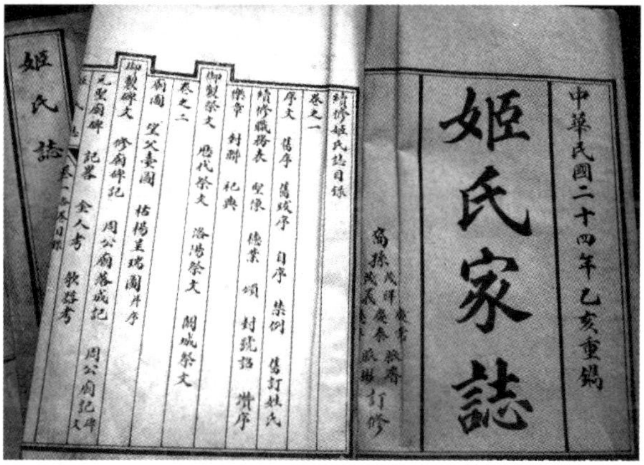

《姬氏家志》
民国时期编修，其中有关于周代王族的记载

还应包括王位以外的王子、王孙之类的世系，以维护其井然有序的宗法关系。因此类的世系更加无法得到证实，在此也不作进一步推论了。

3.汉代皇室家谱

汉代是周代之后又一个重要王朝，其修谱制度继承周代又有所发展。可惜除当时有“《帝王年谱》”“《帝王诸侯世谱》20卷”等名称见于记载外，其皇室家谱的基本情况仍无从得知。不过，从《史记》《汉书》《后汉书》的本纪、列表和传记里，以及其他相关文献中，仍能推知当时皇室家谱中的部分内容。如在《汉书·高帝纪·赞》中，便说汉代皇室是陶唐氏帝尧的后代，“汉帝本系，出自唐帝。降及于周，在秦作刘。涉魏而东，遂为丰公”，丰公即汉高祖刘邦的父亲。汉高祖之后，经汉惠帝刘盈和汉文帝刘恒、汉景帝刘启、汉武帝刘彻、汉昭帝刘弗陵、汉宣帝刘询、汉元帝刘奭、汉成帝刘骜、汉哀帝刘欣、汉平帝刘衎、孺子刘婴，共12位皇帝，立国210年。立国时的西汉皇室由于地位极为尊贵，人口也呈爆炸式增长，仅汉文帝就有14个儿子，儿子中的中山靖王刘胜又有120多个儿子，子子孙孙发展繁衍，并通过分封等措施遍地开花，致使皇室人口增长迅速。对此，《汉书·平帝纪》也记载，仅从汉元帝到西汉末年时，“太祖高皇帝子孙及兄弟吴顷、楚元之后”“十有余万人”，可见人口之多。而根据当时的制度规定，皇室成员无论在何地都要列入家谱，其家谱由宗正官统一掌握，家谱中的内容虽然已不得而知，但皇室成员的名字、世系、排行、封地、婚姻、子嗣等都应是最为基本的内容。

东汉的情况与西汉基本相同。在《后汉书·光武帝纪》里，说东汉开国皇帝刘秀是汉高祖刘邦“九世之孙也，出自景帝生长沙定王发。发生舂陵节侯买，买生郁林太守外，外生巨鹿都尉回，回生南顿令钦，钦生光武”，这段记载应不乏来自当时由宗正官掌管的皇室家谱中的依据。此后，东汉皇帝又经历汉明帝刘庄、汉章帝刘炟、汉和帝刘肇、汉殇帝刘隆、汉安帝刘祜、汉顺帝刘保、汉冲帝刘炳、汉质帝刘缵、汉桓帝刘志、汉灵帝刘宏、汉献帝刘协等人，直到汉延康元年（220年）被曹魏灭亡。当时皇室人口依然众多，仅光武、明、章这三位皇帝就分别有子11、9、8人，进而繁衍出众多皇孙、皇曾孙等人，其基本情况无疑也会被记载在皇室家谱中。

4.唐代皇室家谱

唐代作为我国经济文化发达的重要朝代，其皇室家谱与以前相比也更受重视，仅名称见于记载的就有多种，可惜也都没能流传下来。根据所见的家谱名称看，《皇唐玉牒》《天潢源派谱》《皇室新谱》《续皇室谱》等应都属于不同时期的皇室总谱或续谱，《皇宗系谱》《皇孙郡王谱》《元和县主谱》《圣唐偕日谱》等则近似于皇室支谱。根据《旧唐书·高祖本纪》的记载，唐高祖李渊是十六国时期西凉王李暠的“七代孙也”，此后李暠生李歆，李歆生李重耳，李重耳生李熙，李熙生李天锡，李天锡生李虎，李虎生李昞，李昞即唐高祖李渊的父亲。西凉王李暠以上，编修于唐代的《晋书·凉武昭王传》说李暠是“汉前将军广之十六世孙也”，还说李广曾祖是李仲翔，李仲翔子李伯考，李伯考裔孙中的李雍即李暠高祖，李柔即李暠曾祖，李弇即李暠祖父，李昶即李暠父亲。对于这些被写进正史中的世系，宋代史学家郑樵在《通志·氏族略》中说“李氏凉武昭王有国二十年，高祖有天下三百年，支庶既蕃，子孙必众。然谱牒之议纷纷不知何始”，意思是说并非定论，但至少是唐代与皇室家谱一致的官方说法，应无可疑。

唐代皇室家谱中所记载的内容，应该还包括历代皇帝及其子孙的基本情况和传承世系等。其中，就历代皇帝而言，在唐高祖

唐代官吏形象
当时负责修谱的官员也大抵如此

李渊之后又有唐太宗李世民、唐高宗李治、唐中宗李显、唐睿宗李旦、唐玄宗李隆基、唐肃宗李亨、唐代宗李豫、唐德宗李适、唐顺宗李诵、唐宪宗李纯、唐穆宗李恒、唐敬宗李湛、唐文宗李昂、唐武宗李炎、唐宣宗李忱、唐懿宗李漼、唐僖宗李儇、唐昭宗李晔和唐哀帝李柷等人。这些皇帝中除唐哀帝李柷因未成年去世而无子外，都与其皇后嫔妃生有数量不等的皇子和公主。仅根据两《唐书》中的记载，总计就有皇子217人、公主210人，皇子中包括唐高祖李渊22子、唐太宗李世民14子、唐高宗李治8子、唐中宗李显4子、唐睿宗李旦6子、唐玄宗李隆基30子、唐肃宗李亨14子、唐代宗李豫20子、唐德宗李适10子、唐顺宗李诵23子、唐宪宗李纯20子、唐穆宗李恒5子、唐敬宗李湛5子、唐文宗李昂2子、唐武宗李炎5子、唐宣宗李忱11子、唐懿宗李漼8子、唐僖宗李儇2子、唐昭宗李晔8子。这些皇子除继位者外大都被分封到各地，他们的后代有些还留居受封之地，生息繁衍，以至唐代以后许多地方的李姓人都自称是皇族之后，时人李白也说“我李百万叶，柯条遍中州”，在一定程度上说出了当时的实情。由于有这么多皇帝和皇子皇孙的基本情况、传承世系等需要记载，唐代的皇室家谱之所以名目繁多也不难理解了。

不仅皇帝和皇子皇孙人口众多，唐代还有庞大的宗室群体，也是皇室的重要组成部分。宗室也就是帝王的宗族，《清会典·宗人府》说“皇族分以近远，曰宗室”，亦即当代皇帝的至亲。早在唐高祖建国以后，曾大封宗室，祖父、父及本人之子都被封王，让他们成为皇室的分支。从此直到唐睿宗时，历代皇帝都按照这种做法分封宗室，以至有39房之多。这39房是从唐高祖祖父李虎的弟弟李乞豆开始的，以后又有李虎8子分为7房，李昺4子分为2房，唐高祖22子分为15房，唐太宗14子分为7房，唐高宗8子分为2房，唐中宗4子分为1房，唐睿宗6子分为4房。由于房支众多，为了加以区别，又分别以所封王号或官讳命名，从而才有定州刺史房、南阳公房、谯王房、大郑王房、蜀王房等。仅据《新唐书·宗室世系表》记载，这些房中的蔡王房在唐代有12代、282人，郇王房12代、104人，大郑王房12、210人，蜀王房10代、300人，江王房12代、156人，蒋王房7代、198人，纪王房6代、162人，曹王房12代、164人，宁王房11代、66人，可见人丁都极为兴旺。这些房支的宗室子弟，按当时惯例，也都要被编入家谱。

5.宋代皇室家谱

宋代是我国民间修谱风气的变革时代，皇室家谱的编修则仍沿用以前王朝惯例，由专门的官员负责，所编修的家谱《仙源类谱》《宗藩庆系录》《玉牒》等至今仍有残卷存世，是我们了解当时皇室家谱最为珍贵的资料。

《仙源类谱》又名《三祖下第六世仙源类谱》或《三祖下第七世仙源类谱》，是南宋内府抄本，分别抄写于宋孝宗淳熙五年（1178年）十月和宋宁宗嘉定六年（1213年）闰九月，由右丞相史浩和史弥远先后提举编修，谱中的“三祖”分别指宋太祖、宋太宗和魏悼王三大祖先，“三祖”的后代也是宋代皇室的三大系统。该谱残存30卷30册，传为元朝灭南宋后从宗正寺收缴的家谱原件，后由明文渊阁、清内阁大库收藏。该家谱纸墨俱精，书法工整雅致，书衣为皇室专用的明黄色织锦，版框为手工绘制，朱丝栏，白口、四周单边。谱中不仅记载了“三祖”以来第六、七代的世系，还记载了皇室成员生死年月、支脉、婚姻、官爵迁转、功罪是非等，其中对每一位有官爵的男性皇室成员任职经历的记载尤为详尽，已经近似于谱传；无官者只记生卒年月日，夭折者仅书“不及名”。对于女性皇室成员的记录则相对简略，附于属籍，不书名、不书官，已婚者只书某适某人，如有再醮（即再婚）也记录下来。

珍藏于国家图书馆的南宋
皇室家谱《宗藩庆系录》

特别值得一提的是《宗藩庆系录》，其又名《三祖下上五世宗藩庆系录》《三祖下第六世宗藩庆系录》和《三祖下第七世宗藩庆系录》，分别编修于宋孝宗淳熙元年（1174年）十二月、淳熙十三年（1186年）十一月和宋宁宗嘉定十三年（1220年）五月，由右丞相叶衡、王淮、史弥远分别提举编修，现残存22卷22册，有与《仙源类谱》同样的经历。谱中主要内容在于“辨谱系”即“辨谱系之所自出，序其子孙而列其名位品秩”，与《仙源类谱》重“官爵迁叙”有所不同。为此，谱中不书女性皇室成员，对男性成员的记载也较简略，仅涉及世系传承关系、名位品秩、最终官至某位等，有官无官照录。

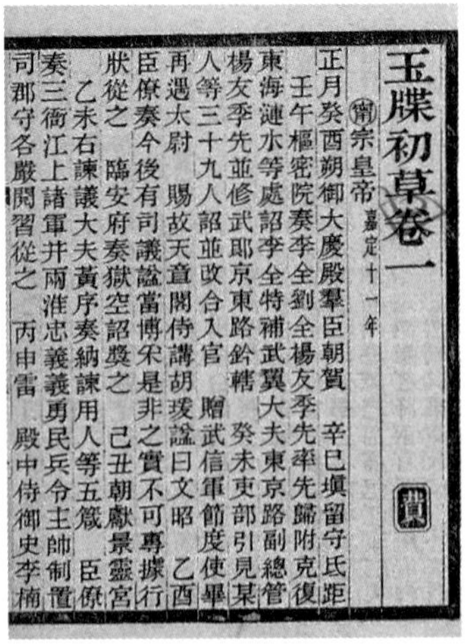
玉牒初草卷一
寧宗皇帝 嘉定十一年
正月癸酉朔御大慶殿羣臣朝賀　辛巳填留守氏距
壬午樞密院奏李全劉全楊友季先季先歸附克復
東海漣水等處詔李全特補武翼大夫東京路副總管
楊友季先並修武郎京東路鈐轄　癸未吏部引見某
人等三十九人詔並改合入官　贈武信軍節度使畢
再遇太尉　賜故天章閣侍講胡瑗謚曰文昭　乙酉
臣僚奏今後有司議謚當博采是非之實不可專據行
狀從之　臨安府奏獄空詔獎之　己丑朝獻景靈宮
乙未右諫議大夫黃序奏納諫用人等五箴　臣僚
奏三衙江上諸軍并兩淮忠義義勇民兵令主帥制置
司郡守各嚴閱習從之　丙申雷　殿中侍御史李楠

刘克庄《玉牒初草》清刻本

至于《玉牒》，保存至今的是由南宋著名文人刘克庄编写的《玉牒初草》2卷，分别编写于宋宁宗嘉定十一年（1218年）和十二年（1219年），收录在其《后村先生大全集》和清缪荃孙《藕香零拾丛书》中。

上述残存或有幸保存下来的宋代皇室家谱，事实上也是我国保存下来最早的皇室家谱，不仅对研究皇室家谱或早期家谱都具有重要意义，而且对研究宋代宫廷历史、皇室户籍、典章制度、科举、仕宦、婚姻等也都有不可替代的作用。

当然，宋代的皇室家谱并非仅有上述这些，内容更为丰富。参阅《宋史》等文献便可知道，宋代皇室出自赵姓，其开国皇帝赵匡胤的高祖赵朓在唐代任县令，曾祖赵珽、祖赵敬、父赵弘殷知名于唐末五代，他们在赵匡胤建国后分别被追尊为僖祖、顺祖、翼祖、宣祖，赵匡胤则在去世后庙号太祖。从宋太祖开始，经宋太祖弟宋太宗赵光义、宋太宗子宋真宗赵恒、宋真宗子宋仁宗赵祯、宋仁宗养子宋英宗赵曙、宋英宗子宋神宗赵顼、宋神宗子宋哲宗赵煦、宋哲宗弟宋徽宗赵佶、宋徽宗子宋钦宗赵桓，共7代9帝，是为北宋时期；又经宋钦宗弟宋高宗赵构、高宋宗养子宋孝宗赵昚、宋孝宗子宋光宗赵惇、宋光宗子宋宁宗赵扩、宋宁宗养子宋理宗赵昀、宋理宗养子宋度宗赵禥、宋度宗子宋恭帝赵显、宋恭帝弟宋端宗赵昰、宋恭帝弟帝昺，也7代9帝，是为南宋时期。这些皇帝及其世系、传承等基本情况尽管可以从现存的《宋史》等文献中得知，但在两宋时期由专门的官员负责掌管、记录，所作的记录亦即宋代的皇室家谱，应是能够肯定的。

6.明代皇室家谱

明代是由明太祖朱元璋建立的政权，其皇室家谱的编修和管理办法与宋代相比更为完善，这也是与当时社会上更为重视编修家谱的风气一致的，只可惜所编修的家谱除留下了“《天潢玉牒》1卷”名称外都不为人所知。今天在所能见到的与明代相关的文献中，特别是《明史》《明实录》及海峡两岸所藏明代档案等重要文献中，都能看到与皇室家谱内容近似的资料。其中如在《明史·诸王世表》中，便记载明太祖因为自己有26个儿子，在建国后有23个被立为太子或封为亲王，繁衍众多，担心年深日久后起名重复，便让宗人府为每个儿子编写了20字的字辈，当子孙出生后依次从字辈中选取1个字，放在姓氏之后；再在所属的字辈后按火、土、金、水、木五行相生的顺序选1个作为偏旁，进而用这一偏旁起名。根据上述办法，他23个儿子的20字字辈分别如下：

东宫太子朱标府：允文遵祖训，钦武大君胜，顺道宜逢吉，师良善用晟。

秦王朱樉府：尚志公诚秉，惟怀敬谊存，辅嗣资廉直，匡时永信惇。

晋王朱棡府：济美锺奇表，知新慎敏求，审心咸景慕，述学继前修。

燕王朱棣府：高瞻祁见佑，厚载翊常由，慈和怡伯仲，简靖迪先猷。

周王朱橚府：有子同安睦，勤朝在肃恭，绍伦敷惠润，昭格广登庸。

楚王朱桢府：孟季均荣显，英华蕴盛容，宏才升博衍，茂士立全功。

齐王朱榑府：贤能长可庆，睿智实堪宗，养性期渊雅，寅思复会通。

鲁王朱檀府：肇泰阳当健，观颐寿以弘，振举希兼达，康庄遇本宁。

蜀王朱椿府：悦友申宾让，承宣奉至平，懋进深滋益，端居务穆清。

湘王朱柏府：久镇开方岳，扬威谨礼仪，刚毅循超卓，权衡素自持。

代王朱桂府：逊仕成聪俊，充廷鼐鼎彝，传贻连秀郁，炳耀壮洪基

肃王朱楧府：瞻禄贡真弼，缙绅识烈忠，曦晖跻当运，凯谏处恒隆。

辽王朱植府：贵豪恩宠致，宪术俨尊儒，云仍祺保合，操翰丽龙舆。

庆王朱㮵府：秩邃寘台鼐，倪伸帅倬奇，适完因巨衎，鹭眷发需昆。

宁王朱权府：盘奠觐宸拱，多谋统议中，总添支庶阔，作哲向亲衷。

岷王朱楩府：徽音膺彦誉，定幹企禋雍，崇理原谘访，宽镕喜贲从。

谷王朱橞府：赋质僖雄敞，丛兴阐福昌，笃谐恂怿豫，扩霁昱祯祥。

韩王朱松府：冲范征偕旭，融谟朗璟逵，亶韶愉灏慥，令绪价蕃维。

沈王朱模府：佶幼诠勋胤，恬珵效回璜，湜源諲晳暐，圭璧潡澄昂。

安王朱楹府：斐序斌廷赏，凝覃浚祉褱，恢严颛辑矩，缜密廓程纲。

唐王朱桱府：琼芝弥宇宙，硕器聿琳琚，启龄蒙颂体，嘉历协铭图。

郢王朱栋府：伟闻参望奭，箴诲洎皋夔，麒麟馀积兆，奎颖晔璇玑。

伊王朱㰘府：颙勉諟吁典，褒珂采凤琛，应畴颁胄选，昆玉冠泉金。

另外，明太祖长兄朱兴隆在他建国前去世，他建国后被追封为

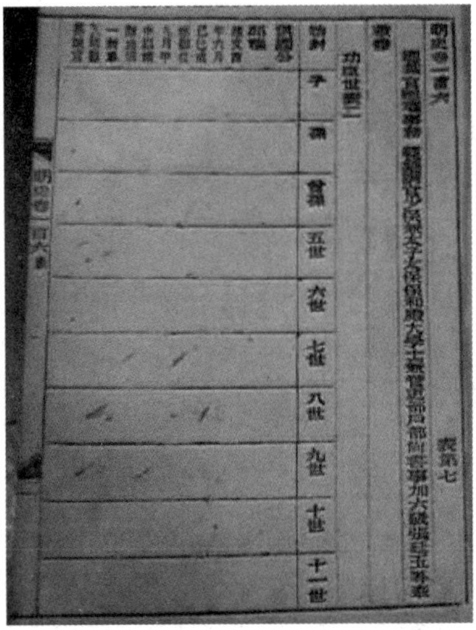
明史卷一百六
表第七
功臣世表二
五世
六世
七世
八世
九世
十世
十一世

《明史》中的《功臣世表》
该书中另有《诸王世表》记载诸王世系传承情况，近似于皇室家谱

南昌王，朱兴隆孙子朱守谦改封靖江王，因为是至亲，也被宗人府编了20字的字辈，即“赞佐相规约，经邦任履亨，若依纯一行，远得袭芳名”，但又规定“惟靖江王不拘”，以示区别。通过上述办法，“子孙世系预锡嘉名，以示传世久远”。由于明太祖每个儿子的名字都是“木”字旁，所以按字辈和五行偏旁起名是从孙子辈开始。此后，明代皇室基本都是按照这一办法起名。仅明成祖（燕王朱棣）这一支后代，在明朝灭亡前的名字依次是朱高炽（明仁宗）、朱瞻基（明宣宗）、朱祁镇（明英宗）、朱祁钰（明代宗）、朱见深（明宪宗）、 朱佑樘（明孝宗）、朱厚照（明武宗）、朱厚熜（明世宗）、朱载垕（明穆宗）、朱翊钧（明神宗）、朱常洛（明光宗）朱由校（明熹宗）、朱由检（明思宗），严格遵守了上述燕王府字辈和五行偏旁起名办法。其他王府也基本都是如此。而从家谱的角度看，确定字辈和用字辈起名当然都是明代皇室家谱中必不可少的内容。

明代建国时，皇室人口并不太多，但此后多子多孙，到清嘉靖三十二年（1553年）时已有19611人，万历末年更达到8万多人。这8万多人按照当时的制度，也都要被编入皇室家谱。

7.清代皇室家谱

清代是由满族建立的政权，其皇室以爱新觉罗为姓。“爱新觉罗”是满语的音译，其中，“爱新”的汉意指“金”，即其祖先建立的金朝，同时也含有至尊的意思；“觉罗”汉意为“姓”。从其太祖努尔哈赤在明万历四十四年（1616年）建立后金到清宣统三年（1912年）清朝灭亡，爱新觉罗家族一直在编修自己的家谱，其中的《玉牒》《星源集庆》至今传世。据此，我们可以对清代的皇室家谱有更多的了解。

《玉牒》从清顺治十三年（1656年）开始用满文编修，雍正以后又增加汉文文本，每10年续修1次，前后共编修28次，其中有近3000册保存至今，被认为是世界上最为庞大且保存最为完整、最为系统的皇室家谱。从中可见，清代的皇室家谱以黄册和红册区分血缘远近，其中黄册以清太祖努尔哈赤之父塔克世为显祖、本支，塔克世的直系子孙是大宗，称为宗室；红册以塔克世的兄弟和叔伯兄弟为旁支，属于小宗，称为觉罗。塔克世以下以帝系为统，以辈分为序，各按宗支、房次等排列。每一辈首列皇帝，自近支推及远支。凡遇皇帝的名字时都加避讳，或用年号或庙号代替，用小块黄绫遮盖，以表敬重。入谱者都按性别分开记载，在世的人用红笔书写，去世者用墨笔书写。每个名字之下都记载有所属宗支、房次、生卒年月日时、母族姓氏、婚嫁时间、配偶姓氏，以及封爵、授职、升迁、降革等情况。为了凸现皇室家谱的性质，谱中与皇帝相关的记载尤为详细，除上述各项外还包括被立为皇太子年月、即位年月日、谥号、庙号、生母姓氏及其徽号，以及后妃的晋封情况等。当时还规定，皇后及皇贵妃以下生有子女者载入家谱，皇室成员生儿育女后要在3个月内上报宗人府，以便续修时载入家谱。凡生子不报或抱养他家子弟，一经查出，除本人要被治罪，连负责官员也要一并处罚。遇名字重复时，职位低或年幼的人要改名字避让。

为了保证所修家谱的质量，每次修谱前都要先由宗人府提请皇帝恩准，组成临时性的专门机构玉牒馆，下设纂修官、管校官、提

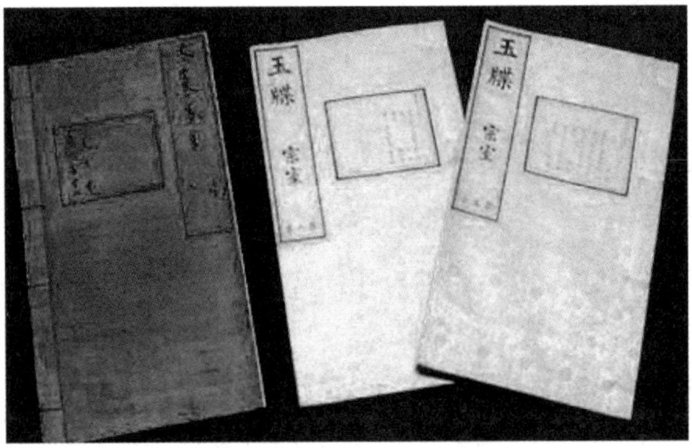

清代用满汉文字编修的《玉牒》

调官等，由皇帝从宗人府宗令、宗正和满汉大学士、礼部尚书、侍郎、内阁学士中挑选，或由满汉主事、内阁侍读、翰林学士及礼部司官、宗人府官员担任，另委任一位大学士负责玉牒馆与皇帝间的联系，人数最多时多达五六十人，兴师动众，耗资巨大。家谱修好后还要择良辰吉日，专门举行“恭呈御览”仪式，请皇帝“御保和殿受书，御太和殿受庆贺礼”。仪式结束后将其中的一套送皇家档案馆“皇史宬”保存，另一套送宗人府玉牒库暂存，备送盛京（今辽宁沈阳）敬典阁。对于修谱有功人员还要进行封赏，至此才算修谱告成，玉牒馆撤销，待10年重新组织续修。所续修的家谱都是在完全保留旧本基础上的另作新谱，续修时把前谱再抄一份，然后用红笔在末尾添上新生者，用墨笔将上次修谱后死亡者改为黑色，完全可以取代旧谱。

另外，从清嘉庆二十二年（1817年）开始，清朝皇室家谱中还多出一种被称为“星源集庆”的家谱，专门记载乾隆以后各代皇帝的子女后裔情况，由皇帝亲自题签。这种家谱仅用汉文书写，每册上书“某某皇帝位下”字样，男女分别入册。男册记载子孙房次、封号、姓名、生卒年月日时、母妻姓氏及其生平事迹，女册记载父名、房次及本身封号、生卒年月日时、母族姓氏，出嫁者并写明其夫姓名。由于这种家谱与玉牒一样都是清朝皇室家谱的组成部分，出自官方之手，加以内容严谨、条理清晰、装帧华美、书法隽秀，不仅堪称家谱之最，也是极具审美价值的珍贵文物。

二、孔子及其后裔家谱

在我国的家谱中，还有一类是与皇室家谱同样特殊的家谱，即被称为“天下第一家”的孔子及其后裔家谱。孔子及其后裔以居住在山东曲阜者为正宗，自孔子以来一脉相承2500多年，其历史之悠久、传承线索之清晰不仅远远超过“天子王侯”之外的所有“布衣”家族，也是任何一个王朝的皇室所望尘莫及的。与此相适应，其家族在很早以前就有自己的家谱，其后又不断续修、重修，2009年又完成了最后一次修谱工作。因此，全面了解其家族的历史传承和修谱情况，以及其家谱中的体例、结构、主要内容等，不仅有助于完整掌握家谱知识，对编修家谱也不乏借鉴意义。

1.孔子及其后裔的历史传承

在中国历史上，曾经有过许多显赫一时的大族，但没有一个家族能够像孔子家族一样不随朝代的更迭而沉浮，更不为统治者的政治风暴所动摇，世代相传，苗裔四布。究其原因，除了在“2000多年来中国历代帝王对孔夫子的大力推崇”外，还有其他一些原因，并非仅仅因为孔子。

孔子

（1）孔子以前的显赫家世

孔子，名丘，字仲尼，春秋末期鲁国陬邑（今山东曲阜市东南）人，是举世公认的“圣人”，然而在年轻时却被人称为“圣人之后”，说明他的家族在他以前曾有过非同一般的家世。据《史记·孔子世家》及后世所编的家谱记载，孔子是商朝建立者商汤、周朝时宋国国君微子弟弟仲衍等人的后代，在11世祖宋闵公以前都贵为一国之尊，自宋闵公到他之间也有多人获得过功名。甚至对商汤以前的历史，《史记·殷本纪》又与黄帝联系在一起，说黄帝曾孙帝喾的次妃简狄因吞食玄鸟卵而生下了商朝始祖契，契曾帮助夏禹治水，被舜帝任命为司徒，掌管教化，封在商地，被尊为“玄王”。此后，《国语》称“玄王勤商，十有四世而兴”，一直到商汤建立商朝。再传到商朝第29位君主帝乙，有长子启，因封于微，史称微子，亦即商朝末帝纣王的庶兄，在商朝灭亡后被周成王分封在商朝旧都宋（今河南商丘附近），建立宋国，管理商朝遗民，奉祀商朝的香火。微子仁慈贤明，深受商朝遗民的爱戴。在他死后，他的弟弟仲衍嗣位为宋公。由仲衍再传到曾孙宋闵公，是孔子先祖中的最后一位国君，仲衍之子弗父何，本应继承他的职位，但让给了弟弟宋厉公。此后，孔子祖先的地位与国君相比有所下降，成为宋国公族。

孔子祖先在由弗父何传到其玄孙孔父嘉时，任宋穆公大司马，宋穆公临终前被托付后事，要他迎立宋宣公之子与夷为君，是为殇公，而他则任朝中执政。这时，另一位执政太宰华督觊觎他的位置，在一次出行时又见他妻子貌美，便故意罗织罪名，率众攻杀孔父嘉，夺了孔父嘉妻子。孔父嘉儿子木金父在家人帮助下逃到鲁国。此后，木金父生子罣夷，罣夷以孔父嘉的字“孔”为姓，成为孔姓人。罣夷便是孔子的高祖。由于有上述这样的背景，孔子便被称为“圣人之后”。

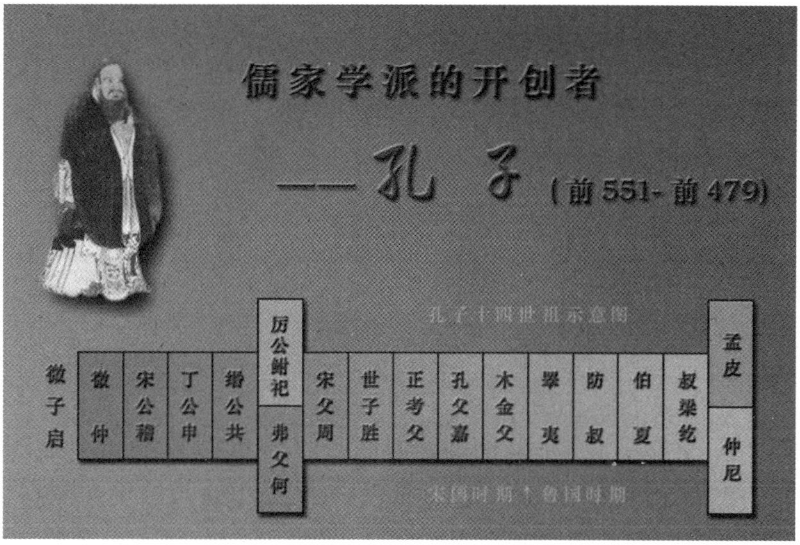

孔子先祖示意图

孔子年轻时，曾因博学而引起鲁大夫孟厘子的重视，孟厘子在临死前还专门让儿子孟懿子拜他为师，说他是“圣人之后。……吾闻圣人之后，虽不当世，必有达者。今孔丘年少好礼，其达者欤”。事后不久，孟懿子和南宫敬叔都来拜孔子为师，跟他学习典章礼仪方面的知识。透过这件事情，我们可见孔子的家世曾对他的为人所知起过作用。换句话说，这种在孔子以前的显赫家世，应是他的家族千年不朽的一种潜在基础。

当然，孔子是我国的“至圣先师”，其家族能够长期受人景仰还主要是因为他的缘故。自汉武帝以后的2000多年间，他被历代统治者奉为偶像，尊为“文圣”，敬作“万世师表”，如今则说他是“伟人中之伟人”“圣人中之圣人”，被列于世界十大思想家之首。像这样能够具有无人能比影响的人物，不仅惠及天下，当然也遗爱子孙，他的家族的千年不朽在很大程度上正是有赖于他，他所具有的开创之功是举足轻重、无可替代的。

（2）孔子以后的孔氏家族

《孔子世家谱》说："宗法，古礼也。三代以降存者鲜矣，惟我孔氏世受封爵主奉祀事，历历相传，秩然不紊。"意思是说，孔子家族在孔子以后获得了世代奉祀的特殊地位。事实上，这种地位也不是一成不变的，在孔子后裔中，直系后裔（嫡裔）与其他子孙也并非相同。仅就相关文献中记载的其嫡裔而言，在他之后、9代以前都是单传，人丁既不旺，地位也不很高。其中一位最有影响的孔箕曾任魏安僖王相，这大概是个人奋斗的结果，还看不出太多因为他是孔子第6代嫡孙的影子。到第9代孔鲋时，因为参与陈胜的反秦农民军，陈胜失败后被杀。直到西汉初年，由于家距孔子故里曲阜不远的汉高祖刘邦"自淮南过鲁，以太牢祀孔子"，封孔鲋弟孔腾为"奉祀君"，开帝王祭孔先河；后来的汉武帝又"罢黜百家，独尊儒术"，把"尊孔"作为一种政治手段，孔子后裔的地位才逐渐提高。其中，第10代孔忠被汉武帝任用为博士，封褒成侯。第12代孔延年以治《尚书》为博士，继任太傅，迁大将军。第13代孔霸被

曲阜孔庙俯瞰图

孔庙占地300多亩，有厅、堂、殿、庑466间，规模宏大

汉元帝拜为师，赐爵关内侯，号褒成君，“食邑八百户，赐金二百斤，宅一区”，被赐以世袭奉祀孔子的特权，这也是孔子嫡裔世袭爵位、奉祀孔子的开始。

自西汉中叶确立了特权以后，孔子家族逐渐显露出第一家族之相，以后虽朝代更迭、皇帝变换，但由于尊崇孔子的政策不变，孔子家族一直保持了这种特殊地位，甚至还由于后来的一些王朝对孔子尊崇的增加而有所上升。一些皇帝还亲临曲阜拜祭孔子。与此同时，孔子及嫡裔的封号也越来越高，家族中的一些人被授予了相应的官职，甚至仕至高官。据统计，仅在孔子后裔中的第13代到20代之间，就有任卿相牧守者53人，封侯者7人。此后，在三国魏时，孔子20代孙孔文任大鸿胪，孔文子孔毓任魏征南军司。孔毓子孔衍，在西晋末年为躲避战乱，渡江南下，晋元帝引为幕僚，任中书郎、太子中庶子、广陵太守。孔衍子孔启，任东晋庐陵太守。孔衍同宗孔夷吾，在东晋任主簿、参军、侍中、太子左卫率等职。从此以至唐末五代，孔子家族都是代有贤达。后唐时，孔子43代孙孔仁玉任曲阜主簿，袭封文宣公，后晋改任曲阜县令，后周时被赐五品官服。北宋时，孔仁玉子孙显达，不仅世袭文宣公，宋仁宗时又改封衍圣公，其他子孙均任职朝廷。金朝，孔氏子弟仍被延引入朝任职。如孔端甫被任命为曲阜主簿，奉祠祭祀。元代，孔子嫡裔仍在世袭衍圣公。明朝优渥圣裔，除衍圣公长子承袭公爵外，又让衍圣公次子至15岁时授以世袭翰林院五经博士，主子思祀事；衍圣公三子世袭太常寺博士，主汶上县圣泽书院祀事。无论出自何一房支，都有多人在朝任职。清代，出自孔子家族的孔繁珣任武昌通判，官至两广总督、江南河道总督。民国时期，孔子77代嫡孙孔德成改封“大成至圣先师奉祀官”，仍然获得尊崇。如今，奉祀官由孔子79代嫡孙孔垂长担任。

（3）“孔末乱孔”与严防乱宗

孔子嫡裔在9代以前都是单传，以后也遇到过因长门无后而不得不由次门过继的事。唐末五代时，由于天下大乱，孔氏家族中也发生了影响深远的“孔末乱孔”事件。

原来，早在唐朝末年时，朝廷便因为内乱而无暇顾及尊奉孔子嫡裔，孔子第42代嫡孙孔光嗣甚至在唐天祐二年（905年）失去了世袭的文宣公爵位，被任命为泗水主簿，仅依靠俸禄和原来的家底维持生计。后来，后梁取代唐朝，由于连年用兵，也未对孔子嫡裔进行封赏。后梁乾化二年（912年），在孔子嫡裔所居住的孔府中任洒扫户的孔末（原姓刘）杀死孔光嗣，不仅以“圣裔”自居，还要追杀孔光嗣独子孔仁玉，孔仁玉在乳母张妈保护下得以保全。直到后唐明宗时，孔仁玉才得以揭露真相，将孔末治罪，回到孔府。由于孔仁玉平定“孔末乱孔”、复兴孔子家族有功，后来被尊称为“中兴祖”，去世后家族专门为他在孔府里盖了“报本堂”加以纪念，孔庙的崇圣祠里也为他立了牌位。

“孔末乱孔”是一桩典型的冒充孔子嫡裔事件，其“乱孔”的原因也是由于特殊的利益驱动。其实，与此相关的事件也非仅见，在金代也有冒充孔子后裔的事件发生。如前所述，当时，一位叫孔之仙的人自称是孔子49代孙，想冒充孔子后裔，被族长孔玭发现，拒不承认他的圣裔身份。孔之仙恼羞成怒，竟将孔玭一家11人杀害，制造了一起大血案。

为了严防“乱孔”，居住在曲阜阙里的孔子后裔在“孔末乱孔”后开始分为“内孔”和“外孔”。其中，被称为“内孔”的是孔仁玉的后裔，他们有时还被称为“真孔”或“内院孔”。“外孔”则是对孔末后代的特殊称呼，也称“伪孔”或“外院孔”。另外，孔府原有外姓人在府中当差都要改姓孔的规矩，从明代开始也变为一律不准改姓。上述这些，也都是为了防范再有人像孔末那样

“乱孔”。

当然，孔子后裔中也有些不肖子孙经不起诱惑，在一些蝇头小利面前失去自我，甚至不惜出卖“圣裔”身份。明代时，江苏太仓人孔渊是孔子的53代孙，任太仓学官。孔渊的父亲曾任元朝通州税监，孔渊的儿子孔克让、孙子孔士学都是读书人，属于书香门第。但到孔士学时的家境已经很贫困，一位常州的孔姓富人想与他攀亲，冒任孔子后裔，被他拒绝。孔士学死后，家人因为贫困难以生存，便找到那位富人，不仅答应他冒任，还用一船米的价格卖给他自己的家谱，那个富人也因此摇身一变成了孔子后裔。

孔子墓
墓碑题写的是他在元朝的封爵“大成至圣文宣王”

（4）同门宗支

孔子的后裔除居住在曲阜的嫡裔外，在漫长的历史上又以曲阜为根据地向外播迁、繁衍，进而形成众多支派，最终在全国各地生息，并在海外落地生根。根据相关家谱的记载，在宋代以前的孔子后裔共分为10个房支，即平阳支、郏县支、宁陵支、献县支、丹阳支、岭南支、湖南支、临江支、浏阳支、鲁山支，从“中兴祖”孔仁玉开始又分为5位、20派，明清时期进一步增加为60户。在编写于清嘉庆十年（1805年）的《60户户头户举点名清册》中，60户即大宗户、临沂户、孟村户、道沟户、藤阳户、旧县户、终吉户、蔡庄户、戴庄户、栗园户、时庄户、泗北户、店北户、西郭户、仙源户、泉南户、齐王户、盛果户、苗孔户、文献户、沂北户、黉门户、石村户、鲁贤户、沂阳户、孔村户、王堂户、小庄户、宫端户、华店户、古城户、岗山户、鲁城户、孔屯户、西城户、旧城户、吕店户、林前户、防西户、林门户、管庄户、大薛户、广文户、小薛户、陶乐户、北公户、纸坊户、董庄户、防上户、高庄户、南宫户、星村户、古柳户、吴孙户、东村户、磨庄户、张曲户、息陬户、西林户、林西户。这60户都与“中兴祖”孔仁玉的血缘关系密切，除居住在曲阜外还先后迁居全国各地。如在明代中晚期，大宗户中就有人迁居今山东汶上县。原居住在曲阜城北林前村的林门户，后来也有子孙迁居河南夏邑。为了便于对族人的管理，每户设户头、户举1～3人管理家族事务，任职者还有一定的标准，“乃每户族众表率，必得老成持重，心地明白，衣冠整齐，为本户所钦服者，始克充选”。60户又设族长1人总负其责，设林庙举事1人辅佐族长。族长由衍圣公从孔庙40员执事官中检选，在族中辈长年高，德高望重。族长的办事机构称族长衙门，与知县衙门、百户衙门、管勾衙门合称孔府4衙门。族长和户头、户举还有一定报酬，其中在曲阜的族长的报酬有十大亩（1大亩为1600平方米）左右的收入，户头、户举各有两三大亩的收入，外地者则“各赐衣布、赏给札付”，都由衍圣公府提供。

在清乾隆九年（1744年）修谱时，60户入谱者已有2万多人，每户人数大多数百人，多者达千人以上，只有极少数每户数十人。

（5）孔子后裔与孔姓分布

由孔子及其子孙繁衍而来的孔子家族，至今已传80多代，加上其他支派的孔姓人，早在先秦时期，已分布在今河南、山东地区，秦汉以后又向河北、山西、湖南、广东、浙江、江西等地迁徙，清朝初期又迁入台湾地区。宋明时期，孔姓人口已有20多万，以山东、河南最为集中，另在江西、江苏、浙江、甘肃、山西等地也有分布。如今，孔子后裔已是一个人口众多、分布广泛的庞大族群。

根据近年的一项统计结果表明，以孔子后裔为主体的孔姓人约占全国汉族人口0.17%，约有231万人。他们主要分布在山东、河南两省，约占总人口32%。仅在山东曲阜，就有“阙里圣裔有十万，曲阜无孔不成村”之说。他们遍布于各个村落，成为当地第一大族。早在1985年统计时，曲阜共有孔姓人口123567户、537555人，其中孔子后裔47511户、110385人，分别占总户数或总人口的38.45%和20.53%。也就是说，曲阜每3户就有1户孔姓人家，每5个人就有1人是孔子后裔。另外，曲阜以“孔”字命名的村庄有二十多个，其中仅孔家村就有十多个。为了便于区分，只好在村名前加上其他词语进行区别，如大孔家村、小孔家村、前孔家村、后孔家村、东孔家村、西孔家村、鹅头孔家村、红新孔家村等。至于其他以“孔”字命名的村庄，又有孔村、孔家屯、孔家行、孔家洼、孔家店、孔家街、孔家道沟、苗孔等。除此之外，即使在村名上看不到“孔”字，也往往有孔姓人家居住，甚至有些还是孔姓人口较多的村庄。如在姚村镇的66个自然村中，没有孔姓人居住的村庄仅有6个。而在陵城镇的46个自然村中，有11个村庄的孔姓人口超过30%，其中辛庄村孔姓多达90% 。曲阜市有12个乡镇、483个自然村，在已调查的9个乡镇、422个自然村中，有孔姓人居住的村庄达86.5%，“无孔不成村”名不虚传。

曲阜之外，江苏、广东、安徽、河北等省的孔姓人口也较多，占总人口的24%。另外，我国台湾、香港等地也有孔姓人分布。其中，1948年后定居台湾、2008年去世的孔子77代嫡孙孔德成是最后一任衍圣公，在出生后的3个多月时（1920年6月）便继任这一封爵，1935年改任“大成至圣先师奉祀官”，定居台湾后仍任奉祀官，后又兼任台湾大学中文系教授、“国大代表”以及“中央”“故宫”两博物院联合管理处主任委员、“考试院”院长等职，并被美国耶鲁大学、韩国成均馆大学等聘为荣誉博士。他的长子孔维益早年就读于台湾政治大学，后在“公立”台湾艺专教国文，是“大成至圣先师奉祀官”的法定继承人，可惜在1989年去世。孔维益长子孔垂长作为孔子79代嫡孙，2009年接任奉祀官，后又兼任台湾地区“总统府”国策顾问、中华大成至圣先师孔子协会会长等。孔垂长之子孔佑仁生于2006年，是孔子的80代嫡孙。

大约从元代开始，孔子后裔和孔姓人又有了向海外迁徙的记载。元至正九年（1349年），元惠宗承懿公主远嫁高丽忠肃王之子王颛，孔子54代孙孔昭作为公主侍从之一随行。此后，孔昭得到高丽王重用，先后受封为桧原君、昌原君，官至门下侍郎同平章事（宰相），去世后葬在封地昌原（今属韩国庆尚南道）。由于有孔昭奠定的基础，孔昭子孔帑官至集贤殿大学士同平章事，长孙孔俯官至判尹，次孙孔德官至门下侍郎同平章事，官宦辈出，成为高丽南部望族。至清乾隆五十七年（1792年），居住在高丽的孔姓人还与曲阜的孔子后裔建立了联系，此后又以曲阜为籍贯，还组织了“曲阜孔氏韩国大宗会”，以示不忘源出曲阜。在20世纪80年代，他们又组团专程赴曲阜祭祖，并在曲阜仰圣门外立碑纪念。另据1987年人口普查统计，韩国孔姓有17207户、72382人。韩国之外，朝鲜、日本、马来西亚、新加坡、印度尼西亚、缅甸、泰国、美国、英国、瑞士、加拿大、澳大利亚等国也都在不同时期有孔子后裔和孔姓人迁入，并有一定数量的人口分布。

孔子三代嫡孙合影
坐者为第77代孔德成，站者为第79代孔垂长，被抱者为第80代孔佑仁

2.孔子后裔的家谱编修传统

由于孔子是一位“出乎其类，拔乎其萃”的“至圣先师”，其家族得到了历代王朝的尊崇。为了把家族历史记录下来，孔子家族还像其他达官显贵之家一样编修了自己的家谱。但在唐代以前，其家谱记载的只是嫡裔的传承情况，并非包括所有孔氏族人。《新唐书·艺文志》收录黄恭之《孔子系叶传》2卷，其中疏漏之处很多。直到北宋元丰年间（1078－1085年），孔子45代孙孔宗翰深感这种只记载嫡裔、不及支庶的做法问题很多，“盖先圣之没，于今一千五百余年，宗族世有贤俊，苟非见于史册，继后世泯然不闻，是可痛也”。意思是说，由于嫡裔之外的贤达显贵不能入谱，年深日久之后难免湮没无闻。为了不使支庶子孙中的“贤俊”“泯然不闻”，家谱中应当收录他们。出于敦厚族谊的考虑，他创修一种包括嫡裔、支庶在内的孔氏家谱，称作《阙里世系》，并在元丰八年（1085年）刊行于世，这也是第一部真正意义上的孔子家谱。南宋初年，又有在朝中为官的孔氏族人把这部家谱所记载的世系后续到49代。对孔子学说素有研究的太常博士洪兴祖，又据《史记》中的《孔子世家》《孔光传》《孔僖传》及唐章怀太子李贤注，对《新唐书·宰相世系表》等相关内容进行校正，另编《孔子年谱》，放在《阙里世系》卷首。至此，这部孔子家谱的初修、续修最终完成。

宋代以后，孔子的后裔又有多次续修家谱活动，谱名也称《孔氏族谱》《孔氏家谱》或《阙里孔氏宗谱》《孔子世家谱》等。在明弘治二年（1489年），孔子第61代孙孔弘幹重修家谱时，还规定以后每逢甲子年都要大修家谱一次，每逢甲午年小修一次。小修即把30年内孔子后裔的生死变迁情况分别填入底册内，为大修做准备。不过，这一规定并没有得到认真执行。根据相关文献记载，

孔子像

在此之后的500多年中，孔氏家谱大修仅有5次，即明天启二年（1622年）、清康熙二十三年（1684年）、清乾隆九年（1744年）、1937年和2009年，简称天启谱、康熙谱、乾隆谱、民国谱和2009年谱。至于小修，事实上也与大修一样没有得到真正贯彻执行，仅有一些小修见于记载。如在清顺治十一年（1654年），因是甲午年，第66代衍圣公孔兴燮便主持了小修家谱。

明清以来的孔子家谱编修活动，每次还有不同的特点。其中，天启谱的实际编修人是孔子61代孙孔弘颙，共8卷，修完后刊印98部，有3卷保存至今，也是至今所能看到的最早、最正式的孔氏家谱。为了防止他人盗印，每页印完后即毁版，颁谱时还要加盖印信后再行分发，以后还要定期验谱，如有差错便依律究治。至于康熙谱，则是由衍圣公孔毓圻委托著名剧作家、孔子64代孙孔尚任主持的。孔尚任根据《史记·孔子世家》的篇名，把新修家谱定名为《孔子世家谱》，此后便沿用不改。全谱共26卷，在卷首收录序、凡例及其他说明性的文字，卷1—4依次是姓源、年表、世系、中兴，卷5—24分别记载20派60户的繁衍情况，卷末附孔裔10个支派外迁流寓记和跋。该谱编完后共印100部，分别用朱、墨两种颜色印刷。其中10部朱印，颁发给衍圣公、曲阜知县、翰林院世袭五经博士、太常寺世袭博士、尼山书院世职学录、洙泗书院世职学录、四氏学世职学录、族长、林庙举事和奎文阁；90部墨印，分别颁发给“60户”和7位参与修谱者各1部，以及捐银资助修谱者。另外，乾隆谱是由71代衍圣公孔昭焕总纂、24人参与编修的，共24卷，刊印120部。后因朝廷清查家谱中的僭妄、违碍字句，实行“谱禁”，不少在家谱中因用词或体例不当而遭地方官员举报，衍圣公府也在清乾隆四十七年（1782年）紧急颁布札令，将所有原本收回，把其中可能存在违碍、犯讳的字句全部修改，并删除了“姓源”和“年表”两卷，精减了孔子事迹和历代名人事略，删节了大部分旧序和跋。因为这次修改，孔子家谱由原来的24卷变为22卷，刊印165部。此后直至清朝灭亡，虽然经历了嘉庆、同治两个甲子年，孔府都没有续谱之举，大约就是受了这次“谱禁”事件的影响。直到民国十九年（1930年），才在孔府组成以76代衍圣公孔德成任总裁的修谱筹备处，着手全国孔氏家族的合修家谱，并在7年后最终完成4集、108卷、154册的家谱，刊印325部全谱和1813部支谱。

可见，孔子家谱从仅收录嫡裔的家谱变为合族修谱，经历了一个漫长的过程。尤其是这种合族修谱，把居住分散、血缘疏远的孔氏族人组成一体，家谱也借以发挥了“详世系、联疏亲、厚伦谊、严冒紊、序昭穆、备遗忘”的作用。由于把家谱看得很重，孔子后裔在每次修谱时都要组织专门机构，下辖监修、提调、编次、掌收、校阅、誊录、暂刊、收发、供应等专门人员，各司其职，并在孔庙诗礼堂告庙开馆，家谱修成后在同一地方举行谱成仪式。为确保所修家谱不出差错，还制定了严格的规章制度，并以衍圣公府的名义颁布修谱凡例、榜示、告示、祝文、誓词等。在清乾隆三十九年（1774年）小修时，所颁布的条规就有34条之多。对于入谱之人的规定尤其严格，以义子承祧或以赘婿奉祀、再醮带来之子承祀者都不许入谱，有干犯名义或流入僧道、沦为下贱者也不许入谱，如有立嗣争继、冒宗乱真等问题一律严办，违者除籍。即使符合入谱条件，也要写好呈请，被审核批准后方可入谱。此外，还规定新家谱修好后要收回旧谱。如旧谱损坏或丢失，要向族长说明原因。颁谱时也同样遵循严格的程序。

3.民国《孔子世家谱》

在历代编修的孔子家谱中，目前能完整可见的有4种，即康熙谱、乾隆谱、民国谱和2009年谱，其中又以民国谱和2009年谱最有特点，值得进一步了解。

民国谱，即民国二十六年（1937年）完成的《孔子世家谱》。该谱在民国十七年（1928年）开始倡修，民国十九年（1930年）正式开馆，民国二十六（1937年）农历十一月全部完成。与之前家谱仅收录留居曲阜60户不同，该谱首次将流寓全国各地77个分支、共56万多人收录谱内，在人数上远远超过清康熙二十三年（1684年）家谱的2万人和乾隆九年（1744年）家谱的10万多人。在体例和内容上，全谱在谱名后分为首卷和1－4集，其中首卷包括总纂孔德成所作的序、族长孔傅堉所作的又序，以及旧序、职名、卷次、目录、事宜、凡例，60户及各支派捐输总数，颁谱部数，姓源，宗派总论，圣祖至42代图，中兴祖至当时20派图，20派至分60户图，嫡裔考，嫡宗图又南宗图，伪孔辨，内院至孔图与外院伪孔图等；第一集又称初集，共62卷，以始祖孔子为卷1，中兴祖孔仁玉为卷2，大宗及以下60户为卷3至卷62，各为1卷；第二集共34卷，列入孔仁玉以后、60户以外流寓各地的支派，支派名以始迁地所在的省县命名；第三集10卷，列入孔仁玉以前流寓各地的10个支派；第四集共2卷，列入上代失考、分布在全国77处的孔裔。

由该谱可见，孔子后裔在“中兴祖”孔仁玉之后，其第47代孔端友因遭遇北宋末年之乱，于高宗建炎三年（1129年）随康王南渡，定居浙江衢州，此后被称为孔氏“南宗”。孔端友弟孔端操留守曲阜，金朝时被作为孔子传人袭封爵位，世称“北宗”。孔子嫡裔从此开始有南北之分，“南宗”后来也未北返。直到明代弘治年间修谱时，才由皇帝决定以“北宗”为正宗，由“北宗”主持合修家谱，这也是该谱第二集专门列入“南宗”的原因。此外，该谱还记载孔仁玉的后裔原分为20派，从第55代开始因为人口众多而分为60户，其中长支为大宗户，即孔子的嫡系后裔；其余为小宗户，用临沂户、孟村户、道沟户等命名。为了便于区别相互之间的行辈次序，还由明太祖朱元璋亲赐了“公彦承弘，闻贞尚胤”8个字作为字辈，起名依次各用一字。后因第55代孔希学和第56代孔讷先后袭封衍圣公，又把“希”和“言”旁加上为10个字，即“希言公彦承，弘（清代为避帝讳改为‘宏’）闻贞尚胤（清代为避帝讳改为‘衍’）”。明天启年间修谱时，由于这10个字已无法满足取名需要，由第64代衍圣公孔胤植奏准后续20字，即“兴毓传继广，昭宪庆繁祥，令德维垂佑，钦绍念显扬”。民国八年（1919年），75代衍圣公孔令贻又报请北洋政府核准后续20字，即“建道敦安定，懋修肇彝常，裕文焕景瑞，永锡世绪昌”。上述从“希”至“昌”共50字，用于孔子第55代至105代人取名，仅从名字上便可看出所在世代。特别是在清乾隆九年（1744年）修谱时专门由乾隆皇帝规范了这一字辈，此后的孔子后裔都要严格按照这一字辈取名，如不遵守或不更改已取名字，则不得入谱。由于这种做法统一了孔子后裔字辈，具有规范且容易辨识的特点，不仅从此被用作孔子后裔的取名，而且孟、颜、曾3姓也因为与孔子的密切关系而被恩准可以使用这一字辈取名，其他大家族也纷纷效仿这种做法而编写了自己家族的字辈并用以取名。据报道，孔子后裔用这一字辈取名者已到第83代“念”字辈。

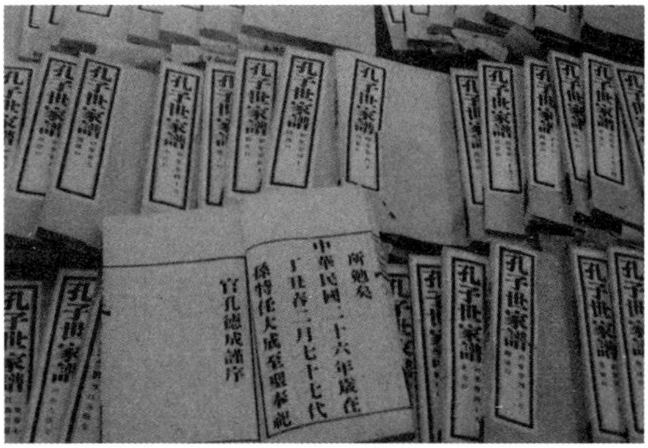

1937年完成的《孔子世家谱》

另外，在该家谱里，还根据《礼记》中关于“收族”的记载，对大宗户、大宗、小宗进行了明确规定。其中，大宗户是针对“60户”和流寓各地的支派而言的，是其中的大宗户，即孔子嫡裔所在的房支。大宗户中的长房长子长孙世袭衍圣公爵位，不仅在大宗户中属于大宗，也是“60户”和流寓各地支派的大宗，具有管辖“60户”和流寓各地支派的责任。“60户”和流寓各地的支派当然也有各自的长房长子长孙，但对大宗户的大宗而言都是小宗。可见，这种合族修谱实际上进一步强化了孔子后裔之间的宗法关系，并借以达到“敬宗收族”的目的，其指导思想显而易见。

4.2009年《孔子世家谱》

1996年，由时任中国孔子基金会名誉会长谷牧提议，孔子77代裔孙、奉祀官孔德成首肯，孔德成堂弟孔德墉受孔德成委托总负其责，续修《孔子世家谱》的工作正式启动。至2009年，该谱由文化艺术出版社出版，标志着孔子家谱的最近一次续修工作全部完成。

2009年完成的《孔子世家谱》历时13年，共2500多万字、80册，收录了约200万孔子后裔和孔姓人。其中的56万人资料转录自民国《孔子世家谱》，140多万属于新增。从形式和体例上看，全谱共分卷首和5集，其中初集为始祖孔子和“60户”；2集、3集为孔仁玉之后和外迁支派，主要包括南宗派、江西新建支、四川阆中支、浙江温岭支、浙江钱塘支、清平孔庄支、广东南海大沥支、河南太康支、江苏吴县

《孔子世家谱》续修工作协会
全面负责该谱第五次续修工作

与范县支、河南新乡花园村支、河南新乡八里营支、广东番禺支、定陶支、广西灌阳支、成武孔楼支、江苏丰县支、成武孔庄支、平阴孔家集支、寿光支、牟平派、浙江慈溪派、福建闽县支、安徽徽州支、安徽舒城支、浙江衢州派、寿光潍县支、肥城孔庄支、寇县支、河北枣强与恩县支、郓城支、四川大邑支、四川邛崃支、河北晋县支、河南考城支、江苏武进支、长清支、河南浚县支、德平南孔家庄支、德平西孔家庄支、江苏镇江支、河南武安支、湖北新洲支、桓台孔家庄支、河南光山支、山西阳城济源支、浙江宁海支、安徽桐城支、浙江婺州支、夏津支、浙江诸暨支、河北南宫冀县支、浙江平阳派、河南郏县派、河南宁陵派、河北献县派、江苏丹阳派、岭南派、广东南雄派、河南洛阳派、江西临江派、湖南平江浏阳派、河南鲁山派、河南河洛派；4集为待考支，包括山东支、河北北京天津支、山西支、辽宁支、内蒙古支、吉林支、黑龙江支、江苏上海支、浙江支、福建支、江西支、河南支、湖北支、湖南支、广东支、广西支、四川重庆支、贵州支、云南支、安徽支、陕西支、甘肃支、青海支、宁夏支、新疆支、台港澳支等；5集为海外支，即韩国高丽支。

与民国家谱相比，2009年编印的《孔子世家谱》保留了传统家谱的形式和主要内容，也有新修家谱的突出特点，例如其跨越了性别、民族与地域的局限，收入女性、少数民族、港澳台及海外孔子后裔，便是此前家谱中所未有。如在云南宣威市，生活着一支信奉伊斯兰教的回族孔姓人，曾因是少数民族而被禁止入谱。但其族中的相关文献记载，其祖先是在清康

2009年完成的《孔子世家谱》

熙五十四年（1715年）以前因与当地回族人通婚而入回族的。由于其证据充分，这次如愿被编入家谱。同样，在苗族、水族、哈尼族、景颇族、土族、东乡族、藏族、满族、保安族、土家族等少数民族中，也有一些孔姓人由于各种原因成为少数民族，本次也被编入家谱。此外，从清朝嘉庆年间开始，一些属于“南派”等的孔子后裔先后由福建上杭、永定等地迁至台湾屏东、桃园等地，从事农业或渔业生产，仍设立祠堂和供奉孔子像，称“鲁国堂”，以示不忘先祖，本次修谱时也有900多人被编入家谱。另据曲阜孔子博物院孔府文物档案馆收藏的1915年《居住朝鲜孔氏族人世系草稿》、韩国孔子后裔1996年编修的《曲阜孔氏世谱》等记载和统计，在孔子54世孙孔昭于元顺帝时期东渡高丽、担任官职以后，在韩国的孔子后裔已发展到 8 万多人，其中有 3 万多人被编入该家谱，其人数远远超过旅居美国、日本、英国、加拿大、新加坡、印度尼西亚等国家的海外孔子后裔。

在2009年编印的孔子家谱中，还通过严格的辨伪和考证，把那些被认为久已失传或改为他姓的孔子后裔编入家谱。据民国所修孔子家谱记载，孔子的37代孙孔齐参生活在唐代中叶，有子孔克符、孔克让和孔述睿3人，但3人中除孔述睿下传1代外，其余均在谱中标注“无传”。在本次修谱时，生活在河南洛宁县的孔克符后裔带着由清代73代衍圣公亲笔题序的支谱前来续谱，其中记载孔克符的后代并非“无传”，而是有子2人，为避乱迁居永宁（今河南洛宁），修谱时已传至78代。另据曲阜孔子博物院孔府文物档案馆所藏今山东菏泽牡丹区后王庄村、东明县屈屯村等地的孔氏支谱记载，其祖先本是孔子59代孙孔彦玲的后代，约在明代中叶因故改姓“屈”。原来，孔彦玲又名孔彦琳，因在河南商丘欠贸易之资而改名，携妻张氏和子承财、承用避居山东曹县屈家村屈尧天处，因屈尧天无子而以承用为义子，改姓屈，承用也在后来被尊为迁曹始祖。该支谱上还附有清乾隆五十八年（1793年）衍圣公孔宪培所撰序言和印玺，因证据确凿，经承用后代们商议，一致要求当地公安部门同意他们恢复孔姓，在本次修谱时也因此而得以编入家谱。

5.孔子及其后裔家谱中的世系

世系是家谱中“明世系”“辨昭穆”最为核心的内容，也是孔子后裔所修家谱的关键所在。在所见的几种孔子家谱中，大都以孔子为基础，把孔子前后的世系分别以“祖”和“孙”相区分，并以所在的世代进行标记，称为诸如第35世祖或38代孙等。这种称“世”或称“代”其实没有多大区别，按照《说文解字》对“世”的解释，说“三十年为一世”，《字汇》说“父子相代为一世”，《后汉书·窦何传》注更说“代，世也”。意思都是说，古时男子结婚生子，会有新一代，两代人之间的平均时间大约30年，所以30年也被称为1世，或父子相继为世。唐代的“世”也被写成“代”，唐代以后则把“世”“代”混合使用，或两字并称为世代。只是就孔子及其后裔而言，由于《史记》专门为孔子作《孔子世家》，清代以后的孔子家谱又称《孔子世家谱》，因此，把孔子前后的世系称为“世”更确切，而称为“代”则属于当代的民间习惯。

具体而言，在孔子以前的世系多由孔子的父亲叔梁纥开始，为第1世；叔梁纥的父亲即孔子的祖父伯夏为第2世，或称伯夏为孔子的2世祖；叔梁纥的祖父即孔子的曾祖父防叔为第3世，或称防叔为孔子的3世祖，依此类推，直到孔子的47世祖黄帝或50世祖华胥氏。在华胥氏至叔梁纥之间的世系大约以《史记》和《尚书》《竹书纪年》《世本》等书的相关记载为依据、其间的具体世系即：孔子的第50世祖华胥氏、第49世祖伏羲、48世祖少典、47世祖黄帝、46世祖少昊、45世祖蟜极、44世祖帝喾、43三世祖契、42世祖昭明、41世祖相土、40世祖昌若、39世祖曹圉、38世祖冥、37世祖王亥、

36世祖上甲微、35世祖报乙、34世祖报丙、33世祖报丁、32世祖主壬、31世祖主癸、30世祖商王成汤、29世祖太丁、28世祖太甲、27世祖沃丁、26世祖太戊、25世祖仲丁、24世祖祖乙、23世祖祖辛、22世祖祖丁、21世祖小乙、20世祖武丁、19世祖祖甲、18世祖康丁、17世祖武乙、16世祖文丁、15世祖帝乙、14世祖微仲、13世祖宋公稽、12世祖宋丁公申、11世祖宋湣公共、10世祖弗父何、9世祖 宋父周、8世祖世子胜、7世祖正考父、6世祖孔父嘉、5世祖木金父、4世祖（高祖）祁父、3世祖（曾祖）防叔、2世祖（祖父）伯夏、1世即孔子父亲叔梁纥。

与孔子以前的世系划分方法基本一致不同，孔子以后的世系则较为复杂。其复杂之一是有些家谱把孔子单独列出，不计入世代，而以孔子的儿子孔鲤为第1世，孙子孔伋为第2世孙，曾孙孔白为第3世孙，玄孙孔求为第4世孙，依此类推。另一种划分方法则是把孔子计入世代，作为第1代，孔子的儿子孔鲤为第2代，孙子孔伋为第3代，曾孙孔白为第4代，玄孙孔求为第5代，依此类推。由于有这种划分方法上的不同，同样的一个人就会在有时被称为孔子的多少世孙，有时则被称为孔子之后的多少代，前后相差1世。另一个复杂在于从孔子第47世嫡孙孔端友和孔端操开始，嫡裔分为“南宗”和“北宗”，直到孔子第74世嫡孙孔祥珂和孔祥楷时都是如此。此后，孔祥珂之子孔令贻、孔令贻之子孔德成都袭封衍圣公或奉祀官，孔祥楷则在民国三十三年（1944年）被当时政府册封为孔子南宗74世奉祀官，他也是南宗最后一位奉祀官。

尽管孔子以后的世系与以前相比较为复杂，但依据孔子家谱的记载，仍可以大致理出孔子以后嫡裔传承的基本世系。按照上述不把孔子计入世代的世系划分方法，由孔子儿子孔鲤作为第1世的孔子嫡裔基本传承世系是：第1世（孔子之子）孔鲤，第2世孙（孔子之孙）孔伋，第3世孙（孔子曾孙）孔白，4世孙（孔子玄孙）

孔求，5世孙孔箕，6世孙孔穿，7世孙孔谦，8世孙孔鲋、孔腾，9世孙孔忠，10世孙孔武，11世孙孔延年，12世孙孔霸，13世孙孔福，14世孙孔房，15世孙孔均，16世孙孔志，17世孙孔损，18世孙孔曜，19世孙孔完、孔瓒，20世孙孔羡，21世孙孔震，22世孙孔嶷，23世孙孔抚，24世孙孔懿，25世孙孔鲜，26世孙孔乘，27世孙孔灵珍，28世孙孔文泰，29世孙孔渠，30世孙孔长孙，31世孙孔嗣悊，32世孙孔德伦，33世孙孔崇基，34世孙孔璲之，35世孙孔萱，36世孙孔齐卿，37世孙孔惟晊，38世孙孔策，39世孙孔振，40世孙孔昭俭，41世孙孔光嗣，42世孙孔仁玉，43世孙孔宜，44世孙孔延世，45世孙孔圣佑、孔宗愿，46世孙孔若蒙、孔若虚，47世孙孔端立、孔端操、孔端友，48世孙孔琥、孔璠、孔玠，49世孙孔拂、孔摠、孔搢、孔拯，50世孙孔元用、孔元孝、孔文远(南宗)、孔元措、孔元纮，51世孙孔之厚、孔之全、孔万春、孔之固，52世孙孔浣、孔治、孔浈、孔洙，53世孔思晦、孔思诚、孔思许孙，54世孙孔克坚、孔克忠，55世孙孔希学、孔希路，56世孙孔讷、孔议，57世孙孔公鉴、孔公诚，58世孙孔彦缙、孔彦绳，59世孙孔承庆、孔承美，60世孙孔宏绪、孔宏泰、孔弘章，61世孙孔闻韶、孔闻音，62世孙孔贞幹、孔贞宁、孔贞运，63世孙孔尚贤、孔尚乾，64世孙孔衍植、孔衍桢，65世孙孔兴燮、孔兴燫，66世孙孔毓圻、孔毓垣，67世孙孔传铎、孔传锦，68世孙孔继濩、孔继涛，69世孙孔广棨、孔广杓，70世孙孔昭焕、孔昭烜，71世孙孔宪培、孔宪坤，72世孙孔庆鎔、孔庆仪，73世孙孔繁灏、孔繁豪，74世孙孔祥珂、孔祥楷，75世孙孔令贻，76世孙孔德成，77世孙孔维益，78世孙孔垂长，79世孙孔佑仁。79世孙之后，各世的字辈顺序是“钦绍念显扬。建道敦安定，懋修肇彝常。裕文焕景瑞，永锡世绪昌”，嫡裔依次从中选取1个字作为字辈，与姓氏和本名一起作为自己的姓名，把孔子的血缘世系绵延不绝地传承下去。

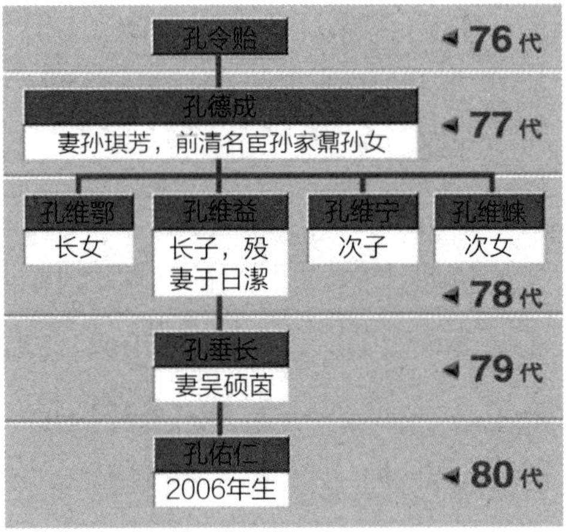

孔子第76至80代嫡裔传承世系图

三、少数民族家谱

如所周知，我国是一个多民族的国家，从古到今都有不少少数民族。受汉族文化的影响，有些少数民族像汉族一样拥有本民族的家谱，其家谱也各有自己的特点。就一般情况而言，在有家谱的少数民族中，有些家谱还处在原始状态，具有口传家谱、结绳等实物家谱的特点。有些虽是文字家谱，但所使用的文字有些是本民族的文字，有些则是其他民族的文字，或使用本民族文字与汉族等其他民族文字对照的多种文字，情况复杂，不一而足。另外在历史上，一些少数民族也有自己的家谱。可见，关于少数民族的家谱，其相关知识同样多姿多彩。

1.历史上的少数民族家谱

我国自古就是一个多民族的大家庭，各民族之间经过长期的发展、繁衍、融合，最终形成今天的状况。早在汉民族的前身华夏族形成以前，在其四周就生活着羌、夷、戎、狄、苗、蛮等民族。至夏朝末年商汤起兵灭夏时，所率领的是被称为“万方”或“万邦”的人，也就是远近四方的少数民族。后来周武王伐纣，又有庸、蜀、羌、髳、微、卢、彭、濮等民族及八百诸侯参加作战，说明当时的少数民族数量依然很多。只是在后来的民族融合中，特别是在春秋战国时期的战乱中，各民族之间的交往和融合速度加快，以至在秦汉时期形成了我们今天的主体民族“汉族”，原来的少数民族也仅能通过其某些成员的姓氏看到一些踪迹。汉代以后，在北方兴起了匈奴等民族，两晋十六国时有著名的鲜卑、匈奴、羯、氐、羌等“五胡”参与在中原地区的争霸，而仅在鲜卑族中又有拓跋、慕容等部落区分，其中的拓跋部又在兴起时“统国三十六，大姓九十九”，可见情况相当复杂。到唐代，这些民族又都与汉民族融合在一起，出现了像汉代那样的民族融合大结局。因此有人说，我国古代的少数民族如果从时间上划分，唐代是一个重要分界线，在此以前的许多民族都走完了自己的历程，与汉民族融合在一起；居住在边远地区的民族因为与汉民族接触较少而慢慢发展起来，进而形成今天不少民族的前身。这些不同时期的民族，有些便有自己的

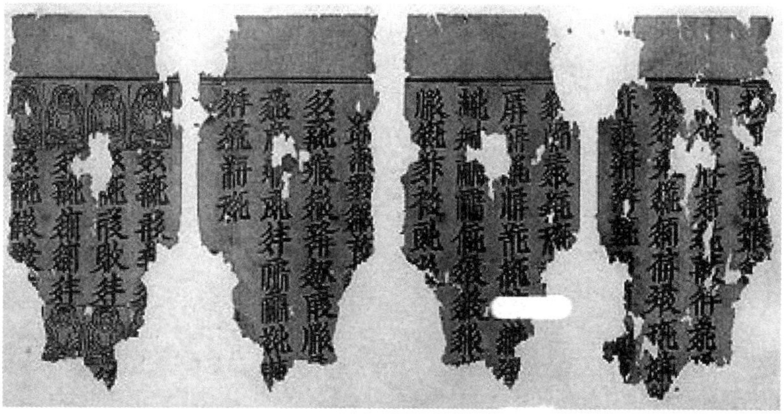

西夏文字

也是历史上少数民族党项人的文字，其中应有其皇室世系的记载，可惜保存至今的原件过少

家谱文化。

在我国历史上的少数民族家谱或家谱类的文献中，有一类属于不同时期少数民族王朝建立者的家谱。我国历史上的一些朝代是由少数民族建立的，其中不仅有元朝、清朝这样的统一王朝，也有北魏、北周、辽、金、夏等少数民族割据政权，而东晋十六国、五代十国时期的割据政权中也有不少由少数民族建立。在这些政权中，无论其原来民族的社会状态发展到何种程度，建立政权后无不在汉族文化影响下迅速汉化，其汉化的表现之一便是为了“明世系，辨昭穆”而把皇室的世系传承情况记录下来，编写成家谱性质的文献。正是借助于这些文献，我国传统的“二十六史”中才有了诸如《魏书》《周书》《旧五代史》《新五代史》《辽史》《金史》《元史》《新元史》《清史稿》等正史中的相关内容，其他如《十六国春秋》《后魏谱》《后魏皇帝宗族谱》《后魏辨宗录》《周宇文氏谱》《十国春秋》，以及金《重修玉牒》、清《玉牒》《星源集庆》等也专门记载了相关内容。另外，建立辽朝的契丹族和建立西夏的党项族等还有自己民族的文字，并以此编写了大量文献，其中也不乏皇室家谱之类的文献。只是这些民族在后来的发展中融入了其他民族，其文献也在流传的过程中亡佚或被毁，但仅从流传下来有限文献中仍能看到诸如西夏皇族家谱之类的文献，的确难能可贵。至于其他王朝的家谱，由于已基本见于本章第一节“历代皇室家谱”，在此不赘。

我国历史上的少数民族家谱，还有一类是少数民族贵族的家谱。早在汉代，匈奴休屠王率部归顺朝廷，汉武帝认为他们有喜欢用金人祭天的习惯，便为休屠王赐姓金。后来，休屠王太子金日磾受汉武帝器重，出则骖乘，入则侍左右，官至车骑将军，封秺侯。金日磾之后，历经西汉昭、宣、元、成、哀、平共7位皇帝，这支金姓人中身居要职者都有其人，被称为“世族”“鼎贵”，是著名的贵族世家，《汉书·金日磾传》也说他们“七世内侍，何其盛也”。晋朝人左思“金张籍旧业，七世珥汉貂”，唐代白居易“金张世禄”，宋朝苏轼“金张七叶，纨绮貂缨”，其中的“金”都是指他们。甚至到东汉末年时，担任兖州刺史的金尚和因密谋反曹被杀的金祎也都是他们的后代。金祎被杀后有一支辗转迁徙到今胶东半岛东端的文登市丛家岘，改姓为丛，繁衍至今。对于上述基本史实，除见于《汉书·金日磾传》外，在《三国志·武帝纪》及注引《三辅决录注》《献帝春秋》《山阳公载记》，以及后人所编的《金氏宗谱》《丛氏族谱》《丛氏源谭》等文献中都有明确记载。

与出自匈奴族金日磾及其家族同样的情况，在辽代还有出自契丹族的萧姓贵族。萧姓本来有巴哩、伊苏济勒、舒噜等三大家族，在契丹语中的首音转译为萧。其中之一的“舒噜”又作“舒穆禄”，是契丹族皇后的姓氏，京剧《四郎探母》《三关排宴》中的萧太后便出自这一家族。另据《续通志·氏族略》注称：“后族伊苏济勒氏、巴哩氏世任国事，太祖慕汉高祖皇帝，以伊苏济勒、巴哩比萧相国，遂为萧氏。太祖娶舒噜氏，太宗自汴将还，留外戚小壕为汴州节度使，赐姓名曰萧翰，由是巴哩、伊苏济勒、舒噜三族皆为萧氏。”也就是说，这三大家族都是当时的贵族，其事迹既然见于其他文献记载，在当时也应不乏家谱之类的文字记录。

匈奴金日磾家族、契丹萧太后家族都是少数民族贵族的代表，其实在他们之外，历史上不同时期都有盛极一时的少数民族贵族，其中的一些当然也有自己的家谱。仅见于记载者，在汉代还有乌桓族人高不识、氐族人齐钟留、羌族人庞怡、俚族人张游、龟兹人白霸，以及丁零人狄、翟姓贵族，月支人支姓贵族，天竺人竺姓贵族，安国人安姓贵族，康国康姓贵族。汉代以后，魏晋南北朝时期有匈奴独狐（刘），鲜卑慕容部丁、淑、悦等姓贵族，鲜卑拓跋部拓跋（元）、丘穆陵（穆）、步陆孤（刘）、万忸于（于）、胡古口引（侯）等姓贵族，羯族王、关、刘、桃、郭、张、孔、赵等姓贵族，氐族杨、苻、梁、吕、强、鱼等姓贵族；羌族姚、雷、俱、梁、窦等姓贵族；五代时，有后唐沙陀人和契丹人李姓贵族；元朝，蒙古族中有唐古等姓贵族；明朝，有蒙古族人的汉族姓氏贵族、鞑靼人李姓贵族、维吾尔族人翦姓贵族、回族人霍姓贵族；清朝，有满族钮鈷禄、瓜尔佳、富察、马佳、佟佳、纳拉、索绰罗、齐家、索、汪、关、赵、郎、那、齐等姓贵族；民国以后，有满族皇族发展而来的金、洪、罗、肇、德等姓贵族；等等。在这些不同时期的少数民族贵族中，拥有自己的家谱或性质近似的文献，自不待言。

2.满族家谱

满族曾是清朝的建立者和统治者，族中称家族为“哈拉”或“穆昆”，意思都是指家族。一般情况下，一个穆昆只有一个哈拉，但也有几个穆昆属于同一哈拉的情况。为了记录家族的历史，满族人大约在清朝建立后开始编修自己的家谱，以后又把这一做法延续了下来。在此之前，正如本书第一章第一节的举例中所言，满族中至今流传着一种结绳记事的传统，其中的一种结绳“子孙绳”明显带有结绳家谱的性质，大约就是满族家谱的雏形。至于其文字家谱，编修的原因较为复杂，但大抵是为了满足政治的需要。早在清朝入关之前，便开始用满文进行记事，举凡从努尔哈赤到皇太极统一女真各部、建立八旗兵制和后金政权、与明朝抗衡、进逼明朝京师，以及东北地域历史、经济、军事、文化、风俗习惯、宫廷生活等方面的情况等都记录在册，被后人称为《老满文原档》或《满文老档》，其中的一些也是家谱同样记载的内容。清朝入关以后，在康熙、雍正等皇帝大力在全国提倡“笃宗族以昭雍睦”“修族谱以联疏远”等的同时，还用满文编修皇室《玉牒》，清雍正十三年

（1735年）又开始敕修《八旗满洲氏族通谱》，清乾隆九年（1744年）修成。这些皇室家谱和八旗贵族家谱的相继编修，都对满族修谱风气的形成起到了推动作用。尤其是八旗贵族家谱，还与当时实行的八旗制度和达官贵人职位世袭办法息息相关。在这些制度或办法下，勋旧佐领、世管佐领的身份或某些功臣所担任的官职都可以世袭，其世袭的凭证也是世袭的荣誉，在早期由皇帝颁发、各家收藏，后来则以其为核心逐渐形成家谱，从而也使家谱成为确认身份地位的凭证。同时，根据清朝的制度规定，世袭佐领或世袭官职在传承时还要以奏折的形式上报申请，获得确认，其上报的奏折中除要说明申请原因外，还附有家族世系以证明身份。这种所附的家族世系与家谱相比并无二致，实际上也带有借此以表明身份的作用。今天所能看到的某些满族家谱之所以称为《雍正朝八旗佐领袭职缘由宗谱》《傅查哈拉厢黄旗明文佐领下宗普》等，其原因便是如此。正是在此基础上，乾隆九年令鄂尔泰、和珅等人将千余部满族家谱合编成册，修成了《八旗满洲氏族通谱》80卷，共收录除爱新

《八旗满洲氏族通谱》

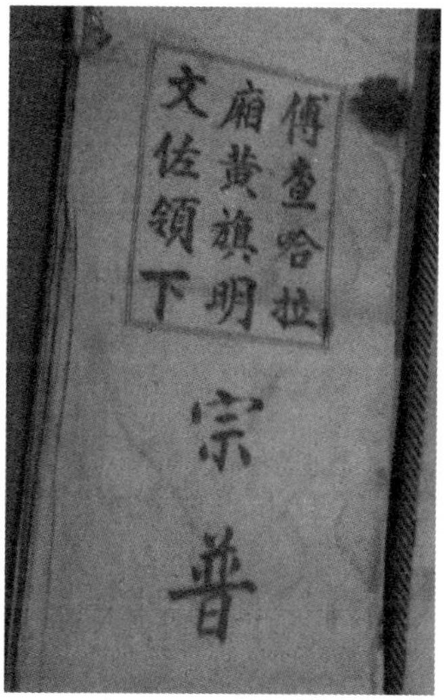

《傅查哈拉厢黄旗明文佐领下宗普》

觉罗家族之外的八旗满族家族654个、人物超过2万人，不仅以通谱的形式确认了满族早期家族的身份地位，而且也成为满族早期家谱的集大成之作，为后世修谱提供了重要依据和线索。

据研究，满族奉行“三代不修即为不孝”的修谱原则，一般30年一修，自清朝以来的修谱活动还形成过五次高潮。其中的第一次是在清康乾时期，前述编修皇室家谱和八旗贵族家谱都是在这时。第二、三次分别在清嘉庆、光绪年间，第四次是在民国时期、“九一八”事变之后，近年则又逐渐形成了新的高潮。在最为高潮的时期，满族家谱甚至达到过一族一谱的程度，今天所能看到的家谱也大多编修于这些高潮时期。从中可见，不同时期所修的满族家谱尽管存在文字、内容、结构、详略程度、版本等方面的不同，但基本都包括谱序、修谱缘起与过程、族源与迁徙考、世系等核心内容，其他如上谕、诰命、恩荣、仕宦、移驻考、族居记、谱图、文牍、家训、族规、祠宇、墓图、碑记等也有所见，与同一时期的汉族家谱并没有太大区别。为了便于祭祖、联系其他宗支等使用，有些家族还把祖先画像、家族世系、家族来源、字辈等内容抄写在大张高丽纸或黄绸、白细布、牛皮上，制成谱单，平时放在居室的西墙，或折叠起来成为谱折，在祭祖或有需要时取出使用，祭祖时甚至专门称祭“祖宗板”或“子孙绳”。这种以家谱内容为基础的谱单实际上是一种简谱，具有满族的突出特色，其所谓的祭“祖宗板”或“子孙绳”实际上也是祭谱。

满族不仅重视编修家谱，也十分重视收藏、保存家谱或谱单，其祭谱更是各个家族最为重要的活动。由于各家各户的居室西墙都是供奉家谱和祖先神位之处，即使有坐卧处也不许随便坐卧。每逢年节或家中重大事务来临时，一家之长在洗手焚香后才从西墙上取下“祖宗板”谱单，称为“请谱”。然后将其展开挂起，供家人瞻看，称为“晾谱”。家人按辈分高低向其焚香祭拜，称为“拜谱”。如有家人去世或子孙出生，要分别用黑色勾去或用红砂填写上名字，称为“续谱”。接着才是家长讲家史，用家风、家规教育家人。等全部仪式完成后，仍要焚香叩拜谱单，将其放回原处。

另外，满族家谱的文字、版本等也都值得一提。从保存下来的家谱看，所用文字有满文、汉文两种情况，在编修家谱时有些使用单一的满文或汉文，有些则是两种文字对照。其中，纯满文家谱大多编修于乾隆之前，纯汉文家谱大多编修于道光之后，在两者之间多是满、汉文对照家谱。从版本上看，既有木刻、活字排印本，也有稿本和抄本。通过这些家谱，不仅能够使我们借以了解满族的历史和文化，而且还能研究其人口学、社会学、民俗学、经济史、人物、宗族制度、地方史，可见其同样是中华民族的宝贵文化遗产。

3.蒙古族家谱

作为我国主要的少数民族之一，蒙古族具有悠久的历史，其家谱早在成吉思汗作为其民族首领时就已出现，后在元朝及明、清、民国、当代都有所发展。从其历史发展的进程可知，蒙古族在文字出现以前便有口传历史的传统，其中不乏英雄事迹和家世的传说，这种关于家世的传说实际上就是口传家谱。后来，随着与其他少数民族接触的频繁，蒙古族借助于回鹘文字发明了蒙古文，并用这种文字记录英雄事迹和家世的传说，形成英雄史诗，其中的部分内容也近似于文字家谱。如在蒙古汗国时期编写的《蒙古秘史》中，就记载了成吉思汗以前20多代祖先的世系，长达六七百年，其依据便大抵出自口传家谱。在成吉思汗之后，该书也记载了成吉思汗继承者的世系。后来在元朝编写的《史集》中，也同样对相关内容进行了记载，从成吉思汗祖先到成吉思汗继承者的世系多达20多代。元朝还沿袭金朝的做法设立大宗正府，专门负责编修皇室家谱，形成“元之宗系”。不过，由于所编修的皇室家谱同样秘不示人，“藏之金匮石室者甚秘，外廷莫能知也”，元朝灭亡后更无人可知。

至于王公贵族和普通百姓的家谱，在元朝时也有不同程度的编修，其中的一些内容还被《元史》或《新元史》所吸收。甚至在清朝雍正皇帝敕修《八旗满洲氏族通谱》时，还参阅了传世的蒙古族家谱，因此在通谱中才有蒙古族人家谱和姓氏的相关内容。清代以后，朝廷专门设立理藩院管理蒙古族等少数民族事务，所管理的主要内容之一便是蒙古族贵族的传承世系，以便作为贵族身份继承和解决争端的依据。各贵族也要随时整理相关资料，每3年1次上报理藩院备案。在此影响下，首先是蒙古族贵族要不断编写自己的家族世系，进而形成家谱；其他人则随着皇帝的提倡和修谱风气在全国的形成，也随历编修了自己的家谱，并把这种习惯传承至今。

蒙古族家谱同样记录了本民族中相关家族的历史和文化，这从所见的一些家谱中便可得到证明。如河南镇平晁陂乡《王氏族谱》记载：“顺帝如应昌而国祚移，由是元室宗族留居中土者，类皆隐名韬元，至今莫能尽考。……我镇平王氏来自蒙古，乃元胄也。”意思是说，元朝灭亡后，宗室司陀王帖木儿花率残部由大都（今北京）南逃至晁陂定居下来，其后代为免遭追杀而改为汉姓王，这便是关于其家族来源的历史。再如保存在辽宁省喀喇沁左翼蒙古族自治县档案馆的《图琳固英族谱》，是一部与乌梁海（兀良哈）蒙古族人相关的家谱，其中便记载了从后金天聪九年（1635年）至清光绪年间（1875－1908年）图琳固英家族14代、1904人的世系传承及主要事迹、社会地位等。从中可见，这一家族在清代官宦相继，人才辈出，仅获得官爵的人就多达1153个。另

《蒙古巴雨特刘氏宗族谱书》

外在德国皇家图书馆，也收藏一部蒙古族家谱，谱中收录了600多位家族成员的事迹、世系、官爵、婚配等资料，同样带有突出的蒙古族特点。又如编修于民国十五年（1926年）的《蒙古正蓝旗孔卧洛特氏族谱》，共有谱序、再序、世系等部分，谱序中记载了其家族起源和在蒙古高原上的传承、迁徙情况，可知其始祖巴朗在明末跟随努尔哈赤征战，因功被封为千户，后落户辽宁抚顺演武沟村。巴朗娶汉族人马氏为夫人，其后代逐渐有了蒙名汉姓，传至第8代时又改为汉姓金。“九一八”事变后，日军抢占了抚顺矿区，其族人开始四处迁徙，其中的一支迁至今甘肃兰州，已传至第12代。

诸如此类的家谱还有蒙古族著名文学家尹湛纳希的家谱，以及辽宁阜新蒙古族自治县的兀良哈、斡特尔、含图德、达日胡德等家族的家谱，辽宁南部巴尔虎后裔、元裔都姓、撒哈拉氏的家谱，等等。这些家谱基本都是用蒙文书写。

在近年新修的家谱中，同样也有蒙古家谱。如在陕西大荔县拜家村，生活着一支蒙古族人的后裔。据其家谱记载，其8世祖笃麟铁木尔为躲避明初战乱和官兵追捕，率家人迁居于此，以“拜”为姓，并建祠堂、定族规、立家法，如今已传30余代，并在第28代拜怀德等人带领下编修了新家谱。所修家谱以成吉思汗时期的太师木华黎为远祖，木华黎以后的世系中又包括忽必烈时期的丞相安童、英宗皇帝的丞相拜住等人，还与新发现的河南、江苏两个拜姓家族建立了联宗之谊。

4.回族家谱

回族人由于多与汉族人交错杂居，受汉文化影响较深，也有编修家谱的传统，其中的一些家谱还对自己的家族来源有详细的记载。如据《赛氏总谱牒》《赛典赤家谱》《咸阳世家家谱》《马氏家乘》《马公墓志铭》《明史·郑和传》等记载，明代著名航海家

《影印孤本〈咸阳家乘〉考释》其中，《咸阳家乘》即郑和家谱

郑和原姓马，本名三宝，出身回族，是阿拉伯圣王穆罕默德的后代，始祖所非尔曾任西域天方国普化力国王，生活在今中亚的乌兹别克一带。后来，普化力国遭受邻国侵略，所非尔于宋熙宁三年（1070年）与弟艾尔沙等5000余人一起归顺宋朝，先后被封为宁彝侯、庆国公，居住在咸阳（今属陕西），所非尔的后代也在咸阳一带生息繁衍。到所非尔的玄孙马哈木时，在宋朝袭封昭庆王爵。宋亡入元，初任平章政事，后又被委以总督天下军务的重任。马哈木之子赛典赤·赡思丁被元朝封为咸阳王，官至中书平章事，于至元十一年（1274年）奉元世祖之命出镇云南，任云南行省平章政事，去世后也葬在云南，后被尊为这支人的入滇始祖。他有子5人，其中长子纳速剌丁、第三子忽辛、少子马速忽都曾在云南任职。此后，马速忽生拜颜，封淮安王，任云南行省柱国左丞相。拜颜生察儿米的纳，封滇阳侯，官至荣禄大夫、上柱国。察儿米的纳生马哈只，袭爵滇阳侯。马哈只有子2人：长子于明初随例改为汉名马文铭，次子马三宝，即郑和。郑和在还没成年时因家乡发生动乱，被前来镇压的明军俘获，与其他人一起押解北上，到达当时的都城南京，分配在燕王朱棣府中服劳役，后来又因容貌英俊而被处以宫刑，成为宦官，燕王出镇藩国时也随同前往，并因在郑村坝立功而被赐姓郑，由回族马姓成为回族郑姓人。此后又有了奉命七下“西洋”的经历。他晚年时以兄马文铭之子马赐为嗣，更名郑赐，发展繁衍至今，分布在江苏南京和云南昆明等地，其中在南京的郑姓人已传了20多代。

另外据报道，在泰国的清迈也居住着由云南迁去的郑和后裔。

郑和及其家谱中所记载的其家族历史在回族家谱中具有一定代表性，从中也可见回族历史的发展历程。有些回族家谱把家族的历史追溯得更为久远，甚至与阿拉伯人进入中国的历史联系起来。如在山东济南济阳县孙耿乡大路村收藏的一部回族张姓家谱上刊载有一篇《济阳丁家庄祖茔碑》碑文，撰写于清光绪十二年（1886年），其中记载其家族是在明永乐二年（1404年）从河北孟村迁来，“盖始祖讳斡歌士，自隋开皇七年，由天房始入中国，首建怀圣寺于粤东之羊城。卒于北郭桂华岗。后人于前明永乐二年，自直棣孟村迁移济邑城西，布居丁家庄及大路等庄。此祖之实迹，故知渊源之有自也”。这里提到的其始祖斡歌士，又作宛葛斯，全名艾布·宛葛斯，隋开皇七年（587年）来华，是有史记载的最早来华的阿拉伯人。宛葛斯在唐贞观六年（632年）抵长安，唐太宗为其敕建大清真寺，去世后墓在广州城外流花桥畔。再如在山东青州回族《杨氏世谱》中，也记载其祖先原是元朝官员，住在元大都羊市头角。明朝攻取元大都后，担心出身回族的官员帮助蒙古人，下令他们离开大都，一律南迁，这支回族人便逃到青州。因为曾居住在羊市，改姓羊，后又改为杨。又据福建泉州《丁氏族谱》记载，他们的始祖是元朝的咸阳王赛典赤·赡思丁，曾任云南行省平章政事。他的后代名谨字慎思，后来迁居泉州。由于“慎思”与“赡思”同音，便取赛典赤·赡思丁的“丁”字为姓，丁谨也成为泉州回族丁氏一世祖。又如江苏扬州普哈丁墓园《张氏宗支图》载，张氏始祖札木赤，元初入中国，其3世张忻因善箭术赐张姓，为明嘉靖时武骑都尉，后封张忻为昭勇将军，去世后葬普哈丁墓园。沈阳《六箴堂张氏家谱》载，东北张姓原居“金陵、其先西籍……始祖锁壁公张伯韫，以选遭国子监肄业，优贡生，布政司照磨，其次子张质任太医院侍诏……甚称祖医世家”。

回族家谱中不仅有家世源流等基本内容，有些家谱的内容还像汉族家谱一样完备，谱前序文大多也在涉及修谱缘由、修谱意义、对后人戒勉等内容的同时不乏教育意义。如王瑞亭在济南回族《张氏谱书》清光绪三十一年（1905年）序文中说：

张氏之谱何为而作也。尝见世之谱牒无征，同宗视若途人，文献失考，至亲等于疏逖。此固先人之不幸，亦后世无贤子孙追溯而联属之也。张氏自明迁居以来，族大支繁，聚散不一，倘不续修谱书，如世远年湮，将至觌面而弗议矣。有十三世讳大文者，曾商及族人，续修谱书，但草创未就其事中寝。至大文公之孙，有名连升字云斋者。承祖之志，与合族共议重续修焉。凡考察详明者，书之，未有确据者，阙之，旧谱中遗漏者，补之，颠倒者，更正之。而此谱成矣！噫！云斋亦贤矣哉，可谓善继祖之志，善述祖之事者也。先人有灵，亦当含笑于地下矣。由是尊卑分焉，长幼序焉，传之数百年，而推原其始，犹然父子融融一室也；分之数百家，而进溯其初，依然兄弟怡怡一堂也。而今而后，不失张氏旧家之风，庶几相传于无穷矣！

同谱张连升序文也说：

盖闻家之有谱，犹国之有史。国有史而治乱备载，家有谱则世代有征。上以绍祖宗之统，下以贻子孙之谟。谱之所关者，大矣哉！我张氏历代久远，谱牒无征，所可叙者自大明成祖永乐二年，由二龙岗从龙北迁，于燕功臣各给官田得占产以为世禄。余张氏因居赵河庄遂家焉，至三世分为十门。其后或盛或衰或兴或废，或聚住本庄，或迁于他处，或栖居庄田，或依托亲故，世代愈远，情谊愈疏。此谱书之不可不续修也，别宗派者于斯，明尊卑者于斯。愿吾族忘富贵贫贱之迹。笃其恩义。化智愚贤否之见，联以性情。见有善者勉之，以为吾族光；见非善者戒之，勿为吾族辱。乐则相庆，不忘亲爱；忧则相恤，莫幸灾祸。深水源木本之恩，绵百世一脉之传。此则续谱之志也夫，此则作序之意也夫。

由上可见，上述序文在陈述修谱原因和目的之外，还要求族人如何做人，修身齐家，具有与家训或家法族规相同的作用，即使在今天也有一定的现实意义。

5.其他少数民族家谱

除以上几个少数民族外，还有一些民族有自己的家谱，其特点也表现得相当充分。其中如在怒族、哈尼族、白族、彝族、苗族、傈僳族、普米族、阿昌族、高山族等少数民族中，流传着口传家谱习俗，家族传承的世系基本靠本家族的人口耳相传，或由巫师或头人专门记颂。在这种习俗下，家族成员一般可以背诵出三四十代祖先的世系，巫师或头人、族中老人能背诵出六七十代祖先世系，这些世系也通常被认为是口传家谱。另在锡伯族、鄂伦春族、哈尼族、门巴族等民族中，则流传着一种结绳家谱。由于口传家谱和结绳家谱的情况都已见于本书第一章第一节中的相关部分，为避免重复在此不赘。

另外，值得一提的是，在某些受汉文化影响较大的少数民族中，不仅编修有自己的家谱，其家谱也有不少汉族家谱的特点，甚至连汉族家谱的某些流弊也明显保留。尤其是那些使用汉字的少数民族，所修家谱往往也像汉族家谱那样完备，甚至如畲族钟氏家谱也像汉族钟氏家谱那样自称是周初宋国国君微子的后代，以汉族钟氏的郡望“颍川”为郡望，甚至像汉族钟氏一样自称“颍川堂”，拥有与汉族钟氏同样的历史名人。又如在某些回族郭氏家谱中，也可以见到以唐朝名将郭子仪为祖先的内容。这些事例也说明，少数民族作为我国民族大家庭中的组成部分，其历史和文化都深受汉族文化的影响，仅在家谱上便可窥见一斑。

四、填入式家谱

填入式家谱，亦即在预先设计的位置直接填入所需内容的家谱，形式上近似于传统家谱中续后篇的用法。正如本书第一章的相关部分所说的那样，续后篇又称余庆录、长生谱，即家谱最后几页所留的空白纸，供族中添丁进口时填写，所填写的内容包括家族人口变化情况和婚丧嫁娶、迁移、继嗣等事项，以便将来续修家谱时补入正式家谱。填入式家谱所填写的内容也基本相同，所不同的是供使用的不再是预留的几页空白，而是单独成册或预先设置的空白家谱。加以填入方式不同，又可进一步分为书籍式填入家谱、悬挂式填入家谱、网络式填入家谱等。由于不同的填入方式各具特点，值得分别进行了解。

1.书籍式填入家谱

书籍式填入家谱，又称空白家谱、手写式家谱，即装订成册、供手工填写的家谱，是为更方便使用而出现的一种新式家谱。自20世纪80年代以来，这类的家谱先后出现过几种，但用法没有太大区别。以其中开发最早、拥有国家专利的“阎式体例家谱”为例，该家谱由成都谱牒文化有限公司董事长兼总经理阎晋修先生从20世纪80年代开始研发，先后推出了多代家谱。其中的第一代家谱又称《现代家庭档案》，突破了我国几千年来由各个家族手工抄写或各自印刷成册的传统家谱模式，以标准化、表格化、通用化的方法，用填表方式填写与相关人物、家庭、家族有关的内容，是一种不同于旧式家谱体例、可以永久使用的表格或填写式的新式家谱。无论任何姓氏的人只要掌握了简明易懂的“填表修谱法”，就可以随时使用这种家谱。由于价值独到，有关部门还在1993年将其列为国家专利。

在此基础上所研制的第二代家谱，继承了第一代家谱的精华部分，更加充分吸收了传统家谱的优点和海内外家谱编修的新成果，把内容扩展到谱序、源流、世系、传记、影集等十多项，使用时可以用手工或电脑填写，既方便又科学，被誉为我国家谱在“欧苏体例”之后的又一重要成果。借助这种家谱，任何一个家族,即使原来从未修过家谱或从未建立过家族、家庭档案，也可以从一开始就用上统一印刷而成、装帧考究的新式家谱或新式档案册。这种家谱不仅便于相关家族寻根问祖，或快速、简便、准确地查找任何一个人，而且还可以随意建立或补充填写家谱中所缺内容，既省时、省力又省钱，克服了每个家族每隔几十年必须毁掉旧谱另印新谱的旧例。同时，家族中无论是哪一位成员，从出生或加入家族之日起就可以入册，在长大结婚、生子直到去世时都可以随时将有关情况补充填写入册，而没有旧时必须等到几十年后修谱时才能入新谱的局限，把过去费时、费力的修家谱事务简化到几乎每个人都能随时随地地加以完成，让修谱变得非常简单。即使族谱上有遗漏或错误，一经发现，也可以及时补充和修改，充分反映了这种新氏家谱的时代特点。

由于这种家谱充分解决了修谱不便等传统问题，一经推出便深受关注，阎晋修先生还在2003年12月于厦门召开的“中华之根——海峡两岸谱牒学术研讨会”上进行了以“对旧体例家谱的改革与创新”为题的专门发言，引起与会者广泛兴趣，《厦门日报》还以“谱牒商品化：买份表格修家谱”为题进行报道，认为这种家谱是一种“完全区别我国历代各种旧式家谱体例，永久性使用的表格式、填写式新体例家谱”，“是适合任何姓氏使用的、采用填表方式填写记载家庭、家族历史档案的专用记录本”，它使“修印族谱的速度、效率都大大提高了，也有助于避免族谱的断代”，“为厦门提供了一种值得借鉴

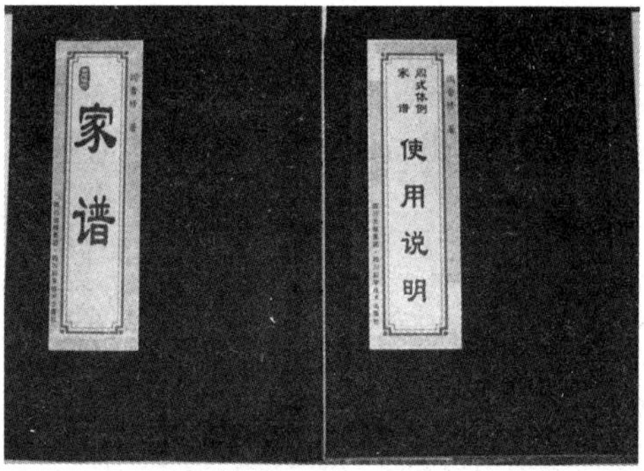

“阎式体例家谱”封面及其使用说明

的经验”，对其价值进行了充分肯定。此后，阎晋修先生又先后推出了更加成熟、实用的多代家谱，其所推出的家谱也被以其姓氏命名为“阎式体例家谱”。

由上可见，以“阎式体例家谱”为代表的新式家谱，从性质上看便是一种书籍式填入家谱或手写填入式家谱。这种家谱仍具有传统家谱的性质，但改变了传统家谱的修谱方式，为修谱开拓了一条新的捷径，不失为“欧苏体例”之后又一种重要成果。至于其他书籍式填入家谱或手写填入式家谱，由于性质与其基本相近，不再赘言。

2.悬挂式填入家谱

悬挂式填入家谱也是一种手写填入式家谱，但与书籍式填入家谱编印成册不同，是一种用于悬挂或卷起来收藏的家谱，民间俗称为家谱轴子，或简称挂谱。这种家谱实际上是一种家谱卷轴，幅面一般较大，其中绘有程式化的图案和供填写的空格。其图案在过去多由画师手工绘制，近年则随着电脑数码技术的普及，改为电脑绘制、单独打印制作，或直接向专业家谱公司定制、购买。图案中一般包括厅堂楼阁、松竹等吉祥物，楼阁中绘有供桌，上置写有“供奉历代祖宗之位”等字的牌位。供桌下两侧依次绘有大小不一的空格，如同一个个牌位，用来填写已逝祖先、长辈或同族人的名字。名字排列顺序一般是辈分最高的在最顶层，其他长辈按辈分高低依次向下排列。排列时还遵守男左女右的传统习惯，夫妻二人左右对称。由于传统社会里的女性名字不出闺门，填入这种家谱时也以

"李氏""王氏"或"张氏"等表示。

悬挂式填入家谱同样具有家谱的性质，也同样受到相关家族的重视。在平时，这种家谱一般被卷起来收藏，过春节时取出来供奉。供奉前还要举行一定的请谱仪式，把家谱挂在正房中央，前摆供桌、供品和香炉、蜡台。一些重视传统礼仪的地区，从大年三十中午开始便举行供奉仪式，以后在除夕晚饭前、大年初一早上和初五、初六、十五、十六、十七都要举行同样的仪式，直到十七午饭后才把家谱收起来存放，预备来年再次请谱供奉。

悬挂式填入家谱

3.网络式填入家谱

网络式填入家谱，即借助于计算机和互联网技术，把与家谱相关的内容填写在互联网上预先设计好的部分，供使用、传播和保存的家谱。在其中，不仅每个家族成员都能找到自己的位置，轻易记录、任意整理自己以及自己家族的经历，而且通过点击自己的名字，还可以清楚知道自己的家族起源、家族关系以及其他成员的基本信息，家谱的信息空间得到了更多的拓展。有些还进一步发展为家庭文化交流工具，其中涵盖了家庭档案、文化、教育、传承等许多方面，可以全方位满足与家相关的多方面需要。

在网络式填入家谱中，有些是以树状世系图的形式表现的，被称为家谱树。其实，家谱树在欧美国家也有使用，最早时用于日常生活中的追根寻源，后来又进一步移植到网络。通过网络中的家谱树，既可以追踪家族传承和亲属关系，还可以使每个人都成为自己家谱树中的一部分。如在个人家谱网站MyHeritage.com上，便有一

美国弗里德曼的国家和家庭记录
中间椭圆形空白部分可供填写家庭成员信息

个易于使用的家谱树工具集，除与家谱相关的基本内容外，还有时间表、照片分享和事件网页等多种资源。任何人只要注册成用户，提供家族成员的姓名、肖像照、生卒年月和亲戚关系等基本信息，就可以建一棵家谱树，或者用自己的名字和父母姓名建成家族分支。在此基础上，还可以随时添加家族中其他成员的个人信息，或邀请其他成员到网页来添加数据，协助管理家谱树。该网站还可以把相继填入的数据自动编写成报告，其中包括家族成员的姓名、年龄、居住地、结婚与否、婚配对象、孩子名称等基本信息，在性质上已与传统家谱十分近似。

又如海南百姓家谱平台www.100jiapu.com，是一个以“网上在线修家谱”为业务的互联网专业平台，所修家谱实际上也是一种网络式填入家谱。在这一平台上，通过登录和参与，可以快速实现家族人人编纂、互相串联、互相勘误修订、以小家庭互相衔接成宗亲族群等多种目标，达到“家族文化轻松传”的效果。

形象化的家谱树

五、数字化家谱

数字化家谱，由于方式不同，一般包括多种含义。其中之一是借助计算机技术，把已有家谱的图表文字全部扫描下来，或转化为能被计算机识别的数字符号，制成图像版、文字版、图文版，供使用和阅读、传播、保存、翻印、下载、出版、检索、分析。另一种含义是直接把编修家谱所需要的信息数字化，编成家谱。还有一种含义是把数字化家谱放在互联网上，或在互联网上直接使用或编修家谱。由于上述含义都与家谱和由计算机而来的数字化、网络化有关，其目的也都是更便于发挥家谱作用；特别是这样的家谱已与传统家谱不同，为了加以区别，通常称为数字化家谱或数字化网络家谱、数字家谱、网络家谱。

1.家谱的数字化和网络化

数字化家谱之所以出现并产生越来越广泛的影响，一方面得益于计算机和互联网技术的飞速发展，另一方面也是传统家谱的某些局限造成的。传统家谱在记载家族源流、传承家族世系上的确发挥过重要作用，但在编修、续修、保存、查阅等方面都存在局限性，能接触到家谱的人更是少之又少。在传统社会里，编修一部完整的家谱工程浩大，非倾一人一家之力可轻易完成，不仅要耗费大量人力、财力、物力和时间，而且一旦成谱也不容易修改，即使当日出生的婴儿也要等到30或60年后续谱时才能入谱，时间跨度长，资料保存困难，遇到战乱或政治原因等还会造成资料丢失或续谱延误。续谱时还要把旧谱翻录一遍，工作量大且可能出现新的错误。同时，所修或所续家谱由于是手工抄写或纸质印刷，数量既少，也难以抵挡潮湿、虫蛀、老化等侵害。加以动辄数册，重达数十斤，分散收藏，传播范围有限，既不便于携带也查阅困难。由于编修或续修、收藏等都不容易，家谱的作用也始终难以充分发挥。加上在近几十年来，随着社会变迁、人口流动等的速度不断加快，家族观念、血缘亲情关系逐渐淡化，许多相对重视家谱的传统乡村被消失，由乡村流向城市的年轻一代又几乎不重视祖传的家谱，在城镇出生和成长的人只有为数不多的人知道家谱，见过家谱的人更少。年老一辈小心保存，年轻一辈则很难接触到家谱。因此，许多人仅仅记得祖父的名字，完全不知道曾祖以上的事情。即使偶尔有人见到家谱，也觉得跟自己没多大关系。东北一位收藏家谱的人曾说过自己的亲身经历，说他曾听到有一部珍贵家谱保存在一位老人手中，当他千方百计找到这位老人时却来晚了一步，家谱已随刚刚去世的老人遗体一起烧掉。这样不重视或不知道家谱为何物者并不在少数，说明家谱离当代人的生活已经很远，家谱传承遇到了危机。当然，上述这种现象也引起过一些有识之士的忧虑，一位热衷于家谱网络化建设的人曾很有感触地说：“一直觉得‘五百年前是一家’这句话很搞笑，现在看着家谱上亲人的距离就这样随着岁月翻转而一点一点地拉远，顿时觉得这句话十分沉重。”为了克服这种危机，从根本上解决传统家谱的上述局限，借助于计算机和互联网技术，把传统家谱数字化、网络化，进而编修数字化家谱，让更多的人知道家谱、了解家谱、利用家谱，增强同根、同

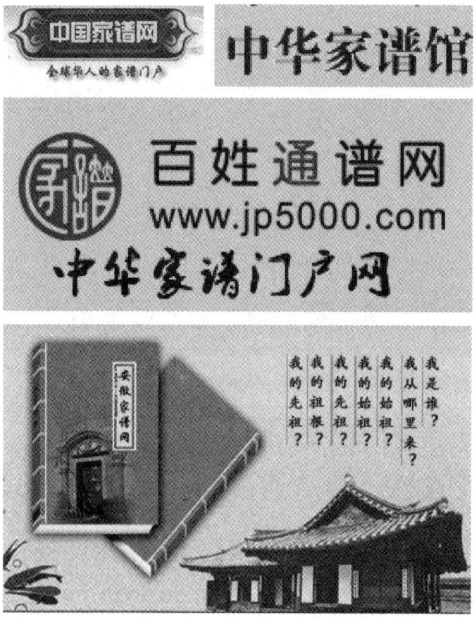

几种用家谱命名的网站

宗、同胞、同族意识，便成为这个时代的新现象。

与传统家谱相比，通过数字化和网络化而形成的家谱不再需要重复投入大量的人力、财力，修谱过程大为缩短，续谱容易，查询、保存、携带、传承方便，体例、版式灵活，易于修改，也不再有因潮湿、虫蛀而造成的纸张损坏等问题，还可以根据需要制成作电子版、纸质版、电子书。同时，家族成员及与族人、祖先之间的关系都可以编成数字化的世系图，通过点击便可清晰了解自己与先辈们之间的关系。如有新增族人，可以随时在其中添加。与家谱相关的资料还可以集中在一起，建成数据库，每个人都可以浏览、查阅，家谱的使用功能也得以大大扩展。此外，计算机和互联网的声音、视频、图像等多媒体技术、家谱论坛、网络互动、在线交流、掌上查阅、电子邮件、博客、网页、网站等也可以引入到家谱的数字化和网络化领域，家谱软件、修谱软件、掌上家谱等也都得以开发，全球范围的族内联宗、联谊和族外信息交流、信息联通等都得到实现。每个人只要把自己的肖像、资料等上传到网络中的相应位置，还可以被制成多媒体家谱，其中可以包括家庭成员相册、成员影像集、成员录音集等新的家谱内容，形成家谱数据库。在上述基础上还可以建成综合性的网络家谱交流平台，集家谱编修、数据上传、纸质家谱编排、联谱共修、网络数据合成、家谱研究等功能于一身，或向有特殊需求的家族、宗亲组织提供线下人员管理及宗谱编修系统。可见，通过家谱的数字化和网络化，传统家谱的局限几乎全被克服，内容也完全被覆盖，功能又被大大扩展，传统家谱借以得到全面升华。

通过数字化和网络化，家谱被赋予了更多的功能，具有了更多的实用性和便捷性。通过这种方式，既可在网络上直接查阅、保存和修改、充实、管理家谱，又可随时生成纸质家谱，大量减少传统修谱方式中费钱、费时、费力等弊端。相信，随着计算机和互联网的更加普及，家谱数字化、网络化的编修和管理将成为未来家谱文化发展的趋势。

2.数字化家谱资源建设

在数字化家谱中，有一种是把家谱图表文字全部数字化处理的家谱，也称全文数字化家谱。这种家谱的图像版一般是由原家谱进行翻拍或扫描复制而成，最大特点是保存了家谱的原貌，也是最有价值的一种数字化家谱。文字版和图文版的数字化家谱则受中文信息处理技术等方面的限制，加以数据量巨大、涉及的生僻字和异体字过多、世系图表排版格式特殊、不能拆开扫描，与图像版相比还显得滞后。当然，也有一些数字化家谱做到了图像版、文字版、图文版的相互对照，并在此基础上建立了数字化家谱数据库、家谱目录数据库等。其中如国家图书馆收藏不同年代、版本、姓氏的家谱3000余种，于1990 年专门成立了地方志与家谱文献中心，2002年开始启动数字化家谱项目，计划把馆藏家谱全部数字化，建成全文影像、全文文本、书目库索引、关联检索和全文影像浏览等多种功能的数据库，向海内外读者提供便捷的检索和阅读服务。根据这一计划，已先后把馆藏200多种家谱进行了数字化，制成图片12万多张，使读者更便捷地阅读其图像版家谱。上海图书馆作为收藏纸质家谱最多的图书馆，早在1996年便开设了全国第一家家谱阅览室，此后又相继开展了家谱整理研究和数字化工作，2003年又开始把数字化家谱放在互联网上，供读者查询，2015年进一步开放了首批500种数字化家谱的互联网全文阅览。首批开放的家谱都是从馆藏家谱中精选而出的，编修时间最早的在清代，其中既有以清朝皇室爱新觉罗为代表的少数民族家谱，也有胡适等名人家谱，更有几乎所有的常见大姓家谱，甚至还有羊、阳、水、须等非常见大姓家谱。同时，该馆还推出了面向数字人文研究的家谱原型系统，以及家谱家训族规资料网上展览，从不同角度展示其家谱资源。另外，一些地方性的图书馆也建立了具有地方特色的家谱数据库，其中已知的有湖北省图书馆的湖北地区家谱数据库、辽宁省图书馆的清代家谱数据库、山西省图书馆的山西家谱数据库、青海省图书馆馆藏家谱全文数据库、江苏常熟图书馆的古籍家谱数据库、浙江上虞图书馆的上虞家谱数据库等，都对各自馆藏的家谱进行了比较全面的数字化，有些还可以阅读图像版家谱全文。

上海图书馆网站上的馆藏家谱阅览首页界面

图书馆之外，还有一些专门的数字化技术公司与科研机构合作进行家谱数字化工作，联合开发了数字化家谱产品。其中北京爱如生数字化技术研究中心与北京大学中国基本古籍库工作委员会曾计划把精选的民国以前具有代表性的家谱7000余种制作成“中国谱牒库”光盘，分为下载型和研究型两种，每种都有全文数据和原版图像，并配备专用的检索系统和功能软件，在家谱数字化方面进行了有益的探索。另如北京书同文数字化有限公司开发的大型数字化古籍《四库全书》《四部丛刊》，以及北京国学时代文化传播有限公司开发的大型数字化古籍“国学宝典·史部”、北京大学图书馆开发的大型数字化古籍“古文献资源库”，虽然不是专门的数字化家谱资源库，但也都有一定数量的数字化家谱文献。

3.数字化家谱的检索与利用

我国家谱具有形式丰富、内容庞杂、收藏分散等特点，这些特点也都是制约家谱充分利用的因素。为了加以解决，相关方面在积极进行家谱数字化的同时，也推进了传统纸质家谱书目的数字化工作，并且还取得了不少阶段性成果，一些有影响的家谱书目数据库也陆续建成。

从时间上看，家谱书目数据库的建设开始于20世纪90年代，此后随着计算机技术的发展而逐步展开。一些大型公共图书馆由于具有技术、人才和资源优势而相继参与其中，并陆续建成了数据量大、检索效率高、具有各自特点的家谱书目数据库。其中，国家图书馆的家谱书目数据库已实现了关键词检索、简单检索、多字段检索、多库检索和高级检索等多种方法，读者可以根据需要和个人爱好选择不同的检索手段，进行检索和网络浏览；上海图书馆在编写出版《馆藏家谱提要》的同时启动了馆藏家谱机读目录数据库的建设工作，后把家谱书目查询列入本馆数字图书馆计划，计划建成馆藏家谱机读目录、全国家谱联合目录、馆藏家谱全文、家谱人名信息等多种数据库，使之成为中国家谱资源中心、研究中心和海内外华人寻根重要站点，其家谱书目查询数据库的数据量已有17000多条，是目前数据量最大的家谱书目数据库，读者在查询时只要进入其专用界面，输入题名或姓氏、居地、堂号、著者、名人、丛书等进行检索，便可得到相关的家谱信息。另外，我国台湾也从2002年开始筹备编写当地家谱联合目录，同时，由台北图书馆联合台北市文献会等11家单位联合开发了台湾地区家谱联合目录数据库，把台湾收藏的家谱近15000种编入数据库中，向读者提供谱名、编著者、收藏者、出版者、主题检索等多方位的检索服务。

除上述以外，目前已知的数字化家谱书目数据库还有山东省图书馆的山东家谱联合目录、安徽图书馆的族谱查询、浙江图书馆的浙江家谱总目提要数据库、福建省图书馆的福建联合家谱、广东图书馆的广东海南家谱联合目录、四川省图书馆的馆藏家谱族谱查询，以及江苏无锡图书馆的馆藏家谱目录、浙江金华图书馆的家谱联合目录、福建泉州图书馆的馆藏家谱数据库等。这些省市图书馆数据库的数据量多寡不等，检索方式也不尽相同，但无论是了解相关家谱的信息还是进而阅读全文，其方便程度都是传统纸质家谱所不具备的，充分显示了数字化家谱的优越性。

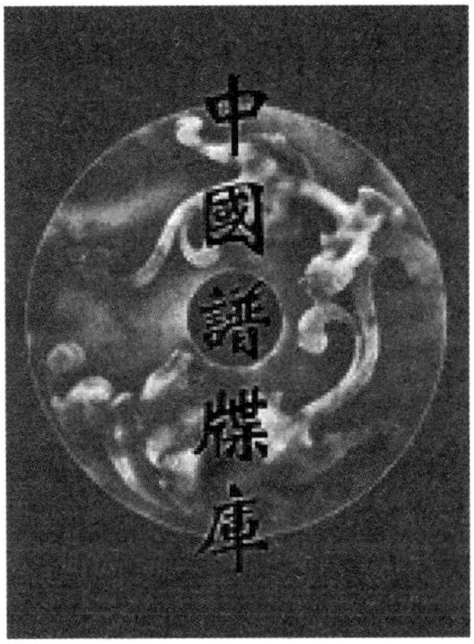

中国谱牒库
这是国家图书馆地方志与家谱文献中心的家谱数据库

4.数字化家谱现状与趋势

在计算机和互联网技术飞速发展的今天，古老的家谱正通过编修和出版纸质家谱、建设数字化的家谱数据库和家谱网站等方式焕发新活力，新的纸质家谱编修和出版、家谱数据库和家谱网站等也都在不断进行中。如在海南省，为了让更多的海南人参与到撰写家谱、抢救历史回忆的行动中来，让家族记忆得以数字化、永久保存并世代流传，改变群众在互联网时代的人际冷漠关系，唤起国人对家庭的重视和传承，倾心打造了一个具有专业化和地方特色化的网上在线修家谱互动平台，以互联网模式快速实现家谱人人编修、互相串联、互相勘误修订，进而使一个个小家庭互相衔接成宗亲族群，达到“家族文化轻松传”的效果。又如在湖北麻城，作为著名的“湖广填四川”移民集散地，为了吸引更多的移民后裔前来寻根，专门建立了百家姓寻根数据库，将当地220多个姓氏家谱资料通过数字化方式输入其中。前来寻根的人不仅可以免费使用，还可以将自己的家谱资料输入进去进行自动比对，查询和研究都极为方便。

不仅政府或公共单位积极参与到家谱网站和家谱数据库建设

中华王氏网首页
其“中华王氏大成总谱”“电子家谱”等清晰可见

之中，不少姓氏或家族也十分关注并努力推进家谱的数字化进程。如人口最多的大姓王姓，为编修多卷本、大容量、全国性通谱《中华王氏大成总谱》，在数年前便成立了中华王氏文化研究中心和中华王氏总谱局，用数字化方式编修纸质版家谱，同时还启动了网络版的《中华王氏网络总谱》，建立“中华王氏网”和中华王氏大成总谱数据库中心，随时发布网络家谱信息及新成果。另一个被誉为“天下第一家”的孔姓，2009年完成续修的《孔子世家谱》也实现了数字化，建立了数据库，制成了树状图，成立了常态化的续修工作协会，续修动态家谱，凡孔子后裔都可以随时入谱、咨询。又如谢姓，其中华谢氏联谊总会在数年前开始编修《中华谢氏总谱》，并把“建立信息化、网络化的数据总库”作为配套目标，其家谱的数字化、网络化系统都处在开发阶段。至于其他姓氏，也大都在进行性质相近的家谱数字化工作。

当然，无可否认，尽管家谱借助于计算机和互联网技术焕发了新的活力，但无论是编修纸质家谱还是建设家谱数据库和家谱网站都难免存在某些不足。有鉴于此，一些具有超前眼光的收藏单位或专业技术机构都在不断探索更多方式，研发或推出更多与家谱相关的产品。如上海图书馆，便在家谱数字化、网络化的基础上，进一步推出了家谱关联数据服务平台，旨在依托馆藏家谱资源，整合以家谱为核心的其他多种文献档案信息，实现资源价值最大化。读者只要登录“华人家谱总目”网页，点击所要查找的姓氏，便会弹出姓氏概况、先祖名人、相关家谱等信息。专业人士也可以随时对数据进行调用、修正，互联网开发人员和机构还可以在家谱数据的基础上研发出更多产品，提升家谱的应用范围。如这一平台上的胡适及其家族的信息，点击后便可发现有多部家谱被串联起来，其家族迁徙脉络异常清晰。我们据以可知，胡适家族属于上川明经胡氏家族，祖先胡昌翼原姓李，是唐昭宗皇子，因避乱由洛阳迁至安徽考川，在当地人胡三公庇护下得以保全，为掩护身份和报恩而改姓胡。又如这一平台上的盛宣怀及其家族的信息，仅属于上海图书馆者就有17万多种，其中家谱又是最为核心的信息。另外，以社交互动知名的专业网站凯迪网络，也致力于新技术、新媒介下的家庭沟通和私密社交方式的探索，曾发起《百姓家史》文化征集和“公民写史”活动，邀网友讲述当年的“那些人、那些事”，以确立个体在私人史中的定位。这种“公民写史”，事实上也是一种“公民修谱”。

第四章 家谱编修

如前几章所述，家谱作为与家和家族相关的文献，具有悠久的编修历史，从20世纪80年代开始又随着“寻根热”等的出现而形成了新的编修热潮。在上海图书馆主编的《中国家谱总目》一书中，收录2003年以前编写的各种家谱52401种，其中在20世纪80年代以后编修的家谱占相当数量。这些都说明，编修家谱在民间已有相当的热度，编修完成的家谱数量也很多。从主要特征上看，这些家谱中的有些是在以前基础上的续修，有些则是初修，所修成的家谱又可进一步分为传统家谱、研究性家谱（姓氏书）等。但无论是何种性质的家谱，都有不同的编修方法，同时也不乏值得借鉴之处。本章便以所见家谱为例，结合笔者本人多年从事相关研究的经历，从方便修谱的角度对各类家谱的编修方法分别进行介绍，以便有志于编修新家谱人士参考。

一、一般家谱的基本编修过程

在传统社会里，尤其是在明清至民国时期，由于社会上基本形成了“三十年一小修，六十年一大修”的修谱习惯，甚至一些家族还明确规定如果届时不修就是不孝，因此，上至一国之君、下至普通百姓都要定期修谱，进而形成家家有谱局面，家谱也基本形成了大同小异的编修基本程序和方法。其中如皇室家谱的编修，在编修前都要组成临时性的专门机构，下设具体的编修官员，人数最多时可以达到五六十人，兴师动众，耗资巨大。家谱修好后还要举行专门的颁谱仪式，制定家谱收藏和保存办法，把新修的家谱妥善保存，至此才算修谱告成，以后续修时也基本照此进行。孔子及其后裔家谱的编修也基本是上述程序，明代以后还明确规定每逢甲子年大修家谱一次，甲午年小修一次。修谱时同样要组织专门机构，下辖监修、提调、编次、掌收、校阅、誊录、暂刊、收发、供应等专门人员，各司其职，择期告庙开馆，修成后同样举行谱成仪式，并颁发新谱，收回旧谱。为确保所修家谱不出差错，还制定和颁布修谱凡例、榜示、告示、祝文、誓词等规章制度。

在近年各地编修的家谱中，有些仍然延续了传统的家谱编修习惯，所编修的家谱也基本与传统家谱相同。编修前，一般由热心人自行筹划，成立家谱编委会，宣传发动，筹集资金，搜集资料，经过三至五年的时间编修完成，印刷出版，最后以

客家族谱馆

举办颁谱大会为标志而完成整个修谱工作。这种由筹划到颁谱的过程，实际上也是编修一部家谱时所要经历的基本过程，如果加以概括，还可以进一步分为家谱编修前的准备、具体编修家谱、印制家谱、颁发家谱、收藏家谱等5个环节，也叫家谱编修五步法。至于每一步究竟如何去做，下文将详细阐述。

二、一般家谱编修前的准备

对一个家族或一个姓氏而言，编修家谱实际上是一个庞大的系列工程，由筹划到颁谱需要做大量的工作。以38卷本的《中华王氏大成总谱》的编修为例，为了编好该谱，相关人员从2002年起便开始筹建王氏家谱研究会，后来又成立了全国性的中华王氏文化研究中心，专门进行王氏历史和世系源流等的研究整理、王氏宗亲联谊、家谱编修前的准备工作，2007年正式宣布全面启动该谱的编修工作。又经过8年的编修，首部《三槐王氏总谱》在2015年正式出版，其他各部在2016年陆续出版，并先后举行了颁谱仪式。可见，该谱从筹划到颁谱前后历时14年，所谓的“十年磨一剑”也不过如此。再如《中华邱氏大宗谱》，也是在2002年宣布成中华丘（邱）氏宗亲联谊总会，开始编修总谱和分谱。经过多年的努力，耗资数千万，基本掌握了近千年来的修谱情况和其他族情资料，摸清了全国超过千人的1069个县的丘（邱）姓人口情况，并在此基础上先后成立500多个县市区丘（邱）氏分会，完成了200余部300余册县市分谱的印制、颁谱，其总谱中的综合卷、谱序卷、老谱世系卷、新编世系传、开基祖及后裔聚居地卷、古今人物卷、祠墓文物卷、历代文翰卷等也将陆续印制、颁谱。又如《中华高姓大通谱》，其编修的前期准备工作开始于20世纪90年代初，先后有《高氏源流》《高姓群体的历史与传统》《高姓全史》《高氏世系》等编印发行，

《中华高姓大通谱·总谱》

2009年又启动了该部全国统谱的编修工作。由于前期的资料、人力、财力等工作准备充分，该谱的总谱在2010年完成，2011年公开出版，各地分谱的编修也陆续启动。上述三部家谱基本都是面向整个姓氏的总谱，几乎动员了全国的力量。除具体编修和印制、颁谱外，前期准备工作都做得非常充分，因此也才能保证后来的各项工作有序进行。当然，如果只是编修一个家族或一个地区的某姓家谱，不需要这么兴师动众，但前期准备和后来的编修、印制、颁谱等程序也必不可少。

就编修家谱前期准备而言，一般包括以下几项：

1.建立机构

修谱机构，俗称谱局或谱馆、修谱理事会、家谱编辑部等。在传统社会里，编修家谱多由谱局专门负责，开始时称“开局”或“设局布场”，由族长和有经济实力的族人牵头。谱局的负责人称董事，经办人称干首，搜集资料者称房收或收丁，另设校核、会计、出纳等。至于具体编修人员，总编修有时称执理，协助执理的称副执理或分理，负责校对的称校阅。上述这些机构设立办法或具体人员组成、称谓，在近年的修谱活动中仍有所见，或者直接沿用旧称。如1982年编修的《槐抱碑郝氏家谱》，便设有执理2人、副执理16人、分理60人、校阅8人。近年所修家谱等多的称总编、副总编、编委、编辑、校对等，由热心修谱、有文化、有影响力或有经济实力者担任。一个有威望、有代表性、高效的修谱机构，是家谱编修质量的重要保证。

以前举《中华王氏大成总谱》为例，为了实施和完成该谱的编修工作，相关人员首先成立了中华王氏总谱局（又称中华王氏总谱编纂委员会），作为专门的编修机构，下设顾问委员会、常务理事会和编辑部等三套机构。其中，顾问委员会是总咨询机构，委员会成员称总顾问，由3人组成，分别是王姓家谱研究权威、中华王氏文化研究中心上级学会领导和修谱专家。常务理事会是组织和领导机构，从创建到编修完成时先后组成过6届常务理事会，常务理事会成员也是中华王氏文化研究中心的常务理事会成员。各届常务理事会人员多寡不等，第一、三、四届7人，第二、六届9人，第五届8人。编辑部则是具体编写团队，由近百人组成，其中包括主编、副主编21人，常务编委10人、地区编委44人。由于工作量较大，又分为总卷首、琅琊、太原、开闽、三槐、和派、寻源等7个编辑组，各由文化水平较高、修谱经验较为丰富、具有奉献精神的人组成。编写人员平时在家中编谱，定期到总谱局集中交流、汇报、讨论、修改，或接受新的编修任务。另外，总谱局还成立有数字化工程部，负责把编辑部完成的内容进行数字化处理，其成员由协作单位的人员组成。为了便于编修工作的顺利完成，总谱局还在一些省市建立了工作站，在省市的地区建立了工作分站。其中，省级工作站有福建、湖北、湖南、广东、广西、甘肃、海南、重庆、河南、苏北、安徽、山东、河南、天津、东北等工作站，省级以下的工作分站有云南昭通分站，贵州六盘水、遵义、毕节分站，浙江浙中、浙西分站，江西赣南、抚州分站，等等。工作站或分站除为编辑部收集、提供资料外，还具有联谊宗亲和宣传推广修谱数字化等职能。经过多年的努力，先后在各地发展会员3000多人，编辑出版近80期《中华王氏文化研究通讯》，建立了“中华王氏网”网站和家谱与世系图表陈列室，不仅从不同方面有力支持了该谱的编修工作，而且也成为联系海内外宗亲的重要阵地。

《中华邱氏大宗谱·河南新安分谱》

又如《中华邱氏大宗谱》，在2002年启动时便成立了编纂委员会，在深圳市莲花山庄设立谱馆。谱馆以著名专家担任馆长，有十多位有编修经验的宗亲长驻谱馆工作。此外，还聘任十多位博士生走村串户收集资料、编写文稿，邀请16位副教授、副研究员以上专家撰稿审稿，设置了4级论证审核机构，以确保该谱的准确性、可靠性。此外，编纂委员会还与中华邱氏宗亲联谊总会和中华邱氏宗亲基金会同时运作，编印《中华丘氏》简报和《中华丘氏》会刊，开办中华邱氏网站，发动海内外宗亲参与编修工作。

有些家谱编修机构由于人员众多，为了明确分工，还设立了更多的名义和等级，以便各负其责，各司其职。如在2016年编印发行的闽台庄姓家谱《庄森公大典》中，仅编委会成员就有120多人。其中，又分为顾问、荣誉主任、编委会、主编、编辑部等多个层级，某些层级又有进一步区分。如在顾问团队中，就有总顾问1人、学术总顾问1人、高级顾问10人、顾问8人。在荣誉主任中，又分为永远荣誉主任7人、荣誉主任6人。在编委会中，又分为编委会主任1人、常务副主任3人、编委会副主任15人、编委会成员63人。在主编中，又分为主编3人、执行主编1人、副主编1人。在编辑部中，又分为编辑部主任1人、责任编辑16人、装帧设计1人，以及与编印出版相关的主办单位2个、承办单位2个、联办单位9个、协办单位5个、策划执行单位2个、总策划1人、法律顾问1人等。由上述可见，编修一部家谱需要建立怎样的家谱编修机构，以及该机构对编修家谱的重要程度。

2.发出倡议

在家谱编修机构成立以后，所要做的一项重要工作就是及时向广大族人发布文告，告知修谱机构已经成立，号召宗亲积极配合并广泛参与。这样的文告又称倡议书或告族人书、公开信，篇幅可大可小，内容可繁可简，行文可文可白，可以包罗全面也可重点阐述一个方面。如果所发布的内容仅仅是为了修谱或续谱，一般称为修谱或续谱倡议书、告族人书、公开信；如果与动员捐款或兴建祠堂等一起发布，则称为修谱捐款倡议书或修谱建祠倡议书、修谱建祠捐款倡议书等；如果修谱时间太长或修谱机构发生变化，也可以把新的情况补充进去后重新发布。其中如《孔子世家谱》在1998年决定续修时，便以《孔子世家谱》续修工作协会和《孔子世家谱》续修委员会的名义发布了《续修〈孔子世家谱〉告全体族人书》，其中写道：

先祖孔子被历代尊为“大成至圣先师”，近代誉为伟大的思想家和教育家。其学术思想对后世中国以及整个东方文化都产生了巨大和深远的影响。孔氏族人，子孙繁衍，氏族昌盛，延续至今，传裔八十代，历经二千五百年。居住以山东曲阜为中心，遍及全国和海外。据估计，现存世者已逾三百万人。在此二千五百年八十代间，上下传承均有谱牒详明记载以为据。故孔子世家谱以其延时之长，族系之明，纂辑之广，核查之实，体例之备，保存之全，堪称存世谱牒之冠，极具研究价值，且亦为儒学和谱牒学研究之重要基础资料。上述特点和意义之得以延续和发扬，全赖历代之不断修订。自明以来，即有六十年一大修，三十年一小修之定约。末次修谱由七十七代宗子（历代称谓衍圣公）孔德成先生主持，始于一九三零年，成于一九三七年，成谱至今已六十年有奇；且孔氏族人中略知族谱之端倪者，多已年逾花甲，故再次修订已迫在眉睫。为此，由孔族近支（共五支，世称“五凝”）七十七代德字辈兄弟发起，经孔德成先生首肯，为便于与海外孔氏族人联系，特于香港成立“孔子世家谱续修工作协会”，主办续修事宜。依照惯例，修谱费用有族人自筹分摊，望全体孔氏族人，为继承和发扬东方文明精华，延续本族谱牒，精诚团结，踊跃参与，密切配合，慷慨捐助，共襄盛举。

这样的“告族人书”不仅告诉族人已经成立了修谱机构、正式开始了家谱续修工作，而且还有广泛告诉族人参与修谱的作用，具有与成立家谱编修机构一样的性质。

但是，上述孔氏“告族人书”除了告诉族人要开始续修族谱、需要参与和关注外并没涉及其他内容，也没有进一步提出怎样续修族谱、族人怎样参与等具体办法，实际上仅仅只有告知意义，还算不上是一个完美的告知书。因此，至2004年5月，该续修工作协会再次发布了《再告全体族人书》，其中说在上次“告族人书”发布以后，“随着时间的推移，登记工作行将结束，协会已决定二〇〇四年底前结束登记工作，今年下半年即转入编辑及数字化的前期工作，明年全面展开。希望全体族人相互转告，抓紧今年尚有半年的时间，争取能通知更多的族人，和续谱协会办公室联系登记，以尽量减少遗漏”，也就是要族人抓紧进行登记，这是再次发出“告族人书”的目的之一。另外，该“再告族人书”还通过引用文化部办公厅“办社图函[2001]29号”函件中的一段话引导族人“从历史的高度和历史典籍的角度看待此次续修的历史地位和重要意义，以及自己所应负的历史责任”，正视“续修工作的紧迫性”，“主动向更多的族人传达续修信息，以期使更多的族人续入总谱，也希望正在观望尚怀疑虑的族人放下包袱，参加续修”，“在目前任重而道不远的形势下，共同努力，给历史一个合格的答卷”。由上可见，这次“再告族人书”与第一次发布的“告族人书”相比，内容要充实得多，是在第一次基础上的进一步发布，具有更进一步指导修谱的意义。

与孔氏家族续修家谱时先后多次发布告族人书一样，还有不少家族或姓氏在修谱或续谱时发布了各自的倡议书或公开信，有些也是多次发布。其中如浙江奉化武岭蒋氏在续修家谱时，就先后8次发布了告族人书、公开信和公告，其中的一些还不乏借鉴意义。如其2011年10月31日发布的《告武岭蒋氏族人书》是：

中华民族万世其昌，中华文化源远流长，继往开来，传承血脉，光宗耀祖，向来为我炎黄子孙铭记。蒋氏宗族历史悠久，子孙繁衍，遍及全球。虽经历史变革，然溯根寻源，联宗共进，仍为众望所归，人心所同。改革开放，政治清明，经济腾飞，百业兴旺，国泰民安。值此政通人和之际，续修蒋氏宗谱条件已经成熟，也是我辈难辞之责，前谱修于1948年，距今已有63年，亲历而健在者位数不多，时不我待。前段时间，我等组建班子，多方奔走，各方联系，做了大量准备工作，现经族谱筹备组讨论商定，续谱正式启动，为此敬请族人互相转告，积极参与，有钱出钱，有力出力，同心协力，完成这一事关我族发展兴旺的浩大工程。第一步是收集资料工作，望各户配合，把本户有关情况（附调查表）报送到族谱办公室。（办公地点：略）。

2012年1月10日，武岭蒋氏续谱办公室发布了两份《告武岭蒋氏族人书》和一份《武岭蒋氏族人公开信》。其中，告族人书依次是：

蒋氏续谱自六月十日正式开谱来，承蒙大家大力支持，采访调查大部分已完成。目前初稿正在编写，但还有一部分族人尚未登记，也有失去联络者，望在见告后速来登记，否则作为自动放弃，经续谱理事会决定，采访截止期2012年2月15日（海外的延迟至2012年4月15日止）。超过期限的族人无法正常入谱，望请谅解。

国之有史，方之有志，族之有谱，是中华民族优秀的传统文化。蒋氏宗谱自明至正二年（1342年）起，经十三次修谱延续至今，我族人发起修谱，凡我蒋氏子孙，不论为官为客，从工从农，从军从政，不计政治信仰，都应积极参与，修谱需要大量人力、精力、资金，工程浩繁。望族人及贤达之士，社会个人、时代精英怀着无私奉献精神，有力出力、有钱出钱，出谋划策，共同努力，把我武岭蒋氏宗谱修好。

公开信是：

您好！我们是武岭蒋氏续谱理事会，因您们旅居在外，今介绍一下我族修谱情况：老谱修于1948年，至今已有六十三年，老人谢世，子孙繁衍，社会发展，族人散居，族人人丁变化极大，而亲历盛况者不多，蒋氏历史得以传承，重修新谱迫在眉睫，也是我辈难辞之责。族居台湾蒋方智怡女士已来溪口，并说续谱很重要，十分高兴，多次谢谢，表示海峡两岸蒋家人共同要把宗谱修好，这也是旅台族人心愿。经过近半年发动准备，现正式启动，目前为采访调查、编写阶段，要完成这浩大工程需要大量时间、人力、精力、资金。预算资金300万元，蒋氏宗族名望在外。外界对蒋家修谱期望很高，资金宽余的话，宗谱珍本、印刷、开贺庆典标准适当高一点，筹资较少话，只能节约办事，一切从简。请您能否在力所能及范围内，伸出奉献之手，造福乡里，功德无量，载入史册，为下代人楷模。祝合家安康，事业有成。

在以上告族人书、公开信和公告的广泛发动之下，武岭蒋氏家谱后来如期完成，修谱倡议的作用显而易见。

有些倡议书在写法上更为具体，所包含的内容几乎面面俱到，当然也有一定的参考价值。如安徽合肥长丰林氏所发布的修谱倡议书是：

各位长丰林氏族人：

大家好！

中华林姓，泱泱望族，总人口在全国姓氏排序中位列第十六位。古往今来，林氏子孙在与中华姓氏共同创造辉煌华夏文明的同时，也创造了灿烂的家族文化。古人云："人之有本，如水之有源，木之有根。"念我长丰林氏自首迁寿州东南以来，繁衍播迁，久盛不衰。当此开明盛世，国运昌隆，族人奋进，才俊辈出，政府倡导民族复兴，鼓励传承文明、提高素质，且周边地区各姓氏修谱建祠纷起。我林氏族人也无不渴望重修族谱，以承先启后，继往开来。

为此，族中一些热衷续修族谱的积极分子曾多次议论此事，今年春节期间，再次约聚，商议有关具体事宜，主张二〇〇九年开始续修，即可争取在二〇一〇年清明节前完成，力求本族团结、异姓和睦；传统与现代文明共举，家族与民族复兴并行！然而就目前情况而言，旧谱散落，族产既无，人口分散，联络量大，要集中全族人的智慧和力量续修族谱仍有很大的难度。但我林氏禀赋知难而进的精神，我辈也不会畏缩却步，依靠群策群力，林氏族谱一定能够续修成功。

为了实现族人夙愿，经公议决定，向全体族人提出以下倡议：

一、建立健全续修族谱的组织机构

（一）推举、成立续修族谱筹备组

1.推举、成立的续修族谱筹备组，其任务是：

（1）挑选编修、录修、监修、督修、顾问、成员，组成族谱编修委员会。由编委会具体实施修谱事务。

（2）挑选财务管理人员，组成编修财务部，具体负责筹集和管理修谱经费。

2.修谱完成后，筹备组逐渐过渡为林氏家族管理委员会，使之成为规范的NGO（非政府组织），重点负责本族的祭祖、慈善事务及慈善基金管理等业务。

（二）倡议族人积极推荐修谱人才和优秀管理人才，使续修族谱的工作顺利进行，圆满结束。

（三）倡议族中有较高文化水平和写作能力，熟悉网络应用，有金融财会、慈善工作经历和能力之士，踊跃参与修谱及本族事务管理工作。参与这些工作没有报酬，完全抱以尽义务的心态，投身于本族事宜。

（四）倡议族人踊跃捐款，为修谱尽力，为族中慈善事业尽心。钱不在多，只为祖宗尽一份孝心，为后代尽一份爱心，无愧于林氏族人。特别倡议事业有成的社会知名人士、企业家、实业家们为修谱和族中今后的慈善事业多捐钱、多出力！

二、筹集和加强对修谱资金的管理

（一）筹集资金遵照“不分性别、自愿捐助、公平合理、等价有偿、诚实信用”的原则进行。

（二）根据不同职业收入分别确定捐助底线，上不封顶。即务农家庭成员每人10元，非务农家庭成员每人20元，未成年子女由父母代捐。生活困难及七十岁以上族人不受底线限制。凡自愿捐助者不分男女均名登族谱。

（三）务农人员个人捐助达500元、非务农人员个人捐助达1000元以上者，名登功德榜。

（四）直系家庭成员合计捐助达1000元以上者，理事会为其定制家谱一套；每人的捐助款只能计算一次，不得重复累计。

（五）族人中品德优良、卓有建树者，理事会为其编撰名人传记或名人简介载入族谱、家谱。

（六）捐助资金通过各地理事代收或直接存入理事会开设的修谱专款专用银行账户（另行通知），交款人保留交款收据以备查验。

三、认真做好族人入谱人员登记工作

（一）凡我族人等请将入谱家庭成员姓名、字号、性别、出生年月日时、身份关系、承嗣状况、2015年底以前出生或已古人员生卒年月日时、各人捐款数额、住址及联系方式详细报各地联络人员登记入册。符合登载名人传记者，提交个人或家庭主要业绩资料

一份。外地人员可通过信函或电子邮件提交上述资料。来函请寄：（略）；电子邮箱：（空）

（二）为保证续谱工作全面完整，有家属或近亲房居外地致理事会难以联络者，敬请转告本倡议内容或代为登记、捐助。

（三）因族谱拟定于2015年清明节颁布，望各有意于奉献族事者在此之前捐助为感。

（四）诚望林氏族人见此倡议后，速将家庭成员（不分男女，已故者在内）、女儿配偶栏填上女婿名，孙子女栏填上外孙名，按填表要求内容填写。

此倡议速传倡议人或联系人。

特此倡议！

倡议人（略）

二〇〇九年三月三日

此外，连氏家谱和尹氏宗系修谱倡仪书分别如下图所示：

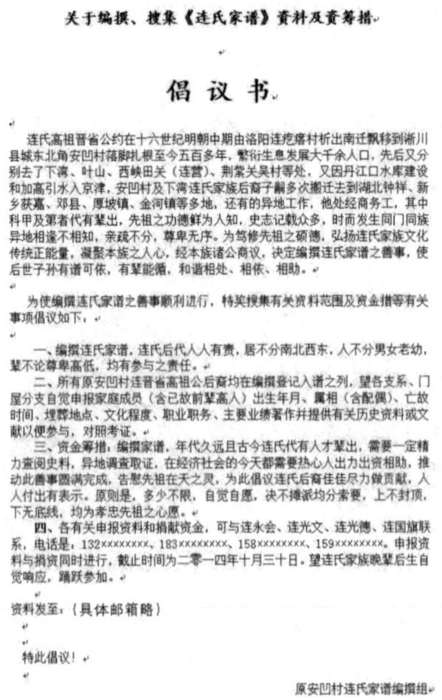

关于编撰、搜集《连氏家谱》资料及资筹措

倡议书

连氏高祖晋省公约在十六世纪明朝中期由洛阳连疙瘩村析出南迁飘移到淅川县城东北角安凹村落脚扎根至今五百多年，繁衍生息发展大千余人口，先后又分别去了下湾、叶山、西峡田关（连营）、荆紫关吴村等处，又因丹江口水库建设和加高引水入京津，安凹村及下湾连氏家族后裔子嗣多次搬迁去到湖北钟祥、新乡获嘉、邓县、厚坡镇、金河镇等多地，还有的异地工作，他处经商务工，其中科甲及第者代有辈出，先祖之功德鲜为人知，史志记载众多，时而发生同门同族异地相逢不相知，亲疏不分，尊卑无序。为笃修先祖之硕德，弘扬连氏家族文化传统正能量，凝聚本族之人心，经本族诸公商议，决定编撰连氏家谱之善事，使后世子孙有谱可依，有辈能循，和谐相处、相依、相助。

为使编撰连氏家谱之善事顺利进行，特奖搜集有关资料范围及资金措等有关事项倡议如下：

一、编撰连氏家谱，连氏后代人人有责，居不分南北西东，人不分男女老幼，辈不论尊卑高低，均有参与之责任。

二、所有原安凹村连晋省高祖公后裔均在编撰登记入谱之列，望各支系、门屋分支自觉申报家庭成员（含已故前辈高人）出生年月、属相（含配偶）、亡故时间、埋葬地点、文化程度、职业职务、主要业绩著作并提供有关历史资料或文献以便参与，对照考证。

三、资金筹措：编撰家谱，年代久远且古今连氏代有人才辈出，需要一定精力查阅史料，异地调查取证，在经济社会的今天都需要热心人出力出资相助，推动此善事圆满完成，告慰先祖在天之灵，为此倡议连氏后裔佳佳尽力做贡献，人人付出有表示。原则是，多少不限，自觉自愿，决不摊派均分索要，上不封顶，下无底线，均为孝忠先祖之心愿。

四、各有关申报资料和捐献资金，可与连永会、连光文、连光德、连国旗联系，电话是：132××××××××、183××××××××、158××××××××、159××××××××。申报资料与捐资同时进行，截止时间为二零一四年十月三十日。望连氏家族晚辈后生自觉响应，踊跃参加。

资料发至：（具体邮箱略）

特此倡议！

原安凹村连氏家谱编撰组

关于编撰、搜集《连氏家谱》资料及资金筹措倡议书

尹氏宗亲修谱倡议书

一、深入动员，广泛宣传

二、齐心协力，收集资料

三、全面调查，登记入谱

合淮地区尹氏宗谱编纂理事会
2011年6月26日

安徽合淮地区“尹氏宗亲修谱倡议书”

3.筹措经费

经费是编修家谱的物质基础，筹措相应的经费也是家谱正式开始编修前所必须做的一项工作。由于编修家谱是一项旷日持久和需要广泛参与的家族文化事业，每一个程序都需要经费支持。早在传统社会里，编修家谱的费用一般由族田或祠田上的公共收入解决，加上族人捐助和每个入谱之人的人丁费，基本能够满足修谱的需要。近年各地修谱的经费筹措情况则有所不同，各家各姓也存在着差异。但筹措经费的来源大抵包括族人捐助、人丁费、会员费、售谱收入等，经费支出则包括修谱委员会的日常开支、修谱人员的办公费、修谱资料的采集调研费，以及家谱文稿编成以后的评审费、研讨费，家谱印刷费，颁谱仪式费，等等。因此，如何广开筹资渠道，筹措修谱经费，以便保证各项工作的正常进行，也是修谱前必须考虑并加以解决的问题。

从目前掌握的情况看，筹措修谱经费最重要的来源是族中热心人的捐助。前举在《中华邱氏大宗谱》编修的数年间，主编邱家儒先生累计捐赠的资金、财物超过4000万。他不仅把自己的别墅和办公楼用作谱馆工作场所，而且长年聘请十多位宗亲驻馆工作，修谱宗亲的吃、住、补贴和各地宗亲前来审谱印谱的吃、住也全部由他负责，充分体现了他甘于奉献的情操和宽广胸怀。另一部著名家谱《中华王氏大成总谱》在编修期间，也有企业家累计分别捐助101万、7万、5万元，捐助1000元以上者人数更多，在一定程度上保证了家谱编修工作的正常进行。有些家谱在编修时为了照顾参与的广泛性，还通过告族人书的形式号召族人积极为编修家谱做贡献，前举《续修〈孔子世家谱〉告全体族人书》中除号召族人“依照惯例，修谱费用有族人自筹分摊”外，还号召“慷慨捐助”，便是其中的一个积极正面的事例。为了鼓励更多人主动捐助，有些家族还专门制定了相应的表彰和鼓励办法，或者根据捐助多少给予不同的名誉，或把捐助人树为榜样大力宣传。其中一种家谱的《告海内外宗亲书》中便写明“捐资10万元以上者担任通谱理事会理事长，捐资5万元以上者担任常务副理事长，捐资4万元者担任副理事长，捐资3万元者担任顾问，捐资2万元者担任常务理事，捐资1万元者担任理事”，以及“捐资10万元以上者在通谱《总谱卷》刊登传记，捐资1万元以上者刊登彩照和简介，捐资1千元以上者列入捐资芳名录，并赠送《总谱卷》一套”。还有一种编修家谱的倡议书也鼓励捐助，规定捐助“500元以上者入

《三槐王氏总谱》——《中华王氏大成总谱》第四部

录《通谱芳名录》，2000元以上、5000元以下者在芳名录中刊登1寸个人照片，1万元以上、5万元以下者刊登3寸全家福照片并用文字介绍其个人世系，5万元以上者刊登全家福或企业照1张并撰写其个人事迹或行传颂”，“资助编纂出版有重大贡献者，视情况聘任为主修、副主修、顾问、荣誉顾问、名誉主编等”。

当然，在鼓励族人捐助修谱经费时，有些家族没有把握好自愿原则，或被某些别有用心的人利用，把鼓励捐助变成了假借修谱之名借机敛财，成为负面典型。其中的一种修谱倡议书便明确告知族人，如果想被编入其家谱就要按被编入的种类交钱，凡“入谱总祠（县宗亲会）收取费用1000元，支祠（分祠）收取费用800元，祖祠（庄门）收取费用600元”。其言外之意就是，如果不交钱就不让入谱。这种按交钱多少确定在家谱中位置的做法，完全有违于编修家谱的“睦亲族，辨世系”的传统原则，应坚决杜绝。

筹措修谱经费除鼓励捐助外，还有一种向每个入谱对象象征性收取的人丁费，一般称为例捐。这种费用的标准一般较低，数元至数十元不等，鼓励多捐。有些家谱还进一步分出了男丁、女丁的不同收取标准。但无论确定何种收取标准，都要以不至于给入谱对象造成负担为原则，能够让族人在感觉到责任、使命的心态中乐意捐献，尽到自己应尽的义务。如果通过族中热心人的捐助足以支付修谱开支，建议不再收取该项费用。

此外，筹措修谱经费还有其他一些途径，主要包括售谱收入、会员费、资料转让费、会务费结余等。其中，售谱收入即把家谱拟定一个价格，向族人征订出售。这种方式虽与传统习惯中禁止售卖家谱的规定不合，但在当代社会里越来越成为习惯，有些家谱甚至公开出版发行，家谱价格也高于普通图书。事实上，家谱所收录的内容与各家各户有关，各家各户也是该家谱的共同拥有者。如果编修家谱的组织者确因经费不足而通过预订方式收取一定的售谱费用，本来也无可厚非，但如果价格超出了正常范围，则会伤害族人的感情，预订家谱的积极性也要受到影响。让各家各户都能拥有包含有自己内容的家谱，才应是编修家谱的一大初衷，只有把价格定在成本价以下，这个初衷才较容易实现。不仅如此，如果本来已收到足够数量的捐助，更应该向每户免费发放家谱。至于为编修家谱而组织有宗亲会或联谊会、研究会的姓氏或家族，以及为有需要的族人提供资料转让服务，或召开家谱座谈、研讨会，都可能收取一定的会员费、资料转让费、会务费，其费用除直接用于相关项目外，有所结余时也可以作为编修家谱费用的来源。由于这些并非具有普遍性，在筹措修谱经费时可以忽略不计。

由上可见，编修家谱作为一种建立在一定经济基础之上的集体行为，如何筹措经费的确是一大问题。由于经费筹措不易，所以也应加强经费管理，严格精打细算，明确经费开支，增加经费使用的透明度，以便让族人放心。同时，在编修家谱开始之前还要做好预算，对所需费用的数量、开支项目等心中有数，并据此来确定筹措经费的数量和来源。根据许多顺利完成修谱工作的家族或姓氏的做法，无不是在启动前就有明确预算，启动后定期公布收支项目，建立了严格的财务制度和财务纪律，族人和捐助者也因此对其工作表示认可。相反，一些修谱者不公开账目、不按规

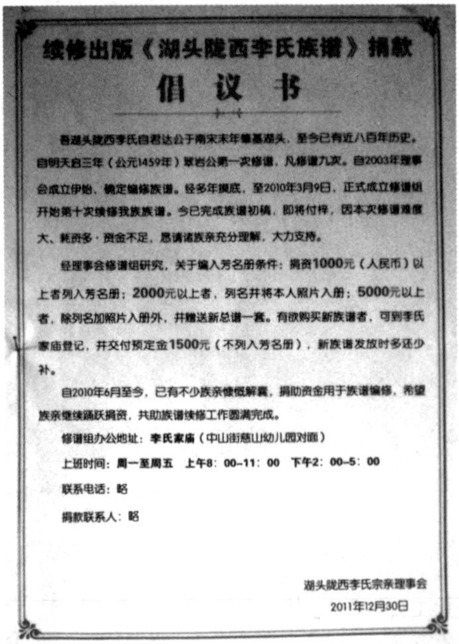

续修出版《湖头陇西李氏族谱》捐款

倡议书

吾湖头陇西李氏自君达公于南宋末年肇基湖头，至今已有近八百年历史。自明天启三年（公元1459年）翠岩公第一次修谱，凡修谱九次。自2003年理事会成立伊始，确定编修族谱。经多年摸底，至2010年3月9日，正式成立修谱组开始第十次续修我族族谱。今已完成族谱初稿，即将付梓，因本次修谱难度大、耗资多，资金不足，恳请诸族亲充分理解，大力支持。

经理事会修谱组研究，关于编入芳名册条件：捐资1000元（人民币）以上者列入芳名册；2000元以上者，列名并将本人照片入册；5000元以上者，除列名加照片入册外，并赠送新总谱一套。有欲购买新族谱者，可到李氏家庙登记，并交付预定金1500元（不列入芳名册），新族谱发放时多还少补。

自2010年6月至今，已有不少族亲慷慨解囊，捐助资金用于族谱编修，希望族亲继续踊跃捐资，共助族谱续修工作圆满完成。

修谱组办公地址：李氏家庙（中山街慈山幼儿园对面）

上班时间：周一至周五　上午8：00–11：00　下午2：00–5：00

联系电话：略

捐款联系人：略

湖头陇西李氏宗亲理事会

2011年12月30日

续修出版《湖头陇西李氏族谱》捐款倡议书

定开支、收入不入账，引起族人和捐助者的不满，其修谱工作也难以正常进行，中途夭折者也非仅见。这种教训是要充分汲取的。

4.制定方案

在家谱正式编修以前的建立机构之时，所建立的机构除应发出倡议、积极筹措修谱经费外，应做的另一项重要工作就是加紧制定编修计划和编修方案，以便有序推进各项工作。其中，编修计划也是具体的工作计划，内容应包括修谱准备、具体实施、修改校对、印刷出版、颁谱庆典等各环节的工作内容、时间安排、任务目标、落实办法等。编修方案则是修谱阶段具体做法的更详细方案，其中不仅应包括修谱宗旨、指导思想和原则、体例，还要有编修大纲和基本篇目、具体编修人员分工，这些也都是下一步工作必不可少的基础。当然，所制定的方案可以根据具体情况而定，如果修谱时的一切几乎都是从头开始，没有充分的修谱资料可供参照，其制定的方案就可以较为简略，仅突出修谱的原则性和指导性便可。如果修谱前的准备工作做得非常充分，尤其是已经占有了大量的修谱资料，具有了具体编修的深厚基础，所制定的方案便可以十分详细、具体，这样也才可以有更强的可操作性，修谱效率也会因此得到提高。

如前举《中华王氏大成总谱》，修谱前所制定的方案便较为简略。其在正式启动修谱前虽已专门成立了总谱局，确定把所修家谱分为总卷首、琅琊、太原、开闽、三槐、和派、寻源等7个分总谱，并确定由文化水平较高、修谱经验较为丰富、具有奉献精神的19人作为总编和副主编，但总谱和各分总谱究竟怎么编修，在编修前的准备阶段事实上还没有制定出具体的编修方案，总谱和各分总谱的编修大纲和基本篇目还没有确定下来，甚至直到正式出版前还在修改、调整。与此不同，前举《中华高姓大通谱·总谱》总编早在编修该谱数年前就已经编写出版了高姓系统研究专著，具有广泛搜集资料和全国各地实地考察的深厚基础，还筹备成立了高姓历史文化研究会，并亲自担任副会长兼秘书长，为编修该谱进行了充分准备，在此基础上编修该谱也是水到渠成。因此，在该谱正式编修以前，其编修方案便已十分详细、具体，其中不仅确定该谱收录原则是有全国地位和全国影响、受全体高姓族人共同关注的人或事、物，内容包括总序、凡例、总字辈、源流、总世系表、宗规、仪礼、传记、宗族文献、艺文、文物、附表等篇，而且还把每部分具体分工到人，极具可操作性。为了便于为各姓修谱提供借鉴，不妨将其稍加调整选录如下：

总序

序一 盛世修谱 功莫大焉（高占祥）

序二 告慰先人 启迪后昆（高以诺）

序三 高姓谱牒沿革（高路加）

序四 《中华高姓大通谱》走来的历程（高忠诚）

序五 中华高姓与中华民族（高若敏）

凡例（集体整理）

总辈序文（高时阔执笔）

第一篇 源流与总世系(高路加负责）

第一章 高姓的来源与迁徙（高路加）

第二章 高姓总世系表（高路加，高风滨）

第二篇 宗规

第一章 家规家训家戒（高孔煜）

第二章 高氏二十四孝（高忠诚）

第三篇 仪礼（高忠诚）

第一章 祭祀仪礼要义

第二章 祭祀仪礼要素

第三章 祭祀仪礼方案

第四章 祠堂祭祀仪礼

第四篇 宗族文献（高山水负责整理）

第一章 旧谱

第二章 赞词与恩荣录

第三章 碑记

第四章 墓志铭

第五篇 艺文（高家协负责整理）

第一章 史册留名及近现代杰出高姓人士作品简述

第二章 诗词作品

第三章 历代高姓名人散文作品

第四章 历代高姓书画作品

第五章 有关高姓人物的戏剧、评书、小说

第六章 有关高姓的著作、诗词、歌曲

第六篇 文物（高荣清负责整理）

第一章 祖墓

第二章 祠堂

第三章 族谱

第四章 文化遗迹

第五章 古建筑

第六章 古物

第七篇 人物（高令印负责整理）

第一章 古代人物（高路加）

第二章 近现代人物（集体整理）

第八篇 附表

第一章 附表一组（高福信）

第二章 附表二组（高健人）

第三章 大事记（高健人，高有德）

第四章 其他（高林负责）

第九篇 玉照芳名（高平和整理）

第一章 玉照

第二章 芳名

由于《中华高姓大通谱·总谱》编修方案制定得明确、具体、分工到人，在后来正式编修时也认真执行了该方案，编修过程颇为顺利，最后交付出版的该谱也基本符合事先制定的方案，充分体现了在编修前准备时制定方案的重要性。

5.搜集资料

在正式编修家谱前的准备阶段，还有一项根据所制定的编修方案而有目的、有计划地进行搜集修谱资料的工作。在所应搜集的资料中，按资料的性质区分，一般分为搜集旧资料和搜集新资料两种。而在所应搜集的旧资料中，事实上又包括非常庞杂的内容。其中既应包括搜集旧家谱资料，也包括搜集分散在正史、野史、方志、类书、碑文、墓志、文集、书信、凭证、专著、论文等中的姓氏源流、家族世系、始祖居住地、家族聚居地、族人迁徙分布地、家族重要活动等方面的资料，以及年谱、著作、诗词、联语、绘画、书法、祭文、杂论等文献资料，遗迹、遗址、坟茔、祠堂、碑刻、图片、书画、证书等实物资料，口耳相传的访谈、调查资料，等等。至于新资料，基本上是指专门为修谱准备的资料，主要包括通过到家家户户调查登记的方式搜集到的资料，或通过一定方式让家家户户自己报送的资料。但无论是搜集旧资料还是搜集新资料，都应在搜集之前制定具体的搜集计划，分工到人。同时，还要采用穷尽式的资料搜集方法，从本家族、本姓氏的实际出发，实事求是，广征博采，凡相关的资料都要收全，不缺不漏。再者，搜集资料时还要处理好一般搜集和重点搜集之间的关系，不止于泛泛的搜集资料，还要采用问题式的搜集方法，通过搜集资料能够解决一些重点、重大问题。加上所搜集的资料来源、时代、作者等都不相同，资料的价值也会参差不齐，需要对其进行认真鉴别、考证，去粗取精，去伪存真，确保真实可靠，才能为新家谱的编修奠定科学基础。此外，由于所搜集到的资料比较散乱，还要对其及时加以整理，以便确保其能够满足修谱的需要。

在搜集资料时，搜集旧资料至关重要。特别是对于旧家谱中的资料，一定要不遗余力地搜集。由于这样或那样的原因，旧家谱保存至今的已经不多，并且收藏分散，有些甚至在民间秘不示人，要想在其中发现对本家族或本姓氏有用的资料已经非常不易，如果不花足够的时间和人力、精力、财力去想方设法搜集，就可能漏掉最有价值的资料，给新修家谱留下不必要的遗憾，或者难以解决世系、迁徙、分布、传承等许多至关重要但可能已在旧家谱中解决了的问题。相关的事例是不胜枚举的。

在今湖北荆门、荆州、潜江、沙洋、公安、松滋、澧洲等地，生活着大约10万个王姓人，共同尊奉明洪武初年由江西饶州府乐平乡（今景德镇）迁居荆楚地区的王伏一、王伏二兄弟为始祖，在清顺治二年（1645年）首次修谱，以后又在雍正十二年（1734年）、同治元年（1862年）两次重修，在同治元年重修时还首次提出了始祖上源世系缺失、希望查找上源问题，但长期没有得到解决。至2009年准备重修家谱时，负责组织修谱之人尽管历时数月，自己亲自驾车逾10000千米，往返宗亲分布的上述各地，拜访了从“玉”字辈到“万”字辈的8辈族人，得到了各地宗亲和古稀老人等的广泛支持，获得了大批珍贵资料和同治元年的三修家谱，但仍未能解决上源问题。直到次年3月把三修家谱整理打印、寄给湖北和江西各地宗亲后，才在该年5月得到了湖北阳新一位同姓宗亲的反馈信息，告知在一部初修于明嘉靖三十九年（1560年）、重修于2008年的《新安琅琊王氏统宗世谱》中发现了其始祖王伏一兄弟的线索，这才如获至宝，并据以追本求源，得知王伏一兄弟是五代十国时期吴国祁门县令王璧的后代，而王璧字大猷，任职祁门后定居在县中的苦竹巷，传9子23孙，其中长子王思聪的次子王敬允由苦竹巷迁居浮梁柘平，王敬允孙王克俊由柘平迁浮梁上冲，王克俊孙王辅由浮梁上冲复迁柘坪。此后，由王辅依次传王征、王猷一、王升四、王参二（宫宇）、王齐（德齐）、王念一、王千四、王文三、王朝九（洪甫）、王佳一（国武）、王贤一（希涸）、王芝一，共12世，而王芝一便是其始祖王伏一兄弟的父亲。至于祁门县令王璧以上，根据上述家谱的记载也可知出自历史上著名的王姓支派琅琊王氏，尊奉周灵王太子晋为祖先，自太子晋以上更能与中华人文始祖黄帝联系在一起，瓜瓞延绵，渊源有自。因为找到了家族上源，负责组织修谱之人又在2011年3月专程到王璧墓所在地安徽祁门县铜锣湾寻根祭祖，完成了家族中多年的夙愿。

由于费尽千辛万苦搜集到了祖先们都不曾掌握的资料，解决了家族中100多年来长期困惑的问题，该家谱随后的编修工作异常顺利，并以2015年3月召开的颁谱大会为标志完成了全部的编修工作。新修的家谱定名为《荆楚新安琅琊王氏宗谱》，除仍把王伏一兄弟作为始祖、编修《荆楚王姓始祖伏一公秩下卷谱》等以外，还专门增加了源流篇，分为《姬姓历代世系源流》《琅琊王氏宗谱》和《思聪公世系源流》3部分，分别追溯始祖以前世系、事迹。其中，《姬姓历代世系源流》依据《史记》《辞海》《夏商周年表》等编成，起自黄帝终于周灵王太子晋，把黄帝作为第1世，太子晋作为42世；《琅琊王氏宗谱》主要依据《新唐书·宰相世系表》和周秦汉唐文献中的人物传记编成，起自太子晋终于王璧，以太子晋为第1

《荆楚新安琅琊王氏宗谱》——一部在广泛搜集资料基础上编修的新家谱

世，王璧为48世；《思聪公世系源流》主要依据前举《新安琅琊王氏统宗世谱》编成，起自王璧终于王伏一兄弟族人王遂一裔孙王思祖等人，以王璧为第1世，王伏一兄弟为20世，王思祖等人为25世。由于王伏一因外迁荆楚、子孙繁衍而另作世系表，王伏二则因仅传王难生、王难惠1世而止于该表中。上述这些把世系追溯到始祖以前乃至远古时期的内容，对其家族来说是首次修谱以来的第一次，完成了祖先数百年来想做而没有做到的事情，如果没有修谱以前的扎实、严谨、持之以恒的搜集资料工作，显然是无法做到的。

又如在今四川苍溪、剑阁、阆中、南部、三台、盐亭、遂宁、射洪、绵阳、广元、旺苍、南江、巴中、通江、仪陇、营山、达州、渠县、乐山等县市，以及重庆市相关区县，湖北黄州、襄阳等地，生活着一支被称为青山王氏的王姓人。他们因始祖、唐刑部侍郎王浔随唐僖宗入蜀后留居于今四川苍溪县嘉陵江西的青山驿（今禅林乡玎山村）而得名，曾是两宋时期望族，素有“九子八进士，一女入皇宫”之说，如今已传40余代，祖先墓仍完整保留在青山观一带。但由于各种复杂的原因，至今还没有一部完整记载其始祖王浔以前家世源流的家谱，仅有少许关于始祖以前家族来源的传说。传说中王浔是西晋司徒王浑的后代，王浑当年被委蜀地为官，赴任时不忍将老母留在家中，遂奉母同往。途经青山驿时，老母不幸病故，只得就近择地安葬，其墓被后人称为“贤母坟”。王浔随唐僖宗入蜀途经此地时，见“贤母坟”荒凉残破，伤感万分，后辞官留居于此，一个原因也是为了就近守护祖茔。根据这一传说，我们可以知道王浑是西晋重臣，但王姓作为来源复杂、历史名人众多的大姓，王浑究竟出自王姓何一支派，他之前和至王浔之间世系传承情况如何，究竟具有怎样的历史，这个问题不通过认真而广泛的搜集资料便无法解决，而这一问题显然又是编修新家谱时面临的重大问题。对此，编修新家谱的组织者通过自己和聘请专家充分搜集资料、并对所搜集的资料认真研究、分析，首先确认了王浑以前的世系传承和发展演变脉络，进而梳理出了王浑至王浔之间的世系传承线索。其中，通过搜集《晋书》《三国志》等正史资料和《世说新语》等其他文献资料，可以确知王浑的基本事迹和家世情况；以此为基础搜集其他周秦汉晋文献，特别是《竹书纪年》《潜夫论·志氏姓》《史记》《后汉书》，以及三国魏《王基碑》、北魏《威远将军王昌墓志》、唐河东刺史《王仁求碑》、唐王颜《王卓神道碑》、唐李翰《宰相王方庆传论并序》、乾隆版《蒲州府志》、日本学者守屋美都雄《六朝门阀的研究——太原王氏系谱考》，等等，可知王浑所在的家族出自王姓历史上的著名支派太原王氏，得姓始祖是周灵王太子晋，在太子晋至中华人文始祖黄帝之间、太子晋至王浑父亲王昶之间的世系传承线索基本清晰。

如果进一步研究所搜集到的资料，又可知王浑所在的家族出自太原王氏最为重要的分支晋阳王氏，其家族的奠基人是东汉桓、灵二帝时期的王柔、王泽兄弟，而王泽子王昶在魏末官至司空，还是西晋建国的功臣，其家族从此开始崛起，西晋时因王浑灭吴有功而把家族势力推向鼎盛。至于在王浑至王浔之间，由于当时的历史处于西晋至唐朝末年，正是太原王氏最为辉煌的时期，通过搜集晋唐间的太原王氏资料，特别是这一时期的正史人物传记，以及《元和姓纂》《新唐书·宰相世系表》等文献，可知王浑因功成为朝中重臣，4个儿子中除长子王尚去世较早外，次子王济、第三子王澄、第四子王汶都鼎贵一时，孙子王卓、王聿等人也知名于晋末。但晋末以后，由于受西晋灭亡的影响，王浑所在的支派急剧衰落，后代也极少见于记载，《新唐书·宰相世系表》中所谓王浑“生湛，字处冲，汝南内史。生承，字安期，镇东府从事中郎、蓝田县侯。生述，字怀祖，尚书令、蓝田简侯。生坦之，字文度，左卫将军、蓝田献侯”，与《三国志·王昶传》及注对照，便可发现上述记载存在明显错误，其中的王浑“生湛”实际是王浑“弟湛”，显贵于东晋、北朝以至隋唐的太原王氏都是王浑弟王湛的后代，其世系传承情况基本可见于《新唐书·宰相世系表》。

由于存在上述原因，在西晋末年以后的王浑子孙传承世系已不见于正史记载，至王浔之间的世系更存在500多年的空白，这大约也是青山王氏相关资料中长期缺少王浑至王浔之间世系资料的主要原因。倒是同一时期的王浑弟王湛后代的资料相当完整，王湛裔孙王溥更在唐昭宗时期担任宰相，生活时代与王浔同时或稍晚。如果青山王氏关于家世来源的传说存在与上述《新唐书·宰相世系表》同样错误的话，参照《三国志·王昶传》及注和《新唐书·宰相世系表》中“生湛”以下内容，青山王氏在始祖之前

青山王氏始祖王浔墓碑
西晋王浑至王浔之间源流仍是空白

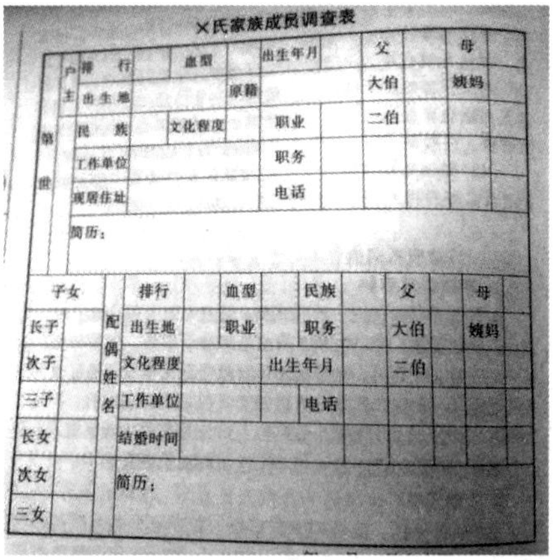

×氏家族成员调查表

第一世	户主	排行		血型		出生年月		父		母
		出生地		原籍				大伯		姨妈
		民族		文化程度		职业		二伯		
		工作单位				职务				
		现居住址				电话				
		简历：								

子女		配偶姓名	排行		血型		民族		父	母
长子			出生地		职业		职务		大伯	姨妈
次子			文化程度			出生年月			二伯	
三子			工作单位				电话			
长女			结婚时间							
次女			简历：							
三女										

家族成员调查表

的世系传承问题并非难于解决。可见，上述结论也是在大量搜集资料并认真分析、研究的基础上得出的，为解决始祖之前的世系传承问题提供了有价值的思路。如果没有花大力气进行有针对性的搜集资料和专业性的分析、研究，是无法推进始祖以前世系传承问题的研究工作的，即使新修了家谱也仍然会留有遗憾。

除上述以外，搜集资料时还要特别重视对新资料的搜集。尤其是对现有人员的信息资料，要设计和印制专门的登记表格，逐家、逐户、逐人进行登记，避免遗漏。逐人登记时为了减少差错，可以按身份证或户口本信息为基础进行登记，有助于避免因差错造成的重复修改。为了更有效率，减少因族人不重视、不主动等原因而

高岭汪氏入谱人员分户登记表

高岭汪氏入谱人员分户登记表

____卷____公____房　　居住地：______市______县（市、区）______乡（镇）____村（居委会）____组____号
______市______区______街______小区______楼______号

上辈姓名	排行	谱名	姓名	与户主关系	住址、单位、学历职称、荣誉、身份	出生年月日时（农历）	配偶地名	配偶父名及功名	子女排行	配偶姓名	子女数及姓名

	上辈姓名	姓名	出生年月日时	已故年月日时	葬于何处、何地、坟向和碑记	收费情况					
已故人情况						赞助款	人口款	谱款	红丁款	功名款	立碑款

备注：幼时死亡在子女数栏姓名后填殇或夭，子女数填不下时占用下格；续妻另起一格，在前妻后填写；户主父与祖父应填表，以接老谱；更上辈记录不全的应补上。

户主姓名：　　填表人签名：　　联系电话：　　填表时期：　　年　　月　　日

武胜舒氏宗谱参修成员登记表

武胜舒氏宗谱参修成员登记表

系			现住地址					谱书对应页码			联系电话	
主姓名			户主的父亲母亲名					户主的祖父祖母名			填表时间	2012年
字派	与户主关系	谱名和字名	性别	学历学位学校	职位	单位职位职称	出生年月日时（参照户口簿）	男方祖籍、女方嫁入前地名及父亲名、女儿出嫁后地名及夫婿名	生育情况	现状：本人外迁、外出的时间和工作单位、家庭住址或是逝世时间和埋葬地点	捐赠记录	
	本人		男									
	妻		女									

造成的漏记，可以采用培训专门调查员的办法入门登记。入门登记的资料一定要做到准确、详尽，书写规范，为了便于使用，通常设计专门的表格，采用如下的基本格式，也可以根据实际需要加以修改、完善。

另外，为了充分调动族人对编修家谱的积极性，主动配合资料搜集和调查，还可以通过不同的方式进行广泛动员，或专门发出倡议。如在《荆楚王氏·三槐堂宗谱》开始编修前，就专门发布了“纂修《荆楚王氏·三槐堂宗谱》倡议书”，其中便包括号召族人帮助搜集或积极提供资料的内容，其全文如下：

追根溯源不忘列祖列宗，教育子孙不忘养育之恩

荆楚王氏，自古同根，溯我三槐堂之源，苦于家谱失落难考，唯有十六个字辈可循：“世家宗光、心玉明良、培植祖德、万年永昌”。经查访，我族人广泛分布于荆门、潜江、荆州等县市，属当地之旺族。为查找上源，理清世系，特向族人做如下倡议：

1.本着遵循祖训、溯源探本的宗旨建议尽早成立宗亲组织。

2.以村镇支系为单位设立分会，并轮流转动开展活动，定期召开宗族会议。

3.由各支系负责人牵头统计本族人数、收集本族典故、历史记录、家书、族谱等资料。

4.成立《荆楚王氏·三槐堂宗谱》纂修委员会。

希望荆楚广大族人同心同德，做好族谱资料收集整理工作，力争2010年前拿出《荆楚王氏·三槐堂宗谱》的清样，早日完成上述任务而不懈努力！

总之，搜集资料是家谱编修前最为重要的工作之一。常言说“巧妇难为无米之炊”，修家谱也是如此。很难想象如果没有资料作为参考，所修的家谱能是什么样子。事实上，一部好的家谱应是旧资料的汇编和新资料的补充、提升，只有占有了丰富的资料，才能使所修家谱资料翔实、内容完备。

三、一般家谱的编修方法

在为编修新家谱进行了充分准备以后，便可动手编修家谱了。根据本书第一章第三节“家谱的内容”所确定的大致顺序，各部分的编修方法基本如下：

1.与修谱相关内容的编修

如前所述，与修谱相关的内容即谱名、谱序、谱论、谱例等内容，或被称为家谱编委会、序言、目录等内容，也是家谱开宗明义的部分。在这些内容中，传统方法与新型家谱略有不同，究竟采用何种方式，应根据实际情况，由家谱编委会共同商议决定。

（1）谱名

谱名即家谱的名称，近年编修的家谱中称谓很多，家谱、族谱、宗谱、总谱、通谱、统谱、全谱、合谱、会谱、世谱、房谱、支谱、家乘、源流谱、图谱、族志、家史等都有所见。在这些通用的名称之前，一般都还带有属于本家谱特有的姓氏、地名、郡望、堂号、几修、原籍等，形成几种大致固定的范式。其中，由地名和姓氏组成的谱名如《辽南宁氏家谱》，由郡望和姓氏组成的谱名如江苏泰兴《延令王氏家谱》，由姓氏和几修组成的谱名如《六修黄氏家谱》，由地名和姓氏、几修组成的谱名如《合肥李氏三修家谱》，由地名和姓氏、堂号组成的谱名如《蜀中马河嘴王氏族谱》，由姓氏和堂号、几修组成的谱名如《黄氏敦睦堂重修家乘》，由原籍和姓氏、地名组成的谱名如《江西黄氏丰城派迁长支谱》，等等。至于《中华高姓大通谱》《中华王氏大成总谱》《中华丘氏大宗谱》等，都是具有全国通谱性质的谱名。而《中华王氏大典（福建卷）》《中华丘氏大宗谱·浙江湖州瑞祥兜分谱》等，则是既有全国通谱谱名又包括地方名称的谱名。至于2009年出版的《孔子世家谱》，本来是在此前基础上的第五次大修通谱，为了继承传统，并没有在谱名中带上第几次编修字样，而是继承了清康熙二十三年（1684年）以来的修谱传统，仍用已有的谱名命名，属于全国少见的特例。

王氏族谱中《江右派源世系表》
谱左侧可见谱名中的地名、
姓氏和六修等字样

其实，由于各家各姓的情况不同，在为新修家谱命名时也应鼓励多元化，没必要强求一致性。如果所修家谱是在以前基础上的续修，建议在沿用传统名称的基础上，通过“几修”表示与传统家谱的区别。如果与传统家谱的体例、内容等并非相同，或者根本没有传统谱名可供参照，则可以集中族人的智慧，确定一个富有时代感的名称。毕竟“名不正则言不顺”，确定谱名是编修家谱的第一步。如果一时确定不了，不妨用一个暂用名代替，待考虑成熟后再确定最终的谱名。

（2）纂修、捐资人名

纂修、捐资人名，是传统社会所编修家谱中的两项重要内容，现在则多把纂修人名称为家谱编委会或修谱理事会，纂修称为总编或主编、编委会主任等，而捐资人名仍是表彰对编修本家谱有功的重要人员的名单。其中如安徽桐城的汪氏族人在2014年发布第六次修谱公告时，所确定的修谱理事会成员名单是：

名誉理事长：朝晖

理事长：裕季、德权、庆国（汪祠）

秘书长：志峰

会　计：庆生

出　纳：苏军

理　事：金生、晓虎、建明、乃文、庆国（杨公）、庆月、庆伯、庆平、庆珠、庆明、长诗、长丰、长国、长发（鸭子）、毛林、国胜、剑锋、长征、长青、汪鑫、积锟、海涛、长发（双中）、长源、来国、晓军、要武、立新、长贵、合同、长杰

从上述名单中，我们不难看出与传统纂修人名相比，尽管存在名义上的不同，实际上所要从事的工作并没有本质的差别，所编出的家谱在性质上也是基本一致的。同样，为了鼓励族人为编修家谱出钱出力，该修谱理事会还特别发出《修谱须知》，其中不仅对修谱原则、入谱对象、入谱内容、收费标准、修成后发放标准等进行了明确规定，还专门制定了捐款办法，对捐款人员分五等进行奖励，即：“凡捐款1000元及以上者，可在小传内注职务、职称、荣誉等；捐款2000元（暂定，人口费除外）及以上者，赠全谱一套；

捐款1万元及以上者，除发全谱一套外，在小传内附赞语；捐款5万元及以上者，除发全谱一套外，另作大传一篇，本人为名誉顾问；捐款10万元及以上者，除发全谱一套外，另作大传一篇，本人为名誉董事长。”从中可见，这样的捐款规定是为了保证修谱工作的顺利进行，一旦修成之后，捐款人名单也同样会印入家谱，其表彰作用也是显而易见的。

（3）谱序

谱序，现在又多称序言或前言等，是放在家谱前面提纲挈领性的文字，由族中闻人或社会贤达撰写，少则几篇多则数篇，字数数百到上万不等，具有为家谱增色的作用，甚至被誉为“家谱上的金色饰物”。一篇高质量的序言往往涉及作序缘由、修谱原因、修谱目的、家族历史渊源、历代修谱情况、主要迁徙经过、重大历史悬疑考辨、道德说教等，字数不多但分量很重，其价值有时甚至超过家谱的其他部分。因此，许多家族在编修家谱的准备阶段

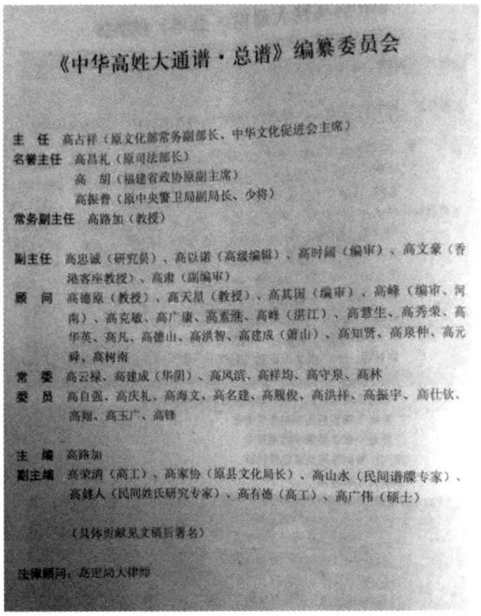
《中华高姓大通谱·总谱》编纂委员会

主　任　高占祥（原文化部常务副部长、中华文化促进会主席）
名誉主任　高昌礼（原司法部长）
高　韶（福建省政协原副主席）
高振普（原中央警卫局副局长、少将）
常务副主任　高路加（教授）

副主任　高忠诚（研究员）、高以诺（高级编辑）、高时阔（编审）、高文豪（香港客座教授）、高肃（副编审）
顾　问　高德泉（教授）、高天星（教授）、高其国（编审）、高峰（编审、河南）、高克敏、高广康、高素堯、高峰（湛江）、高慧生、高秀荣、高华英、高凡、高德山、高洪智、高建成（萧山）、高知贤、高泉仲、高元舜、高树南
常　委　高云禄、高建成（华阴）、高风滨、高祥均、高守泉、高林
委　员　高自强、高庆礼、高海文、高名建、高履俊、高洪祥、高振宇、高仕钦、高翔、高玉广、高锋

主　编　高路加
副主编　高荣消（高工）、高家协（原县文化局长）、高山水（民间谱牒专家）、高姓人（民间姓氏研究专家）、高有德（高工）、高广伟（硕士）

（具体贡献见文稿后署名）

法律顾问：高定局大律师

《中华高姓大通谱·总谱》
编纂委员会名单

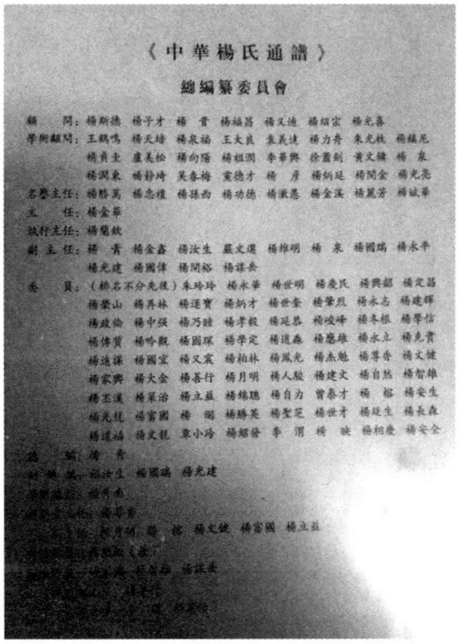
《中華楊氏通譜》
總編纂委員會

《中华杨氏通谱》
总编纂委员会名单

重修家譜叙
古者官有政功即賞官族邑
交加之族者湊也聚也謂恩
愛相流湊也使不前有創後
貫承繼傳而後親疏等叙昭
穆尊卑未有不混秩莫辨者

蕭山於氏宗譜 卷一 重修家譜叙 二零一二（壬辰）年重修 零八五 零八六 叙慶堂

矣修譜之最不誠亟乎我於
氏自國平公由陝西來寧蕭
山而家子長山至四世禮二
公贊峽山吳氏始于峽山聚
族焉前明已後譜凡幾修皆
屬家藏譜本歲久缺殘字多

浙江《萧山于氏宗谱》“重修家谱叙”

就开始琢磨聘请哪些名人作序，在编修家谱的过程中又不断发现、增加作序名人，甚至在家谱编毕印刷时又增加新的序言。于是，在不少新编的家谱上，往往会看到多篇序言，有些家谱还把这些序言与历代谱序排列在一起，使之共同构成与家族相关的重要文献。可见，谱序也是家谱的一个重要组成部分，怎样安排这部分内容和聘请哪些人作序都要从全局的角度认真考虑。

为了便于编写谱序，现以笔者近年受邀所作的两篇谱序为例，以供参考，并借以说明谱序的重要性。其中，《湖南谢氏通谱》序是：

癸巳年夏，我有幸与谢五八先生在参加华夏姓氏源流研究中心于深圳召开的《中华姓氏简史》丛书编委会主编会议上相识，深为五八先生的严谨、认真所感动。在会议期间，五八先生提出要我为他正在主编的《湖南谢氏通谱》作序，我既感到高兴也觉得为难。因为我深知，自己尽管研究谢姓多年，也写过我国最早的一本研究谢姓的著作《华夏姓氏丛书·谢》（1993，广西人民出版社），以及最有影响的一本谢姓研究著作《中华姓氏通史·谢姓》（2002，东方出版社），和另外一本关于谢姓的普及读物《林谢刘杨：中国大姓寻根与取名》（1999，气象出版社），但由于这些书出版已久，我的一些看法都记录在了书里，并没有更多的新资料、新观点跟广大谢姓朋友分享和交流，要是这样去作所谓的“序”，我担心会有负五八先生的厚望，所以并没有当场答应下来，而是答应他考虑考虑。等开完会回京以后，我很快收到了五八先生通过电子邮件发来的他多年研究谢姓的几篇鸿文，一一拜读之后，引起了我对曾经研究过并受过困扰的一些问题的思考，觉得有必要借此机会集中谈一下我对一些争议问题的看法。因为我知道，这些年来在谢姓中争议较多的几个问题，有些便是因为我书中的某些观点而起。正是出于上述考虑，我答应了五八先生的要求，写了下面这些文字，算不上是“序”，只是我对几个问题的现在看法，请五八先生和谢姓朋友们批评指正。

首先，谢姓的血统来源问题。由于过去的史书记载语焉不详，甚至相互矛盾之处很多，我通过多年的研究而整理出来的思路是：谢姓人的主体分别出自炎帝和黄帝两大系统，尤其是出自炎帝系统，得姓的最关键人物是炎帝的后代、周宣王的舅父申伯，是因为申伯被分封在“谢”这个地方而得姓的，当地之所以被称为“谢”是因为有条河流叫谢水。早在申伯封谢以前，就有一些黄帝的后代生活在当地，他们大约自夏朝以来就是一个势力较小的方国或部落。至周宣王时，因为舅父申伯征讨俨狁有功，被分封到这里，申伯的后代入乡随俗而姓谢。而原来的黄帝后代仍以自己的方国或部落名称为姓氏，与炎帝和申伯的后代一样也姓谢。上述两支不同来源的谢姓人都是谢姓正宗，也是当今绝大多数谢姓人的血统所出。尽管由于其中出自炎帝和申伯之后的谢姓人影响更大一些，但也只是主体谢姓的一个组成部分。

其次，谢姓的得姓地点问题。申伯当年所封的谢和黄帝后裔所生活的谢水流域究竟在哪里，是近几十年来在谢姓中一直争论不休的问题。其实，各方争论的目的无非是想把问题搞清楚，而争论的结果客观上也促使答案更为明朗。越来越多的人认可了申伯所封的谢和黄帝后裔所生活的谢水流域在今天的河南南阳市所辖的宛城区（原南阳县）、唐河县一带的说法，同时还认为申伯当年受封之地和谢水流域并非是只有一两个村庄那么大的“邑”，而至少是一个拥有伯爵爵位的方国，按照《周礼》有方圆300里之地。谢姓得姓的地方就在这一范围内，换句话说，这一范围内的任何地方都是谢姓的得姓地点之所在，主张其中的任何一地都有其道理。

第三，谢姓得姓以后的发展线索问题。如果我们认真梳理能够见到的历史典籍，就可以发现，谢姓在得姓之地得姓以后，便以此为中心向北、向南发展。其中向南发展的一支在两汉时期的会稽（今浙江绍兴）形成望族，并诞生了东汉巨鹿太守谢夷吾、东晋吏部尚书谢奉、史学家谢沈等著名人物；向北发展的一支在汉魏时期的陈郡阳夏（今河南太康）知名于世，并在西晋末年以后南迁至建康（今南京）、会稽等地，经过著名人物谢衡、谢缵、谢鲲等人的经营，最终在东晋著名宰相谢安时成为天下著名望族。从此直到南朝末年，这支谢姓人都是天下谢姓人的代表，与另一个著名家族琅琊王氏齐名，后人所谓“王谢风流满晋书”所指便是如此。谢姓正是由于在历史上有这么两支分别以会稽、陈郡（一些家谱误作陈留）为祖籍而知名于世，因此，在后人论及郡望时，也以会稽、陈郡并举，其原因便如上述。

第四，谢姓修家谱的价值和作用问题。家谱是以姓氏为标记、与家和家族有关的典籍，每一部家谱都是一个姓氏或家族的历史记录，对谢姓来说也是如此。编修家谱不仅可以帮助每一个谢姓人了解本姓氏发展演变的历史或迁徙繁衍的线索，了解谢姓丰富的姓氏文化，而且还可以作为研究人类学、民俗学、历史学、考古学、人口学、遗传学等相关问题的资料，具有其他文献不能代替的作用。同时，家谱还是谢姓血缘寻根或文化寻根的纽带，可以起到联系、团结海内外宗亲、增强本姓氏乃至整个中华民族的凝聚力、向心力、自豪感的作用。再者，家谱中的族规家法中还要求族人尊老爱幼、努力进取、睦邻友善，这些都是传统美德，在历史上曾发挥了维护社会秩序的作用，至今仍有现实意义。正是由于有上述这些价值和作用，不由我们不重视家谱的编修工作。

总之，谢姓值得关注的问题其实很多，不少问题也都值得每一个人进行更为深入、冷静、客观地研究和思考。我在以上仅就其中的四个问题谈了个人看法，五八先生所主编的这本《湖南谢氏通谱》实际上也是对相关问题深入研究和思考的继续。我相信，它的面世不仅有益于增强谢姓人之间的认同感、凝聚力、自豪感，而且对谢姓研究也将起到有益的促进作用。也正因如此，我乐于把它推荐给广大读者。

二〇一三年七月于北京

《中华王氏大成总谱》总序是：

根据我国公安部门按户籍资料进行统计的最新结果表明，王家人口已经接近1亿，位居全国大姓之首。如何让这么多人凝聚起来，形成具有高度认同感、充满自豪感和凝聚力、亲如一家的关系，不仅需要广大王家人的认真思考，也是研究界一直关注的问题。由王听兰先生担任总编纂、中国文史出版社正式出版的鸿篇巨著《中华王氏大成总谱》，无疑能够起到相应的纽带作用。

《中华王氏大成总谱》，也是一部新编的王家家谱。关于家谱，我们都知道是一种与家相关的典籍，也是家的生命史，记录着一个家从发源到生息、繁衍的全过程。在我们这样一个尤为重视血缘亲情的社会里，家谱一直被认为具有辨别血统、敦亲睦族的特殊作用。借助家谱，我们不仅可以了解自己的家或家族发展演变的历史，还可以作为研究某些问题的资料或伦理道德教育的教材，甚至还能在一定程度上起到维护社会秩序的作用。对于王家这样一个历史悠久、源流众多、分布广泛的中华大姓来说，家谱的作用尤为重要。

说到王家，我们都知道一向被认为是王者之后，不仅有姬姓之王、妫姓之王、子姓之王、虏姓之王等多个源头，还有琅琊王氏、太原王氏、开闽王氏、三槐王氏等众多支派，在天下大姓中长期处于数一数二的突出位置，天下近亿王家人也都以自己的姓氏为荣。同时，为了把自己家或家族繁衍发展的历史记录下来，大约从两汉时期开始，一度作为皇族的元城王氏就编写了自己的皇家谱牒，东晋初年的丞相王导又亲自编写了自己的琅琊王氏家谱，其他王家著名支派如太原晋阳王氏、太原祁县王氏、东海王氏、北海王氏等也都有自己的家谱，被修谱者编入《姓氏簿状》中。东晋南朝时的王家达官贵人还把是否会编写家谱、谙熟家谱上所记载的内容当成做官或与人交往的基本功，刘宋宰相王弘、萧齐宰相王俭都在这方面有突出造诣，梁朝人王僧孺更担任天下家谱总纂官，奉旨编成《十八州谱》等700多卷，其成就也超过号称“世传谱学”的贾渊之等人，把修谱变成了一种专门的学问，人称“贾王之学”。直到今天，与家谱相关的学问仍然被称为“贾王之学”。

由上可见，王家人很早就有修谱的传统，而修谱成为一门学问也与王家人有关。更为重要的是，王家人还从最早的那部家谱开始，不断补写和续修自己的家谱，形成了修谱家风，也留下了无数部令人称颂的家谱。如今，经过数十人多年努力而终于编成的这部《中华王氏大成总谱》，更成为众多王家家谱中最有分量的新成果。而担任总编纂的听兰先生，也是一位把王家联谊和研究从星星之火推向燎原的德高望重之人。他在退休前就积极参加自己家乡尚儒王氏家谱的编修工作，并亲自担任顾问；退休后又把数字化的现代修谱方法引入到家谱的编修工作中，进而关注普天下的王家联谊和研究工作，把它当作专门的事业，先后创办了中华王氏文化研究中心并亲任理事长，开办了中华王氏王网站，编辑出版了《中华王氏文化研究通讯》双月刊，现在又总纂了这部总谱，一直以来的努力和付出得到了宗亲们的广泛尊重和爱戴。

作为一个有机会了解这部总谱编修出版情况并先睹部分内容的人，我知道它是在听兰先生带领下、几乎举全天下王家人之力编成的，具有广泛的群众基础，它的编修出版也将起到增强天下王家人乃至中华民族凝聚力的作用。通过这部家谱，不仅可以让王家人了解自己家族辉煌的历史和文化，也可以借以了解中华民族的历史和文化，并借以增强各自之间的凝聚力和自豪感、认同感，进一步确信“同姓一家亲”的根亲情结。

这部王家总谱的编修出版，还有助于促进王家乃至整个社会的和谐建设。家谱是家的文献，家是社会的细胞。在我国这样一个具有悠久历史的国度里，传统观念往往以家为中心，注重家与国、家与人之间的关系，要求家庭和社会维持一种井然有序的和谐状态，做到父子有亲、长幼有序、夫妇有别、朋友有信，做到了这些就是做到了和谐。这种对和谐的要求在这部总谱里也有明确体现，这也是非常可贵的。我国目前社会上所存在的家庭、人际关系及道德上的某些缺失，在一定程度上也是传统道德教育被忽略的结果。正因如此，党和国家一再强调要把建设和谐社会作为执政目标，而和谐社会建设也离不开和谐文化的支撑，其中的文化当然也少不了家谱文化中那些有益的内容。因此，把历代王家传统美德凝练出来并收录在家谱中的相关部分，使之成为具有突出现实感的文化内容，不仅有利于彰显家谱的文化价值，也有利于继承优秀的传统文化，从传统中发掘思想道德教育资源，重建社会道德，让社会变得更加和谐。

这部王家总谱的编修出版，也有助于推动王家文化事业的繁荣。家谱作为一种文化，在我国历史上曾是一种显学，朝廷选官和社会上婚丧嫁娶、人才教育、社会稳定等都离不开家谱，至今仍在许多方面对我们的日常生活发挥着影响。这部总谱虽然在某些方面还可能存在需要进一步完善之处，但我们仍能从中看出它不仅对历代家谱的有益内容进行了继承和吸收，而且又有许多新的特点，具有新家谱的开创之功。它的出版面世不仅能对王家家谱文化的繁荣起到有益的推动作用，也有助于王家文化的繁荣和发展。

总之，这部总谱作为王家家谱的最新成果，以“王”字这一每个王家人都有的身份标志符号为主线，涉及王家人共同的历史和文化，具有突出的文化价值，同时也有明显的现实意义，实际上是一部新型的王家家史、族史，对于弘扬王家优秀传统文化和优良品德都有独特的价值和作用。也正因如此，我乐于把它推荐给每一位本家。

二〇一四年七月

《湖南谢氏通谱》

（4）谱论

谱论是与家谱相关的“名人名言”，传统家谱多收录欧阳修、苏洵、朱熹、宋濂、王阳明等名人语录，或直接把皇帝的喻民榜、喻民诏刊载在谱前，近年的家谱则把民国时期和新中国成立以后的名人关于家谱的名言当作谱论，体现了与时俱进精神。其中如在2015年编修出版的《湖南谢氏通谱》中，于正文前专门有“今古名人论家谱”一节，其中节录有孙中山、胡适、蔡元培等名人关于家谱的言论，以及宋真宗、宋宁宗、明太祖等皇帝关于修谱的诏书，程颐、欧阳修、苏洵、宋濂、邱浚、钱大昕等人关于修谱的论述等，共35条，所包含的内容相当丰富，基本上囊括了编修该谱时所能搜集到的全部谱论。又如在2015年编印的《重庆铜梁王氏族谱》上，便在谱论部分刊载了文化部国档会（184）7号“关于协助编好《中国家谱综合目录》的通知”、文化部办社图函（2001）29号“关于协助编好《中国家谱总目》的通知”，以及南宋明清诏谕四则（南宋宁宗孝皇帝赐族谱序节录、明太祖高皇帝修谱诏、清圣祖康熙仁皇帝召民徙蜀诏、清圣祖康熙仁皇帝圣谕十六条）、现代领袖人物论谱。仅从这些名称中，便不难看出该谱的谱论试图囊括古今相关重要论述，以便进一步强调编修家谱的意义，把其上升到历代重视的高度。而在这些谱论中，有些也的确具有高瞻远瞩、高屋建瓴的高度，在家谱中具有与谱序同样的价值。

（5）谱例

谱例，在传统说法中也称凡例、条例、规条、例言等，即家谱的编修原则。从近年所编家谱的情况看，其中所强调的修谱宗旨仍不外乎“尊祖、敬宗、收族”，但在表述上与传统有所不同，较多地带有了政治性、时代性，其详情已见于本书第一章的相关部分。但无论如何，由于家谱是要传于后世和充满时代感的家族历史文献，修好以后难免不让人与其他传世家谱比较，为了减少时代因素的影响，尽量采用较为中性的观点表述、少收录过于政治化的内容应是要把握的一个基本原则。同时，由于家谱还是一种纪实性的资料文献，在叙述时把内容表述清楚即可，寓事实于记述之中，文字简明扼要，评论画龙点睛，不应作过多的理论分析、空洞议论、阐述和评论，要把家谱修成经得起检验和比较的“信史”。尤其是对姓氏来源、家族发源、世系、重大事件、人物生平事迹等，都要力求真实、准确，有疑问之处还要认真考证，查清疑问产生的根源。对于一时无法查清的疑问也应如实记载，留待以后修谱时解决。对于那些有多种答案的疑问，也应同时把各种答案都记载下来，留待阅谱者或后人从中选取自认合适的答案。只有这样，才是把握了编修家谱的“贵在真实”原则，而真实也是家谱的生命和价值所在。

在确定家谱的谱例或编修原则时，还要注重不同时期家族历史的不同编修方法，奉行贯通古今、略古详今原则。无论是家族历史还是地方史、国史，本来都有一个逐渐发展的过程，并非处处清楚，越往前越模糊，但也不能因此忽略不计，使家族历史出现缺

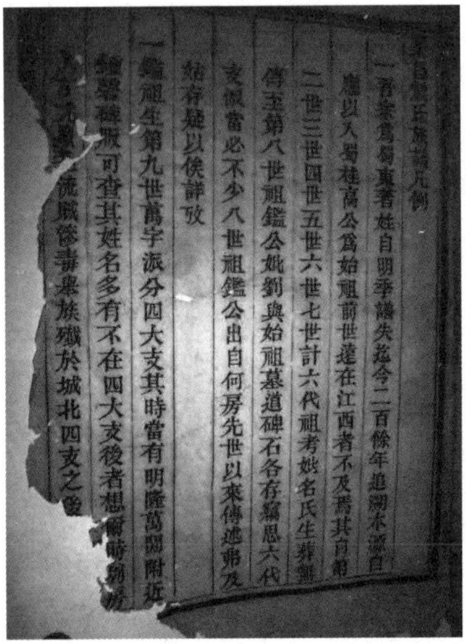
凡例
一吾族爲蜀東著姓自明季播失迄今二百餘年追溯本源自
應以入蜀楚萬公爲始祖前世遠在江西者不及爲其自前
二世三世四世五世六世七世計六代祖考妣名氏生葬難
傳至第八世祖鑑公妣劉與始祖墓道碑石各存竊恐六代
支派當必不少八世祖鑑公出自何房先世以來傳述弗及
姑存疑以俟詳攷
一鑑祖生第九世萬字派分四大支其時當有明隆萬間附近
頗有遺派可查其姓名多有不在四大支後者想爾時
流賊修毒舉族殲於城北四支之後

重庆《荣昌敖氏族谱·凡例》
清光绪四年（1878年）编修，
其中有关于修谱原则的规定

环，成为无源之水、无本之木。只有做到了追本求源、贯通古今，才能全面反映家族起源和发展演变的历史。但由于许多已经修成的家谱大多采用了明清以来编修通谱的做法，把家族历史追溯得非常久远，并且有事必录，从而也使所修的家谱内容庞杂，卷册较多，与家族历史相关的部分没有必要的区分，缺乏重点。较为成功的做法是把较为久远的历史简略记载，越到后来的记载越详细，也就是遵循略古详今原则。只有详细记载了家族较近的历史，做到了详略得当、不失偏颇，才能更好地发挥家谱的纪实作用，激发族人的凝聚力、自豪感、使命感，在不同岗位上作出新的贡献。

另外，编修家谱毕竟是一个家族或整个姓氏的大事，而所确定的谱例或原则又直接关系到家谱的质量，因此，在确定谱例或原则时也要多征求意见，让所确定的谱例或原则得到大多数人的认可。这种做法，也是家谱编修的民主协商原则。这一原则不仅适用于确定家谱编修原则之时，也适用于家谱编委会成员产生、修谱方案和修谱大纲拟定、修谱经费筹措和使用奖励办法确定，以及家谱文稿审订、家谱印制、颁谱等一系列重大环节中。只有采用了这一原则，遇到问题时充分酝酿讨论，广泛征求意见，议事的公开性、透明度得到保证，族人的积极性得到调动，聪明才智得到发挥，才会积极献计献策，同心同德支持修谱工作。只有通过民主协商达成共识，所做出的决定才能得到广泛认可，修谱的各项工作才能得到顺利开展。

当然，除上述以外，编修家谱还有其他许多更为具体的谱例或原则，一些原则还通过“凡例”的形式加以确定。其实，凡例本来就是落实家谱编修原则的实施细则，内容包罗广泛，凡家谱名称、编修范围、入谱标准、起止年限、编次结构、篇目设置、行文规范、图表编排、附录选取、开本大小、排版形式等都在其规定之列。加以其以条文形式表述，一事一条，简洁明快，可以起到提纲挈领的指南作用。但在编写凡例时，也要注意几种特殊情况。比如，家谱虽有共通之处，但每部家谱不仅有各自的特殊性，还有通谱、支谱等的区别。所修家谱究竟是通谱还是支谱，或者是由通谱改修为支谱、由支谱合修为通谱，由于性质不同，就需要在凡例中加以说明。如果家谱的名称与原来的家谱相比有所改变，也要在凡例中予以说明。对于如何克服传统家谱中的男尊女卑影响，贯彻落实男女平等思想，解决女儿，特别是独生女的入谱问题，也应在凡例中的相关部分中作出规定。又如，家谱中还涉及历史纪年问题，对清代以前纪年、民国纪年和1949年以后的纪年在表述上应有所不同，究竟是统一为公元纪年还是清代以前纪年用帝王年号括注公元纪年、民国纪年用民国年号括注公元纪年、1949年以后直接用公元纪年，都要在凡例中规定清楚。至于更为具体并可供直接修改、引用的凡例，可以参考以下样本。

传统家谱常见凡例样本：

一、本谱为××省××地区×氏家谱。

二、本谱世系上溯自××公，下限止于公元××××年，凡历约××年。

三、修谱原则

1.本谱以“敬宗收族，弘扬祖德，正本清源，理顺脉络，教育后代，耀国荣族”为宗旨，客观公正记述族情，力求思想性、科学性、资料性相统一，反映×氏风貌和家族特色。

2.旧谱全文照录，对其中错误之处不做改动，另设考证栏目予以说明。

3.遵循“信以传信，疑以传疑”原则，力求源流世系衔接有序。若其间存在无法衔接之处，暂维持原状，以备后人考证。

4.客观反映家族来源、繁衍生息、迁徙分化、荣衰升沉史实，尊重事实，不夸张、不溢美。

5.因族大人多，取字命名难免雷同，应以尊卑等为原则在谱中改易。凡卑犯尊讳，改卑不改尊；生犯死讳，改生不改殁；微犯显讳，改微不改显。若非同房同支，则不拘此例。凡改易者仍须记载其原名，以备查考。

四、入谱范围

1.凡本族成员，不论男女，无论婚生、非婚生，均可入谱。

2.本族男性所娶女性，因参与本族繁衍，入谱。本族女性夫婿入谱，以明确血脉流转。

3.本族男性出继异姓，或本族女性招婿入赘，所生子女若以本族姓为姓则入谱，否则不入谱。

4.若本族男性亡故，其配偶在家招夫，子女以本族姓为姓，以本族子女入谱，否则不入谱。若配偶另嫁他人，子女仍以本族姓为姓，以本族子女入谱，否则不入谱。

5.若本族成员收养异姓子女为后，改为本姓者可入谱。

五、人物编写原则

1.成年男性，记载某公之子，以及本名、曾用名、派名、字、号、出生年月日时、居住地、供职处所、婚配日期、配偶姓名。已故者载明卒于何年、葬于何地。男性出继他姓者，其子女仅记载下一代姓、名。

2.男性配偶（妇），记载姓、名，以及何地何人之女，出生年月日时，生育几子几女。已故者载明卒于何年、葬于何地。夫在离异或夫死再醮，仅记载生年而不记载殁、葬。

3.成年女性，记载某公之女，以及本名、曾用名、出生年月日时、供职处所、婚配日期、配偶姓名，生育几子几女及其详情，再下一代只记出生。已故者载明卒于何年、葬于何地。

4.女性配偶（婿），记载姓、名、何地何人之子、出生年月日时。

5.尚未成年族人，无论男女皆记载某公之子或女，以及名、曾用名、出生年月日时、出生地、籍贯、在读学校。

6.同族过继男女，过出和过入均记载。抚养异姓子女为后者仍可入谱，编入正文，不入世系图。

六、传记编写原则

1.生不立传。

2.凡旧谱和史籍有载的历代先贤、当代已故名人、对社会有重大贡献者，均予立传。

3.凡历代进士、举人、贡生，近当代学士学位以上、行政职务科级以上、军衔校官以上，以及高级工程师、农艺师、经济师、会计师、律师、主治医师、高级及特级中学教师、教授、副教授、名记者、作家、艺术家、实业家、名人等，无论男女均列入名人录。

4.劣迹昭彰者亦入谱，以明其过，警示后人。

七、世系图编写原则

1.本谱采用×式谱法，世系图×世一提。凡男、妇身后无传者下用黑圈，以杜冒充之弊。

2.男女过继者，世系图上按过入记载。如某甲系某乙所生，过继给某丙，则在图上记为某丙所出。抚养异姓子女为后者仍可入谱，不入世系图。

八、术语书写原则

1.以男性己身为准，未婚者记为“聘”，已婚记为“娶×姓××”，续弦记为“继娶×姓××”，纳妾记为“副室×姓××”。如属已故者，记为“配×姓××”，妻妾已出或改嫁他人者，记为“生卒不详”。

2.女性未许聘者记为“待字”，许聘者记为“字×姓××”，已嫁者记为“适×姓××”，改嫁者记前不记后。

3.凡属迁徙无定、音问久疏之人，注记为“远出无考”。

4.族中去世之人，年龄60以上者记为“享寿××”，未及者记为“享年××”；未满7岁者记为“殇”。

5.生卒年月日未知者，记为“生卒未详”。生卒时辰未知者，记为“吉时”。葬处未详者，记为“葬未详”或“空山名坐向”。

九、纪年书写原则

1.旧谱涉及纪年，照谱不变，必要处加注公元纪年。

2.新谱涉及纪年，凡属清宣统三年（1911年）以前者，沿用朝代年号纪年法，以括号加注公元纪年；凡属中华民国时期纪年，以民国某年为纪年，用括号加注公元纪年；凡属1949年以后纪年，以公元某年纪年。

十、其他书写原则

1.行政区划、地名古今不同，为保持原貌，遇历史地名、籍贯时，以当时行政区划、地名为准，加注现行政区划、地名。

2.历代科举、官职、等级、称谓各有定制，本谱以当时文献记载为准，必要时加注当代相应或相近学历、职务、职称等。当代学历、文化程度一般只选最后学历，毕业学校视本人是否提及而定，获得学位者录其学位。职称则采用国家规定的相关系列的职称名称。

3.本谱使用规范化的字和计量单位，数字采用汉字和阿拉伯数字。

4.为弘扬传统家风，本谱选录部分传统家法、族规、家训、乡约内容，旨在取其精华，为当代家庭建设和制定新的文明条例提供有益借鉴。

十一、修谱期限

1.族谱30年为一世，宜15年三服内各支修，30年五服内小宗支修，60年五服外大宗修。秉笔必举公正贤能，辑录方为无弊。

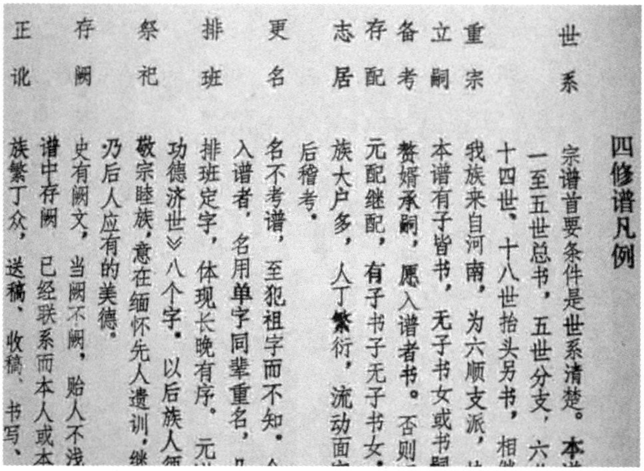

四修谱凡例

世系　宗谱首要条件是世系清楚。本
一至五世总书，五世分支，六
十四世、十八世抬头另书，相

重宗　我族来自河南，为六顺支派，

立嗣　本谱有子皆书，无子书女或书
赘婿承嗣，愿入谱者书。否则

备考

存配　元配继配，有子书子无子书女。

志居　族大户多，人丁繁衍，流动面
后稽考。

更名　名不考谱，至犯祖字而不知。
入谱者，名用单字同辈重名，

排班　排班定字，体现长晚有序。元
功德济世》八个字。以后族人须

祭祀　敬宗睦族，意在缅怀先人遗训，继
乃后人应有的美德。

存阙　史有阙文，当阙不阙，贻人不浅
谱中存阙，已经联系而本人或本

正讹　族繁丁众，送稿、收稿、书写、

家谱中的凡例

2.小修可仅收集入谱资料，不编印谱书，待60年大修时一并编印。

十二、新谱告成之后，择吉日颁与各房珍藏，应小心谨守，不得贪财私与他人。新谱领取之后，旧谱仍需妥善保存。

当代家谱凡例，可参见安徽桐城桐西高岭汪氏第六次修谱筹备委员会2014年1月发布的《修谱须知》中涉及修谱凡例的部分：

一、上谱原则：入谱自愿、男女平等。

二、上谱对象

1.本族现有成员，不分男女，一律上谱；

2.本族已去世成员，未入老谱者，不分男女，一律上谱；

3.本族已入老谱，但娶、嫁、殁、葬、生育等未登记齐全的，本次尚须补录；

4.已出嫁女除收录本人资料外，还收录夫婿资料，子女原则上不予录入，如随母姓可录入；

5.凡招赘者，除录入夫婿资料外，还录入子女资料；

6.男子已订婚者，其女友如愿意亦可入谱。

三、上谱内容

1.生、殁年月日时，以农历为准，以公历为生日者请注明；

2.嫁、娶对象本人姓名、出生年月日时、工作单位、住址、学历、身份、职称、职务及其他荣誉，对象父亲的姓名、职务、职称、荣誉等，对象在兄弟或姊妹中的排行；

3.生育子女状况；

4.正县（团）级干部、正教授级专业技术人员或有特殊贡献人员可另作传记并刊登半身像；

5.有美德或对社会、家族作出重大贡献者且已逝者，经谱委会研究同意，可附传记。

由上述可见，家谱中的谱例、凡例或编修原则的确定对家谱的编修来说的确十分重要。而在事实上，近年编修家谱的不少典型事例之所以典型、成功，尽管其中的原因很多，但至少仍与其在编修伊始确定了编修原则和凡例有关。仍以前举《中华王氏大成总谱》的编修为例，其在确定编修该谱时不仅制定了十分详细的编修原则、凡例，而且还根据实际情况不断完善。为了更加方便使用，其总编还把内容较多的原则、凡例进一步概括为三个方面，其中之一即：“明确各总谱的始端和终端，即第一个先祖与终端迁祖。其中，总卷首的第一个先祖即中华民族共同的人文始祖黄帝，表明王姓人都是正宗的黄帝子孙。总卷首的终端即各分卷总谱的始端，前后连接一致，高度统一。至于各分卷总谱的终端，也就是下限，并不是收录到现有人口为止，而是到发源于明清时期、至今已繁衍500人以上的某支始迁祖为止。始迁祖以下的世系由各支族人自己编修支谱，与总谱终端对接。这不仅减少了总谱的编辑工作量，还能使各支家谱很自然地与总谱连接在一起。”二是：“本谱在传统家谱的基础上，采用先进的数字化方法，按新家谱的体例进行编修。以其中的世系谱为例，主要包括世系图和世系表两个部分，在编辑时只需按规定编写出世系表，输入专用软件，就会自动生成世系图，大大简化了编辑工作量。”三是：“为了更好地编修本谱，我们在凡例、目录、标题、文字等编写方法、男女收录原则、个人称谓等方面也都作出了具体规定，以便具体编谱时有所参照，最大程度上做到了整齐划一。”从这些概括性的内容中，我们不难发现家谱的编修原则实际上涉及方方面面，在确定时需要考虑周全和具体，便于使用和执行。

2.与族源相关内容的编修

族源即相关家族的来源，在传统家谱里主要包括恩荣录、祖宗像、姓氏考、源流考等，近年新修的家谱中则变为祖宗像、名人像、名人题词、重要活动照片、姓氏源流考等。如在2015年编修出版的《湖南谢氏通谱》中，祖宗像、名人像、名人题词、重要活动照片、姓氏源流考等无所不包。其中，祖宗像和名人像共有23幅，既有得姓以前远祖炎帝、黄帝、姜尚像，又有得姓始祖申伯像，还有得姓以后祖先东汉巨鹿太守谢夷吾、三国魏典农中郎将谢缵、西晋国子祭酒谢衡、太常谢裒、东晋豫州刺史谢奕、东阳太守谢据、太傅谢安、卫将军谢石、西中郎将谢万、永嘉太守谢铁、车骑将军谢玄、才女谢道韫、南朝宋散骑常侍谢庄、临川内史谢灵运、齐宣城太守谢朓、北宋徐州通判谢能轩、朝散大夫谢志学、南宋右丞相谢深甫、明兵部尚书谢迁等人像；另外还有名人题词12幅，重要活动照片2幅；姓氏源流考则收录在正文第一章“谢姓渊源”中，分别包括“中华始祖”“谢氏来由”“谢姓始祖”“谢姓起源”等部分。除上述外，该谱还有中华谢氏联谊会会徽、湖南谢氏宗亲联谊会会徽、湖南谢氏文化研究暨宗亲联谊会会歌、谢氏宗亲会会歌、谢姓分布频率、湖南谢氏人口分布示意图、湖南省炎黄文化研究会“关于同意湖南省谢氏源流研究会加入本会的批复”等多幅重要图片，充分反映了该谱编修的全面性和独特价值。再如在具有家谱性质的《中华王氏大典（福建卷）》中，书前收录有其得姓始祖太子晋子乔公像，以及不同时期重要祖先如汉博士谏大夫琅琊祖王吉、

《杨氏命脉回溯》

东晋开国元勋金陵祖王导、五代十国闽国广武王王潮、武肃王王审邽、忠懿王王审知、福州守城都督王彦复等人的画像，另有当代王姓名人的题词。在随后的正文部分，专门设立一章作为第一章，考证“中华王氏源流”，其中的第一节又是“王氏姓源考略”，分“‘王’字的由来与涵义”“王姓的得姓始祖”“显著大姓的多重姓源”和“王姓的郡望、堂号”等考证姓氏来源及其相关文化。第一节之后，又接以“王姓播迁分布”“王姓入闽”和“闽王家族源流”“台湾闽王家族源流”“海外三王后裔”等内容，仅从名称便可知道，其内容与考证家族源流有关。又如在2010年编印出版、同样具有家谱性质的《杨氏命脉回溯》一书里，书前收录22张与家族重要活动和编者相关的照片，接着是4幅专门为本书所赠的诗、字、序的图片。在之后的正文部分，则用全书4篇中1篇的篇幅考证姓氏来源，而其他各篇都是与家族源流相关的内容。

当然，有些家谱中的姓氏考或源流考并非都能令人信服，也无法自成一家之言，值得商榷之处相当多。如在某部与王姓中开闽王氏一支有关的家谱中，姓氏考和源流考都舍弃传统的说法不用，提出了“新说”。其中，姓氏考提出开闽王氏的姓氏来源于王子成父，而不是来源于开闽王氏前身琅琊王氏公认始祖周灵王太子晋。事实上，这种“新说”中的王子成父原本是指东莱王氏、太原王氏的祖先，目前还看不到除此之外的其他记载。王姓的相关支派出自王子成父这一说法，大约最早由日本学者守屋美都雄在20世纪四五十年代的研究中提出。他在所著《六朝门阀研究——太原王氏系谱考》（日本出版协同株式会社1951年出版）一书中，罗列了几种太原王氏先祖传说的来源，其中之一便是这种王子成父说。他还说这种说法的出处见于三国魏《王基碑》和唐韩愈《王仲舒神道碑》，其中《王基碑》说家于东莱的王基出自"成父"，《王仲舒神道碑》称太原祁人王仲舒"其先出自王子成父"。《王仲舒神道碑》又进一步说王姓人"皆王者之后，在太原为姬姓，春秋时王子成父败狄有功，因赐氏，厥后世居太原"。实际上，守屋美都雄的说法只表明历史上有人认为太原王氏有这么一个来源，开闽王氏的来源与东莱王氏、太原王氏没有关系，把东莱王氏、太原王氏来源的说法之一直接移用在开闽王氏的来源上，的确值得商榷。

不仅姓氏考如此，该家谱的源流考尤其是关于开闽王氏在王审知之前的世系问题，也颇有进一步商榷的余地。如该谱指出，在唐武后宰相王方庆第五子王晔至王审知之前存在世系脱误，这一脱误是在王晔之后，约3代人、80年，3代人的名字应是王晔子王儇、王儇子王淳、王淳子王煜。而在事实上，如果认定王审知是王晔的后代，而王晔又是唐武后宰相王方庆第五子，这一世系脱误的确存在，但这个王晔是不是唐武后宰相王方庆第五子，世系脱误是在王晔之前还是王晔之后，还应该进行更为深入的研究。笔者在与人合著的《中华王氏通书》的相关部分中曾指出，开闽王氏出自琅琊王氏的唐武后宰相王方庆第五子王晔的说法主要见于后世编修的开闽王氏家谱，在至今可见的唐宋时期文献中仅笼统认为与琅琊王氏有关。如在今福州市闽王庙中所立的唐天佑三年（906年）《王审知德政碑》（即《恩赐琅琊郡王德政碑》）载："公名审知，姓王氏，琅琊人也。后以大祖就禄光州，因家于是郡焉。”另一通立于北宋开宝九年(976年)的《重修王审知庙碑》（即《重修忠懿王庙碑铭》，该谱引《全唐文》时称《忠懿王庙碑文》，该谱引文中的王审知高祖名字是王煜而非王晔）也说：“公名审知，字祥卿，姓王氏，本琅琊人，秦将翦三十四代孙。高祖晔，唐贞元中，为光州定城宰，有善政以及民，因迁家于是郡，遂为固始人矣。”后世编修的开闽王氏家谱认为王审知高祖王晔就是唐武后宰相王方庆第五子，其说法实际上是出于木本水源之情而更为具体化的结果。在今天所见反映王方庆家族确切传衍情况的《新唐书·宰相世系表》里，于王方庆名下确实有子名晔，排行第五，官殿中侍御史；晔有子名儇，挽郎。但这一王晔不仅与《新唐书·王潮传》和该谱所说的终于固始令不合，而且其官职殿中侍御史官居从七品下，固始县令则为七品，二者的品级也不相合。更为重要的是，如果再翻阅两唐书《王方庆传》便可知，王方庆大约出生在唐太宗贞观末年，在武则天长安二年（702年）去世，他的第五子王晔即使是他的遗腹子，也应是唐代中叶以前人，不可能像前引《重修王审知庙碑》中所说的那样在“唐贞元中，为光州定城宰”。因为贞元是唐德宗年号，相当于公元785－804年，已是唐代中叶以后。由于生活时代并不一致，所以两个王晔为同一个人的可能性极小。

福州闽王庙
此即王审知故居，其中有关于其家世源流的碑刻数通

退一步说，即使假定王审知高祖王晔就是唐武后宰相王方庆第五子，那么，在王审知之前的世系表脱误也只会

在王晔之前，而不是像该谱所说的王晔之后。很简单的一个道理，如果按该谱这样在王晔之后增加王儇、王淳、王煜3代，那么，王晔就不再是前引《王审知德政碑》《重修王审知庙碑》中所说的王审知“大祖”“高祖”，而是王审知的8世祖了。事实上，在王晔至王审知之间的世系传承情况十分清楚明白，当时的官方史书、碑刻资料和更多的开闽王氏家谱都可以加以证实。如在王审知长兄王潮于《新唐书》的传记中，说“王潮，字信臣，光州固始人。五代祖晔为固始令，民爱其仁，留之，因家焉”，其中的“五代祖”便是高祖。前引《王审知德政碑》和《重修王审知庙碑》也说在王审知高祖王晔之后，王审知“曾祖友名，赠光禄卿。王父玉，赠秘书少监。父恁，赠光州刺史，继赠太尉。公即太尉之季子也”，或者说“曾祖友，赠光禄卿。祖蕴玉，赠秘书少监。父恁，累赠至太尉、光州刺史。公即太尉之季子也”，世系传承情况颇为清晰，看不出存在脱误问题。更何况《新唐书·王潮传》出自宋代史官之手，《王审知德政碑》是一通由唐朝礼部侍郎于兢奉唐哀帝敕撰写碑文的官方碑刻，《重修王审知庙碑》是一通由北宋福州刺史钱昱撰写碑铭的官方碑刻，三者都因距王审知不远而一向被学界公认为具有最为可信的史料价值。该谱在编写时并没有征引《新唐书·王潮传》和《王审知德政碑》，征引《重修王审知庙碑》时不直接使用至今仍能在福州闽王祠中见到的石碑文字，而是转引由远离唐代的清朝人编写的《全唐文》中的《忠懿王庙碑文》，实为不妥。

由上可见，家谱编修的确是大事，每一部分的内容都应当仔细推敲，言必有据，只有这样才能取信于世。尤其是姓氏考和源流考的编修，由于涉及姓氏和家族来源等历史问题，更应该采取严肃认真的态度，对传统说法充满敬畏之心，一味地标新立异只会有损于所修家谱的价值。同时，由于所修家谱是面向广大族人的传世之作，不应是主编个人好恶和观点的放大，要经得起族人和历史的检验，因此，在为考证得出结论时更应慎之再慎。

3.与世系相关内容的编修

世系又称齿录，是家谱中最为核心的部分。根据其性质的不同，一般又分为世系考、世系图、世系表、世系录、字辈谱等，而世系图和世系表又是最常见的内容。由于世系图和世系表往往占据家谱中的绝大部分篇幅，编修质量的高低直接影响所修家谱的整体水平，因此也需要引起特别的重视。

（1）世系图

世系图是家谱中用图的形式表示血缘关系的部分，一般又称为垂丝图或吊线图等。这种方法是在图中把祖先和子孙后代之间用线条连接起来，如果需要进一步说明其中的代际关系或某人基本情况，或其他需要说明的问题，还可以在图中简单标注，让人一目了然，《丽川姜氏宗谱》和《尹氏宗谱》中的世系图即如此。但也因为过于简单、直接，远没有世系表所能表现的内容丰富，因此，近年所编修的家谱大多是世系图和世系表配合在一起使用。如从吴兴郡崇义堂《长丰水氏宗谱》中的世系图和世系表，我们可以看出二者的不同和互补性。

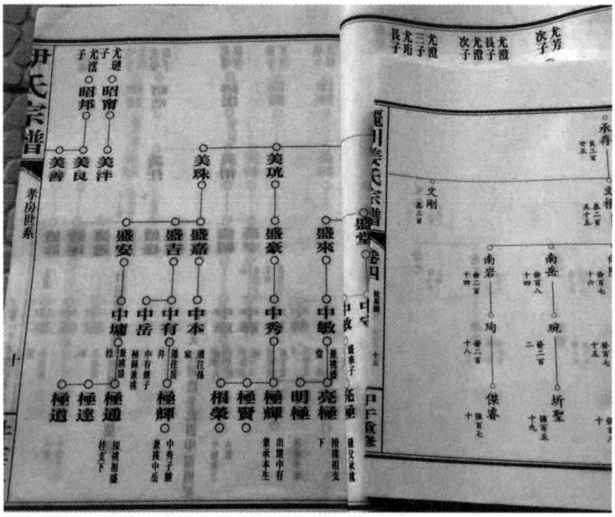

《丽川姜氏宗谱》和《尹氏宗谱》中的世系图

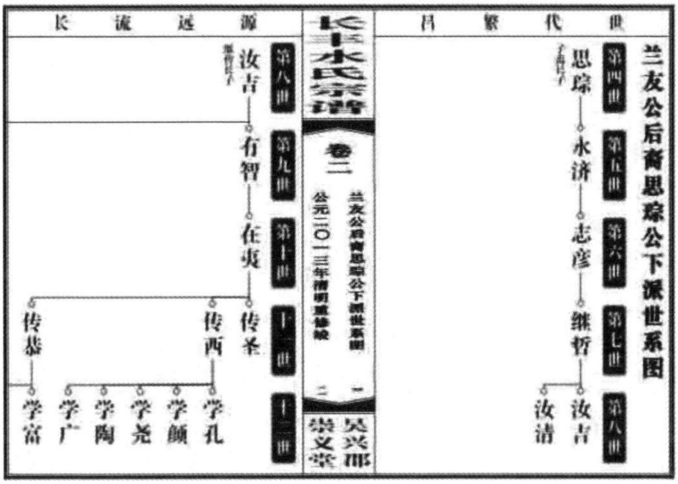

吴兴郡崇义堂《长丰水氏宗谱》中的世系图

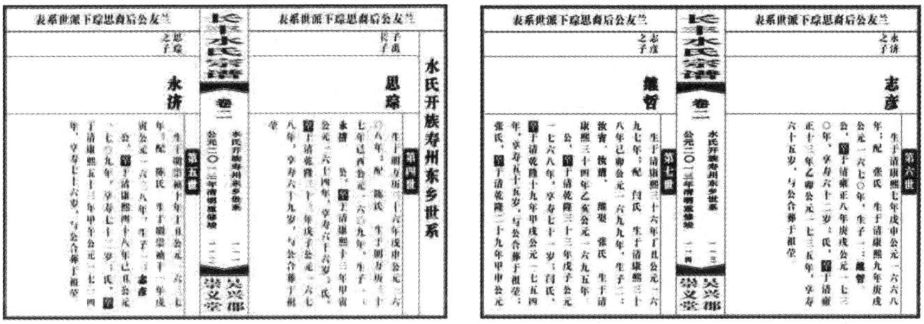

吴兴郡崇义堂《长丰水氏宗谱》中的世系表

由吴兴郡崇义堂《长丰水氏宗谱》的世系图和世系表可见，该谱的编修方法更接近于传统家谱，其世系图基本以5世为限，每图所表示的代际传承关系清晰，前图和后图的衔接紧密，前图的最后一世就是后图的第一世，充分继承了传统“欧苏谱法”的特点。至于其世系表，性质接近于世系图的注解，不仅标明各人所属世代、何人之子，而且还用简洁的文字注明其生卒年、婚配和子女情况、配偶生卒年、葬地等，使人能够对其基本事迹有所了解。因此，这样的世系表也与世系图一样，不失为新编家谱的一种范本。

也有些家谱在格式上有所不同，看上去相对复杂一些。但如果认真加以比较，其性质仍是大同小异的。如新修的江西吉安《王氏宗谱》第一至五世的世系图和世系表。

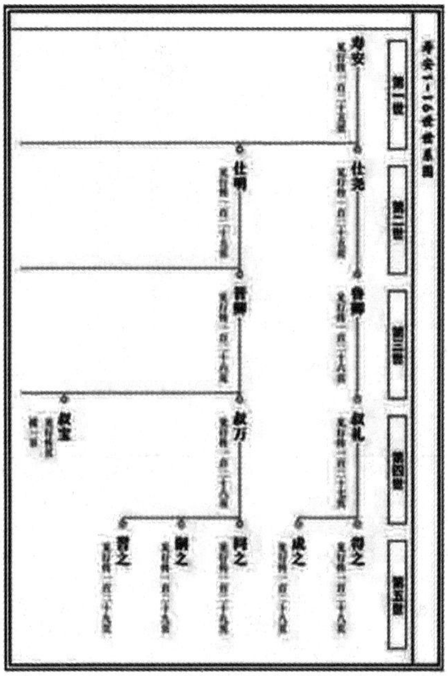

江西吉安《王氏宗谱》中的世系图

江西吉安《王氏宗谱》中的世系表

当然，编修家谱本来就是各个家族和姓氏的内部事务，究竟采用何种编法要根据具体情况而定，没必要千篇一律。何况我国的文字早已由繁体变为简体，书写习惯也由从右到左变为从左到右，印刷品也随之变为由左到右横向排列，因此，家谱中世系图和世系表也有不少发生了变化，出现了新的苏式、欧式或欧苏结合式等多种格式，以及不同格式的横向排列方法。其中如上述江西吉安《王氏宗谱》，其横排的世系图和世系表结合格式便是如下，也不失为一种可供参考的家谱格式。

（2）世系表

作为家谱中重要性超过世系图的核心部分，世系表内容更加丰富。凡是与已故祖先相关的名字、生卒年月、基本生平、婚姻子女、去世后葬地、墓葬位置与朝向，以及在世族人的学历、职业、职务等，一般都要在世系表中加以表现。由于每个人的上述资料都要列在世系表中，即使是简单到几十个字，排列在一起也有相当的分量。尤其是那些族大人多的家族或姓氏的全谱、通谱，收录的族人往往超过万人，甚至多达数十万、百万，世系表的总量更为庞大，某些家谱动辄数十册、上百册，其原因也是由于收录人口太多的缘故。正是由于世系表的作用如此重要，编好世系表无疑是家谱编修工作中的重中之重，不仅要引起足够重视，而且还要注意一些相关的问题。

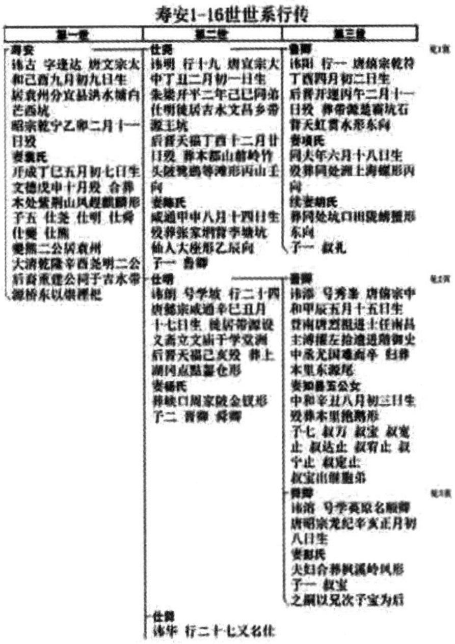

江西吉安《王氏宗谱》中的世系图和世系表结合格式

首先，要编好世系表，需要注意对已有家谱世系表的继承，做到新修家谱与已有家谱的无缝衔接。已有家谱由于编修于数年之前，编修时对在世族人大都采取动态的编修方法，其中所记载的大多只有出生年月，或记载一些诸如成年男性族人婚配情况、成年女性族人“适某氏”、未成年族人“未婚”或“未字”等，对因为修谱时还没有发生的情况，就无法记载了。当新修家谱时，由于距离上次修谱时间年代已久，很多情况都已发生了变化，如果不在世系表中进行补充和完善，就无法反映新家谱与旧家谱之间的关系，也无法体现新家谱是旧家谱的延续和发展。因此，编修新家谱的世系表就要在充分搜集资料的基础上，尽量把旧家谱的世系表补充完整。其中，对确知去世日期和年龄的族人，应补上去世日期和年龄，无法确知的补上“失考”二字；确知男性族人婚配情况和子女的，应补上婚配情况和子女；确知女性族人嫁某地或某人的，应补上“适某地”或“适某氏”，无法确知的应补上“适不详”。此外，对于族人的生平简历、文化程度、社会贡献、获得荣誉、社会地位等，也应用适当的文字加以补充，以体现世系表的全面性和完整性。其中，在补充文化程度时要取较高层次予以记录，表述职务时若职务过低则不予记录，涉及职称时若低于中级则不予记录，获得荣誉应在县级劳模、先进工作者、三八红旗手等以上，或与其社会贡献、个人特长等结合在一起进行概括性表述。如果新修家谱时没有旧家谱可供续修，便不存在补充旧家谱世系表问题，但对于世系表的全面性和完整性仍应充分重视。

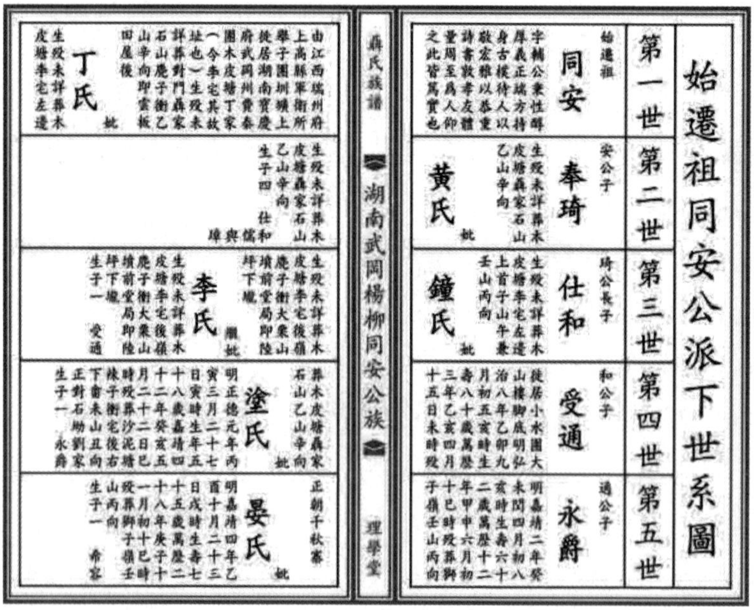

湖南武冈杨柳《聂氏族谱》中的世系图
世系图是世系表的别称，其中的字号最小的文字即人物生平事迹

其次，要编好世系表，也要注意世系表中文字表述的规范性，做到文字详实、精炼，切忌随意、笼统、粗糙。同时，还要尽量吸收传统家谱中用字简练、准确、达意等优点，不应随意更改或一味创新，过于现代或口语化的语言更应避免使用。家谱毕竟是历代民间智慧的结晶，通过数百年的实践早已形成了较为固定的模式和规范化语言，对于不同的内容都有较为习惯性的表述方法。如“配”“适”“赘”等都是与族人婚姻相关的专用词，“配”指男性族人娶妻，“适”指女性族人嫁人，“赘”指女性族人招赘女婿。如果在新修家谱中把“配”改为“娶”，把“适”改为“嫁”，或在表示女性族人招赘女婿时仍用“适”，都与传统的表述方法不同，势必造成新的混乱，远不如沿用传统的表述方法为好。再如在传统家谱中，记载族人婚嫁的用字都极为简练，如“配某公之女某某”或“生女二：长适某某，次适某某”，如果在新修家谱中记载为“配刘公之女刘某某”或“生女二：长女适某某，次女适某某”，其中第二个“刘”字或两个“女”字都显累赘、多余。又如对于不同年龄阶段族人的年龄或生老病死情况，传统家谱都有不同的表述，用寿称或亡称加以区别。而在寿称中，又把不满周岁的族人称为襁褓，把幼年儿童泛称总角、黄口，2～3岁称为孩提，8岁男孩或7岁女孩称为始龀、髫年，16岁女族人称为破瓜之年，20岁男族人称为弱冠。此外，对成年男性族人，不同年龄阶段也有不同的称呼，如30岁为而立之年，40岁为不惑之年，50岁为天命之年，60岁为耳顺、花甲之年，70岁为古稀之年，八九十岁为耄耋之年，百岁为期颐之年。同样，对于在不同年龄阶段去世的族人，又用亡称加以区别，甚至还进一步把男性族人的年龄按其去世时年龄大小称为“×寿”，把女性族人称为“×福”。其中，21～30岁的男性族人为短寿（女性为短福），31～40岁为强寿（强福），41～50岁为艾寿（艾福），51～60岁为周寿（周福），61～

70岁为稀寿（稀福），71～80岁为耋寿（耋福），81～90岁为耄寿（耄福），91～100岁为期颐（期福），不满20岁者则称为“夭”或“殇”。如果不知道这些规范性的表述方法，便会使所编世系表出现常识性的错误。又如在传统家谱中表示纪年时，一般都是书写年号和干支，近年所修家谱又新增括注公元纪年，也是比较规范的表述方法。但如果把年号和干支、公元纪年混用，则不如以1949年为界，对之前者采用传统的纪年方法、另加括注公元纪年，之后者采用公元纪年。能够做到这样，也是做到了表述方法的规范。

要编好世系表，还要切实解决女性族人入谱问题。由于我国长期是男权制社会，传统家谱记载的也多是男性族人，最多再附记以其配偶。因此，传统社会里的女性族人除非成为节妇烈女，一般都不入本族家谱，而是入夫家家谱、附属在丈夫名下。有些家谱甚至明确剥夺了女性族人被编入自家家谱的权力，规定那些“无子而有女者”的家庭“书无嗣”。一些家谱虽然没有这样的规定，但也认为女性族人出嫁后要改姓夫家的姓氏，当然也就不再属于自己的家族，不记录在家谱中理所应当。但在1949年后，特别是在20世纪70年代末开始推行“计划生育”政策以后，不仅使女性地位不断得到提高，而且还由于原来多子多孙的传统变为“一对夫妇只生一个孩子”而产生大量的独生女家庭，传统社会中所讲究的“不孝有三，无后为大”受到现实的严峻挑战，女性族人入谱也成为必须解决的问题。对此，一些家谱为了适应这种变化，尽管依然规定所修家谱以血缘关系为依托，但也在新修家谱中允许女性族人入谱，“子、女依男先女后排列，一并入谱，女儿注明性别”，“已出嫁女性载入昭穆，注明出嫁何地何人”，“未出嫁女性与男性一样编行第、排序号”。有些家谱不仅记载了女性族人，甚至进一步记载了其丈夫、子女情况，“将女、婿、外孙入谱”。如果是女性族人招赘女婿，赘婿也同样被编入家谱。湖北宜昌玛瑙河东岳庙的陈氏族人在

2005年编修的《陈氏族谱·凡例》更进一步明确规定："若陈姓男子亡故，其配偶在家招夫，子女又姓陈的，按本族人员入谱。"上述事例中对女性族人入谱问题的解决办法，都是对传统家谱编修方法的原则性突破。由于解决了女性族人入谱问题，其是否可以作为传承之人问题也顺势得到了解决。在这种情况下所要编修的世系表，应注意的是在该女性族人名下究竟可以入谱多少代人的问题。通常的做法是在该女性族人被编入世系表后，其名下仅载明女婿、所生子女等信息，对其第二代以下不再延伸编入。如果所生之子改随母姓，则以入赘的方式继续编入世系表。这种处理方式，与传统家谱中处理收养异姓子弟为后问题有近似之处，值得作为编修世系表时的参考。

另外，要编好世系表，还要把握好对所用资料的取舍问题，特别是要注意资料是否真实可靠，能否经得起检验。编修家谱毕竟是一件严肃的事情，也是对祖宗、对子孙负责任的事，应该保证所用资料的可靠、真实、准确，并在此基础上进行实事求是的表述。

总之，世系表的编修是一项责任重大、原则性很强的工作，编修时还会遇到多种多样的复杂情况。要想出色完成这一工作，就要以强烈的事业心和踏实的工作态度，对可能遇到的问题全面进行了解，对传统家谱中的世系表进行认真研究、仔细分析、充分借鉴，对新出现的问题制定切实可行的对策，才能最终编修出既补充了已有家谱缺漏又充满时代性、表述规范、详实精炼的高质量世系表来。而在事实上，无论是在传统家谱还是在新修家谱中，有一定参考价值的世系表都不乏其例，有些家族还为编好世系表而专门制定了编修规范，其规范也同样可供参考。如在安徽蚌埠《司马庄胡氏宗谱》的世系表中，对其二房一世祖胡恒盛的记载是："恒盛公，裕隆公之子，行二，生于明正德十六年辛巳八月二十一日丑时。

浙江永康2010年《石塔下李氏宗谱》中的世系表

妣王孺人，生于明嘉靖三年甲申二月初六日子时。生子一：兆圜。公卒于明万历四十年壬子五月十五日午时，享年九十有二岁。妣卒于明万历三十九年癸亥十一月初九日申时，享年八十有七岁。合葬于凤阳原籍司马庄，艮山坤向。”这段文字仅有百余字，其中既有胡恒盛的谱名，又有他的父名及父子关系，还包括了他的生卒年月、婚配、子女、去世后葬地、墓葬位置与朝向等最为基本的信息，可谓言简意赅，不失为世系表中文字表述的一种标准格式。至于近年修谱中世系表的文字表述，如浙江永康2010年所修《石塔下李氏宗谱》的世系表中对21世李思见的记载是：“李思见，李宗旺三子。生于光绪丙子年即一八七六年，属鼠，卒于民国己丑年即一九四九年四月，葬石塔下村公墓。娶工业园大坟山沿村林三妹。生三子：李朝金、李龙水、李岩林。生一女：李彩荷。”这段文字不足百字，其中包含的内容同样丰富，虽然还可以更为精炼，但也不乏参考意义。

正是由于重视对世系表的编修，有些家族还专门制定了编修规范，其中的一种如下：

（一）成年男性：记载某公之几子，名、字、号、出生时间，学历、职业、职务、供职处所、迁徙流向和主要业绩。已故的要载明卒于何时、葬于何地。

（二）男性配偶：记载姓名、何地、何人之几女、出生时间、生育几子几女、子女何名。已故的载明卒于何年，葬于何地。夫在再婚或夫死再醮，书其生年不书卒葬。

（三）成年女性：记载某公之几女、名、字、号，出生时间、供职处所，配偶姓名，生育几子几女，并按子先女后顺序记载其名字。已故的要载明卒于何年、葬于何地。

（四）女性配偶：记载姓名，出生时间，何地何人之第几子。

（五）尚未成家的子女：记载某公之几子或几女，名、字、号，出生时间，出生地；高中及以上文化程度者，记载最高学历，何时何校毕业或在读。

（六）同族男女过继的，过出和过入均记载。抚养异姓子女为后的可入谱；本族女子嫁人后，如果其子女姓邓则可入谱。

由上可见，世系表作为家谱中一个最为重要的组成部分，究竟如何编修的确需要认真对待。如果继承了传统并遵守了规范，质量较高的世系表仍是不难编修出来的。

4.与人物相关内容的编修

如本书第一章相关部分所言，人物是家谱的灵魂，家谱中的内容大都与人物相关。其中如家谱前的画像或照片、世系表中的人物简介等都是与人物相关的重要部分，而本部分所说的人物则主要是指那些能够被单独立传或被编修年谱的名人。就一般情况而言，在家谱中被单独所立的人物传多称为传记或人物传记，内容要比世系表中的人物简介详细得多。也正因如此，民间一般把世系表中的人物简介称为行传，而把单独所立的人物传称为传记。至于年谱，则是以编年形式记载家族中名人的事迹，与传记以事件为中心的记载方式不同，也因此与传记有所区别。

（1）传记

家谱中单独所立的人物传记，基本内容仍与世系表中的行传一样，包括名字、生卒年月、基本生平、学历、职业、职务、婚姻子女、去世后葬地、墓葬位置与朝向等。由于人物的重要性不同，传记的字数多寡、排列顺序等也有区别。就一般情况而言，对于那些不同阶段的重要祖先或代表性人物，无论何一家族或姓氏的家谱都会不惜篇幅、浓墨重彩加以立传，而对稍逊一些的祖先或名人用稍少一些的文字加以立传，对一般祖先或名人仅立人物小传，以这种详略之分表示区别。如传统孔姓家谱中的孔子、孟姓家谱中的孟子、刘姓家谱中的汉高祖刘邦、李姓家谱中的唐太宗李世民、赵姓家谱中的赵匡胤、朱姓家谱中的明太祖朱元璋，以及近当代孙姓家谱中的孙中山，等等，都是家族中最有代表性的人物，在家谱中的传记分量也最重。而孔尚任、孟浩然、汉惠帝刘盈、李商隐、赵高、朱温、孙传芳、苏步青等人同样都是各姓名人，但影响略小一些。如果把他们的传记编修得与孔子等人一样，也就不存在重点传记和一般传记了。因此，只有把他们的传记篇幅编得稍少一些，才会显出传记之间的层次和区别。而在事实上，如《史记》这样传世的不朽著作，其中既有秦始皇、项羽、汉高祖等人的单独本纪或孔子世家、老子列传，也有五帝本纪、秦本纪或楚世家、游侠列传、儒林列传中的人物合传，也是有所区别的，区别的基础也是由各人的影响所决定的。因此，要想编修好家谱中的人物传记，要注意区分人物的重要程度，以便有针对性地编修出符合其身份的传记。

要编修好家谱中的人物传记，还要注意其他一些问题。首先，要注意大量搜集并广泛占有翔实、真实可靠的资料，并对资料进行认真研究、分析、考证，辨伪存真，反复推敲，确定哪些资料可用，哪些不可用，最后再确定取舍。只有确保了资料的可靠性、准确性，据以所写的传记才能经得起检验。同时，所写传记还应全面、客观、公正地描述被立传之人的生平事迹，保证真实可信和准确无误、完整无缺。如果被立传之人需要重点宣传，还可以考虑选取其最有代表性的事迹或典型事件、言论、思想、学问、技能等突出特点，结合时代背景、家族环境等进行更深层次的描写，其传记内容才会更加丰富，人物形象才会更加饱满，所立传记也会更有个性，更能借以达到弘扬其业绩、教育族人的目的。同时，在描述其基本事迹时一定要坚持实事求是原则，切忌虚构渲染、拔高溢美、阿谀奉承，更忌对其评价时空话连篇，言过其实。另外，还要考虑人物传记的时代性，尽量少用时代性太强的语言，以免时过境迁，不便后人阅读使用。当然，有些传记中的人物可能只是一个普通百姓，没有那么多轰轰烈烈的事迹可供记载，但如果要把其传记编好，也可以另外挖掘其个人素养和社会美德等方面的事迹，如遵纪守法、助人为乐、爱岗敬业、诚实守信、夫妻和睦、勤俭持家、邻里团结、艰苦创业、无私忘我等，各选取相应的事例加以渲染，所写出的传记同样具有教育意义。

收录在家谱中的人物传记，一般都是随家谱重新编修的。如果已有合适的传记，也可适当考虑直接选用。对于那些在家族中特别重要的名人，有时为了表示特别重视，也会另请名人代写传记。另外，在传统家谱里，传记的收录原则一般是“生不立传”，即只收历代先贤及当代已故名人传记，近年则越来越多地为在世族人立传。为在世人立传时，一定要以事实为依据，客观公正地说清事实，尽量少发华而不实的空洞议论。特别是对于重要政治人物的传记，牵涉到评价问题，一般从官方文献中直接选用。再者，在写法上，家谱中的人物传记还应使用便于阅读的通用文体，避免文言或半文半白，以便让更多人能够读懂，确保家谱的使用和流传。同时，也要避免使用过于口语化的文体，确保人物传记的严肃性。此外，在传记先后顺序的排列上，除非是必须单独排在前面的杰出祖先或名人，都可以根据实际情况按时代先后进行立传，或按被立传之人贡献或行业进行分类。

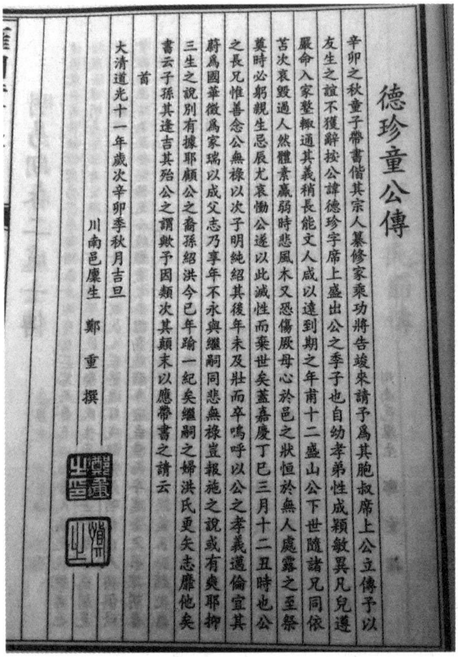

德珍童公傳

辛卯之秋童子帶書偕其宗人纂修家乘功將告竣來請予爲其胞叔席上公立傳予以友生之誼不獲辭按公諱德珍字席上盛出公之季子也自幼孝弟性成穎敏異凡兒遵嚴命入家塾輙通其義稍長能文人咸以遠到期之年甫十二盛山公下世隨諸兄同依苫次哀毀過人然體素羸弱時悲風木又恐傷厥母心於邑之狀恒於無人處露之至祭奠時必躬親生忌辰尤哀慟公遂以此滅性而棄世矣蓋嘉慶丁巳三月十二丑時也公之長兄惟善念公無祿以次子明純紹其後年未及壯而卒嗚呼以公之孝義遘倫宜其蔚爲國華徵爲家瑞以成父志乃享年不永與繼嗣同悲無祿豈報施之說或有爽耶抑三生之說別有據耶顧公之裔孫紹洪今已年踰一紀矣繼嗣之婦洪氏更矢志靡他矣書云子孫其逢吉其殆公之謂歟予因類次其顛末以應帶書之請云

首

大清道光十一年歲次辛卯季秋月吉旦

川南邑廩生　鄭　重　撰

清代家谱中由异姓名人代作人物传
也是家谱中传记的常见写法之一

另外，在编修家谱中的人物传记时，还要适当考虑编修或收录本家族杰出女性名人的传记。历史上，我国自宋代开始特别重视女性品行和个人操守，如果有以节孝知名的节妇、烈女，不仅会被朝廷或地方以不同的形式进行表彰，把其事迹写进正史、方志，甚至还会斥资为其建造贞节牌坊。在这种情况下，节妇、烈女所在的家族也会把其视为全族的光荣，其事迹也会被写进家谱。在现当代社会，女性实际上以其积极贡献撑起了半边天。因此，家族杰出女性名人传记理所当然成为家谱中人物传记的重要组成部分，编修时也应引起同样的重视。

总之，传记是家谱中与人物相关的重要内容，其编修也有一些约定俗成的方法，值得在编修新家谱时了解并加以遵守。

为了进一步说明不同时期、不同姓氏、不同篇幅、不同性别的名人传记编修原则和方法，不妨以一些在近年编修的家谱或具有家谱性质的著作中的传记为例进行参考。其中，谢姓家谱中所收录的其重要祖先、东晋著名宰相谢安的传记是：

谢安（320—385年），东晋宰相、太傅，陈郡阳夏（今河南太康）人，字安石。他深沉有才辩，很年轻时便获得了极大的名声。朝廷征召他做官，他也不以为意，整天与大书法家王羲之等人游处于会稽始宁的山水之间。直到40多岁时，他的父兄相继去世，弟弟谢万也被废黜在家，族中无人支撑门面，他这才应召入仕，任大司马桓温司马，此后又历任吴兴太守、侍中、吏部尚书、中护军等职。晋孝武帝时，桓温去世，他继任宰相。当时朝野上下危机四伏，他立志改革，在政治上“不存小察，弘以大纲”，立足于稳定政局；在经济上减轻赋税，缓和社会矛盾；在军事上为改变多年来的积贫积弱状况，建立了一支能征善战的北府兵；在用人上任人唯才，“举贤不避亲”，选拔族人谢玄等担任重要职务。通过一系列的改革，加强了统治阶级内部的团结，稳定了东晋政局。至公元383年，与东晋对峙的前秦大举南侵，号称有百万之众，“投鞭于江，足断其流”。面对这种强大声势，谢安作为执政大臣，采取了镇定应付的正确策略。他一方面派兄弟子侄率领北府兵前去应战，另一方面又向全社会示以闲暇，安定人心。甚至在前线将领回来请教计策时，他也以拉来下棋相应付。其结果是将士们见他这样镇定自若，好似成竹在胸，个个斗志百倍，一举大败前秦军队，并创造了以少胜多的著名战例。事后，由于他指挥若定，立下大功，朝廷提升他为太傅，并进封为庐陵郡公。只是因为他功高盖主，受到小人的挑拨和皇上的猜疑，不得已求为外任，并在淝水战后仅一年多的时间里忧愤而死，当时年仅66岁。尽管如此，他为安定东晋社稷所作的贡献和在淝水之战中所表现出的杰出才能仍是十分卓著，以至人们把他与帮助西晋宗室司马睿建立东晋的宰相王导相提并论，称他们都是使朝

谢氏族谱中的祖先谢安像及传

廷“赖之以晏安”的“社稷之臣”。

钱姓相关著作中所收录的当代文化名人、著名文学家钱钟书的传记是：

钱钟书（1910—1999年），作家，文学史家，江苏无锡人。笔名中书君。1933年毕业于清华大学外国语文系，后赴英国留学。1937年毕业于英国牛津大学英文系，获副博士学位。后赴法国巴黎大学研究法国文学。1938年回国。曾任西南联合大学教授、北京图书馆英文馆刊顾问、南京中央图书馆外文部总纂。新中国成立后，历任清华大学教授，北京大学、中国科学院、中国社会科学院文学研究所研究员，中国社会科学院副院长。是第五、六届全国政协委员，第七届全国政协常委。长期致力于中国和西方文学的研究，主张用比较文学、心理学、单位观念史学、风格学、哲理意义学等多学科的方法，从多种角度理解和评价文学作品。著有散文集《写在人生边上》、短篇小说集《人兽鬼》、长篇小说《围城》、文论集《谈艺录》及多卷本专著《管锥编》等。

杨姓相关著作中所收录的历史上女性名人杨贵妃的传记是：

杨玉环，又称杨太真，唐朝蒲州永乐独头村（今山西永济）人，开元七年（719年）生于其父蜀州司户杨玄琰的住所。因父母早亡，自幼由叔父杨玄璬养大。她天生丽质，又聪颖好学，能歌善舞，精通音律，机智警敏，善解人意，17岁时即被选为唐玄宗之子寿王李瑁妃。至开元二十八年（740年）十月，唐玄宗游幸骊山温泉宫，召她晋见，被她的美貌所吸引，接着把她度为女道士，接入宫中，于天宝四年（745年）八月初六日正式册立为贵妃。

杨贵妃美艳绝伦，一向被誉为盛唐第一美人。当时著名诗人白居易在《长恨歌》中，咏唱她天生丽质，描绘她美目传神，媚态顿生，相形之下，六宫粉黛，都黯然失色了；陈鸿补叙道“光彩焕发，转动照人”，真是顾盼生辉。刘禹锡的诗句更为夸张“低回转美目，风日为无晖”，连风云、阳光都在她的眼珠转动之中失去了光辉。

她在当时“春寒赐浴华清池，温泉水滑洗凝脂。侍儿扶起娇无力，始是新承恩泽时。云鬓花颜金步摇，芙蓉帐暖度春宵。春宵苦短日高起，从此君王不早朝。承欢侍宴无闲暇，春从春游夜专夜。后宫佳丽三千人，三千宠爱在一身。金屋妆成娇侍夜，玉楼宴罢醉和春。姊妹兄弟皆列土，可怜光彩生门户。遂令天下父母心，不重生男重生女”。

杨贵妃生活的是唐朝由盛转衰的时期，看似歌舞升平的天下，实际存在着许多一触即发的矛盾。至天宝十四年（755年），官居范阳节度使的安禄山振臂一呼，天下随之大乱，她也与玄宗等人弃皇宫而逃。次年7月15日约中午时分，行至马嵬驿（今陕西兴平市西北12千米），军队发生哗变，指名要玄宗处死她。玄宗为了自保，只好置她于不顾，命人用一领香巾，带去了她的性命。

杨贵妃影响了一个时代，最后魂断马嵬驿，许多人都不相信她真的会死。尤其在日本，至今还流传着许多关于她未死的传说。

（2）年谱

年谱，作为家谱中按年月记载族中重要人员生平事迹的文字，与传记或行传一样都是与人物相关的重要内容。被编修年谱者不一定都是已经去世的族人，有些家谱中也收录了在世的重要族人的年谱。年谱的编者可以是本次编修家谱的族人，也可以从已有年谱中选用，或者直接由在世的名人自己编写，情况不尽相同。

从所见的年谱看，其主要内容是相关族人的生平经历、家世及其成就，重点是其可以让人称颂的言行、事迹，以便发挥对族人的教化作用。由于年谱的内容一般都比行传或传记详细、具体，其篇幅也往往大得多。如果家谱的规模有限制，或家族中要被编修年谱的人过多，年谱的内容可以适当压缩。但无论是详细、具体还是被适当压缩，年谱中都要有价值独到的内容，切忌成为漫无边际的流水账。在编法上，年谱更需要以丰富资料为依据，广泛搜集所能搜集到的个人著述、奏稿、日记、手札等最原始资料，以及文献记载、口碑传录、遗迹实物、金石铭刻、图像照片、已有相关年谱等资料，进而在占有大量资料的基础上，通过考辨真伪、去伪存真、去粗取精，真实反映被编年谱之人的生平事迹、成长历程、重大经历、主要贡献。此外，在纪年编排、文体使用、篇幅安排等方面，年谱也有一定的特殊性，需要认真了解并加以掌握，才能编出符合规范的年谱。如明代著名谏臣、御史杨继盛被严嵩诬陷下狱后，自感一定会被迫害致死，便在被杀前为自己编了一份长达一万多字的年谱，作为遗物托付家人保存。该年谱后来也被收录在一些杨姓家谱中，至今还有一定的参考价值。其中，年谱前的序言及他32岁考中进士、40岁被杀之前的年谱分别如下：

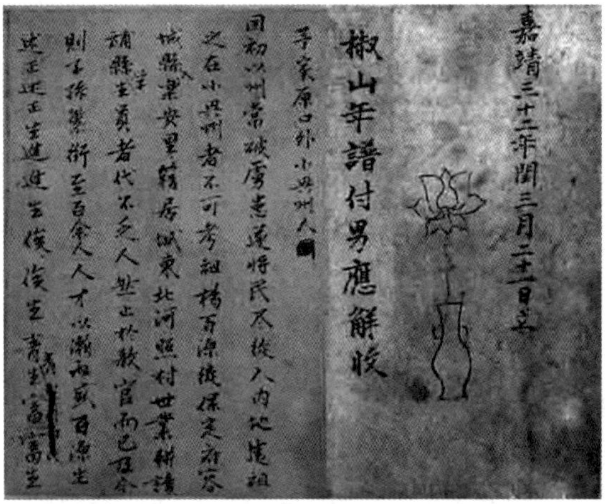

杨继盛自编年谱《椒山年谱》卷首与序言部分

嘉靖三十二年闰三月二十一日立。

椒山年谱，付男应解收。

予家原口外小兴州人。国初以州常被虏患，遂将民尽徙入内地。远祖之在小兴州者不可考。祖杨百源徙保定府容城县，入乐安里籍，居城东北河照村。世业耕读，补县学生员者代不乏人，然止于教官而已。及今则子孙蕃衍至百余人，人才以渐而盛。百源生述正，述正生进，进生俊，俊生青，青生富。富生子三人，长继昌，即予同母兄；次继美，予庶兄。父妾陈氏所出；其三即不肖也。父娶母曹氏，本县民人曹忠室女，生予于正德十一年丙子岁五月十七日辰时。父喜而谓曰："卜者、相者以予有阴德，当生异子。今观此孩，首、身、股三停，此必不凡也。改换门闾，大吾宗族，在是子矣。"父妾陈氏性最妒忌，一闻父言，遂捣衣窗下，杵声如雷，意欲使生惊风。母性最柔善,通不敢语。后亦无恙。

丁未年，三十二岁。

会试中三十八名。主考孙毅斋、张龙湖，房考都给事中莆田郑于野公也。殿试中二甲第十一名。未开榜先，郑于野两次差人报予中一甲者，盖大学士夏公以予策多伤时语，不敢进呈耳。观工部政。六月，选南京吏部验封司主事。七月，归家。九月，买妾刘氏。闰九月，赴任。十月，到任。考功司郎中郑公淡泉讳晓时，称为冰鉴，一见而奇之，退而谓诸僚曰："此人心志、气节、事业，将来不可言也。"遂甚相爱，日告之以居官守身之道与夫古今典故焉。

乙卯年，四十岁。

夏四月，乃进定礼，始用媒妁，与继津结亲。

九月朝审，时相知皆以书劝予"不必多说话"者。予审时，止尽忠报国，其责在我，生死之责不在我，望列位扶持朝廷纪纲。李默又判"情真奏请"。盖此时有张经者，福建（人），先任南直隶总督，因倭寇失事，圣上先已告庙，打科官必欲杀之。经用厚贿买浼审官及嵩，传闻共费银二万，众奸党欲为彼出脱，遂判与予同本奏请，其意盖以予乃皇上心有之人，一本奏请，欲使予带携经也。圣上一见经名，旨意遂云："依律处决。"

平昔予同志辈若王继津、徐望湖、王凤洲、杨朋石、杨毅斋、龚全山、孙联泉、应养虚、杨北渠、吕文川、李默斋、李鹤峰诸公，为予奔走救解。贼嵩见公论不容，欲上本救之，犹豫未定，方卜于神。适贼心腹大理少卿胡植、太仆少卿鄢懋卿在旁曰："此何用卜，继盛负海内重望，徐阶得意门生，阶一日当国，继盛出而佐之，我辈无遗类矣，所谓养虎自遗患也。"贼子世蕃、贼婿袁应枢率贼诸孙复跪而泣曰："老爷如救杨，某则举家皆为继盛鱼肉矣。"贼即变色，乃不言卜与本事。时国子司业王材亦在座，争之曰："继盛之死不足惜也。然关系国家甚大，老先生还当为天下后世虑。"然竟不可，回报至余，即令人具后事。书遗言二卷，一付继津，一付二子。

又如著名学者胡适与姚名达共同为清代大学问家章学诚所编的《章实斋先生年谱》，属于后人为前人所编的年谱，也是年谱中出自名家之手的一种代表作。全谱除沿用年谱的传统体裁外，还择要摘录了章学诚的著作、言论、时评，分年编入，注明资料出处。因文字较多，现在除被收录在胡适文集中外已有单行本，某些章姓家谱中也有介绍或选录。其中从他出生到17岁时的年谱是：

乾隆三年，戊午（西历1738）。先生生。（《任幼植别传》）

前一年，丁巳，先生之父骧衢先生会试下第，寓从子垣业（允功）家（《从嫂荀孺人行实》）。大约旋即回绍兴。

是年，先生之友人任大椿（幼植）生于兴化（《任别传》）。是年先生之师朱筠（竹君，笥河）已十岁。同时名人，袁枚（子才）已二十三岁，钱大昕（晓征，辛楣）已十一岁，戴震（东原）已十六岁。浙东前辈，万经（页一）已八十岁，全祖望（绍衣，谢山）已三十四岁。

乾隆四年，已未（1739）。先生二岁。

二三岁时，从叔衡一常携向邻店朱叟索酒，日以为常（《十叔父八十序》）。故先生长而善饮。

这年七月，清廷修《明史》告成，学风一变而矜尚《四书》文艺了（《东华录》《叶鹤涂文集序》）。

乾隆五年，庚申（1740）。先生三岁

这年，崔述生于大名，赵翼生于阳湖。

清廷修《大清一统志》成。（志序）

乾隆六年，辛酉（1941）。先生四岁。

这年，万经卒，年八十。

乾隆七年，壬戌（1742）。先生五岁。

先生之父骧衢先生（镳）成进士（《朱笥河集·祭章母史孺人文》）。

自此以后十年间，骧衢先生居乡，以教授为生。（《朱集》。原文云：“壬戌罢归，十年教授。”）

乾隆八年，癸亥（1743）。先生六岁。

友人余姚邵晋涵（与桐，二云）生。

乾隆九年，甲子（1744）。先生七岁。

朱筠《祭章学诚之母史孺人文》云：“自幼诫之，自《百家姓》。”

先生自言：“幼多病，一岁中……大约无两月功。资质椎鲁。日诵方百余言，辄复病作中止。”（《与族孙汝楠书》）

汪中（容甫）生，姚鼐（姬传）生。明年，友人武德（虚谷）生；又明年，友人洪亮吉（稚存）生。清廷诏纂《续通考》《皇通考》。

乾隆十六年，辛未（1751）。先生十四岁。

从同县王浩学，读书于中表杜秉和（燮均）家之凌风书屋。王先生勤学古处，迂阔不习世事。学徒七八人，王先生常挞人，杜君受挞最多，甚至伤顶门，几死；后创愈而顶肉骨隆起，不复平。其酷可想！（《杜燮均家传》《丁太孺人家庆题辞》。）

是年先生与俞夫人结婚。四子书尚未卒业（《与族孙汝楠书》

《章氏家谱》）。

是年，骧衢先生谒选，得官应城知县（《李清臣哀辞》《荀孺人行实》）。先生从父至应城（《仲贤公三世像记》）。

乾隆十七年，壬申（1752）。先生十五岁。

乾隆十八年，癸酉（1753）。先生十六岁。

十五六时，在应城官舍。童心未歇。宾客皆为其父忧无后。

知识渐通，好泛览。骧衢先生以业患不精，屏诸书令勿阅。先生嗜好初入，不忍割置，辄彷徨者久之。

癸酉，父延江夏生员柯绍庚（公望）课先生以经义。先生不肯为应举文，好为诗赋而不得其似。心无张主，却不甘与俗学伍。质虽滞，而识趣则不离纸笔，性情已近史学。尝取《左传》删节事实，其父见之，乃谓编年之书仍用编年删节，无所取裁，曷用纪传之体分其所合？先生始力究纪传之史。又因官舍无他书得见，乃密从其妻乞簪珥，易纸笔，假手在官胥吏，日夜抄录《春秋内外传》及衰周战国子史，辄复以意区分，编为纪表志传，凡百余卷，名曰《东周书》。经营凡三年，卒未成书。后为馆师所觉，被责，遂中废。那时常自命史才，大言不逊。然于文字承用转辞助语，犹未尝一得当。柯先生慨然诲曰："文无今古，期于通也。时文不通，诗古文辞又安能通耶？"先生仍不信其言，柯甚以为恨。

官舍多暇日，宾客过从，见先生所为，渐多违心称誉者，先生心益乐之。春秋佳日，联骑出游，归必有记，同人相与贸贸叹赏。其事多绝可笑者。然先生嗜好初未入俗也。

当时学风仍尚时文，先生犹得闻老生宿儒自尊所业，至目通经服古为杂学，诗古文辞为杂作。士不通四书文，不得为通人。

（以上综合《柯先生传》《家书三》《家书六》《与族孙汝楠论学书》《跋甲乙剩稿》《叶鹤涂文集序》《又答沈枫墀论学

书》）

乾隆十九年，甲戌（1754）。先生十七岁。

秋冬之间，购得朱崇沐校刊《韩文考异》。塾师于举业外，禁不得阅他书；先生得此集，匿藏箧笥，灯窗辄窃观之。尚不尽解，但爱好不忍释手（《朱崇沐刊韩文考异书后》）。

是年戴震始入北京（《戴年谱》）。

明年，全祖望卒，年五十一（《鲒埼亭集》《年谱》）。

胡适与姚名达合著《章实斋先生年谱》

5.与族产相关内容的编修

在传统意义上，族产是与家族相关的集体财产，其中包括族田、学田、坟地、山林、义庄、义塾、祖宅、祠庙、仓廪、桥梁、租金等多方面的财产，族产的收入还是维持家族中集体事务如修谱、祭祖、赡养老人、教育子弟等支出的重要来源。1949年以后，随着土地国有化的逐步推行，许多族产都变成了历史的记忆。在上述背景下编修的家谱，族产部分的内容与传统家谱相比要单薄很多，族田、祖茔、祠堂、契约等在传统家谱中常见的内容也基本仅剩祖茔、祠堂两项，其性质与传统意义上的祖茔、祠堂相比也大为不同。要想在新修家谱中编修好本部分内容，就要深刻了解并认识这种变化，所编修的内容才能客观真实。

（1）祖茔

祖茔俗称祖坟，是埋葬祖先的坟墓，祖坟及其四周的墓碑、树林、建筑、祖田等本来都是家族财产的组成部分，但现在大多仅有祖坟和墓碑，其祖坟和墓碑大多还是重修或复建的，仅具纪念意义，不具有族产的性质。

近几十年来，我国各地某些政策的确影响了祖坟作为族产的观念或传统，而火化政策的广泛推行和以发展经济等为名而导致的拆迁、平坟、迁坟更使仅存的祖坟处境雪上加霜。在此背景下，如何保护祖坟、抢救祖坟、复建或新修祖坟等都更成为当务之急，而相关过程也理应成为新修家谱中与祖茔相关的内容。1979年，国家重新修复了孔子墓，复立了孔子等人的墓碑，1994年又把其与孔庙、孔府等一起列入世界文化遗产。对此，2009年编修出版的《孔子世家谱》有专门记载。又如在湖南、四川、贵州、广西、广东等省区，生活着一批尊奉苏东坡次子苏迨12世孙苏昌裕为祖先的苏姓人。苏昌裕去世后葬在芷田里茶江衙姑山下（今湖南绥宁县芷田村），成为绥宁苏氏开基始祖。因地处偏远，子孙众多，其坟墓得以保存下来。但由于年深日久“未曾修缮，祖茔观瞻的严肃无从体现，后人孝思的诚心亦难以表达”，2013年6月，其后裔以苏氏联谊

近年新修的一座负阴抱阳、背山面水的祖坟

会的名义发起重修祖坟，“建立理事机构，议定集资修缮昌裕公墓事宜。倡议发出后，合族人士慷慨解囊，理事成员精心规划”，终于“历七月而告竣，茔墓焕然一新”。由于重修祖坟是各地子孙的大事，为了加以纪念，不仅专门撰写了《重修祖墓碑记》，“勒石记公之事迹，以期后人世世纪念，仰承祖训，继往开来，奋发图强，光耀我族，以垂久远”，还专门写进随后编修的家谱中。诸如此类的事例还有很多，充分说明无论世道怎么变化，祖坟在子孙后代心目中的神圣地位都是始终不变的，编修家谱时需要以严肃、认真的态度编写好相关内容。

在编修家谱中与祖坟相关的内容时，除收录传统家谱中的碑文、碑记、墓志铭、碑铭、行述、祭文、寿序等内容、补充新的相关内容外，有时还收录与祖坟相关的其他内容。如不少家族或姓氏在编修家谱前后，还要修祖坟、建祠堂，并为此发出倡议，号召族人积极参与，所发出的倡议由于与修坟和修谱有关，往往也被收录在家谱中与祖坟相关的部分。有些家族甚至更加郑重其事，把倡议书刻石立碑，放在祖坟前。其中如湖南岳阳有一支毛田李氏族人，其始迁祖李龙在南宋咸淳元年（1265年）由江西丰城市铁树观磨刀山壁厢街迁居岳阳金鹗山芭蕉盘，子孙后来又进一步迁到新墙松栎园（游港）、茅田聚龙坡（小港）、

茸善朝奉公墓倡议书
毛田李氏八修族谱筹备小组
起草，被刻石立在祖坟旁

家谱中收录的陈凤台祖墓图
该墓位于广东清远市清新区禾云镇桂湖村天塘山

岩岭平地（石港）等地，并编修和续修了自己的家谱。在第八次续修时，以筹备小组名义发出《茸善朝奉公墓倡议书》，墓修好后便把倡议书刻石立在祖坟前，同时又收入了所编的湖南岳阳《毛田李氏八修族谱》。诸如此类的事例在近年并非仅见。

另外，在编修与祖坟相关的内容时，不少家族或姓氏都采用图文并茂的形式修，所编修出的家谱既直观又实用，不仅便于族人了解祖坟，还可以引导其根据祖坟图提供的线索去拜祭祖先，“视谱知图，视图知墓”。祖坟图又称墓图，在传统家谱里大多手工绘制，近年则越来越多用图片代替。图中一般包括祖坟所在地地名、方位、四至、周围山水形势等，大多一墓一图，图旁配有释文，或用专门的文字说明墓主生平、祖坟建置情况等。由于传统社会都认为祖坟中的祖先能够保佑子孙平安、人丁兴旺、家业繁荣，也习惯把祖坟图称为风水图，把祖坟所在的地方称为阴宅，或与祠堂并称为墓祠图、祠墓图。

（2）祠堂

在传统社会里，祠堂是供奉祖先牌位、举行祭祖活动、商议和处理家族事务的场所，家谱中一般都会写明祠堂所在的位置、修建历史、建筑规模和神位世次、配享情况、建祠祭文、捐建祠堂人名单、捐资数目、祠匾祠联、管理办法等，并配以祠堂图表明其基本轮廓、建筑式样、框架结构、围墙设施、周围山水形貌等。如今许多古老的祠堂已经不见踪影，即使重建或新修的保留了原有的名称，也大多与传统的祠堂功能不同，变成一般意义上的村落公共空间。因此，要编修家谱中的祠堂部分，同样需要关注这些变化。

在近几十年来，与祠堂相关的变化中有些是与社会变革和宗族观念淡化有关的，如传统社会中那些祭祀、修谱、教化、兴学、司法、抚恤等祠堂功能逐渐弱化，代之而起的是传统祠堂本身的文物价值和旅游价值、文化娱乐价值等，其教化作用和公共空间等职能也以新的形式发挥出来。不少地方的传统祠堂或新建祠堂成了新的社会教化基地，原来在其中悬挂的家训、族规、家法等内容的牌匾被包含爱国守法、明礼诚信、团结友善、勤俭自强、敬业奉献等新的道德规范内容的牌匾所取代。此外，有些祠堂还成为附近居民演戏、婚宴、祝寿、开会等文化娱乐活动的场所、老年活动场所。因此，保留至今或新建的祠堂实际上仍是族人追思祖先的精神依托之地、村落的公共空间，仍隐含传统的宗族观念和民风民俗，存活于婚丧嫁娶、节日庆典、日常生活和人们的记忆中。

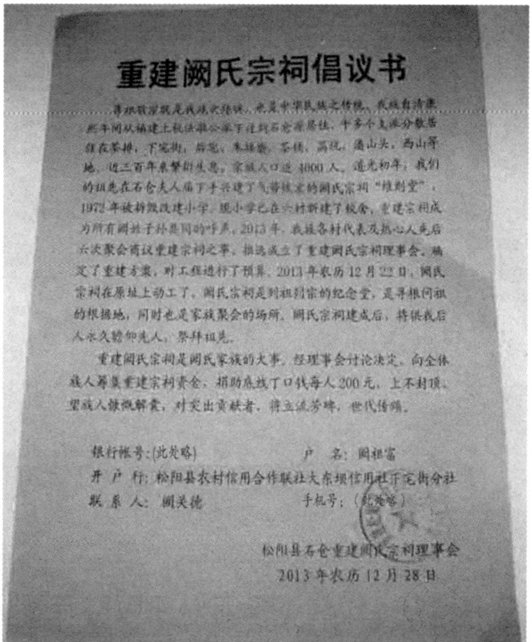
重建阙氏宗祠倡议书

1972年被拆毁改建小学，现小学已在六村新建了校舍，重建宗祠成为所有阙姓子孙共同的呼声。2013年，我族各村代表及热心人先后六次聚会商议重建宗祠之事，推选成立了重建阙氏宗祠理事会，确定了重建方案，对工程进行了预算。2013年农历12月22日，阙氏宗祠在原址上动工了。阙氏宗祠是纪念祖宗的纪念堂，是寻根问祖的根据地，同时也是家族聚会的场所。阙氏宗祠建成后，将供我后人永久瞻仰先人，祭拜祖先。

重建阙氏宗祠是阙氏家族的大事，经理事会讨论决定，向全体族人筹集重建宗祠资金，捐助底线丁口钱每人200元，上不封顶，望族人慷慨解囊，对突出贡献者，将立流芳碑，世代传颂。

银行帐号：(此处略)　　户名：阙祖富

开户行：松阳县农村信用合作联社大东坝信用社石仓街分社

联系人：阙关德　　手机号：（此处略）

松阳县石仓重建阙氏宗祠理事会

2013年农历12月28日

重建阙氏宗祠倡议书

由浙江松阳重建阙氏宗祠理事会所发出，

代表了近年重建或新建祠堂的一种趋向

尊祖敬宗是传统社会行为规范中“孝”的直接表现之一，除应毕生遵守外，有时也通过祠堂祭祖这一形式不断强化和反映出来。在这样的背景下，祠堂成为一家一姓报本返始、尊祖敬宗的圣地，在族人心目中具有非常重要的地位，而祠堂祭祖更被视为极其神圣的事情。即使是在近几十年来，祭祖仪式虽然有所简化，但庄严肃穆的气氛仍然不变，参加祭祖的人要着装得体，宣读祭文的人要德高望重，主祭人和陪祭人要代表祭祖的人上香、进酒、献花、鞠躬，仪式仍然完备，仍然体现着慎终追远、生则敬养、死则敬享的“孝”道精神，而通过参加祭祖仪式而让族人受到的教育也依然明显。

尽管祠堂的功能和作用在近几十年来发生了多种变化，但作为家族或姓氏祭祖、举办家族事务的主要场所，在民间仍发挥着特殊作用。也正因如此，不少原来被保留下来的祠堂还另外成了寻根旅游景点，重修或新建的祠堂也在各地出现。仅据邱姓对全国邱姓人超过1000人的1146个县的统计，近年就修复或重建祠堂近800座，其中如浙江温州海澄邱氏宗祠、海城区龙湾邱氏宗祠，广东饶平金山丘氏大宗祠、韶关龙乡多田邱氏老屋祖祠，等等，都有一定的代表性。尤其是新建的中华丘氏总祠，占地面积200多亩，建筑面积10000平方米，分为姜太公殿、穆公殿、河南堂等5重正殿，前有广场、照壁和水池，气势恢宏，耗资近亿，被称为民间小故宫。为修建该总祠，先后多次在国内外举行了捐款活动，得到捐款近4000万元。在举行主体工程竣工庆典活动时，有来自海内外的4000多位宗亲代表参加。而广西陆川邱氏在祭祀始祖金二郎时，连续三天三夜举行相关活动，参加者累计近3万人，仅吃平安、团圆饭者就超过万人，规模空前。不仅邱姓如此，温姓也同样，在福建惠安温厝有座祭祀五代十国时期的南唐尚书温仁俨的祠堂，该祠堂原名乡贤名宦祠，所祭祀的除温仁俨外还有南宋名臣温革等人，曾在清末和2009年重修。2009年重修后的祠堂大门顶刻“乡贤名宦祠”石匾，大堂制有

有“民间小故宫”之称的中华丘氏总祠效果图

“太原堂”“名贤世绩”“文魁”“进士”4块红木匾额，并在门前堂大柱、大门和大厅前部柱、中部柱、大堂柱上悬挂着楹联。另外，在祠堂走廊左边还刻有祖先名宦功德，右边刻有建祠捐资芳名录，反映了该祠堂的时代特点。

另在山西太谷县敦坊村，2014年修建完工一座新的温氏宗祠，落成之日同样举行了隆重的庆祝仪式，有众多的海内外温氏宗亲前往祝贺。宗祠的大门外立有忠孝坊石牌，坊上刻有记述温姓历代先祖功绩的对联。上述这些都说明，重修或新建祠堂具有与修谱和修坟同样的作用，可以借以凝聚族人尊祖敬宗之心，在民间具有深厚基础。

另外，在重修或新建的祠堂中，还保留了在厅堂和院门两侧等处大量悬挂或张贴祠联的传统习惯。祠联又称楹联或堂联，文字多寡不等，内容主要是颂扬祖先丰功伟绩、道德文章、嘉言懿行、佳

新修家谱中的祠堂图

话轶闻，或反映祖先开基创业、迁徙安居的曲折历程。祠联的作用除炫耀门楣、夸示乡里外，还能启迪后人，继承先贤事业，奋发向上。由于楹联带有突出的家族特点，往往能够起到让人看见祠联就能知道是何家祠堂家庙的作用。其中如在温姓祠堂中，便常见“六龙世泽，三彦家声”或“三彦家声远，九龙世泽长”等祠联，祠联中的“六龙”指晋代温羡兄弟六人都知名于世，号称“六龙”；“三彦”则指唐朝初年的温彦宏（名大雅）、温彦博（名大临）、温彦将（名大有）三兄弟，他们的字中都有一个“彦”字，又都是辅佐唐高祖或唐太宗的开国功臣，所以也像“六龙”一样被温姓人引以为荣。诸如此类的楹联还有很多，从中足见祠联具有突出的家族特色和丰富的文化内涵，当然也是编修家谱的祠堂部分中不可或缺的内容。

6.与文化相关内容的编修

家谱包含许多不同的文化内容，本书第一、二章相关部分所涉及的家礼、家法、家训、艺文、杂记等都是有鲜明特色的家族文化。如果更进一步区分，与文化相关的内容也不止上述这些。在

2011年编修出版的《中华高姓大通谱·总谱》里，仅从目录看，就包括源流与总世系、宗规、仪礼、宗族文献、艺文、文物、人物、附表等8篇，以及8篇之前的序、凡例、总辈序文等。这些目录中的宗规、仪礼、宗族文献、艺文、文物等5篇都属于通常所说的文化内容。如果进一步研究这5篇目录，可以发现在“宗规”篇又包括“家规家训家戒”“高氏二十四孝”，“仪礼”篇又包括“祭祀仪礼要义”“祭祀仪礼要素”“祭祀仪礼方案”“祠堂祭祀仪礼”，“宗族文献”篇又包括“旧谱”“赞词与恩荣录”“碑记”“墓志铭”，“艺文”篇又包括“史册留名及近现代杰出高姓人士作品简述”“诗词作品”“历代高姓名人散文作品”“历代高姓书画作品”“有关高姓人物的戏剧、评书、小说”“有关高姓的著作、诗词、歌曲”，“文物”篇又包括“祖墓”“祠堂”“族谱”“文化遗迹”“古建筑”“古物”。这些大抵也都属于家谱中与文化相关的内容。又如从2015年开始陆续出版的《中华王氏大成总谱》，是一部多卷本、大容量的全国王氏通谱，主要包括总卷首、大系总谱和支谱三个部分，其中的总卷首又包括《世系卷》和《文化卷》，而《文化卷》旨在集中概述中华王氏的各种优秀文化，包括文化成就、家风族风、族规家训、字辈派语、家谱（介绍、目录、提要）、年谱（介绍、目录、提要）、名谱序跋、碑刻墓志、陵寝、墓葬、宗祠、掌故、名作等，与《中华高姓大通谱·总谱》对文化的理解有近似之处。由此可见，家谱中与文化相关的内容的确丰富，当然也相当庞杂，编修时不仅要考虑怎样编修，还要考虑究竟要收录哪些方面的内容。

就近年所编修的家谱看，由于对与文化相关的内容理解不同，所选取的范围也存在一定差别。但无论对此怎样理解，家礼、家法、家训、艺文等都是最为基本的内容。其中，家礼、家法、家训又一般被统称为族规家法，与艺文并称为该部分内容中的两大板块。

（1）族规家法

作为各家族或姓氏自己制定的家族礼仪和约束、教化族人的宗族法规，族规家法是家谱中必不可少的内容。只是由于近几十年的社会变化过大，人们的思想观念与传统社会相比已经大为不同，在所编修的族规家法中也应反映这种变化。从近年编修的家谱看，族规家法除继续提倡尊祖敬宗、修身齐家等传统美德以外，还被赋予了爱国、爱家、重教等新的时代内容。当然，由于传统美德是历史形成并被人人遵守的行为规范，虽在不同时代有不同的表述方式，但其所包含的内容实际上并不存在本质的区别。如现代社会中所提倡的爱国，其包含的内容大致是在心理上热爱自己的祖国，在行动上自觉履行相应的责任或义务，这与传统族规家法中所要求族人的守法度、完赋税、勤里役、慷慨捐输、服兵役等并没有本质的不同。同样，现代社会中重视个人的品德修养，要求在为人处世上做到友善互助、正直宽容、明礼守信、热情诚恳、自强自立，这些与传统族规家法所要求的勤耕读、务本业、守礼义、重孝行、明尊卑、重长幼、周贫乏、恤孤寡、尚节俭、禁非为、不赌博、戒淫乱等也有许多共同之处。另外，现代社会中所提倡的重教，与传统族规家法中所规定的重斯文、立学田、立会文、定考费、定贺仪、勤学业、绍书香、奖贤能、奖后进等也基本相同。至于传统族规家法中所规定的修家谱、联族谊、敦孝悌、和乡党、诫斗讼、息忿争等，现代社会中已概括为“睦族”；传统族规家法中所规定的修祠宇、立祭产、重祭祀、严茔境、时祭扫、立纲常、正名分等，现代社会中也概括为“尊祖”。如果认真加以对照，不难看出二者之间的共通之处。

在近年编修的族规家法中，在编法、形式、内容等方面多有不同，但其中既可见传统族规家法的内容，也有新增的族规家法内容，带有传统与现实相结合的共性特点。

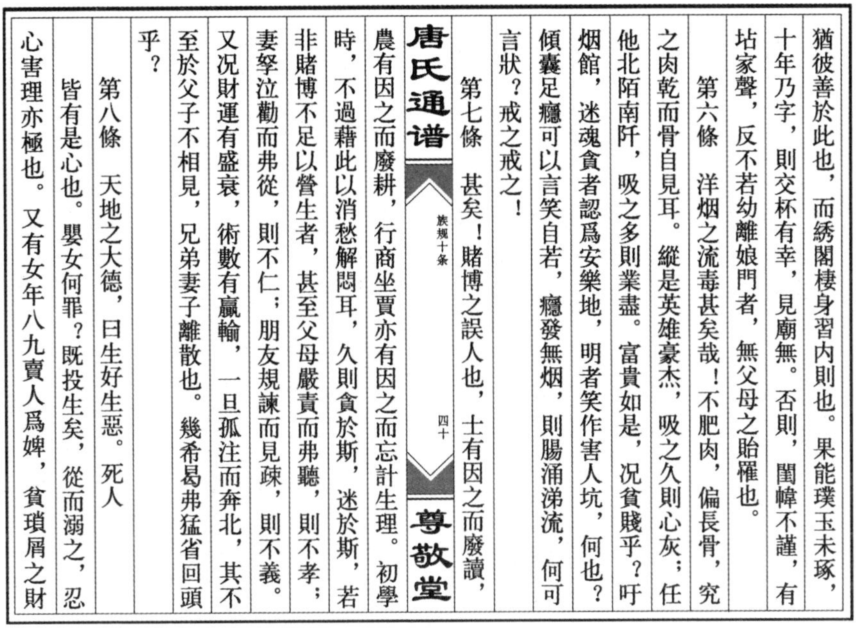
猶彼善於此也，而綉閣棲身習内則也。果能璞玉未琢，十年乃字，則交杯有幸，見廟無。否則，閨幃不謹，有玷家聲，反不若幼離娘門者，無父母之貽罹也。

第六條　洋烟之流毒甚矣哉！不肥肉，偏長骨，究之肉乾而骨自見耳。縱是英雄豪杰，吸之久則心灰；任他北陌南阡，吸之多則業盡。富貴如是，況貧賤乎？吁烟館，迷魂貪者認爲安樂地，明者笑作害人坑，何也？傾囊足癮可以言笑自若，癮發無烟，則腸涌涕流，何可言狀？戒之戒之！

唐氏通谱　族规十条　四十　尊敬堂

第七條　甚矣！賭博之誤人也，士有因之而廢讀，農有因之而廢耕，行商坐賈亦有因之而忘計生理。初學時，不過藉此以消愁解悶耳，久則貪於斯，迷於斯，若非賭博不足以營生者，甚至父母嚴責而弗聽，則不孝；妻孥泣勸而弗從，則不仁；朋友規諫而見疎，則不義。又況財運有盛衰，術數有贏輸，一旦孤注而奔北，其不至於父子不相見，兄弟妻子離散也。幾希曷弗猛省回頭乎？

第八條　天地之大德，曰生好生惡。死人皆有是心也。嬰女何罪？既投生矣，從而溺之，忍心害理亦極也。又有女年八九賣人爲婢，貧瑣屑之財

尊敬堂《唐氏通谱》中的“族规十条”

如在近年新修的《曲氏家谱·友真堂支谱》中，其卷二“家礼”中包括“家训”“族规”两大部分，其中“家训”又分为一般性家训和“祖训”两类，其一般性家训全文是：“孝父母，友兄弟。睦宗族，恰姻邻。端闺化，择婚姻。供赋役，尚节俭。训子弟，存心地。勤职业，存厚道，安本分。崇廉节，恤孤贫。存忍让，慎言语。勿酗酒，戒浮荡。毋妒忌，勿多事，戒诉讼。”“祖训”则又进一步分为“敬老训”“同辈训”“教子训”三种情况，其“敬老训”是：“对待长辈，定要尊敬。出必告诉，返必回禀。早晚问安，聆听教诲。所托之事，尽心完成。赡养老人，义不容辞。念念不忘，衣食住行。老人患病，快请医生。确保长辈，身心康宁。”“同辈训”是：“兄弟和家业自兴旺，姊妹和亲友情意深。夫妻和百年同偕老，姑嫂和家中少纠纷。妯娌和家事样样顺，叔嫂和全家都欢欣。同辈之间团结紧，黄土也能变成金。亲如手足

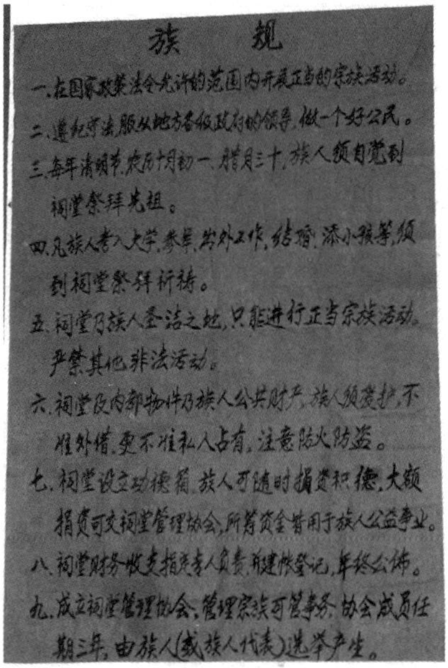

族规

一、在国家政策法令允许的范围内开展正当的宗族活动。
二、遵纪守法，服从地方各级政府的领导，做一个好公民。
三、每年清明节、农历十月初一、腊月三十，族人须自觉到祠堂祭拜先祖。
四、凡族人考入大学、参军、出外工作、结婚、添小孩等，须到祠堂祭拜祈祷。
五、祠堂乃族人圣洁之地，只能进行正当宗族活动，严禁其他非法活动。
六、祠堂及内部物件乃族人公共财产，族人须爱护，不准外借，更不准私人占有，注意防火防盗。
七、祠堂设立功德箱，族人可随时捐资积德，大额捐资可交祠堂管理协会，所筹资金皆用于族人公益事业。
八、祠堂财务收支指定专人负责，并建帐登记，年终公布。
九、成立祠堂管理协会，管理宗族可管事务，协会成员任期三年，由族人（或族人代表）选举产生。

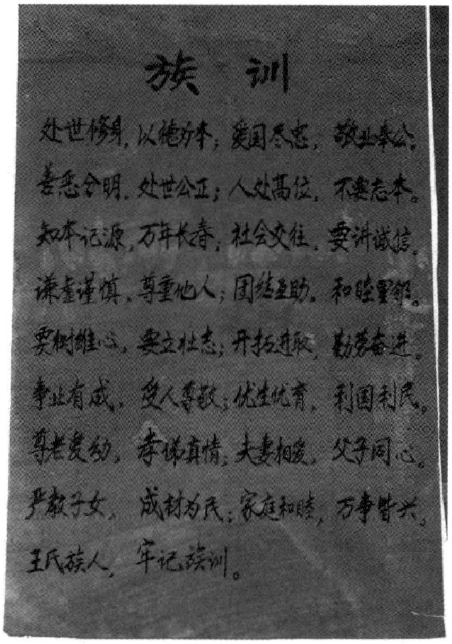

族训

处世修身，以德为本；爱国尽忠，敬业奉公。
善恶分明，处世公正；人处高位，不要忘本。
知本记源，万年长春；社会交往，要讲诚信。
谦虚谨慎，尊重他人；团结互助，和睦乡邻。
要树雄心，要立壮志；开拓进取，勤劳奋进。
事业有成，受人尊敬；优生优育，利国利民。
尊老爱幼，孝悌真情；夫妻相爱，父子同心。
严教子女，成材为民；家庭和睦，万事皆兴。
王氏族人，牢记族训。

新编族规族训

族规族训在家族内部公开张贴，旨在昭示族人共同遵守

福满门，萁豆相煎祸临门。”“教子训”是：“生就为人子，当报父母恩。父母谆谆教，牢牢记在心。行成在于思，业精在于勤。成就栋梁材，利国又利民。办事秉公论，勿做势利人。父母年事高，赡养要尽心。遗弃父母者，非吾曲门人。”至于“族规”，又分为“规约”“十禁”“守则”3类，其中的“规约”共3则，即：“崇祀以敦孝恩，孝悌以肃家风，睦邻以念同宗，耕读以务本业，账济以救济乏，择配以选良家。”“孝顺父母，尊敬长上，和睦乡里，教训子孙，各安生理，毋作非为。”“明尊卑，别内外，严坐立，辨服色，敦族好，御外侮，妇德重，励孤恤，谨婚聘，戒兽行，禁赌博，戒竞讼。”“十禁”即：“禁盗葬祖坟，禁盗伐祖荫，禁违例赌博，禁结交匪类，禁听唆内争，禁同族争讼，禁出入衙门，禁忍内溺女，禁不分内外，禁同姓为婚。”“守则”即：“饮水必思源，数典不忘祖。品德要端正，操守要廉洁。孝敬父母亲，和睦亲

兄弟。谋生以正道，经营勿奸贪。交友必忠信，人困宜相帮。出言必有信，勿取巧欺骗。国法宜凛遵，公益宜去做。慈善乐帮忙，切莫陷害人。己错勿饰辩，他善我必扬，我恶急自悛。祖宗虽久远，祖德时怀念。后昆能如是，光耀垂史册。”由以上内容可见，该家谱的族规家法的确是既继承传统又结合时代特点新编而成。

再如在近年新修的《太康柳溪王氏（继善堂）族谱》中，分别新编了“族规”和“族戒”，其中的“族规”是：

人生在世，活有养，死有葬，“养葬”二字包含了人生的总的过程，反映世风大心的一面镜子。人生应该如蜡烛一样，从顶燃到底都是光明的，族规的本意是：尊祖敬宗、孝亲爱子、文明家训、持家睦族为总纲，勤俭持家、清正廉洁、尊长爱幼、和睦邻里，常存博爱之心。

1.吾族的儿女都是柳溪王的血脉，旨在明世系、别昭穆、继祖德、睦宗亲、励志节、启后人、继续传。

2.人生在世孝当先，要尊敬长辈、孝敬父母、兄友弟恭、立身为本。下代起名时，不要重上代人的名讳，以字辈起名为宜。

3.要做到博爱，“老吾老以及人之老，幼吾幼以及人之幼”“远亲不如近邻”。

4.与人为善，我有恩于人不图报答，也不夸耀，我受恩于人不可忘，“滴水之恩，报以涌泉”，严以律己。

5.族人应集思广益、博采众长，取人之长，补己之短，会受益无穷，永远进步。

6.有错必改，知错改错，胜不骄，败不馁，迎难而上。

7.勤俭为本，勤俭建国是立国之本，勤俭持家永是立家之本，勤俭办一切事业是立身之本。

又如其“族戒”是：

一、按照国家法律，一切行为不准违犯法律和有关政府政策。

二、讲究婚姻道德，严禁同族内部通婚。

三、戒酗酒闹事、戒赌博、嫖娼、戒与人争斗（打架斗殴）。

四、禁止吸食毒品，严遵祖训。

五、同族不戏谑，不开庸俗低级的玩笑，做个文明的好公民。

六、提倡科学，破除迷信，不参加任何迷信组织与活动。

七、禁止以其他名誉、手段进行“诈骗”钱财的行为，如发现对我族有损及破坏族规者，必受到族规及吾族众人谴责。

八、以上章程、族规、族戒、人人自觉遵守，为族众多做有益的事。柳溪王制订“礼义廉耻，国之四维，主德立功，圣门首重。人纵不能显亲扬名，亦当谨身寡过，何至辱身贱行，或因慕利趋势，行径不堪语妻妾，或有畏饥恶寒，丑态难吻于齿颊，辱祖玷宗，莫此为甚。自今以后，犯者责惩，再犯重责，三犯家谱除名”。

又如在福建上杭的一种李氏新修家谱中，也新编了自己的族训，共10条，即：

（一）遵纪守法

法律乃立国之本、治国之据。凡我族人必须遵纪守法，伸张正义，正确运用法律维护合法权益，决不可违纪犯法。

（二）孝敬父母

父母，生身之本，成长所依，少而育，长而教，其恩如天地。不孝父母，天理难容。凡我族人，切不可失养失敬。

（三）兄友弟恭

兄弟，吾身之依，生则同胞，居则同巢，亲如手足，不和兄弟，如同伤残手足。凡我族人，兄弟要和睦，决不可争产夺财，以伤骨肉。

（四）睦族团结

宗族，吾身之亲，千支同本，万脉同源，始出一祖，不睦宗族是不敬祖宗。凡我族人，决不可相残相欺，以伤元气。

（五）勤劳节俭

劳动是幸福的右手，俭朴是幸福的左手。勤劳是致富之源，节俭是治家之本。凡我族人，切不可好逸恶劳，以致终身饥寒。

（六）尊长敬贤

长者学有所长，贤者为人之师。凡我族人，务必尊长敬贤，以示文明。

（七）谨慎婚配

婚配为人伦文始，结婚合配，当审其人品性格。凡我族人，须究其清浊，慎重婚配，婚配茫为，遗害终身。

（八）严禁非为

忠厚诚实，得人敬仰，为非作歹，败家之祸。凡我族人，大烟不可吸，嫖赌不可允，械斗不可许，偷抢决不容。

（九）勤读诗书

诗书能长知识治品行给能力，报国荣亲，读书之泽甚大。凡我族人，须尊师重学，奋发向上。

（十）维护公益

祠堂、厅堂、道路、桥梁、居住环境，均为公益事业。凡我族人，都应维护公益事业，积极参与，决不可视为与己无关。

总之，族规家法作为家谱中的重要内容，在不同的时代有不同的特点。新编族规家法也应充分考虑这种时代性，以便编出充满传统美德、具有时代特点、切实可行的新族规家法来。

（2）艺文

在本书所界定的概念里，艺文是家谱中与文化相关内容的总称，

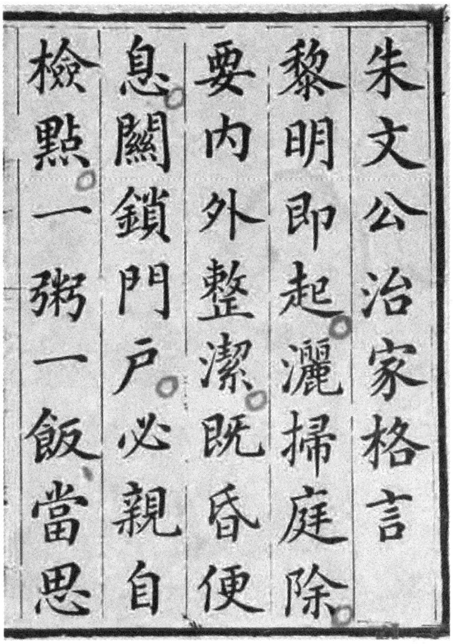
朱文公治家格言
黎明即起灑掃庭除
要內外整潔既昏便
息關鎖門戶必親自
檢點一粥一飯當思

朱文公治家格言

又称《朱子家训》，明末清初著名教育家朱用纯（号柏庐）编，至今不乏现实意义

既包括本书其他部分所介绍的家礼、家法、家训和像赞、传记、行状、年谱、契约等，也包括未专门介绍的奏疏、殿试文、万言策、书简、法帖、对联、诗词及其他文章，以及寿序、墓志铭、碑文等，形式庞杂，从中也可见文化的多样性和家谱内容的丰富多彩。对于如此丰富的内容，有些家谱认为是宝贵的家族文化遗产而几乎全部收录，有些仅选取一些有代表性的部分收录，有些则仅仅开列目录。究竟如何加以取舍，既要看家谱的规模大小，也要视具体情况而定，不可一概而论。

就一般情况而言，家谱中所收录的艺文应是与家族文化相关的重要文献，或者族中名人的经典著述。其中，家族文献也是与家族历史、文化相关的重要文献，具有珍贵的资料价值和参考价值。如在王姓中有一个著名支派三槐王氏，“三槐”名称的来源出自其北宋时期祖先王祐在家中栽种三棵槐树，以勉励子孙努力仕进、位登公卿的故事，著名文学家苏东坡后来还应王祐后代的邀请写了篇《三槐堂铭》。对于这篇《三槐堂铭》，尽管其作者并非姓王，但无论是传统三槐王氏家谱还是新编三槐王氏家谱都无一例外地加以收录，当作家谱艺文中最为重要的文献之一。至于族中名人的经典著述，更应是家谱艺文中所收录的重中之重。不过，无论是家族文献还是族中名人著述，事实上都存在种类繁多、内容良莠不齐等带有共性的问题，收录时还应该仔细甄别，用心整理，把那些必须收录的文献尽数收录，让真正有价

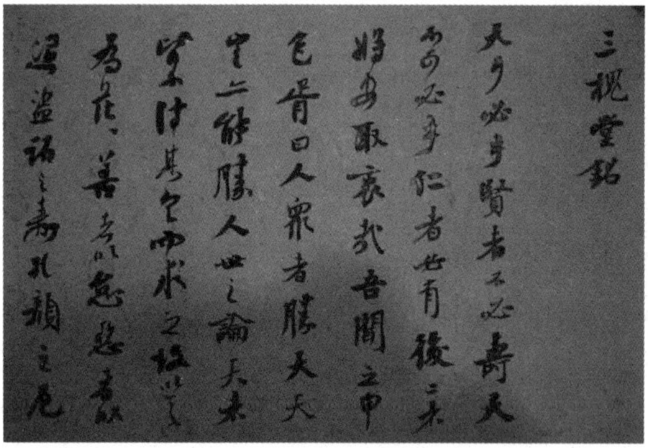

苏轼为王氏家族所作《三槐堂铭》（部分）

值和代表性的精品文献流传下去，也便于族人学习和利用。同时，对于那些可收可不收的文献，应该一概不收，以免影响该部分的整体水平。如在具有家谱性质的著作《华夏姓氏丛书·杨》一书中，第七辑便是“杨姓名作选”，分为“诗词”“文论”两类，其中“诗词”类收录了隋朝人杨素的《山斋独坐赠薛内史》，唐朝人杨炯的《从军行》，及明朝人杨基《长江万里图》《登岳阳楼望君山》《夏初林》、杨士奇《高邮》、杨荣《江南旅情》、杨一清《出连云栈》、杨慎《三岔驿》《临江仙》、杨宛《鹧鸪天·七夕后一日咏织女》；“文论”类收录了北魏杨椿《诫子孙》、唐朝杨炯《宴族人杨八宅序》、南宋杨万里《浯溪赋》、清朝杨儒《变法条议》。这些被选录的“诗词”“文论”无不是历代杨姓先贤的代表性作品，选录的数量虽然限于全书的篇幅而并非很多，但都经过精挑细选，是名副其实的“杨姓名作选”。

在编修艺文部分时，除要注意被选艺文的质量外，还要考虑所编选类型的全面性，避免过于单一。同时，还要考虑所编选的内容是否具有积极向上的意义，是否能够发挥教育族人的作用。由于这些都已在本书第一编的相关部分谈及，此处不赘。

7.其他内容的编修

要编修一部完整的家谱，其内容除以上所列各项外，传统家谱中还有续后篇、领谱字号等，一些新修家谱又增加了附录、后记、跋等，这些也都是家谱的组成部分。在这些部分中，续后篇又称余庆录、长生谱，是家谱修完后专门留出的空白页，留待后世子孙续写，所续写的内容还可作为下次修谱的资料。领谱字号即家谱的编号，是为家谱的保密和保管而设的特殊方法，凡是有资格领取家谱的族人领谱时都要登记编号，以便知道家谱的去向，防止外传，也便于日后验谱。附录是不宜列入家谱正文而又与家谱密切相关，有

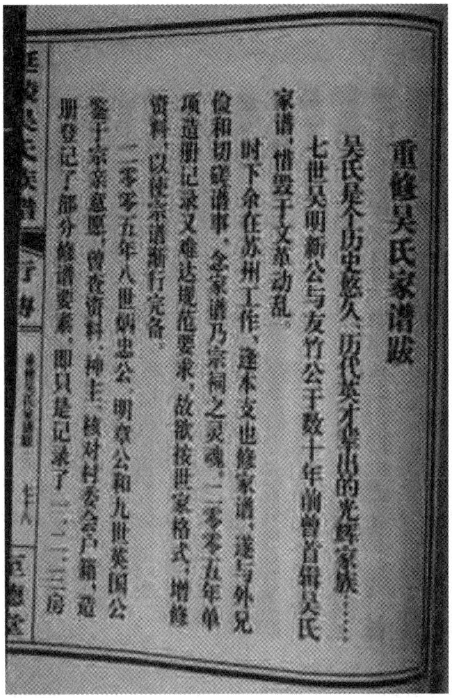
重修吴氏家谱跋

吴氏是个历史悠久，历代英才辈出的光辉家族……七世吴明新公与友竹公于数十年前曾首辑吴氏家谱，惜毁于文革动乱。

时下余在苏州工作，逢本支世修家谱，遂与外兄俭和切磋谱事，念家谱乃宗祠之灵魂。二零零五年单项造册记录又难达规范要求，故欲按世家格式，增修资料，以使宗谱渐行完备。

二零零五年八世炳忠公、明章公和九世英国公鉴于宗亲意愿，曾查资料、神主、核对村委会户籍，造册登记了部分修谱要素，即只是记录了一、二、三房

《延陵吴氏族谱》附《重修吴氏家谱跋》

助于了解家谱正文的部分。至于后记，在有些家谱里又称为跋或跋语，与其对应的是家谱前的前言或序，其作用即前言与后语、序与跋的关系。以上这些都属于家谱正文以外的部分，但又不可或缺。

要编好上述各部分的内容，“续后篇”“领谱字号”已见于本书第一编的相关部分，可供参考。“附录”是否需要作为家谱的一部分，可以根据具体情况而定，附录的内容也因谱而异，不必千篇一律。如在《中华高姓大通谱·总谱》里，专门把《附表》作为全谱的8篇之一，从收录的内容看实际上是附录，包括“族史表”“高姓大事记”“高研会大事记”“全国高氏分布简表”“《高姓全史》（2008）人名索引”“高氏世系简表”。该《附表》之外，还有“出版总谱出资芳名”“原捐资芳名”“贺信”等部分，从性质上看也属于该谱的附录。再如重庆铜梁《王氏总谱》，其附录部分包括“我国地方政制沿革”“麻城、铜梁沿革”“明清史实三则”“湖广填四川始末”“中国姓氏与人口统计”“历史朝代公元对照表”，与上述《中华高姓大通谱·总谱》的附录部分又有所不同。又如《杨氏命脉回溯》的附录是“杨氏谱籍参考资料”“杨氏宰相名录”“杨氏状元名录”，浙江《平阳王氏》的附录是“温州北港王氏宗亲联谊会”“《平阳王氏》献资芳名录”，有些家谱则没有附录，情况并非不同，说明附录在家谱中

的确具有多样性。

附录之外，近年编修的家谱中大多还有后记或跋，用来说明修谱的过程和编修感悟、要特别鸣谢的人员，以及其他需要进一步说明之处。如在湖北《荆楚琅琊王氏宗谱》卷末，收录其主修所作的跋（后述）是：

程子曰："家法坏，谱牒尚有遗风，谱牒坏，人家不知来处，故谱不可不修"。

《荆楚琅琊王氏宗谱》的出版发行，填补了我王氏近代未修家谱的历史，作为一本溯源型的家书，有些章节从体例上来讲做了更新，不知妥否，且留与后人评说。另古代部分文章，原计划全部配白话文注解，以便更多的年轻人阅读，增进对宗族事务的了解，但终未能做到。再就是，虽经多方努力仍有部分宗亲不愿续谱，这是本次编委最大的遗憾。

人从娘腹中十月怀胎，呱呱落地，在世上几十年，但总要静静地离开人世。古人云："雁过留声，人过留名。""名"就是人之本，人生一世死了，连一个名字都没有留在世上，若干年之后自己的子孙连祖先是谁都不知道，那不是枉活一生，白活一世？换言之，你的孩子也就是失去了根本。

树高千丈，叶落归根，你的根在哪里？万里江水，源起何处？一个人连自己的根源都不了解，岂不有负先人养育？

古人云："子孙不知姓氏所从来，以昧昭穆之序者，禽兽不如也。"姓氏是一种血缘关系的标志，人兽之别，就在于他们对于有血缘关系的本族人，有一种生生不息的寻根意识，使这个家庭有强大的凝聚力和生命力。

祖辈们千辛万苦创业、育人，为社会创下了丰功伟绩，留给我们知识、精神财富、思想财富，只有把他们的事迹写成书、立成传，一代一代的传下去，作为永久的纪念，才算上对得起祖宗，下对得起后人。

今天，琅琊王氏日渐兴旺，炎黄子孙遍布世界160多个国家和地区，5500万海外华人中有绝大多数来自琅琊王氏。每年大批华人不辞艰辛，来到中国祭拜祖先，可以说，家谱维系的不仅是一个家族，更是一个民族兴衰。

末了，就是祠堂一事，借《荆楚琅琊王氏宗谱》成功发行之契机，倡导成立“王氏大宗祠堂筹备委员会”，集广大宗亲之力，尽早规划，抓紧落实，让族人春秋聚首有个去处，让寻根问祖之人有个怀念先烈（祖）的场所。我愿将此次活动的全部收入捐献给王氏宗族事业，为王氏宗祠的建设添砖加瓦，为寻宗探祖之人提供服务！

湖南岳阳《陇西堂湘岳毛田李氏大成总谱》中，收录了一篇更为详细的跋（主编寄语），详细说明了本次修谱缘起、修谱队伍组建过程及人员构成，以及修谱的艰辛、主修个人在其中所发挥的作用、财务账目、电子修谱、存在问题等，几乎涉及本部分需要说明的各个方面，对如何编修后记不乏参考价值，现选取其中部分内容并略加整理如下：

欣逢盛世，国富民殷；谱牒风起，各姓传承。我毛田李氏为响应“三港五祠”联宗的倡议，于2013（癸巳）年清明翌日，在毛田村部开会正式拉开八修族谱的序幕。

序幕既已拉开，必有节目演出。节目的演出必须由众人的通力合作才能完成。首先选举产生领导成员：组长李小毛，负责全面；我负责资料组，与李卫东等搜集、整理与撰写资料；副组长李德龙及李华，负责收族及杂务；组员李熙爱、李世昌负责谱牒收集、整理；组员李石左（会计）、李宇洪（出纳）、李国兵（监管）负责财务账目，严格审批手续。然后我们宣传发动，物色人员，推选各牌牌长；由牌长选出各门门长；组成了剧务组。明确分工各自所扮的剧中人，再去演好自己的角色。为把我族八修工作做好，大家同心协力，焚膏继晷，战暑傲寒，跋山涉水，奔走于四方；牵涉、湘鄂、赣三省十几个县，其中的艰难困苦可想而知。经过近两年踏实工作，大家战胜各种阻力，克服重重困难；在族民的理解与支持下，终究落下帷幕了。在此之际，凭我个人之见，就此修谱工作做几点说明。

一、族谱的编纂工作

此次八修，我们总结了前几次修谱的经验，为适应大众化便于阅读，进行了几项大的改进。

首先，将原来的雕版改为电子排版；将竖式从右至左，改为横式从左到右；文字按教科书标准用字；语言尽量用白话文；重录用的老谱资料全部重新标点分段。

其次，将过去的门谱合为牌谱，源流从万甫公至今；将过去的提纲源流、串连等谱合为一本大成总谱；将原来的简装改为精本线装。

其三，谱牒的发行量大增，保持每百人有三本牌谱；个人自购牌谱就是折本也满足族民的需求。

其四，为尽量减少错漏，每稿必须经过三次返回校对更正后，才最终定稿付印。

故族之名流真微先生为此次修谱写序前阅读了本届资料，曾这样眉批曰："这届修谱，把条理梳拢得更加明晰，便于阅读，比以往几次修编是一个进步。"

其五，我负责谱系资料整理，自知才疏学浅，责任重大，一点也不敢怠慢。近几年，我养成一个不好的习惯，有"网瘾"，各种文字都要通过电脑完成。一有空，就从历届族谱中挑选所需要的资料，再用手写板一字字写到电脑里，边写边斟酌标点分段。一开机，就是一天一晚，有时连吃饭睡觉都要老伴三番五次催促才下得来。撰写资料要打腹稿构思，定主题选材、布局谋篇、遣词造句等则更加用尽心思，有时连走路坐车都在思考如何写才妥。就这样，一篇资料至少要经过四五遍反复默读、推敲、修改，才能酌定下来，再交其他资料员审核校对确定。这种坐在家里做又不见功效的事，没有亲身体会的人是不会知道的。摄影，我几乎跑遍全族群居住地。

其实，我族是个人才济济的大族，能说会写的大有人在。可是，对于没有稿费而不值钱的文字却都不愿意写。所以，谱牒中整理、撰写、搜集的资料，都篇篇署名。一是缘老谱之传，二是各负正误文责，三是体现各自的劳动成效等。有付出必有回报，通过署名来回报付出者，也是恰如其分的情理之中的事。

二、在续修好族谱的同时，我们还厉行节约，办了几件大事：

1.和亲睦族，派员赴恩施建始县接谱和赴巴东火烽寻亲联宗。

2.理清源流，派员赴江西寻根考察。

3.筹资十六万，修缮好了朝奉公墓。

4.在互联网上，建立电子版谱和宗亲联谊QQ群。

随着人类社会的进步，科技的发达，族民居住地将会越来越宽广，距离会越隔越遥远。但无论天涯海角，都可以通过互联网和QQ群联络感情，互通信息。更重要的是：从此再也不必花大人力、财力、物力去续修族谱了。我们先在互联网上租用个“域名空间”，通过专业分门别类制作，再把此届修谱的谱系部分电子文档分类上传至这个“域名空间”；由大家推选出德才兼备、乐于奉献、能上电脑的“管理员”和“版主”管理。族民还可在这个“域名空间”撰写文稿、上传照片、建立电子纪念堂等，供网上宗亲阅读、点评、祭祀。为防止个人信息泄漏，部分谱牒电子文档只保存到“电子磁盘”，仅供“管理员”打开，以确保个人信息万无一失。各牌长在每年摸清本牌生殁情况后，报“管理员”编辑存盘即可。如需纸质谱牒，只通过“管理员”到印刷厂交上印刷费，即可打印成册，再也不必兴师动众、几十年又续修了。

以上这些是几百年来、几十代人想做未做成的事，我们这一次做成了。我们可以自豪地说：我们这辈人，上可以对得起祖宗，下无愧于儿孙。

在编修过程中，尽管我们是竭尽全力、煞费苦心、绞尽脑汁、认真搜集、审慎斟酌、反复推敲、反复校对，但由于水平有限及时间仓促等原因，仍然难免出现瑕疵，有负众望。俗话说“一人难满百人意”，众口难调，仁者见仁，智者见智；何况我们是有着两万多人的大家族，更是众说纷纭。凡不妥之处，还望诸位宗亲与读者予以谅解！

三、财务账目是此次续修最敏感的话题

受七修的影响，一开始许多族民很不理解，认为这是“搞副业捞钱”。我们不排除当初极个别人有不纯正的动机，但绝大多数人的动机是纯正的，是想为祖先和族民做点有益的实事的。就我而言，从未插手现金；如我的旅差费，必须写清明细单，由组长、副组长2人以上审核签字，才能到会计出纳手中领到钱；至于工资的有无和多少，还是个未知数。我就只“捞”了些文字和名字在

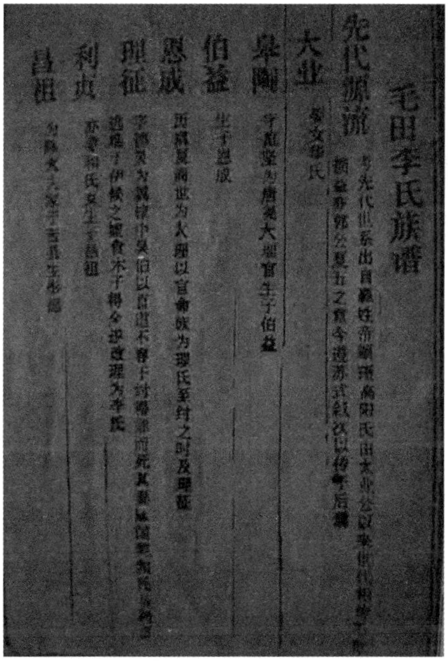

湖南岳阳《毛田李氏族谱》
此即七修族谱，是《陇西堂湘岳毛田李氏大成总谱》前身

谱上。账目要等全部结束，由组委会和10个牌长统一结算，最后向大家如实公布。事实胜于雄辩，就现状看，我们只收多少钱，做了多少事，质量如何，我相信这些都是有目共睹的。请宗亲们放心！

四、美中不足之处

1.源流有待进一步考证。据老谱“江西南昌府丰城县，地名洪洲铁树观、磨刀山、壁厢街，折角蜈蚣形，称湖茫李焉”的地名，经寻访发现，这串地名在江西省分布三处：“铁树观”在现江西省南昌市新建区，与丰城市相邻；“磨刀山”在现江西省永修县；“折角蜈蚣形，称湖茫李”，在江西省丰城市段潭乡湖茫村。还有“壁厢街”“恩田”“白马台”在某地方，也存在疑问。所以，我支到底来自江西何地，还是不得而知，故需要慢慢寻访。能与我谱88世李成公接上头，且时间吻合的才是真源。

毛田李氏始祖墓
《陇西堂湘岳毛田李氏大成总谱》
对其有详细记载

2.收族不全。本地有极个别人对宗族事务认识不清，且三番五次登门做工作仍顽固不化，不愿入谱，我们尽了职责，也没办法解决；外迁的能联系上的尽量收入。另外，千秀公长子万一公后裔有几千人，今居康王开发区长岭头，开始积极响应，参加了多次会议，我们也登门做了十多次工作，终因当地人认识不清、负责人不力等诸多因素，未能团圆，实为遗事。

3.修缅祖亭是为遮蔽朝奉公墓上喧宾夺主的坟，有赖于后续完成。

4.至于到底建不建供奉先祖牌位、存放族谱的祠堂，期望族贤酝酿后再定夺。

总而言之，我们要坚守爱国壮族、遵纪守法、崇尚科学、慈孝友爱、勤奋治家的原则，继承和发扬我族传统的姓氏文化，开发本族文化资源，开展本族文化研究，教育族人溯源探本；开展祖德家风互传、市场信息互通、族亲问题互解、困难互帮等活动，构建和谐宗族，以达到三港李氏空前大团结、大进步；广谋李氏宗亲福祉，弘扬李氏先祖硕德，传播李氏文化；为国家的繁荣昌盛、社会的和谐发展、族人的幸福安康作出新的贡献！

“道宗三治传芳久，族谱八修纪实详”，我们的祖先曾在中华民族悠久的历史长河中有过灿烂辉煌。衷心祝愿我们有着道根帝胄基因和血缘关系的大家庭和睦共处，百业兴隆，期冀我族后裔能够重现“紫气重来，雄风再振；英才辈出，俊彦倍增”兴旺局面，为最终发扬光大李姓的家族文化和事业而努力奋斗！

总之，编修家谱的确是一个复杂而又系统的工作，编修的内容涉及方方面面。在具体编修时，不仅要了解熟悉、深入研究和正确使用搜集来的各种资料，还要认真掌握各部分的编修方法。只有这样，才能编出高水平的传世家谱。

四、研究性家谱的编写

研究性家谱，是指从研究角度编写的与家谱近似的“一家之史”著作。由于家谱是一家或一族、一姓的历史文献，是“一家之史”，与“一国之史”“一地之史”一样都是研究界关注的对象，只是其编写的著作通常被称为家族史或个案、姓氏、历史人类学研究著作，没有被称为家谱。同时，这类的著作中除一般性的知识介绍类成果外还都带有较强的学术性，对某些或某类问题的研究也更为深入，不像家谱那样只重视“明世次，辨昭穆，序人伦，合宗族”，这些也是其与家谱的根本区别。不过，由于其研究对象毕竟是“一家之史”，如果按家谱界的习惯进行类比，其研究一家一族的著作已近似于家谱中的支谱，研究整个姓氏的著作近似于家谱中的总谱，因此，称其为研究性家谱也非牵强。加上二者的编写方法也不相同，本书也分为研究性支谱编写和研究性总谱编写两种情况加以介绍。

1.研究性支谱编写

研究性支谱，即研究一家一族的著作，因近似于家谱中的支谱或分谱而相称。这类的著作又一般称为个案研究，有代表性的成果是日本学者守屋美都雄在1951年出版的《六朝门阀个案研究——太原王氏系谱考》，该书也被研究界称为同类研究的开山之作。在该书中，守屋氏选取王姓中最为著名的太原王氏为研究对象，从研究太原王氏的始祖传说入手，认真考证了其在汉唐间的谱系真伪，进而依据其家族人物在正史中的传记，从经济、文化和政治地位等方面分析其家族地位的形成、发展与衰落过程，以及与社会和国家的关系。如在对其始祖传说的研究中，便利用多种文献资料深入分析了出自周灵王太子晋、周平王孙赤、春秋时期齐国大夫王子成父、周文王、后稷等5种说法，认为这些说法大都出现在门阀制度兴起的时期，对先秦祖先的附会和追忆完全不可信。其可信的上限是东汉中叶

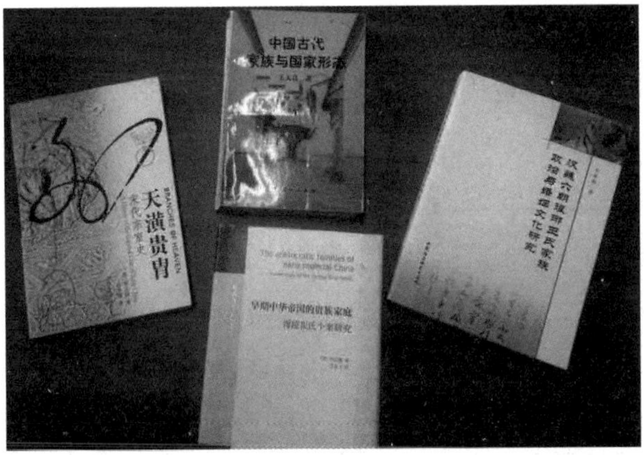

几种近似于支谱的研究性家谱著作

以后，在祁县以司徒王允为代表，在晋阳是魏司空王昶伯父柔、父泽兄弟2人。《后汉书·王允传》有王允先人“世仕州郡为冠盖”等语，假定为可信，其时间最早也只能定在东汉中叶。上述结论的得出都有大量的文献依据，考证严谨，具有说服力，深得另一位日本学者池田温推重，认为“是把历史上具有代表性的名族的实际状态清楚地勾画出来的实证性成果，它是这一研究领域的范例”。这类的个案研究性著作与家谱中支谱或分谱的编修有较大不同，但其成果作为编修家谱的参考仍有其价值。

《早期中华帝国的贵族家庭》中译本

《早期中华帝国的贵族家庭——博陵崔氏个案研究》，是值得关注的另一部个案研究成果。该成果的作者是美国学者伊佩霞，1978年由英国剑桥大学出版社作为“剑桥中华文史丛刊”中的一种出版。成果在运用包括台湾中研院收藏的42种从未公开的碑刻墓志资料在内的大量原始资料的基础上，“追踪了崔氏一千年间的历史足迹”，“把一个家族在自后汉末至唐末整个中世纪时期的活动都纳入考察的范围”，研究重点包括社会、文化、政治、制度发展等多个方面，对崔氏家族演变过程、家族声望、影响力消长、权力基础变动等都提出了独到的观点，被认为是利用社会学方法研究中国古代家族制度的另一部开创性成果。该成果在20世纪80年代初被介绍到中国，2011年由上海古籍出版社出版了中译本，其中译本目录是：

由上述目录可见，伊佩霞对博陵崔氏的个案研究成果虽然与家谱的支谱或分谱相比仍然区别较大，但其成果仍可供编修相关家谱参考。

在上述海外学者研究中国传统家族的方法及其成果的影响下，个案研究之风在我国逐渐兴起，并不断有新成果问世，仅笔者本人就先后编写或出版了《中国古代家族与国家形态——以琅琊王氏为主的研究》、博士后研究报告《郡望与堂号：一种血缘认同的历史民俗学考察——以荥阳郑氏为例》等著作。其中研究琅琊王氏的专著分为上、下两编，共14章，分别从纵横两个方面系统探讨了王姓中这一代表性的家族在汉唐时期的全部家族历史，并从政局、仕宦、婚姻、文化、经济等方面揭示了其家族特点、实际地位、历史作用，以及与国家之间的关系，不仅可供琅琊王氏后裔参考，对其他王姓支派乃至其他姓氏的人也有一定的参考价值。研究荥阳郑氏的博士后报告则从研究血缘认同这一传统民俗中的习见现象入手，以对荥阳郑氏这一古今郑姓人普遍认同的血缘概念的研究为个案，深入研究了对仅具象征意义的炎黄二帝认同、对有事实依据的郡望堂号认同等多种认同现象，指出荥阳郑氏实际上是以汉唐时期居住在荥阳郡开封县的一支郑姓人为核心，因其世代官宦而为天下所仰望，最辉煌时跻身于天下四大望族之列，从而受到其他各地的广泛推奉，“天下郑姓出荥阳”和“荥阳郑氏遍天下”之说也因之形成。但这种事实依据在汉唐前后与汉唐时期有较大不同，其前者只能算是认同前的传说时期，后者是认同之后仅具象征意义时期，具有明显的阶段性；而无论是何一时期、何种情况下的认同，都在基本认同之下存在与事实不符现象，说明在看似简单的认同表相之下还掩藏着复杂的事实本质。在沿着历史发展线索进行系统考察的基础上，该报告还将郑姓人对荥阳郑氏的认同与中华民族这一更为广泛的认同进行比较，指出二者在性质上基本一致或相近，前者实际上也是民族凝聚力赖以存在的一种基础。这种视角和结论由于尚不见于当时的其他研究中，在理论上不乏拓荒意义，在事实上也对荥阳郑氏族人编修支谱、郑姓人编修总谱等具有参考价值。

2.研究性总谱编写

研究性总谱，即研究整个姓氏的著作，因近似于家谱中的总谱或通谱而相称。仅就近几十年的情况看，这类的著作大多以姓氏丛书的形式出现，一般一姓一种，内容涉及相关姓氏的来源、演变、发展、迁徙、分布、世系、名人等，文字有多有少，写法上普及性通俗读物与学术性著作兼具，水平也参差不齐。由于情况相同，其对编修总谱或通谱的参考价值也不一样。

就该类被收入丛书中的著作看，有些是字数较少的普及性通俗读物，大约以木波编写的周、王、赵、杨、刘、吴、李、黄、陈、张10个姓氏的“寻根与取名”为最早。该丛书由漓江出版社出版于1993年，每个姓氏1种，每种约3万字，内容分为相关姓氏的历史和该姓氏的孩子如何起名两个方面，在当时该类图书不多的情况下有一定的参考和实用价值。此后，国内又陆续出版了“百家姓寻根探秘”“中国大姓寻根与取名”“寻根问祖”“百家姓书库”“回家看看时尚旅游”等丛书，每种丛书所出版的册数不等，每种书所包含的姓氏多少也不一样，但性质和字数没有太大区别。以气象出版社出版的“中国大姓寻根与取名”丛书为例，该丛书先后出版6种，每种4个姓氏，各姓氏大致按“赵钱孙李”“周吴郑王”顺序排列。每个姓氏的内容基本包括“姓氏源流”“姓氏文化”“历代名人”3部分，其中“姓氏源流”又包括“得姓传说”“历史演变”“主要分布”，“姓氏文化”又包括“郡望堂号”“家乘谱牒”“文化遗迹”“轶闻趣事”“取名技巧”，“历代名人”又分为“政治名人”“军事名人”“文化名人”“海外名人”，或“帝王篇”“将相篇”“先贤篇”“名士篇”“港台篇”“海外篇”等。由于相关姓氏都是人数较多的大姓，而每个姓氏的字数不过5万左右，加上又涉及上述多个方面，因此都不太可能进行深入研究，只能是提纲挈领式的泛泛介绍。上述这些也基本是这类普及性通俗读物的共性特点，其作为家谱中总谱编修参考的价值也势必受到影响。

不同类型的、研究性总谱性质的姓氏著作

姓氏类丛书中具有较高参考价值的是字数较多且具有一定学术性的研究著作。该类著作大约以何光岳、聂鑫森合著的《中华姓氏通书·陈姓》为最早，以后又有多家出版社分别出版了“华夏姓氏丛书”和“中华姓氏通史”“中华姓氏谱”“中华名门才俊”“中华姓氏史话”“中华姓氏简史”等丛书，以及计划出版但未出版的“百家姓寻根旅游丛书”等。这些丛书中的著作如《中华姓氏通书·陈姓》，出版于1991年7月，约15万字，前有祖宗像和义门图，接以“寻根问祖”“以国为姓”“天下陈氏出江州”“一个开放型的家族”“陈姓宗族文化”“陈姓历代名人谱”，分别涉及陈姓的姓氏来源、历史演变、名门望族、家族文化、历代名人等内容，而这些内容也基本是家谱中的总谱或通谱中所要记载的内容。同时，“通书”一般指“历书”，但该书和该丛书的书名中之所以带有“通书”二字，大约是想体现其“通”

《温姓简史》

或“总”的性质，而其作为编修家谱的参考价值也因此而得以凸现。又如“中华姓氏简史丛书”中的《温姓简史》一书，出版于2015年9月，约35万字，内容上分为“温姓探源”“温疥开基与温姓的早期历史”“温峤与东晋南北朝时期的温姓”“初唐‘三彦’与隋唐五代时期的温姓”“宋元明清时期温姓的历史变迁”“近当代温姓的发展与分布”，以及“温姓家族文化”“温姓家谱文献”“温姓历代名人”等，在研究上较以前的同类著作更为深入。加上又几乎穷尽式搜集了各种文献或碑刻等实物资料，并在此基础上采诸家著作之长，为海内外温姓人勾画了寻根问祖、旅游观光的基本蓝图，能够藉以追寻姓氏之本、文化之源、古迹之根，实际上是一本展示温姓全貌的内容丰富、资料翔实、雅俗共赏、图文并茂的文化大观式著作，适合温姓或其他姓氏的姓名学爱好者、寻根旅游者阅读，也适合各地温姓编修总谱或支谱时参考。

另外，如果进一步了解研究性总谱性质且具有较高参考价值的姓氏类著作的编写，可以发现，其基本特点都是选取一个人口较多的姓氏，采用一姓一书的形式编写。各书在形式上大多是图文并茂，在选材上基本都做到了全面、准确、精当，在内容上都是回答和解决本姓何来、根在何处、始祖何人、郡望何方、聚散何如、有何名人、往昔如何、今日怎样等问题，这些问题，其实也都是编修家谱时同样关注的问题。因此，把这类著作当作编修家谱总谱或通谱时的参考，的确具有不容忽视的价值。也正因如此，近年不少家族或姓氏在编修家谱时都重视对这类著作中研究成果的吸收，甚至直接把相关内容收入家谱，或聘请其作者作为顾问。

五、数字化家谱的编写

关于数字化家谱，我们已在本书第三章的相关部分讨论很多，本节仅涉及如何利用数字化手段编修家谱等问题。

1.信息采集

要编好数字化家谱，首先遇到的问题是如何采集信息。事实上，像编修纸质家谱一样，数字化家谱中的主要信息也是将被收进家谱中的人的名字、父祖名字、所在房支、所属世代、出生日期、出生地、学历、职业、婚配、子女、主要经历等最核心的问题。对于这些问题，可以自己主动填写在家谱编修软件中的相关位置，也可以由别人填写，或由专门的人员通过访谈等形式采集。在通过别人采集信息时，最为可靠的信息来源是与谱主关系最亲密的父母、兄弟姐妹、祖父母和外祖父母等家庭成员，他们所掌握的都是第一手资料。除他们外，还可以向稍远一些的亲戚如堂兄弟姐妹、表兄弟姐妹、祖父母或外祖父母的兄弟姐妹、街坊邻居等采集信息，以及向户籍管理、档案馆、图书馆、博物馆等查询信息，或通过互联网络搜索信息，都可以获取更多的信息资料。为了使采集的信息更为准确，有时还需要把同样的问题向多人提问，然后从不同的回答中分析归纳，最终提炼出最为真实的信息。在此基础上，还要把采集到的信息分门别类地进行整理，最终奠定利用这些信息的基础。

如果采用访谈的方式采集信息，还要在访谈前做好充分准备，对所要访谈的内容心中有数。如果要访谈的是过去发生的某件事情，就要抓住发生的时间、地点、原因、背景、经过、结果、主要特点等几个关键要素。如果一次访谈一人解决不了问题，还要有多次访谈多人的心理准备，直到问题的最终解决。无论是怎样进行访谈，都要现场做好记录，回来后及时整理。如果在访谈时能够有现成的文字、笔记、书信、照片等实物资料可供参考，还要充分利用这些资料，使之相互参照，这样才更加真实可靠，具有可信性。

2.编写方法

要编写数字化家谱，目前主要是通过专门的家谱软件完成的。这种软件一般由专门的公司开发，已知的有家谱先生、天下家谱、族脉家谱、云码宗谱、赛娜多媒体电子家谱系统、九亲在线修谱等。软件一般是通过约定的方式下载，安装解压后直接使用。通过这种软件往往可以建立多个家谱，每个家谱都可以像大树的结构一样把族人联系起来。在使用这种软件时，每个人都可以按设计好的模板录入相关信息，相关信息经软件自动记录、系统整理后，可以按设定的版式自动排版，进而自动生成世系图、行传谱等，或通过互联网等同步发送给其他修谱的族人，实现世系、祖源对接，各地族人很方便地连成一个整体，各自成为新修家谱中的组成部分。同时，软件还可以很方便地调整结构，增加分支，或挂靠到其他分支。软件中所添加的族人还不受人数和信息量的限制，可以一直添加下去，族人的信息也可以永久保存下去。如果需要更改或添加、删除某些资料，只要点击鼠标就能做到。如果要查询其中的任何族人，只要输入其名字便可以搜索到所有信息。如果需要打印输出相关资料，还可以轻易输出相关图文信息，制作成纸质家谱。

要通过专门的软件编写自己的数字化家谱，通常的做法是先在软件上填写自己的名字，再填写父母、祖父母、外祖父母和兄弟姐妹、子女等最亲近的家庭成员的名字，其中，自己和父母、祖父母、子女组成的是直系亲属关系，兄弟姐妹、外祖父母则是旁系亲属关系。当这些亲属关系联系在一起时，犹如大树一样有根也有树干和枝蔓，也被称为家谱树。有些家谱树为了保持传统家谱的样式，仍按垂珠连线的方式表示族人之间的关系，或采用5世1表的欧式谱例，每个人的名字又都能与行传联系在一起，只要轻轻点击便可以知道其所在世代、基本事迹，人物关系清晰明了，传统家谱中那种世系图与行传分离问题也因而得以解决。

由上可见，数字化家谱几乎解决了纸质家谱的所有难题，还具有了多种新的功能，的确是修谱界的一大进步。不仅如此，许多数字化家谱编写软件还是多功能的数字化平台，可以续修或改修老式家谱，使家谱编写和查询、校验、审核、统计乃至家谱信息使用、传播、检索等都变得十分方便，纸质家谱编修所存在的诸多不确定因素都得以有效规避，修谱的科学性、准确性、及时性也得以提高，家谱续修的遗留问题也可以轻易解决，对于家谱文化的普及、挖掘、推广等都有深远意义。

3.数字化家谱的网络化

数字化家谱网络化，也就是把数字化家谱通过互联网技术实现网络化，或放在互联网上与人共同修谱、共享家谱资源，这种家谱也称为网络家谱，其所在的网站也一般称为家谱数字化网站，或简称家谱网站。例如云码宗谱，又称云码家谱，通过网络宣传其数字化修谱的优越与便捷性这类的网站中有些是综合性网站，有些是一家一姓或一族自己建立的网站，规模、影响都不相同。有些网站还实现了与其他网站的无缝链接，或创建若干子网站，通过集群方式形成网络家谱系统，实现千支一统的信息互通、资源共享，更加方便族人使用、寻根问祖，数字化家谱的作用也因而得到了更大程度的发挥。

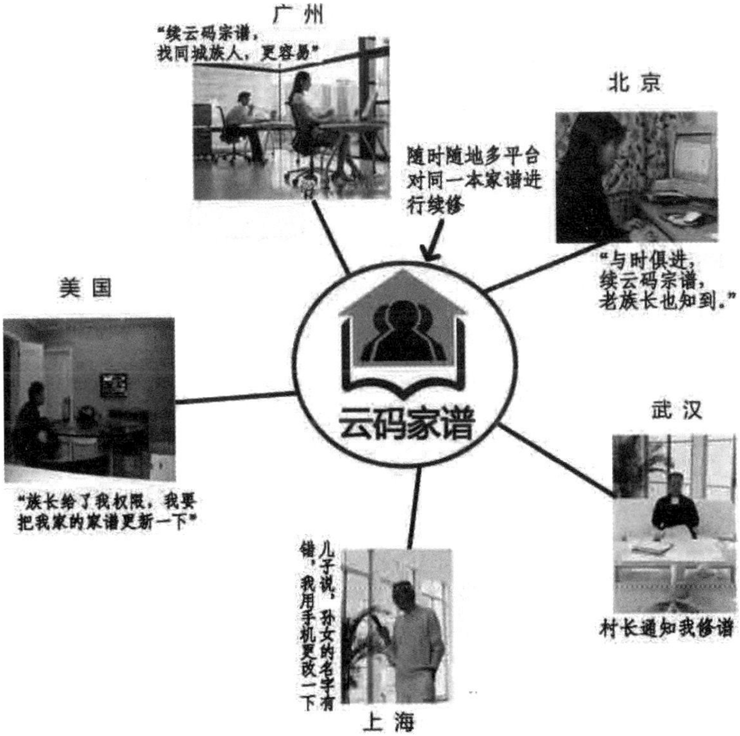

云码宗谱

在数字化家谱被网络化后，其功能和使用空间都得到较大扩展。当被数字化了的家谱放在互联网上后，要识别不同家谱之间的关系，便可以通过自动匹配的方式进行搜索，确认其中是否存在人名、世系等的相同之处，是否具有亲戚、宗族关系。如果有较多的相同之处，或与某个时期的某位祖先有共同联系，便可确认他们之间至少曾属于同一个家族，并借以实现认祖归宗夙愿。同时，有些家谱网站还开发了即时聊天、家庭日志、家庭祝福等互动功能，族人可以在共同的平台中交流共同关心的问题，或分享家庭教育、家庭活动的声像图文资料等。有些网站还开发了多媒体的家谱主界面，具有真人肖像模式和成员相册、成员影像集、成员录音集等多种功能，可以当作家庭资料收集器或管理器、储存器使用。尤其是声像资料，在纸质家谱中是无法利用的，但对族人来说异常珍贵。当若干年后再看到这些资料，不仅可以领略先辈们的音容笑貌与风采，还可以从世系图中清晰了解与先辈的关系，增强自己的责任感和使命感。同时，这类的声像资料还可以通过网页、邮件、微博、微信等实现全方位的信息联通，或进一步制成电子书或光盘，不仅比纸质家谱的表现力更为丰富，而且还更容易保存、携带、馈赠、传承，使更大范围的族内联宗、联谊和族外信息交流等都得以实现。可见，互联网时代的家谱不再仅仅是数字化，也不仅仅是简单的网络化，而是有了更大的空间和更为鲜活的生命力。

4.纸质家谱的数字化

在编写数字化家谱时，还有一个相关问题是如何把纸质家谱数字化。所谓纸质家谱数字化，也就是采用计算机、图像扫描、缩微等技术，把家谱中常见的文字或图形符号转化为能被计算机识别的数字符号，进行数字化处理，使其文字或图形符号能够像纸质家谱一样使用，而其纸质家谱则被妥善收藏、保存。通过家谱的数字化，其中所蕴涵的信息资源可以得到更为广泛的利用，进而可以实现快速、高效传递，多途径地收集、保护、开发

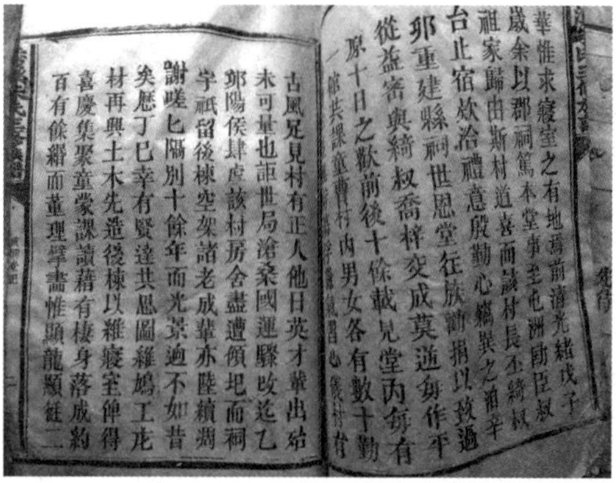

通过拍照实现数字化的清朝《朱氏三修族谱》

和利用家谱的目的也更容易达到，真正意义上的资源共享也因而得以实现。

进行纸质家谱的数字化，目前常见的方式是拍照和扫描两种办法。拍照家谱比扫描更为便捷，其方式是使用数码相机近距离拍照，要求拍出的家谱字体清晰，图片格式、质量能够满足数据库要求，符合打印标准。在拍照时，应选择没有太阳直射的光线明亮之处，不使用闪光灯，以免明暗不均，出现阴影。所拍照的谱页下应铺上白纸，相机镜头垂直于其平面上方中心位置。拍照时应由封面开始逐页拍照，页面拍照完整，防止漏拍。如果一次拍照左右两页，左右边要接近相机成像边缘，便于以后切割处理图片。拍照好的家谱存入电脑时，文件夹要注明时间、家谱名称等。

在家谱收藏机构或专业公司，大多采用扫描的方式数字化纸质家谱，其效果比拍照更为优越。当使用扫描仪扫描家谱时，大多采用把家谱拆开的传统单页扫描方式。为了减少对家谱原件的损伤，有些对不超过扫描仪扫描范围的家谱进行无边距扫描，对于超过扫描仪范围的大本家谱采用专业数码照相设备进行采集。无论是扫描还是拍照，都要对图片进行锐化、去噪、纠偏、裁剪等手动加工，使之达到最佳效果。为了便于使用，还要对其进行分类，建成数据库和导航栏，方便查找和使用。有些机构或公司则使用清华同方的电子书加工系统，对不同的家谱用不同的方式扫描，然后对谱页图像进行成批处

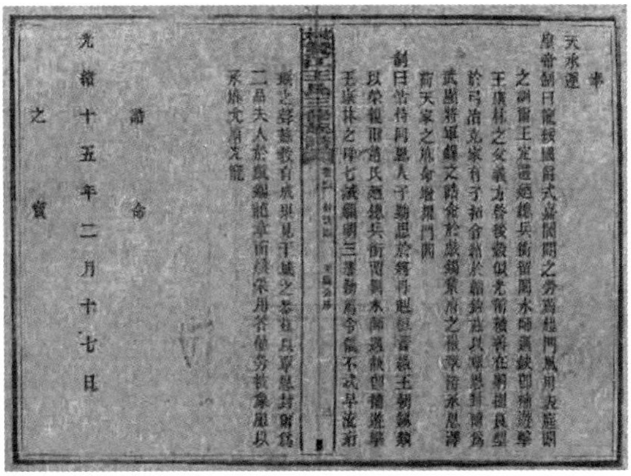
奉
天承運
誥命
光緒十五年二月十七日
之寶

通过扫描实现数字化的清朝湖南
《梽木双江王氏三修族谱》

理、背景处理、高度压缩，进而自动生成目录，与元数据进行链接。使用时只要在发布界面点击谱名，便可进行全文浏览。还有些公司引进了不拆开家谱的专业数字化转录设备，即高清数字化扫描仪，借以将家谱更快速地逐页录入，但谱名、目录、谱籍、堂号、始迁地、始祖、家族名人等基本信息仍应需要人工建立。

另外，一些家谱网站为了实现纸质家谱资源共享，已在网站上创建了旧谱收集系统。通过这一系统，纸质家谱可以自动生成仿真电子家谱，族人随时可以翻阅查询。

第五章
编修后的工作

如前所述，家谱编修的核心工作是文字内容的编修，但文字工作的完成并非家谱编修工作的结束，而是意味着其他工作的开始，这些工作主要包括家谱印制、颁谱庆典和家谱收藏等。早在制订家谱编修计划阶段，通常都已考虑怎样把新修的家谱印制出来，以便让更多的族人能够看到并加以收藏。而当印制出来以后，又要择日举行新家谱的颁发典礼，同时举办祭祖告庙、家谱捐赠、修谱总结等活动，确定家谱的收藏、保存、利用等方式，以及处理与修谱相关的善后事宜。由于上述工作都属于编修家谱的重要环节，有些还有固定程式，因此，把这些环节做好，与做好家谱编修的其他环节同样重要。

一、家谱印制

在制订计划阶段，或在家谱的文字内容基本编修完毕后，就要考虑怎样把新修的家谱印制出来，以便让更多的族人能够看到并加以收藏。随着社会商业化进程的加快，不少地方都出现了专门的印制家谱公司，为家谱印制开辟了便捷途径，但要确保家谱质量，并非简单把谱稿交给公司、让其随意印出来即可，而是要继续参与选择纸张、确定版式、选定字体、排版制作、修改校对、印刷装订等许多环节。因此，只有把握好了编修家谱的印制环节，对印制方法和印制过程都有了基本了解，并随时参与其中，才能做到心中有数，所编修出来的家谱才能真正地保质保量。

就目前通常的情况看，要把编修好的家谱印制出来，一般分为以下几个步骤：

1.选择纸张

在印制家谱前，纸张的选择是一个重要环节，直接关系到家谱的印制效果和印制成本。在宋代以后的传统社会里，家谱除了仅有手写本的以外，基本都是采用宣纸印刷、手工线装的固定模式，具有了古色古香的独特韵味。新修家谱除非有其他考虑，最好还是让印制出来的家谱看上去近似传统家谱。当然，近年随着造纸和印刷技术的发展，无论纸张还是装订技术都已与传统有较大不同。其中就宣纸而言，已有手工制作的宣纸和机制宣纸（仿宣纸）的区别，二者之间不仅质量不同，价格的差别也很大。手工宣纸是按照传统工艺加工而成，纸的原料中加有檀皮，按此方法生产出来的纸张拉力好、柔软、易吸墨，制成家谱后保存日期长、易修补。机制宣纸的原料中则不含檀皮，且一次成形，其纸张的拉力也弱、易脆、吸墨性较差。印制家谱时究竟选用哪种宣纸，可根据实际情况确定。如果不是过于讲究，经济实惠的机制宣纸是一个不错的选择。

如果选用手工宣纸制作家谱，还要掌握一些识别方法。在一般情况下，手工宣纸有光滑和不光滑的正反面，在不光滑的一面可以看到晒纸时所刷的松针印痕，且均匀度不同。如果拿起纸对着光观察，可以看到密布着云朵样的丝状物和筋丝，这些丝状物和筋丝是由檀皮和燎草的纤维形成，在机制宣纸中因为不包含这些原料而看不到。另外，如果在手工宣纸和机制宣纸上分别着墨，手工宣纸上能清晰显示笔痕与层次，而机制宣纸则显得模糊。二者的柔韧性也不相同。

2.确定版式

编修家谱作为千百年来形成的传统习惯，不仅在编修方法上有基本固定的模式，在版式上也有从右到左的竖排传统，只是在近几十年才有越来越多的家谱采用了从左到右的横排版式。就竖排的家谱看，传统的刻版家谱或活字家谱因为受手工雕版和印刷技术的限制，印制出来的家谱版框较长，版心字体较大。近年印制的家谱因为解决了字体和制版等问题，所印制的家谱不仅基本保留了传统的版幅、版框、版线等特征，有些家谱看上去与传统家谱几乎相同。上述这些“版幅”“版心”“版框”“版线”等名词，都是与家谱版式相关的术语，除此而外，还有一些术语需要了解。大致归纳起来，主要有：

版面、版幅：指每页上印版所占的范围。

版框、版线：也称边栏，指版面四周的粗线，在上下者称为上下栏，左右者称为左右栏。常见家谱中的版框又有单线和双线的区分，其单线者称为单边或单栏，双线者称为双边或双栏。如果是上下栏单线、左右栏双线，又称为左右双边或左右双栏。

版心：也称节口。传统家谱基本都是每版两面、中间对折装

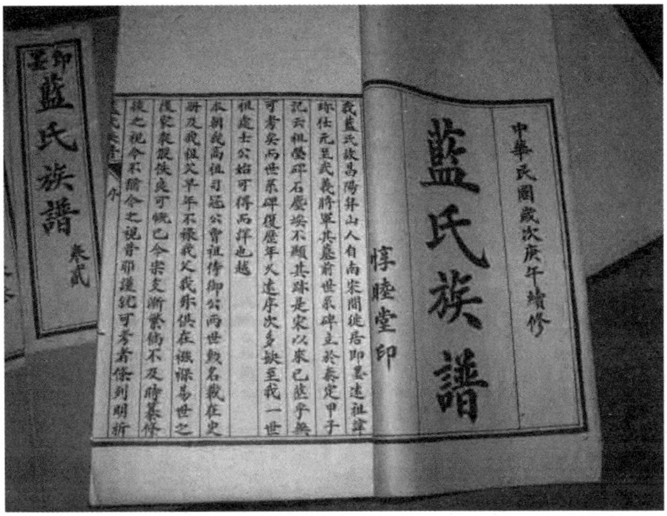

1930年印制的山东即墨《蓝氏族谱》

订，其对折处位于版面正中位置，通常有对折时作为参考的黑线和鱼尾形图案，以及谱名、堂号、卷数、页码等。由于其位置处在版面中心，也被称为版心。

鱼尾：指版心中用作折页的鱼尾形图案。如果只有一个鱼尾，称为单鱼尾；上下各有一个对称的鱼尾，称双鱼尾。

象鼻：指版心处连接鱼尾的黑线，用作折页时的标线。当折页装订后，谱口一侧会显示出黑线的颜色，称为黑口。因为显出的黑线粗细不同，又分别被称为大黑口或阔黑口、小黑口、细黑口。如果鱼尾处不加线，则称为白口。

行格：也称行款，是计算版面内行数和字数的术语。由于每个版面内都用直线分为若干行，每行又有若干字，在计算时，一般称为“×行×字”。如果某行中有大小两排字，则称为“小字双行×行×字”。

除上述以外，与版式相关的术语还因时代的不同而有不同的专门称谓。如在唐代以前的家谱都是手写，有时仅以颜色区分行与行之间的界栏，其中红色的界栏称为朱丝栏，黑色的称为乌丝栏。宋

江苏泰兴延令《王氏宗谱》中的单鱼尾白口版心

代以后的家谱即使仍为手写，所使用的纸张也多是在作坊中购置的不同颜色的印制笺纸，以便区分家谱的形式或内容。这些不同颜色的笺纸，通常被直接称为红格、黑格、蓝格、绿格等。又如在某些传世的宋代家谱中，版框左栏外上方另有一个小方格，其中题写有篇名，这样的小方格又称书耳或耳格。当然，这种情况现在已经极少见到了。

以上所说的版式都是指印制竖排的传统家谱而言的，如果要印制横排的新式家谱则没有这么复杂，只要按通行的出版物版式规定印制即可。

3.选定字体

文字是表现家谱内容的载体，要想把家谱印制得古朴庄重并赏心悦目、便于阅读，选择字体也很重要。在近年编修的家谱中，除极少数为了追求仿古效果而印制成近似于木活字的家谱外，大多都是电脑排印、机器印刷的家谱，家谱中的字体有繁体也有简体。

由于电脑中的字体异常丰富，使字体有了多种选择，使用宋体或仿宋、黑体、楷体、魏碑、行楷、老宋者都有所见，字号也有从初号到6号的不同。究竟选用怎样的字体或使用多大的字号，一般都是根据家谱的内容和各自的审美观而定的，并没有统一的标准。在通常情况下，标题和谱名等都要用字号较大的字体，人名和世系表、传记、正文的字体和字号也应有所区别，序跋字体、引文或注释字体等也都应与正文不同。根据有些研究者统计，一部家谱所用字体有4～5种，字号有6种左右。通过这种不同字体和字号的区别、分隔，印制出来的家谱文字才会显得大小有别、前后有隔、虚实有分、起止有序，既大方美观又富有变化。

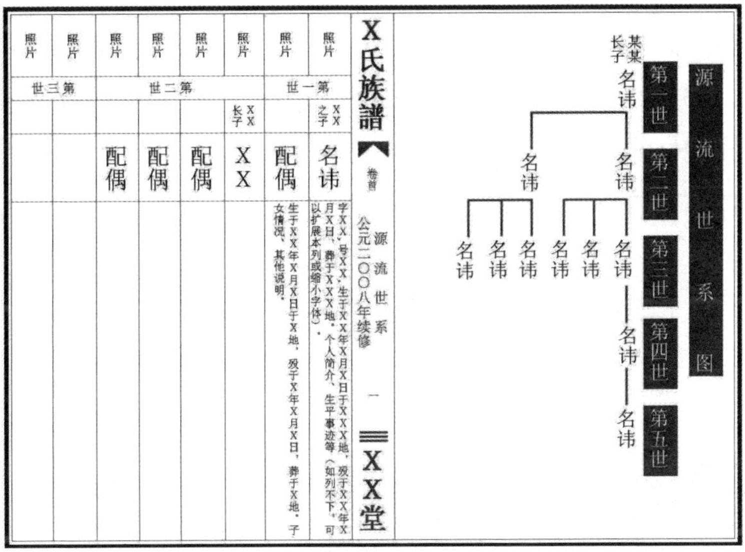

家谱模板中的字体

在选择家谱中的字体时，还要注意选择常用字体，切忌为了追求家谱个性而选用生僻的非常用字体。因为常用字体在电脑字库中的容量较大，而家谱中的生僻字、异体字或特有的文字相对较多，如果选用字库较小的非常用字体，印制出来的家谱中就会存在字体不一致问题，影响美观和阅读。另外，由于家谱中的内容许多都来自1949年以前的使用繁体时期，印制时还要留意繁简字体之间的差别。特别是把用繁体编写的资料转为简体时，可能会导致其中的一些字出现转换上的错误，对于这些字必须特别加以留意，把转换上的错误一一改正，不能简单地一转了事。有些本来用简体字编修的家谱在印制时为了追求与老谱一致，通过电脑把简体转换为繁体，也同样可能存在转换上的错误，所以也同样需要留意。其中如“後”与“后”、“醜”与“丑”、“雲”与“云”、“鬍”与“胡”、“薑”与“姜”，以及“裹”“裡”与“里”、“發”“髮”与“发”、“幹”“乾”与“干”、“係”“繫”与“系”、“曆”“歷”与“历”、“鐘”“鍾”与“钟”等，都是相对应的繁简字，在繁体字中所表述的意思与简体字并非完全相同，但都被分别简化为各自对应简体字。如果在繁简转换时不根据具体情况使用不同的字体，就会造成不必要的低级错误，误导族人。由此可见，在家谱印制阶段选择合适的字体，对确保家谱质量相当重要。

另外，选择字体时如果条件具备，还可考虑在谱序等部分使用手写字体。谱序作为全谱的开篇和家谱的精髓所在，如果能够用手写的行楷、行草、正楷字体书写出来，通过影印的方式印出来，装订在家谱的扉页之后，可以让人感觉更为亲切。如果不具备这样的条件，也不妨用电脑中的正楷、隶书等字体作为标题，用正楷、仿宋、行楷、行草等作为正文字体，印制出来后同样显得很典雅。如果通篇使用黑体或魏碑、新魏、隶书等字体，

浙江义乌《梅溪流大塘楼氏宗谱》

则会因笔画相对较粗而显得过于笨重，建议不选择这些字体。

4.排版制作

在确定了版式和字体、字号后，家谱印制工作就可以进入排版制作程序了。如果要把家谱印制成简体横排的样式，排版制作工作相对简单，按出版物的通行做法去做便可。如果采用传统的繁体竖排样式，排版制作则相对复杂，并且还要注意一些问题。

首先，要把握好家谱的长宽比例，使其具有规范、适宜的最佳效果。家谱毕竟是严肃庄重的历史典籍，传统家谱在长、宽比例上都有一定的规格，按其规格印制出来的家谱美观、大气，值得印制新家谱时借鉴或模仿。如果不考虑这一传统因素，在印制新家谱时充满随意性，印出来的家谱过宽或过窄，都会显得不严肃、不庄重，这是应充分考虑的。

其次，要考虑家谱印制的周全、方便、实用性。明清以来印制的家谱，大多在扉页正面印上谱名，反面印上印制时间、地点、作坊等。这些在扉页反面所印制的内容，还有一个专门的称呼“牌记”，其性质近似于当代正式出版物上的版权页。有了这种“牌记”，家谱就会显得更为完整，还可以更为方便地让族人了解家谱的相关情况，后人在鉴别版本、收藏传世时也可以少费一些心思。如果不注意这一细节，在家谱上不印制成谱日期，族人想知道日期时只能从序或跋的文字中加以推算，便会显得不方便，家谱的周全性也没有得到体现。又如，传统家谱对版口、版心、鱼尾、四周单边、双边等的设计都很规范和统一，值得新修家谱排版制作时学习。现在不少新修家谱把上述这些设计得相当随意，有些甚至图省事而不印制版口或版心，或错码乱页，张冠李戴，造成排列混乱或查找困难，都是没有充分研究和借鉴传统家谱排版制作经验的缘故，其教训一定要汲取。

最后，要想把新修家谱印制得充满美感，还要注意排版的规范性，严肃认真地对待每一个环节。近年编修印制的某些家谱中不同程度存在版面凌乱、承接无序、字体字号比例失调、字距不统一等问题，都是排版制作时把关不严、偷工减料所致，一定要加以避免。

5.修改校对

在家谱各部分的内容被排版制作出来后，下一项重要工作就是修改校对。在本阶段，最核心的工作是把排版制作出来的家谱稿件逐页逐项进行校对，校对中如果需要对篇章布局进行调整，或者发现了原稿中存在需要修改的问题，以及需要进一步提升思想内容、润色文字，还可以在不影响版面的情况下进行修改，以便让家谱的内容更加完善。因此，校对的过程也是修改的过程，二者的工作密不可分。

在修改校对时，应该特别重视对文字的校对，避免出现似是而非、豕亥鱼鲁之类的错误。一些家谱上之所以能够看到把“曰”误为“日”，或把“嬴”误为“羸”“蠃”，“戊”误为“戌”“戍”，“己”误为“巳”“已”，“颛顼”误为“颛项”，“颍川”误为“颖川”，“荥阳”“荥经”误为“荣阳”“荣经”，等等，都是没有认真校对造成的。我国对出版物上的差错率有十分严格的规定，规定差错率必须在万分之一以下，超过了就是不合

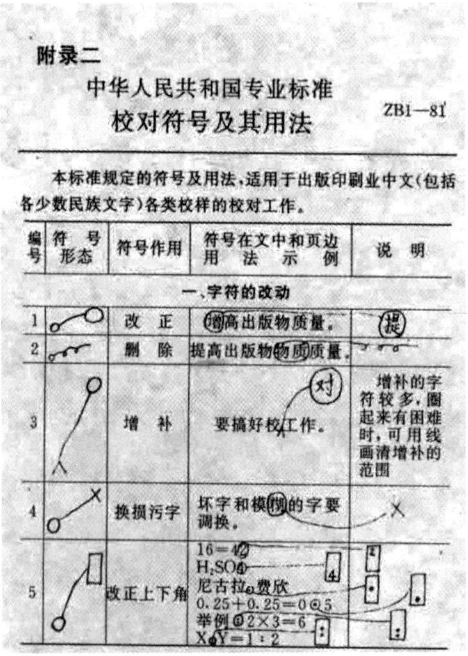
附录二

中华人民共和国专业标准

校对符号及其用法　ZB1—81

本标准规定的符号及用法，适用于出版印刷业中文（包括各少数民族文字）各类校样的校对工作。

编号	符号形态	符号作用	符号在文中和页边用法示例	说明
		一、字符的改动		
1		改正	增高出版物质量。	
2		删除	提高出版物物质质量。	
3		增补	要搞好校工作。	增补的字符较多，圈起来有困难时，可用线画清增补的范围
4		换损污字	坏字和模糊的字要调换。	
5		改正上下角	16=42 H2SO4 尼古拉·费欣 0.25+0.25=0.5 举例：2×3=6 X：Y=1：2	

国家对于校对符号及其用法有专门标准

格。文字校对工作实际上也是一项责任心、专业性都很强的工作，“校书如扫落叶”，必须投入必要的工作量，通过“三校一读”及样书检查把好校对关。所谓“三校一读”，是我国目前为保障出版物质量而作出的基本规定，要求图书类的出版物必须经过作者校对、编辑校对、专业校对等三个校次，最终由专业人员完成。对于重要书稿和家谱这样校对难度较大的书稿，还应相应增加校次。当三校完毕后，所出校样还必须进行一次通读检查，然后才出付印清样。至于校对方法，也包括对校、本校、他校、理校、折校、点校、读校、过红、核红、人机结合校、文字技术整理等多种。如其中的对校法，就是一种比照原稿核对校样的方法，通过查找原稿与校样之间的异同而发现差错，要求做到“照本改字，不讹不漏”。本校法是一种通读检查方法，通过校样中的内在矛盾发现问题，然后进行是非判断而发现原稿的差错，进而改正录排错漏的校样。他校法是当通读检查原稿和校样时都发现了同样的问题、又难以判断是非，应去查对相关的权威工具书或权威著作，借以判断是非、改正错误。理校法则是一种推理判断方法，当发现疑问又找不到可靠根据时，应通过分析字词含义等进行逻辑推理判断，以便确定正确的文字。

校对的任务是改错，即通常说的清除硬伤，对于明显的错字、别字、多字、漏字、错简字、错繁字、互倒、异体字、旧字形，非规范的异形词，外文字母错误，汉语拼音错误，专名错误，不符合国家规范标准的标点符号用法、数字用法、量和单位名称及符号书写，不符合设计要求和规范的版面格式，语法错误，逻辑错误，数字错误，计量和单位错误，版面格式错误，以及事实性、知识性、政治性的错误，等等，都应进行改正。在进行校对时，由于家谱原稿的执笔者对原稿内容有把握，对相关知识相对熟悉，比较适合担任作者自校的角色。但也因存在习惯性的思维定式，难以感知个体字符的差异，可能对差错“熟视无睹”，因此也不应采取一人包校的做法，而应采取多种校对相结合的做法，尽可能组织工作认真、经验丰富的专业校对人员，对校对工作进行统一组织和全程监控，把好校对过程的各个环节，最大限度地减少校对差错。

另外，在家谱的修改校对时，还应特别重视对人名、地名、世系、日期等核心内容的校对，避免出现不应有的低级错误。如果实在没有校对出相关问题，等家谱印刷出来后又发现了问题，可以采取重新校对的办法把家谱认真、完整地再校对一遍，把发现的问题制成勘误表，印制出来粘贴在家谱内，发给领谱族人，供识别和以后修谱时改正。

6.印刷装订

作为家谱编修的另一个阶段，印刷装订环节同样重要。现在不少家谱看上去与传统家谱一样庄重、质朴、典雅，在外观上已经非常接近于传统家谱，就是因为把好了印刷装订关的缘故。

在印刷装订阶段，应了解和考虑的问题很多，对印刷工艺、印刷工价标准、纸张规格性能、印刷企业的生产能力等都应心中有数，以便确保质量和控制成本。如就印刷工艺而言，一般的单、双色家谱经激光照排后，都采用单色单面或双色双面胶印机印刷，不同的工艺和不同的印刷方式都有不同的工价计算标准。再如对于纸张规格，选用怎样的开度也要合理，否则就会使纸张的有效利用面积减少，边料增加，造成浪费。尤其是在使用宣纸印刷时，除要注意纸质的区别外，还要在究竟使用3尺宣纸还是4尺宣纸之间进行权衡比较，以免造成浪费。如果不使用宣纸印刷，仅把家谱印刷成简体横排的普通家谱，也要考虑哪些内容用胶版纸印刷，哪些用铜版纸印刷，注意纸的克重和型号。就一般情况而言，同一品种纸的克数越重，价格也就越高。当正文纸的克重增加时，书脊的厚度也会随之加厚。由于家谱除正文外还有封面、扉页、序文、目录、牌记等部分，每个部分的用纸也许还会不同，要想合理利用纸张，便要考虑如何拼版、组版、版数等问题，尽量避免出现空白页，最大可能地提高纸张的利用率。

在家谱的装订阶段，要了解和掌握不同的装订方法及其基本流程。就装订形式看，用于家谱的有锁线订、胶订等。锁线订是手工线装家谱的装订方法，胶订是机器印制家谱最常用的装订方法。如果用锁线订装订家谱，还包括较为复杂的流程，包括理料、折页、配页齐栏、打眼穿纸钉、粘封面、配本册、切谱、包角、复口、穿线订书、粘签条、印书根等。其中，理料是把印刷好的纸张按页揭开、挑选、分类，排放整齐，用切纸机切成所需大小；折页是以鱼尾或象鼻、版框中缝为标准，把单面印的谱页图文朝外对折；配页齐栏是按页码顺序把同一页码的谱页进行排列、叠放，依次抽出，配成谱册；打眼穿纸钉是在整理好的谱册上打孔、穿上纸钉初步固定，便于下一步操作。此外，切谱是把配好的谱页裁切整齐，包角是为了保护书角而用细软织品把其包住，复口是把家谱封面的勒口与衬页粘接，穿线订书是在家谱上打眼并用线装订牢固，贴签条是在家谱封面

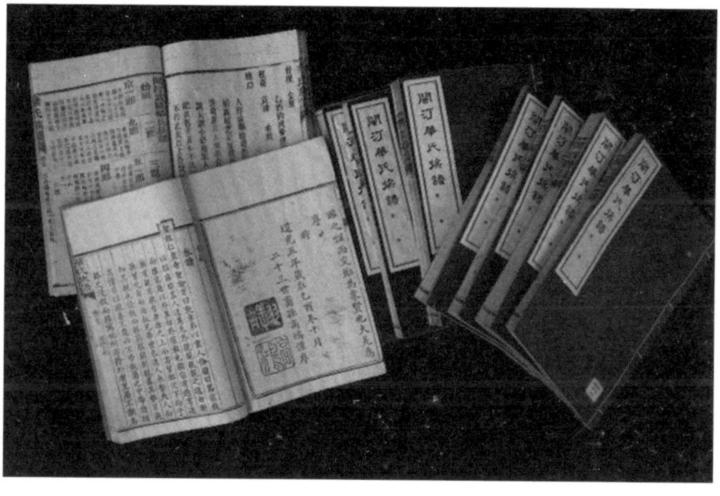

印刷装订的传统家谱

上贴名签，印书根是在家谱地脚右边印上书名和卷次，便于查找。至于胶订家谱，则没有这么复杂的流程，其装订方法也是一般出版物所用的方法。

在家谱的印刷和装订阶段，还有一个如何选择家谱封面和谱盒的装帧材料问题。在装帧材料中，有一种是封面和谱盒的面料，应尽可能选用坚韧的纸、漆纸或漆布，少用或不用皮、棉、麻、丝、毛等织品。还有一种是封面和谱合上的文字，如果为了效果美观而进行烫印，烫印材料最好选用价格较为实惠的电化铝、色片等，避免使用金箔，以便降低家谱成本。

近年印制的一种供新修家谱使用的谱盒

另外，为了确保家谱的印刷装订质量，也为了慎重起见，可以考虑在家谱大量印刷之前，先印刷和装订出几本样谱，进行最后检查，确认无误后再成批印刷和装订，再次把好质量关。

二、颁谱庆典

颁谱庆典，一些地方又称圆谱庆典、颁谱仪式、开谱大典，俗称颁谱大会、发谱大会，是指家谱编印完毕后专门择日召开的新家谱颁发典礼，有些家族或姓氏还要同时举行祭祖告庙、家谱捐赠、修谱总结等活动。由于颁谱庆典往往被当作家谱编修的最后一项工作，是家族中的大事，族人无论身在何地都会赶回来参加，甚至邀请地方领导、旁姓贵宾、专家学者参加，人数从数百人到上万人不等，庆典也举行得庄严、热烈、隆重，还有一些固定的程式。因此，把颁谱庆典这一环节做好，也与家谱编修工作中的其他环节一样重要。

1.庆典活动

早在2005年1月19日，江西鄱阳县为2001年修毕的《滑石王氏族谱》举行颁谱庆典活动，庆典前3天专门邀请戏班唱戏，当天举行开谱仪式，并为前来参加庆典的族人或来宾摆满200桌酒席，仅费用就耗费约8万元。在庆典当天，通往庆典会场的路上拉满横幅，上面书写“热烈祝贺滑石王氏开谱大典”等字样，道路两边停满各式车辆。庆典现场有专门搭建的舞台，数千族人在台前参加隆重庄严的开谱仪式。

再如2010年12月13日，初修于乾隆年间、经七次重修后的《钱塘孔氏宗谱》颁谱典礼在杭州举行，为其历时3年的续修工作划上句号。该谱续修工作得到了山东孔庙、衢州孔庙的支持，共收录孔氏族人5000余人，记载了孔子48世孙孔端禀后裔的繁衍、迁徙等历史。该谱共18卷、150余万字，前4卷为序、赞、诰命、圣祖年谱、先祖画像、祭祀、祭田、历代尊孔诗等，后14卷为世系及行传。累计耗资20余万元。

又如在2012年12月13日，浙江奉化溪口举行了《武岭蒋氏宗谱》颁谱庆典。该谱是在1948年所修家谱基础上的续修，经过几年酝酿和筹备，2011年6月正式启动续修工作，至此全部完成。在此之前的9月15日，该谱理事会还专门发布公告，告知庆

《武岭蒋氏宗谱》续修完成后举行的颁谱庆典活动

典活动事宜。在公告的号召下，来自海内外的蒋氏族人3000余人于当天齐聚溪口镇，参加颁谱庆典活动。根据庆典组委会的统计，参加庆典的不仅有溪口当地族人，还有散居在浙江天台、新昌以及上海、杭州、香港、台湾等地的蒋氏后裔，甚至有从加拿大远道而来的蒋氏子弟。庆典前后还按照当地习俗，举行了祭天地祭祖仪式和族人祭拜祖先、财神送元宝、演戏、舞龙、舞狮、打腰鼓、放鞭炮、结队游行等活动，被认为是溪口镇几十年来最热闹、最盛大的活动。

又如在2013年10月9日，广东蕉岭县举行了《武城曾氏续修谱》颁谱庆典，来自广东、广西、湖南、江西、台湾等地和该县的宗亲代表300余人参加了庆典。

此外，在2015年6月13日，河南省郑州市举行了《中华王氏大成总谱》第四部《三槐王氏总谱》的颁谱庆典暨第十二届中华王氏文化研讨会、中华王氏文化研究中心（2015）年会，庆典上还邀请专家对新出家谱进行点评，其新修家谱的重要意义受到高度评价。在2016年5月11日，该总谱中的《太原王氏总谱》《琅琊王氏总谱》《和派王氏总谱》《寻源王氏总谱》等同时在浙江湖州举行了颁谱庆典，来自北京、天津、河南、云南、贵州、四川、广东、湖南、湖北、山东、山西、陕西、福建、江西、安徽、吉林、黑龙江、辽宁、重庆、上海、江苏、浙江、甘肃等23个省市近400名代表参加了庆典活动。诸如此类的事例还有很多，说明修谱和颁谱无论在何地都带有普遍性。

家谱编修完毕后所举行的庆典活动，有时还在不同的地方相继举行。2009年9月24日，经过10余年编修而成的《孔子世家谱》续谱庆典在曲阜孔庙大成殿隆重举行，海内外嘉宾、各省市孔子后裔约1200人参加盛典，山东省政协领导、山东省华夏文化促进会领导、中国艺术研究院学者、我国台湾谱牒专家以及颜、曾、孟、子贡等后裔代表等专程到会祝贺，社会各界知名人士发来贺信或贺电。典礼上，该谱主编现场宣读祝文，并代表续修协会向国家图书馆、台北中央图书馆、曲阜市人民政府赠送了新修家谱，向曲阜孔府文物档案馆捐赠家谱续修全部档案。2010年1月10日，该谱大修圆满完成暨淮南地区颁谱仪式在安徽淮南市举行，市人大常委会领导受邀出席仪式并致词，该谱续修协会副会长向淮南市孔氏后裔代表颁发了该谱。2014年1月11日，河南驻马店孔子后裔联谊会举行了《孔子世家谱·驻马店支谱》颁谱仪式，河南孔子后裔联谊会副会长、副秘书长及来自全市的40多位孔子后裔参加了颁谱仪式。该谱是作为《孔子世家谱》的支谱而续修的，收录当地孔氏族人约7000人，他们都是因故没能被收入《孔子世家谱》的孔子后裔。

《孔子世家谱》按照传统礼仪举行
庄严隆重的颁谱庆典活动

2.庆典程序

颁谱庆典由于性质特殊，与一般的庆典活动相比有所不同，在程序上也存在一定差异。如浙江奉化溪口《武岭蒋氏宗谱》编修完毕后，预定在2012年12月13日举行颁谱庆典，该谱理事会为了郑重其事，在庆典举行前的9月15日便专门发布公告，告知庆典活动相关事宜，其中也涉及庆典程序。公告全文是：

我武岭蒋氏续修宗谱承蒙社会各界人士支持关心，宗人共同努力，续修宗谱已圆满成功。为此经续谱理事会决定，定于公元2012年12月13日（星期四农历十一月初一卯时）圆谱，届时进行圆谱祭祖和庆典活动，请宗人及各界人士光临参与，凡莅临参加的贵宾请与我续谱办公室联系，以便安排。

主要活动时间安排：

一、卯时（5—7时）　祭天、祭庙、祭祖

二、7—9时　庆典活动

三、9时—10时30分　行会

四、11时　中餐

五、下午起　祭祖

六、文艺活动（13—17日每天下午、晚上）

由上可见，武岭蒋氏的颁谱庆典活动是在当天7时—9时举行的，在此前后还举行了其他相关的活动。

至于庆典活动中更为具体的程序和议程，不妨以浙江《上虞大善黄氏宗谱》颁谱庆典资料为例，从中可见庆典起止时间、各时段具体程序、参加人员、场地布置、所行礼仪，以及迎谱、捧谱开光、摆谱、祭祖、授谱等礼仪规范，具有一定的参考价值。其资料经过简单整理如下：

时间：2014年12月24日8时（农历十一月初三日辰时）开始

一、前期安排

1.场地安排布置：至小坞桥头，路两边插彩旗，有舞龙队、腰鼓队、乐队、吹打队分列两旁，准备迎谱。在正殿放几案三张，上铺红布，用作摆放谱箱。

2.祭祀用品：（在正殿）五牲五谷水果香烛等贡品。祭文（即祭文放于祭桌上）。

由主帮忙负责

3.参与人员分工

司仪（主持人）：1名

浙江近年新修的《上虞大善黄氏宗谱》

主帮忙：2名

诵祭：1名

主祭官：4名

从祭每房1人（其中选3人敬酒），廿世宗亲代表，小坞、上浦、黄家岙各派代表1～2人，宗谱开光人（会长等）。

4.办事人员

秘书（文字、摄像、照相等）组：扩音设备，对讲机若干

场景主管（插旗等）、场地后勤、保卫组：立刚、高钧

来宾接待组：（负责签到、引导）惠林

二、礼仪程序

第一部分　迎谱开始（8时）

1.宗亲、来宾代表去小坞桥头两旁肃立迎谱

2.由宗亲代表六名，接谱后每人手捧宗谱，余用锦轿二乘派四人抬

3.依次由舞龙队、腰鼓队、乐队、吹打队前面开道并鸣锣奏乐，谱居其中，宗亲嘉宾在后，鱼贯而回至祠堂前广场，继续吹奏，至谱安放完成

第二部分　庆典（8时40分）鸣炮奏乐（用时约30分钟）

1.宣布圆谱庆典开始

2.介绍来宾

3.致辞

大善黄氏五桂堂家谱编撰委员会会长致欢迎词

大善黄氏五桂堂家谱编撰委员会秘书长黄迪君先生进行工作回顾

大善黄氏五桂堂家谱编撰委员会常务副会长黄祖标先生致贺词

4.致贺词

绍兴市家谱协会郭欢裕会长致贺词

上虞市家谱协会徐景荣会长致贺词

新昌梅渚宗亲致贺词

新昌大市聚宗亲致贺词

金华浦江黄氏研究会致贺词

诸暨暨阳黄氏研究会致贺词

5.致辞结束，奏乐鸣锣（在9时20分—9时25分）

第三部分　祭祖、开光、授谱（约9时30分开始）

（一）祭前准备，整理祭品，人员各就各位（吉才、祖标准备捧谱开光）

1.司仪诵读开场词（用时约2分30秒）

“庆典祭祖鼓乐响，光前裕后谱华章。请各位整理衣冠，庄严肃立，恭候祭祖圆谱仪式正式开始。”

三通鼓、奏乐

2.布仪（用时约3分钟）

依照主帮忙、诵祭、主祭、从祭、开光的顺序，在主帮忙的带领下列于案前，两边前后列队站好伫立

3.乐止

司仪：“帮忙人员各司其事，主祭、从祭各就各位，开光人员

《上虞大善黄氏宗谱》颁谱庆典中的迎谱活动
图中木盒中所装即新修家谱

居前。”

帮忙回答：“就位。”

4.司仪：“整衣。”（乐起）

全体人员掸衣整肃。

整肃完毕，帮忙唱：“礼成。”

帮忙领主祭、从祭依次到殿内肃立于一侧，开光人员立于中间偏于主祭前侧。

（二）祭祀开始（用时20～30分钟）

1.司仪：“摆谱开光。”（奏乐鸣炮）

2.司仪：“请开光代表就位。”

帮忙人员燃烛，开光人员开谱箱，捧谱翻开放于祭桌上

司仪：“礼成。”

3.司仪：“上祭品。”（先已放好，可以省此条）

4.司仪：“上香。”

《上虞大善黄氏宗谱》颁谱庆典中祭祖和摆谱场面

帮忙持香、点香，主祭、从祭鞠躬接香，一跪三叩拜过之后，鞠躬上前上香。完后退回。

司仪："礼成。"

5.司仪："上酒。"

帮忙倒酒呈上，另外（选）若干从祭（各房头派代表），跪接酒后，拜过之后,轻洒至供桌前，退后与主祭官齐。

司仪："礼成。"

司仪："一跪三叩首。"

所有祭祀人员（陪祭）按照司仪口令跟从主祭一跪三叩。

6.司仪："献祭文。"

帮忙托祭文呈上。

7.司仪："请国炎先生诵读祭文。"

诵祭文（用时3分钟）

司仪："诵毕。"

8.司仪："恭捧祭文放于祭桌上。行礼：一拜，再拜，三拜。"

9.司仪："礼成。"

帮忙呈祭文交主祭官焚烧。

司仪："再行礼：一拜，再拜，三拜。"

司仪："礼成。"

10.司仪："所有宗亲有序拜先祖。"（奏乐、化纸钱）

（1）先由大善宗亲有序行礼（含陶岙）（三拜）

（2）嘉善宗亲行礼（三拜）

（3）海宁杭州宗亲行礼（三拜）

（4）小坞宗亲行礼（三拜）

（5）上浦宗亲行礼（三拜）

（6）黄家岙宗亲行礼（三拜）

（7）特邀宗亲行礼（三拜）

11.司仪："礼成。"（焚烧完毕，约在10时10分）

12.授谱（用时约10分钟）（按名单唱号，先通知领谱人）

三、仪式结束（约在10时10分至10时20分）

奏乐鸣炮。

四、最后项（约在11时20分）

开席，奏乐鸣炮。

三、家谱收藏

在家谱的编修、印制、颁发等工作全部完成以后，所面临的工作还有如何收藏与保存、利用家谱，以及处理与修谱相关的善后事宜。其中，收藏与保存家谱又是最为核心的工作。

1.家谱收藏的重要性

正如本书第一章的相关部分所言，在传统社会里，家谱一直被当作私密的家族档案，收藏家谱还有特殊的方法，一些家族更把收藏家谱写进家法族规，如有违反将受家法惩处。如在江西信丰《温氏族谱·家规》里，便有一条规定是“藏谱牒以重家室”，要求族人“凡领谱首事，务宜各置木匣以收藏，递年春秋二祀，各宜亲抱至祖祠点齐看过。不许虫鼠毁坏，水火盗贼遗失。不许典借与人抄录，货卖得钱。如有此情，会集族众拘唤审实，严为责罚外，仍行追出原谱，付与别房子孙之诚实者收藏。倘有固隐匿者，罚加倍”。上述是说，家谱收藏是与家规密切相关的大事，族人在参加了颁谱庆典并领到了家谱以后，首先要用专门的木匣把家谱收藏起来，以免虫咬鼠啮或水渍、火烧、丢失，不许借与他人查看、抄录，更不许拿去换钱。待族中举行春秋祭祖活动的时候，还要亲自抱到祖祠去验谱。如有违反，要在族人面前交代清楚，根据情况按家法惩处，并剥夺其收藏家谱的权力，改由其他房支中诚实可靠的人收藏。如有故意隐藏实情者加倍处罚。再如在广东中山西山郑氏《郑太崖祖房谱·条例》中，也有一条要求族人“重谱牒”，说“我房谱由来已久，尤望有志者随时增辑，不得视为具文。若有不肖鬻谱卖宗，除由绅耆鸣众责罚外，其冒宗者摒逐不准入祠。如已制有私谱，即须禀

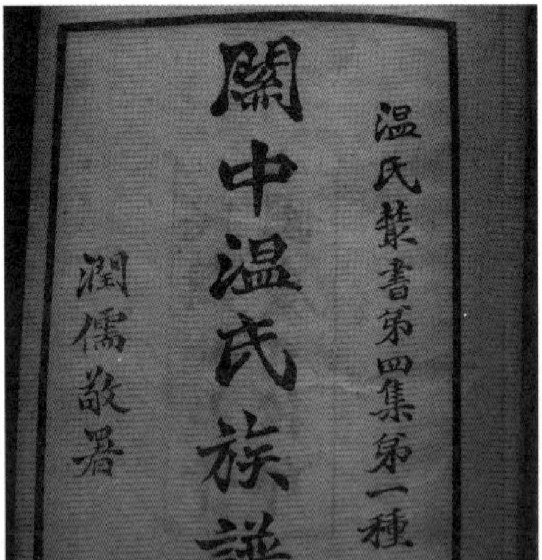

温氏族谱中的一种
其江西信丰《温氏族谱·家规》
中有关于家谱收藏的规定

官追缴治罪”，可见其对家谱收藏的规定同样严厉，如有鬻谱卖宗或私自翻修家谱等行为都要治罪。又如在清末所修《平越杨氏重修小宗祠谱·原刊条规》里，对家谱收藏有更为详细的规定，即：“谱牒所载，皆宗族祖、父名讳，见谱即见祖、父也，理宜敬谨收藏，毋得亵渎。莫如用木匣装载，置于香火之上，或藏之书室之中，每逢伏日晒晾，勿使少有蛀烂，所以妥先灵，垂久远也。岁时祭祀之日，各带原本，到祠会看一次，如有鼠咬、油污、墨侵以及磨坏字迹者，祠中之人，即在祖宗前申饬，并凭众罚银三两，归入祠内，以作后日修谱之资，拒者不得与祭。更有不肖子孙，鬻谱卖宗，或誊写原本，瞒众觅利，致使以假混真，紊乱支派者，众共黜之，不许入祠。”上述事例中涉及家谱收藏办法、验谱方式、保密措施、违者惩罚手段、补救办法等多个方面，既严厉又具体，说明家谱收藏的确深受重视。

在传统社会里，每当一部新家谱修成后，要留下一至数部收藏在宗祠中，其他分发给各房，都要妥善收藏。为了明确责任，还根据族人角色的不同而有专门的称呼。其中从颁谱庆典上领谱的族人称领谱人，收藏保管家谱的叫掌谱人。领谱人一般由房长担任，掌谱人则多是本房推举出来的有威望、负责任的贤能之人，有时领谱人和掌谱人也是同一人。家谱收藏之所以如此受到重视，还有一个原因是为了防止同姓或异姓宗族攀龙附凤、冒认祖先，因此必须秘不示人，“黄金可借，家谱不可借”的说法也是由此而来。近现代以后，上述严厉的收藏家规虽然有所改变，但重视家谱收藏的传统仍深入人心。

另外，与家谱收藏相关的还有对谱版的收藏。在明清至民国时期使用刻版或活字印制家谱时，印制家谱要制作专门的谱版，统一印完后收藏在宗祠中。有些家族担心有不肖子孙偷偷盗印家谱，印完后还要统一毁版。孔子后裔修谱时更是印完一版毁一版，更为严历。有些家族则考虑到本次印谱后可能会有族人认祖归宗、添丁进口，日后需要加印家谱而没有毁版。但加印前同样要经过严格的程序，由族长问清来历，确信确属本族子孙，才允许备好纸张到祠中印刷，不得搬到别处，以防谱版散失。印完后的谱版仍在版与版之间用纸搪隔，以免损伤，外用木箱封装，放在宗祠高架处存放。我国一些地方至今仍能见到一些家谱的谱版，便是这样保存下来的。

2.收藏方式

家谱既然是家族的私秘典籍，当然主要由族人按家规的要求承担其收藏任务。但这只是家谱收藏的一个方面。在我国宋代以前的历史上，家谱实际存在着官谱和私谱之分，在收藏上也存在着官藏和私藏之别。对此，宋人郑樵在其所著《通志·氏族略》中有一个简要的概括，说“自隋唐而上，官有簿状，家有谱系。官之选举必由于簿状，家之婚姻必由于谱系。历代并有图谱局，置郎令史以掌之，仍用博通古今之儒知撰谱事。凡百官族姓之有家状者则上之官，为考定详实，藏于秘阁，副在左户。若私书有滥则纠之以官籍，官籍不及则稽之以私书。此近古之制，以绳天下，使贵有常尊，贱有等威者也。所以人尚谱系之学，家藏谱系之书。自五季以来，取士不问家世，婚姻不问阀阅，故其书散佚而其学不传”。意思是说，宋代以前的家谱政治作用较强，民间家谱修好后要缴送一份到官府收藏，皇室家谱还有专门的机构管理，魏晋南北朝更设置专门机构管理家谱。如果发现民间收藏的家谱和官府收藏的家谱有不一致处，还可以相互参校、补充。只是到了宋代以后，因为时局发生了变化，官府才不再像从前那样收藏民间家谱。事实上也的确如此。联系到我国家谱编修的历史也可发现，我国从宋代开始逐渐形成了民间修谱风气，皇室也像民间一样各自收藏自己的家谱，对家谱收藏办法的规定也是仅针对本族的家谱，便是由于上述变化而形成的。

我国家谱尽管经历了由官谱和私谱同时盛行到仅有私谱一枝独秀的演变，但在收藏上的官藏和私藏之别至今仍然存在。从定义上看，凡收藏在当事族人之外的家谱都应是官藏或公藏，而收藏在本宗祠中的家谱也有公藏的性质。山东曲阜孔府中收藏有各地族人所修的家谱300多部，这些家谱基本都是支谱，是修成以后按惯例上交给孔府收藏的，这时的孔府所收藏的家谱便属于公藏。可惜由于历史的原因，官藏或公藏家谱修于宋代以前者几无所见，宋代以后者也以清代康乾以来所修的居多。加上各地民间多有新谱修毕毁旧谱的传统，使家谱在本族以外的收藏并非容易。即使收藏在本族之内，家谱也因年代久远而纸张发酥、无法使用，遇到长期的阴雨天气还会受潮发霉，要想把家谱保存下来的确很难。特别是在1949年后，许多家谱都被当作封建余毒被毁、被烧，或被作为造纸原料送到造纸厂再造新纸。在号称保存家谱最多的上海图书馆的3万多种、30多万册家谱中，有相当一部分便是由老馆长顾廷龙从造纸厂的废纸堆中抢救出来的。

家谱收藏所面临的困境，特别是民间私藏家谱的困境，有时还受人们观念变化的左右。在近年社会更多重视经济利益的影响下，无论是传世家谱还是新修家谱往往只有中老年人才重视，年轻人根本不在乎家谱为何物。有些传世家谱甚至还在老人去世时被当作遗物烧掉，的确令人痛惜。正是由于私藏家谱存在这样或那样的局限，越来越

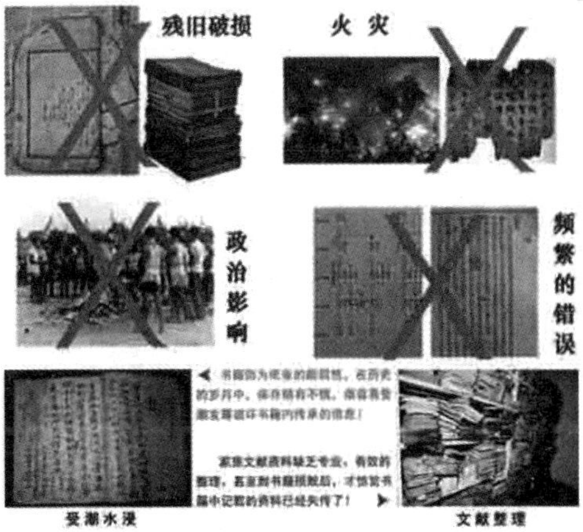

影响家谱私藏质量的几大因素

多的地方出现了把珍稀家谱送到条件较好的档案馆、博物馆保存的呼声，认为在恒温恒湿的库房中更有利于家谱的收藏和保存。

同时，随着社会风气的变化，家谱“秘不示人”的传统观念也逐渐被打破，越来越多的家族或姓氏主动把家谱捐赠给公共机构收藏。在民国十四年（1925年）编修的安徽歙县《新州叶氏家乘·凡例》中，便说“此次共印五十部。四十八房各藏一部外，尚余两部。即用‘诗’‘品’二字编号，以‘诗’字号交江南图书馆、‘品’字号交浙江图书馆分别保存，俾垂永久”，说明传统观念的变化早已开始。对此，著名家谱研究者杨殿珣也在民国三十三年（1944年）反思民国年间家谱收藏观念变化的情况时说：“受欧风东渐之影响，一般人之家族观念，较之往昔亦稍有变动。所谓家族者，不过组成社会之一分子。家谱既系记载一家之史，自可公诸社会，实无极端保守秘密之必要，即恐有冒祖认宗之弊，此自有法律为之保障，徒知严守家谱，仍无济于事也。加以水火之灾，兵燹之忧，私家文物恒致摧残，为之荡然无存，家谱之庋藏于私人，不如兼藏于公家。藏于私人者易毁，藏于公家者易保也。再者藏于私家，子孙未必能世守；藏于公家，则可无虑及此矣。故民国年来所修诸谱，恒分送各大图书馆，以防散失，其法至善，斯亦时代变迁有以使之然也。”

至2009年9月24日，孔子后裔在举行《孔子世家谱》第五次续修颁谱庆典时，也主动打破惯例，向国家图书馆、台北中央图书馆、曲阜市人民政府赠送了新修《孔子世家谱》，向曲阜孔府文物档案馆捐赠了《孔子世家谱》续修全部档案，还计划将来向一些省级图书馆赠送家谱，使家谱真正的由私藏变为公藏。同样，2010年10月27日，中华丘氏宗亲联谊总会与国家图书馆联合举行捐赠仪式，把所修《中华丘氏大宗谱》首批205部、283册、353个县市的分谱全部捐赠，其他正在编修的分谱及和总谱也在以后相继捐赠。另外，在

2013年11月1日，浙江奉化溪口蒋氏新修的《武岭蒋氏宗谱》1套6册及《武岭蒋氏宗谱圆谱仪式》光盘6套，也被所派专人捐赠到奉化档案局作永久收藏。当年年底，又有3套家谱被运往台湾，其中1套被捐赠给了相关纪念馆。上述事例都说明，在新的形势下的家谱收藏从方式到观念都在发生变化，这种变化所带来的冲击或可讨论，但有助于收藏和保存是毋庸置疑的。

民间收藏的部分新修家谱

家谱收藏方式在新形势下的变化当然不只上述。特别是随着家谱数字化、网络化的普及，纸质家谱越来越多成为各地图书馆、档案馆、科研机构、大学院系资料室、相关姓氏研究会等的收藏目标。同时，随着收藏热在近年的升温，家谱也被作为商品或藏品收藏，市场上买卖家谱的现象也非仅见。当家谱被作为商品进行交易时，其版本早晚、品相好坏、存量多寡、内容优次、有无名家题词等都是被考虑的价格因素，这种情况更无法与传统社会对家谱的认识同日而语。

3.收藏状况

编修于不同时期的我国家谱，除收藏在其相关族人或祠堂中者外，还收藏在公共机构或家谱研究者、爱好者、公私藏家手中。其中的公共机构分布在我国以及国外其他地区，我国的家谱收藏机构以上海图书馆、国家图书馆为主，其他散藏于各地的公共图书馆、大学图书馆、科研单位图书馆、博物馆、档案馆等，另有台湾、香港的公共图书馆、大学或科研机构图书馆。此外，日本、美国等国家也有一些家谱收藏机构。在这些公共机构中，最为著名的是上海图书馆，被认为是全球中文家谱原件收藏数量最多的机构，同时也在致力成为中国家谱的研究中心和服务中心。所收藏的家谱涵盖300多个姓氏，其中，张、陈、王、李、刘、吴等姓的家谱都在500种以上，周、朱、徐、黄、杨、胡等姓也有数百种，冷僻姓氏有90余种。家谱的地区来自全国20多个省市，以浙江、安徽为最多，其次是江苏、湖南、四川、福建、山东、河北、湖北、江西等。家谱的时代以清代至民国初年的活字本和刊本居多，版本中不乏宋内府写本《仙源类谱》残页及近300部明刊本、抄本，还有一些名人和少数民族家谱，以及日本、朝鲜的汉字家谱等。

除上海图书馆外，国家图书馆也收藏着大量家谱。从民国十七年（1928年）起，该馆即向社会广泛征集家谱资料，2001年又开始接受新编家谱捐赠。现存新旧家谱近11万册，其中近10万册属于线装家谱。这些家谱都是明代以来不同时期编修的家谱，其中不乏清代戏剧家孔尚任所修《孔子世家谱》、曾为周作人收藏的《越城周氏支谱》等名谱，在地区上主要来自北方各省及江苏、浙江、安徽、广东等地，另外还有家谱缩微胶卷1000余种，以及大量的家谱类论著和参考书。

另外，在我国台湾，据1987年出版的《台湾区族谱目录》一书记载，全岛在1985年前有家谱10613种，出自252个姓氏，尤以陈、林、张、黄、李、刘、王、吴、杨、萧等姓家谱为多，超过100种家谱的姓氏还有蔡、许、郑、邱、曾、徐、郭、彭、周、叶、洪、赖、谢、钟、江、廖、罗等。从祖籍看，这些家谱中除祖籍不明的2754种以外，有7700多种家谱的祖籍在大陆，祖籍在台湾的仅有102种。而在祖籍大陆的家谱中，福建有4510种，广东有2132种，占家谱的80%以上，其余的祖籍几乎遍及大陆其他省区。至于祖籍在台湾的102种家谱，分别属于洪、李、王、黄、林、陈、刘、苏、郭、吴等姓。家谱中还有较为珍贵的明清时期善本《胡氏家谱》（万历壬辰年写本）、《蓝氏协忠公族谱》（万历四十四年刊本）、《清溪珍田苏氏族谱》（康熙三十一年写本）、《官氏族谱》（乾隆五年写本）、《陈氏世系图》（乾隆三十五年写本）、《李氏家谱》（乾隆四十四年刊本）等，分别收藏在岛内各大公共机构。岛内收藏家谱最多的是《联合报》文化基金会下辖的国学文献馆，自1981年成立以来便致力于收集流传海外的中国家谱等珍贵书籍，从美国、日本、英国以及我国香港等地复制缩微胶卷，或直接购买家

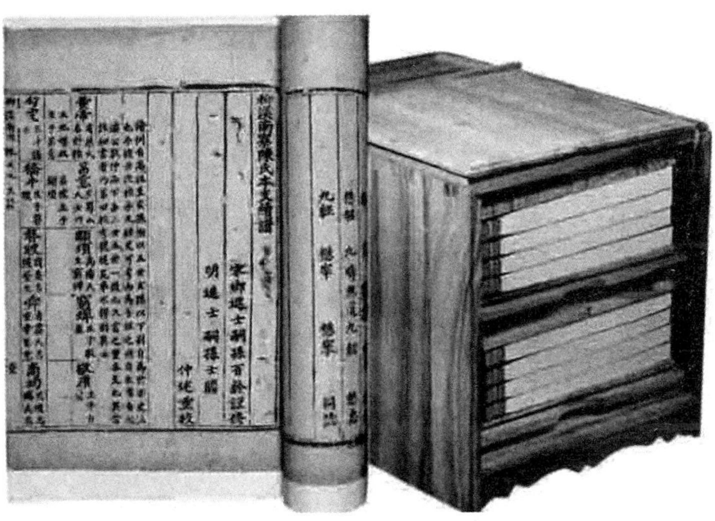

《柳溪南寮陈氏本支续谱》及其藏谱用的木箱

谱，累计达6000余种，供学术界和社会各界阅读、利用。此外，台北的“中国文化大学”也收藏有部分家谱的缩微胶卷，对外供人查阅。

在国外，收藏中国家谱最为集中的是美国犹他州家谱学会图书馆。该图书馆坐落在盐湖城东北庙街，收藏有中国家谱5000余种，范围包括中国各省市，其中以江苏、浙江、安徽、广东数省居多。据《美国家谱学会中国族谱目录》一书记载，该图书馆所收藏的中国家谱都是缩微胶卷，其中的3140种中除150种来自香港大学外，其余来自国外的中国家谱收藏单位：哥伦比亚大学950种，东洋文库790种，日本国会国立图书馆420种，东京大学东洋文化研究所200种，犹他家谱学会图书馆200种，美国国会图书馆120种，哈佛燕京图书馆100种，加州柏克莱图书馆60种，日本京都大学50种，芝加哥大学图书馆50种等。1974年起，该学会还派员到台湾，拍摄台湾地区家谱缩微资料上万种。后又到我国各地图书、档案部门、民间收藏机构联系，拍摄家谱缩微资料2万余种，进一步丰富了其中国家谱缩微资料的收藏。这些缩微资料中的家谱篇幅大小不一，少的不足20页，最大的是民国二十六年（1937年）出版的孔德成主编的《孔子世家谱》4集154册。其缩微资料同时制作两套，其中一套置于图书馆供公众无偿使用，一套置于距该馆所在地20千米处的花岗石山地下资料库中永久保存。此外，在美国，还有哥伦比亚大学收藏中国家谱近千种，哈佛大学、加州大学、芝加哥大学分别收藏有百余种或数十种中国家谱。

各地编写的家谱目录多来自公共收藏机构

日本也是世界上收藏中国家谱较多的国家之一，其家谱来源主要是近代以来以东亚同文会等的名义作为信息搜集而去的，还有一些是侵华战争期间的掠夺。据日本中国学专家多贺秋五郎1960年所著《宗族之研究》的统计，日本收藏中国家谱最多的机构是东洋文库，共800多种。其次是国会图书馆、东京大学东洋文化研究所，分别收藏400多和200多种。此外还有京都大学等收藏数种，总计1500余种。

由上可见，我国以及世界其他国家和地区的一些公共机构都致力于收藏家谱，并且形成了数个著名收藏机构。不仅如此，各公共机构目前仍一如既往地努力搜集缺藏家谱，同时也积极倡议各家族或姓氏把新修的家谱相赠，甚至直接参与修谱活动。至于公共机构以外的家谱收藏状况，尽管目前还缺乏专门统计，但其中至少有一些被收藏在家谱研究者手中。如在湖南长沙有一座光岳藏书楼，是以湖南著名学者何光岳先生的名字命名的藏书楼。他生前嗜书如命，先后在全国各地搜集到16万册藏书，其中近5万册便是家谱。这些家谱大多编修于明清至民国时期，有不少被认为是孤本，谢何氏、苏张氏、龙张氏、萧张氏、何周氏（稿本）、眭氏、焉氏、禹氏、寻氏、乐氏、璩氏、蔺氏等家谱更是珍品，其家谱也因此被认为是所有民间藏书楼中最系统、最完备的收藏。另外，还有一些收藏在藏家之手。东北家谱爱好者关捷先生专门收藏满族家谱，在十多年的时间内先后搜集家谱近200部，其中仅瓜尔佳氏的家谱就有70多部，另外还有《爱新觉罗氏宗谱》《正白旗叶赫纳拉氏宗谱》《吉林他塔拉氏家谱》《钮钴禄氏宗谱》《正蓝旗古乐勒斯家谱》《长白山苏皖佛满洲瓜尔佳氏宗谱》等。在此基础上，该爱好者还以这些家谱为资料，编写出版了《盛京满族家谱精编》《大清巨族瓜尔佳氏》等书，也算是家谱收藏之外的特别收获。四川百家堂姓氏文化博物馆则致力于搜集和收藏西南地区的家谱，已搜集到300多个姓氏、2万多册家谱，正在陆续整理并向公众展出。

主要参考文献

达良（王大良），1993.中华姓氏通书·王姓[M].海口：海南出版社.

高路加主编，2011.中华高姓大通谱（总谱）[M].北京：作家出版社.

葛剑雄，1997.家谱:作为历史文献的价值和局限[J].历史教学问题(6):3-6.

郝诚献主编，1998.槐抱碑郝氏四修家谱[M].商丘：出版者不详.

郝献恕主编，1982.槐抱碑郝氏家谱[M].商丘：出版者不详.

何光岳、聂鑫森，1991.中华姓氏通书·陈姓[M].海口：三环出版社.

孔德墉主编，2009.孔子世家谱[M].北京：文化艺术出版社.

来新夏、徐建华，2007.中国的年谱和家谱[M].北京：商务印书馆.

林学勤，2012.中国家谱的编纂[M].石家庄：河北人民出版社.

吕有凯，2014.家谱理论与编修技术[M].北京：中国文史出版社.

宁长占主编，2015.辽南九德公支系宁氏家谱[M].鞍山：出版者不详.

彭林，2006.对历史要心怀温情和敬意[N].北京晨报(01-24)：A24.

邱家儒主编，2004.中华邱（丘）氏大宗谱[M].深圳：出版者不详.

申屠水荣，2010.百姓修谱实用手册[M].北京：中国社会出版社.

魏怀习，2014.家谱编修实用大全[M].郑州：中州古籍出版社.

王潮梅主编，2014.南岙王氏总谱[M].嵊州：出版者不详.

王大良，1993.华夏姓氏丛书·谢[M].南宁：广西人民出版社.

王大良，1999.中国古代家族与国家形态——以琅琊王氏为主的研究[M].兰州：甘肃人民出版社.

王大良，1999.赵钱孙李：大姓寻根与取名[M].北京：气象出版社.

王大良，2002.中华姓氏通史·郑姓[M].北京：东方出版社.

王大良，2002.郡望与堂号：一种血缘认同的历史民俗学考察——以荥阳郑氏为例[R].北京：中国人民大学博士后研究报告.

王大良主编，2004.中国的百家姓[M].天津：百花文艺出版社.

王大良、王成，2013.中华王氏通书[M].成都：天地出版社.

王大良，2015. 温姓简史[M]. 南昌：江西人民出版社.

王大良，1991. 琅琊王氏与六朝谱学[C]//全国第二届谱牒学年会论文. 太原:出版者不详.

王大良，1998. 谱牒开发与中国姓名学研究[C]//全国谱牒开发与利用学术研讨会论文. 上海:出版者不详.

王大良，2003. 关于家谱修撰和血统源流的几个问题[C]//西南地区蒙古族移民暨中华余氏历史文化研讨会论文. 筠连:出版者不详.

王大良，2005. 关于我国目前修家谱现象的几点思考[C]//中华之根——海峡两岸谱牒研讨会文集. 北京：中国文史出版社：168-172.

王大良，2006. 盛世修家谱要注重文化与品德[N]. 北京晨报(02-15)：A24.

王大良，2005. 评《郑氏族系大典》第一部[R]//大典出版工作座谈会. 郑州：出版者不详.

王大良，2006. 姓氏、家谱与民族凝聚力[J]. 台湾源流(冬季刊)：31-36.

王大良，2009. 关于修好叶姓家谱的三点思考[C]//世界叶氏宗亲会叶姓研究首批征文. 深圳:出版者不详.

王大良，2013. 关于杨姓修谱的几个问题[R]//在杨姓家谱会议上的讲话. 玉林:出版者不详.

王大良，2013. 修好新型家谱，增强高姓凝聚力[R]//在《中华高姓大通谱·总谱》专家评审会上的讲话. 北京:出版者不详.

王大良，2013.《中华王氏大成总谱》修订建议[R]//三槐王氏总谱编辑工作会. 湖州：出版者不详.

王大良，2015.《中华王氏大典（福建卷）》述评[R]//中华南方王氏. 福州：出版者不详.

王大良，2015. 新出《三槐王氏总谱》评议[R]//第十二届中华王氏文化研讨会开幕式讲话. 郑州:出版者不详.

王大良，2016. 新出第二批《中华王氏大成总谱》评议[R]//第十三届中华王氏文化研讨会开幕式讲话. 湖州:出版者不详.

王大良，2003.《中华王氏家谱》序[G]//中华王氏家谱. 阳新:出版者不详.

王大良，2004.《阎式体例家谱》序[G]//阎式体例家谱. 成都：出版者不详.

王大良，2009.《南岙王氏总谱》序[G]//南岙王氏总谱. 嵊州:出版者不详.

王大良，2011.《辽南宁氏家谱》序[G]//辽南宁氏家谱. 鞍山:出版者不详.

王大良，2013.《湖南谢氏通谱》序[G]//湖南谢氏通谱.长沙:出版者不详.

王大良，2013.《荆楚新安琅琊王氏宗谱》序[G]//荆楚新安琅琊王氏宗谱.荆门:出版者不详.

王大良，2013.《延令王氏族谱》序[G]//延令王氏族谱.泰兴:出版者不详.

王大良，2014.《中华王氏大成总谱》总序[G]//中华王氏大成总谱.湖州:出版者不详.

王大良，2014.《新安琅琊王氏统宗世谱》序[G]//新安琅琊王氏统宗世谱.岳西:出版者不详.

王大良，2015.《蜀中马河嘴王氏族谱》序[G]//蜀中马河嘴王氏族谱.遂宁:出版者不详.

王登明主编，2015.同德王氏昌义公支谱[M].云阳：出版者不详.

王恩科主编，2014.新安琅琊王氏统宗世谱[M].岳西：出版者不详.

王鹤鸣主编，2008.中国家谱总目[M].上海：上海古籍出版社.

王鹤鸣，2010.中国家谱通论[M].上海：上海古籍出版社.

王鹤鸣、王澄，2012.中国家谱史图志[M].合肥：安徽科技出版社.

王鹤鸣，2007.从家谱看炎黄子孙的寻根情结[J].图书馆杂志(2):85-88.

王国文，2014.三槐世家蜀中王氏家谱[M].遂宁：出版者不详.

王修宏主编，2014.延令王氏九修宗谱[M].泰兴：出版者不详.

王听兰主编，2015.三槐王氏总谱[M].北京：燕山出版社.

王听兰主编，2016.太原三槐王氏总谱[M].北京：燕山出版社.

王听兰主编，2016.琅琊三槐王氏总谱[M].北京：燕山出版社.

王听兰主编，2016.和派三槐王氏总谱[M].北京：燕山出版社.

王听兰主编，2016.寻源三槐王氏总谱[M].北京：燕山出版社.

王万明主编，2015.王氏总谱[M]. 铜梁：出版者不详.

王业学主编，2016.柳溪王氏（继善堂）族谱资料[M].太康：出版者不详.

王子文主编，2013.荆楚新安琅琊王氏宗谱[M].荆门：出版者不详.

王枝忠、王瑜臻主编，2015.中华王氏大典·福建卷[M].福州：出版者不详.

夏卫兵，2011.中国家谱发展简史[EB/OL].http://bbs.cnxia.org/myfile.asp?id=9330.

谢五八主编，2015.谢氏通谱[M].长沙：出版者不详.

熊远报、王大良，1993.华夏姓氏丛书·杨[M].南宁：广西人民出版社.

徐建华，2002.中国的家谱[M].天津：百花文艺出版社.

杨冬荃，1988.历代皇族谱牒述略[J].历史档案（1）:121-129.

杨年建，2010.杨氏命脉回溯[M].上海：上海古籍出版社.

杨青主编，2007.中华杨氏通谱（古代卷）[M].北京：线装书局.

杨宗佑，2009.中国家谱学[M].济南：济南出版社.

姚建康，2006.家谱编修指南[M].昆明：云南人民出版社.

沂南氏族文化研究中心，2005.中国谱牒史概论[M].济南：出版者不详.

伊佩霞，2011.早期中华帝国的贵族家庭——博陵崔氏个案研究[M].范兆飞，译.上海：上海古籍出版社.

岳晗，2014.家国情怀——儒家与族谱[M].郑州：中州古籍出版社.

赵超，1992.汉魏南北朝墓志汇编[M].天津：天津古籍出版社.

赵万里，1956.汉魏南北朝墓志集释[M].北京：科学出版社.

周绍良，1992.唐代墓志汇编[M].上海：上海古籍出版社.

周绍良，2001.唐代墓志汇编续集[M].上海：上海古籍出版社.

朱炳国，2014.修谱指南[M].南京：凤凰出版社.

庄敬忠、庄善裕、庄庆山主编，2016.庄森公大典[M].永春：出版者不详.

后　记

家谱是古已有之的家族文献，承载了辨别血统、敦亲睦族等多种功能，镌刻了许多历史片断和细节，同时也带有不少与生俱来的弱点。在多元文化影响下的近几十年，国家逐渐重视传统文化，家谱及其在传统社会中曾经发挥过的有益作用也在一定程度上被提倡，不少家族进而编修或续修了自己的家谱，社会上也因之出现了“家谱热”。但如何看待家谱的价值和作用，无论何时都是值得深入思考的问题。其中不容否定的一些是，如果把家谱当作一项民间历史来了解、研究，可以丰富了解、研究者的知识结构，拓展研究领域和视野；如果编修家谱，至少可以延续一个方面的传统文化；如果适当弘扬家谱中所推重的亲情、族情、友情，有助于社会稳定；如果参与修谱活动乃至被编入家谱，对个人来说实际上是多了一种相互亲近、相互攀认的理由和与更多人交流、沟通的方式，对一个民族来说多了一些同根同源的心理暗示。但如果借此而片面强调亲族关系在整个社会关系中的重要性，甚至以亲族联络为名拉帮结派，则背离了新形势下编修家谱的初衷。毕竟，如果通过“大宗之法”把家族历史前推到炎黄二帝或更早祖先，每个人都会有成千上万甚至近亿同宗，这种同宗对于真正的连接人际关系的意义早被无限稀释，再通过同宗攀亲更近似闹剧。只有把家谱当作一种文化来看待，把修谱当作能让一些人找到安慰或乐趣的事情，才是较为客观的态度，家谱也才不失其价值。正是基于上述考虑，笔者才不揣浅陋，应邀编写了这本专书。全书介绍了家谱知识和如何在继承传统的基础上编修或续修新的家谱，这对于了解家谱和认识家谱乃至编修家谱，都应不乏其价值和意义。

家谱在通常情况下又被视为与家相关的百科全书，无数部家谱也是无数个家族的百科全书，要在一本书中介绍其知识和编修方法并非易事。好在已有大量资料和丰富成果可供参考，才能使本书在充分利用的基础上编写完成。在即将出版之际，首先感谢千百年来与家谱文化相关的各种成果的作者，是这些成果在许多方面都给笔者以重要启发，而本书因受体例限制没能及时注明，仅在主要参考文献中列出了文献类成果，此外还有谱牒学者林家俊、倪家少爷家谱文化传播、武进家谱、传世家谱、清砚家谱等发表在博客中的成果，以及发表在天秀数字家谱、中华家谱、中国谱祠、特福网•家谱、九亲文化等专业网站上的相关成果不便一一列出，深表歉意。其次还要感谢王成、王鹤鸣、杨宗佑、魏怀习、吕有凯先生和孙学雷女士等惠赐的大作或提供的资料，你们的无私帮助都使本书增色。感谢为本书出版不辞辛劳的气象出版社领导及李太宇老师、杨辉博士，有你们的支持才会有本书的问世。你们的认真负责精神让笔者敬佩，能因本书结缘也是笔者的荣幸。

文章千古事。笔者在编写本书时尽管做过不少努力，但因才疏学浅、所见有限，书中挂一漏万、资料失考或不当之处想必不少，恳请读者批评指正。如果将来有机会修订本书，您的批评意见和指正建议都将使修订本更为完善。

王大良

二〇一七年四月于北京